军事伦理文化研究

丁雪枫 等 著

Research on
Military Ethics Culture

人民东方出版传媒
People's Oriental Publishing & Media
東方出版社
The Oriental Press

图书在版编目（CIP）数据

军事伦理文化研究 / 丁雪枫等著 . — 北京：东方出版社，2024.5
ISBN 978-7-5207-3855-2

Ⅰ. ①军…　Ⅱ. ①丁…　Ⅲ. ①军人伦理学 — 文化研究　Ⅳ. ① E0-059

中国国家版本馆 CIP 数据核字（2024）第 046278 号

军事伦理文化研究
（JUNSHI LUNLI WENHUA YANJIU）

作　　者：丁雪枫 等
责任编辑：王学彦　申　浩
出　　版：东方出版社
发　　行：人民东方出版传媒有限公司
地　　址：北京市东城区朝阳门内大街 166 号
邮　　编：100010
印　　刷：北京汇林印务有限公司
版　　次：2024 年 5 月第 1 版
印　　次：2024 年 5 月第 1 次印刷
开　　本：660 毫米 ×960 毫米　1/16
印　　张：26.25
字　　数：330 千字
书　　号：ISBN 978-7-5207-3855-2
定　　价：98.00 元
发行电话：（010）85924663　85924644　85924641

目 录

引 言

军事伦理学（military ethics）属伦理学分支学科，是研究军事道德现象、揭示军事实践活动中主体与客体道德关系的专业伦理学。军事是一切直接有关国防武装力量建设和战争活动事项的总称，凡是同平时和战时军事活动有关的集团和人，都是军事道德的主体。军事道德产生于军事活动的各个领域和各个阶段，并从人与人的伦理关系，扩展到人与武器、人与自然物、人与宇宙空间之间的道德关系，贯穿于战前、战中、战后的全过程，渗透到军事资源、军事环境等战争要素之中，涉及对生命的杀伤和对环境的破坏。

军事伦理学的内容在世界军事思想发展史中都有反映。如中国古代的“义战”理论、欧洲中世纪的“骑士”精神，及至近代以来对战争正义性和非正义性的认识等。进入20世纪80年代，军事伦理学在美国得到蓬勃发展，以《军事伦理学：战争与和平指南》和《军事伦理学：展望未来》为代表，相继出版了一批研究军事伦理学的专著。

军事伦理学的功能在于鉴别因军事力量的运用而引发的道德冲突与道德选择，并对正当的军事行为作出辩护。以科学的战争理论和军队学说为指导，为国家、军队和军人的行为提供正确的价值导向，是军事伦理学的基本任务。该学科还借鉴核伦理学的理论，认识和处理核时代的国家关系以及正当实施核威慑军事战略行动。军事伦理学包含军人伦理学，帮助军人确立正确的价值观，正确评价军人与军人、军人与军事集体、军人与国家、军人与民众、军人与社会、军人与家庭等伦理关系，为军人平时和战时提供切实可行的行为准则和规范，最终实现加强军队建设、赢得战争胜利的目标。

现代军事伦理学重点关注的问题是：对战争与和平的伦理认识，如战争观、和平观、国防建设的道德价值、军事伦理原则及其在军事活动中的地位等；战争道德，如战争主体之间的伦理关系、战争决策道德、战争动员道德、战场选择道德、武器尤其是核武器运用中的道德、医治战争创伤中的道德等；军人道德，包括现役军人和预备役军人道德等。这样，现代军事伦理学就重点探讨四个方面的内容：世界和平、战争正义、军事人道、军人道德。

军事伦理学坚持时间维度与社会维度相结合的研究方法，在时间维度上，既研究战前时期、战争时期、战后时期的军事道德现象，又研究和平时期的军事道德现象；在社会维度上，既研究军队活动中的道德现象，又研究其他社会群体乃至普通公民在有关和平与战争中的作用。军事伦理学还结合军事战略学、军事管理学、军事社会学、军事教育学、军事心理学、军事人才学、军事文学、军事美学等军事人文学科，开展军事伦理道德研究，以推进现代军事伦理道德理论与实践的发展。

军事伦理学需要研究军事伦理关系，这样的关系有很多，比较主要的有军队军人与伦理的关系、军事战争与伦理的关系，前者是微观的关系，后者是宏观的关系，宏观关系是微观关系的前提，微观关系是宏观关系的延伸。在社会生活中，人们容易感知的是军队军人与伦理的关系，而对战争与伦理的关系较为陌生。笔者在引言中重点分析一下战争与伦理的关系，基本观点是伦理引领战争。

引领战争的因素复杂多样，涉及经济、政治、文化、社会等各个领域，尤其关涉伦理道德。伦理引领战争不仅在理论上具有可能性，而且处于其他引领要素的灵魂地位。慎战取向的战争主体、人道性的战争手段、有限性的战争过程等对人的尊严的关切能够得到普遍认同，是伦理引领战争的价值依据；世界和平、人类文明、人的自由全面发展等“目的王国”的理想，是伦理引领战争的价值目标；提升了战略威慑而非实战、推进了政治对话而非对抗、促进了武器智能化而非拼命等“不战而屈人之兵”的实践，是伦理引领战争的重要影响。加强军事伦理文化研究，对于实践强军目标、促进世界和平、推进人类文明等都具有重要意义。

一、理论前提：伦理的战争定位

伦理引领战争的价值合理性首先取决于理论前提的合理性，这里至少需要回答如下问题：一是引领战争的要素主要有哪些，伦理在各要素中处于什么地位；二是伦理引领战争何以可能；三是伦理引领战争与伦理制约或规范战争有何异同等。

1. 伦理引领在各种引领中的地位

战争中，参战国主体有各种各样的动机和目的，主要有经济的、政治的、领土的等，它们虽然在历史上确实引发了一些战争，然而存在诸多困难。就经济引领战争而言，毋庸置疑，一个国家因经济利益与他国发生军事冲突，战争的发起国不会感到高尚，被侵略国更会感到不齿，第三国、旁观者一般也不会给予肯定的评价。物质利益有时可能成为战争的重要根据，特别是在野蛮时代，但是在文明时代尤其是信息化时代，因物质利益争夺而发生的战争日显庸俗、丑恶。就政治引领战争而言，政治利益、政治战略等也可能成为战争发生发展的动因，但是战争发起国往往对此避而不谈，因为一旦把战争归因于政治野心或政治抱负，将难以得到较为普遍的价值认同。尽管克劳塞维茨认为“战争是政治的继续”，马克思、恩格斯、列宁、毛泽东等也很认可这个判断，但是“战争是政治的继续”仅仅说明战争的本质是政治，而非强调政治是战争的精神家园。就领土引领战争而言，领土划分是以偶然性为基础的，本质上是上次本国与邻国实力较量的结果，也就是说，领土往往意味着实力尤其是当事国的军事实力。所以，除了历史传统以外，领土主要受武力的影响。领土引领战争就是实力引领战争、强权引领战争，这显然难以取得普遍共识。经济、政治、领土等引领战争都具有片面性而不具有普遍性，低俗、狭隘、任性成为三者引领战争的共同缺陷，这就需要新的因素引领战争。

伦理引领战争克服了经济、政治、领土等引领战争的缺陷。康德指出：“世界上，甚至在世界之外，除了善良意志，不可能设想一个无条件善的东西。”① 他认为伦理道德的核心是善良意志，善良意志驱使的行为就是高尚行为；反之，为了个人的私利而行则是丑恶行为，战争也是如此。战争行动前，战争国用正义、和平等激发战争；战争过程中，战争国用正义、和平等鼓舞军人；战争结束后，战争国用正义、和平等评价战争。正义、和平等作为一种价值合理性，作为伦理道德的基本形态之一，是神圣而又高尚的，是“战争的善良意志”。当然，正义、和平也以利益为基础，但这个利益不再是狭隘的个人利益、民族利益，而是大多数人的利益甚至是人类的大爱。所以，在引领战争的各种要素中，伦理处于崇高的价值地位，具有普遍的价值合理性。恰如习近平同志指出：“作风优良才能塑造英雄部队，作风松散可以搞垮常胜之师。”② 作风

---

① Immanuel Kant, *Foundations of the Metaphysics of Morals*, The Macmillan Publishing Company, A Division of Macmillan, Inc., 1989, p.9.

② 转引自中共中央宣传部：《习近平新时代中国特色社会主义思想三十讲》，学习出版社2018年版，第267页。

优良的主要内涵是伦理精神，强调伦理精神通过作用于军人而实现对战争的价值引领。

2. 伦理引领战争的理论可能性

这里需要进一步回答的问题包括：伦理是否可能引领战争；如果可能，需要具备什么条件。

首先，人的生存、生活、尊严是战争的根本目的，为伦理引领战争提供了可能。战争的目的有很多，但最根本的是对人的价值关切。沃尔泽指出，在人类历史上，虽然存在领土争端并在领土的借口下发动战争，但是领土不是战争的最终目标，最多是间接目标；战争的根本目标是人的生存、生活与尊严。沃尔泽说："把我们关于战争的观点理解为（虽然也可能有别的理解）承认和尊重个人权利及由个人组成的共同体的权利的努力是最充分的。"①"个人（对生命和自由的）权利构成了我们对战争作出的那些最重要判断的基础。"②在沃尔泽看来，战争是集团之间的对抗，本质上是人与人的对抗，其价值合理性依据是人的生命、生活和尊严。沃尔泽所指的人并非狭隘的、特殊国家的少数人，而是指人类、人的大多数，至少是特殊国家中人的大多数，强调敌我他国的人都具有平等的价值与尊严，都应该得到尊重；无论何种战争，如果不能尽可能广泛地关切人、关切尽可能多的人，就不具有合理性。沃尔泽的思想较为合理地反映了战争的根本目的，为伦理引领战争埋下了伏笔。

其次，伦理处理的是人的关系，使人有尊严地生存、生活，具备了引领战争的条件。伦，辈分；伦理，辈分的原理。在中国传统伦理文化

① ［美］迈克尔·沃尔泽：《正义与非正义战争》，任辉献译，江苏人民出版社 2008 年版，序第 28—29 页。

② ［美］迈克尔·沃尔泽：《正义与非正义战争》，任辉献译，江苏人民出版社 2008 年版，第 62 页。

中，有父子、君臣、夫妻、兄弟、朋友的五伦实体，处理的皆为人与人的关系，这些关系构成了传统社会；相应的要求为“君义臣行”即君惠臣忠、“父慈子孝”、“夫和妻柔”、“兄爱弟敬”、“朋友有信”，其中的五德即惠忠、慈孝、和柔、爱敬、诚信，都是维护五伦关系即社会关系的，目的是使人们生存有序、生活和谐。所以在中国传统伦理中，尽管存在“三纲五常”的价值霸权，尽管存在君令臣死、臣要谢恩的非理性，但伦理的基本倾向是关心人，使大多数人过上更好的生活，享受成为人的尊严。在西方，黑格尔也有类似的伦理观念：“伦理是自由的理念。它是活的善，这活的善在自我意识中具有它的知识和意志，通过自我意识的行动而达到它的现实性”。[①] 在黑格尔那里，伦理即伦理实体在关切人的自由的同时成就了人之为人的价值。对人的关怀使伦理具备了引领战争的条件。

再次，对人的尊重是伦理与战争的契合点。伦理对人的深厚关切、伦理生活的无限纯洁等都显示了伦理的崇高。相比之下，战争可能有各种目的，崇高的或低俗的，人道的或残酷的。无论如何，否定人、贬斥人的战争不具有价值合理性，尊重人、关切人、认可人的价值与尊严的战争才能得到普遍认同。

3. 伦理引领战争与伦理约束战争的异同

在一般观点中，伦理应该约束战争或战争必须遵守一定的道德规范，依据在于，战争意味着毁灭，意味着人员的伤亡、财物的耗费、情感的残忍，为了减少战争的不良后果，许多学者提出用伦理制约战争，目的是将战争限制在人们可忍受的范围内，使人类的文明和人的尊严尽可能地得到保障。相应地，伦理引领战争也认为战争具有消极性，若不

---

① ［德］黑格尔：《法哲学原理》，范扬、张企泰译，商务印书馆 1996 年版，第 164 页。

加以规范，战争可能造成较大的人员伤亡和较多的财产损失，目的也是限制战争的残酷性，使战争沿着伦理的方向进行。所以，在规范战争的意义上，伦理引领战争与伦理约束战争是一致的，二者都强调战争的局限性，通过伦理的制约、规范，使战争尽可能地向着善和文明而行。

但是，伦理引领战争与伦理约束战争又有所不同。伦理引领战争从积极、能动意义上探究了伦理与战争的关系，主要表现在两个方面：其一，合理的战争不再是人类的灾难，而是人类文明的救星，使人的生命、生活和尊严得到更好的保障，伦理是战争的目的。尽管正义、和平的内涵千差万别，但为了恢复正义、和平而发动的战争就是合理的战争，把所有的人都当人看的战争，也是把所有的国家都当作平等的成员看待的战争。罗尔斯认为，“战争的目标是一种正义的和平，因此所使用的手段不应该破坏和平的可能性，或者鼓励对人类生命的轻蔑，这种轻蔑将使我们自己和人类的安全置于危险的境地”[①]。强调战争手段的使用应该跟世界和平与正义的目标一致，应该使世界更适合人类的生存和发展，而非相反，所以合理的战争是正义战争，是伦理的战争。其二，不完善的战争更应该接受伦理的引导，伦理是战争的依据。在《政治自由主义》序言中，罗尔斯阐明了20世纪多场战争的残暴和破坏性，该破坏性“在希特勒的种族灭绝的狂热罪行中达到顶峰”，显示了他对人类生命尊严的无限关切和同情。他在《正义论》中强调，在战争中“结合了各种保护人类生命的自然义务的传统禁令应该被选择”[②]。在信息化时代，战争仍然不可避免地发生，更不可能完善，这恰恰说明伦理引领的必要性。现实战争的不完善恰恰说明是战争应该克服的方面。如果各类战争都具有普遍的价值合理性，也就不存在应然的问题，也就不需要

① ［美］约翰·罗尔斯：《正义论》，何怀宏、何包钢、廖申白译，中国社会科学出版社1988年版，第379—380页。

② John Rawls, *A Theory of Justice*, Cambridge, Massachusetts: Harvard University Press, 1971, p.379.

伦理引领了。伦理为战争的不完善提供了指南，不完善的战争应该向伦理的目标无限靠近。与伦理引领战争不同，伦理约束战争仅从消极、被动意义上探究了伦理与战争的关系，认为战争总是肆意无度的，总是意味着灾难而需要伦理的批判。不是将伦理看作战争的目标，而是将伦理看作达到战争目的的手段；不是伦理引导战争，而是战争引导伦理；不是伦理到哪里战争才能到哪里，而是战争到哪里伦理才能到哪里。这必然降低了伦理对于战争的价值和意义。

二、价值依据：人的尊严的关切

作为一种理念，伦理引领战争存在各种价值合理性依据，至少有三个方面。

1. 慎战取向的战争主体与普遍价值认同

相对而言，野蛮时代易于产生好战的民族，文明时代易于产生慎战的民族。随着人类越来越文明，慎战主体越来越多，其思想也日益支配整个人类。慎战思想源远流长，春秋时期的老子就提出："以道佐人主者，不以兵强天下。"[①]他认为"以兵强天下"就是"好战"，通过战争获得国土、权力是不道德的。相反，"不以兵强天下"就是"慎战"。当然，慎战并非不战，只有迫不得已时才能用战，于是发展出"哀兵必胜"的思想。同时代的孔子明确提出慎战思想："子之所慎：齐，战，疾。"[②]孔子把战争看作跟祭祀、疾病一样，慎之又慎。即使作为兵家的孙武也主张慎战："兵者，国之大事，死生之地，存亡之道，不可不察

① 《道德经·三十章》。

② 《论语·述而》。

也。”[①]直至发展出孟子的“仁人无敌于天下”[②]的价值命题。中国传统如此，西方也如此。古希腊的柏拉图、亚里士多德尽管都把勇敢作为军人的必备美德，但在实际社会生活中，都主张慎战，不到万不得已，不应该战争。

慎战思想或主体的慎战取向之所以能够得到普遍认同，依据至少有两个：第一，节制战争。战争是由主体发动并参与的，主体的慎战倾向有利于限制战争，即使战争发生，也能把战争控制在有限的范围内和一定的程度上。第二，减少损害。战争往往产生不良后果。老子说：“师之所处，荆棘生焉。大军之后，必有凶年。”[③]他认为战争常常给民众的生命财产带来灾难，战争是消极的。总之，主体谨慎地发动战争、谨慎地参与战争，能够得到普遍的价值认同。

2. 人道性的战争手段与普遍价值认同

受主客观因素的影响尤其是受社会历史条件的限制，当今世界尚不可能杜绝一切战争。但是如果主体在战争过程中通过人道的手段取得胜利，则会获得普遍认同。这从另一个侧面说明了伦理引领战争的价值合理性。

战争手段是赢得战争的方式方法，人道性的战争手段就是赢得战争时采取人道的方式方法。人道性战争手段能够被普遍认同，依据至少有三个：第一，“人人都是目的”。康德指出：“人，一般说来，每个有理性的东西，都自在地作为目的而实存着，他不单纯是这个或那个意志所随意使用的工具。在他的一切行为中，不论对于自己还是对其他有理性

---

① 《孙子兵法·始计篇》。

② 《孟子·尽心下》。

③ 《道德经·三十章》。

的东西，任何时候都必须被当作目的。”[①] 在康德看来，所有人都有公平的人格尊严，都应该得到平等的尊重。当然，现实生活中，一个人只被用作目的而不被用作手段是不可能的，往往互为目的、互为手段。但是康德认为，即便在把一个人当作手段时，也必须以其目的性作为前提条件。目的是永恒的，手段是暂时的。在这种思想指导下，第二，“我”是目的。即战争中的我方军人、百姓、政府官员、友军等都是目的，其生命、生活、尊严都应该得到保护和保障，这是毋庸置疑的。战争的基本法则是“消灭敌人、保存自己”，消灭敌人是手段，保存自己是目的，保存自己就是尽可能保障己方人员的安全，否则就不应该战争。第三，“敌人”也是目的。战争中把自己当作目的并不难，难的是把敌人也当作目的。广义上，敌人包括参战的敌方军人、敌方百姓、敌方政府官员等。尽管交战是两国之间尤其是两国军人的事，但是人们往往把敌国的一切都当作对手加以制服和消灭。事实上，即使直接参战的敌方军人也并非都是好战之徒、侵略者，他们许多人受其政府的蛊惑，例如第二次世界大战时期的许多德、日军人就是如此。也就是说，真正的好战者、侵略者只是少数，他们才应该成为制服、消灭的对象，其他军人并没有那么可恶。在敌方政府官员中，直接煽动战争的也是少数，大多数官员是慎战的。敌方的百姓更是如此，他们比政府官员、军人更希望和平的环境。所以，战争中要尊重敌方的无辜百姓、厌战的政府官员和放下武器的敌人，他们的生命、生存、价值应该受到人道的对待。即使罪大恶极的敌方军人、政府官员，只要停止侵略，也可以成为人道主义的保护对象，否则就应该被消灭。手段为目的服务，人的目的性决定了人道性的战争手段的合理性，人道性的战争手段被普遍认可，从另一个侧面说明伦理引领战争的价值合理性。

---

① ［德］康德:《道德形而上学原理》，苗力田译，上海人民出版社 2002 年版，第 46 页。

3. 有限性的战争过程与普遍价值认同

有限性的战争过程的价值合理性依据在于无限性的战争过程的不合理性，这种不合理性从伦理的角度看至少有三个：第一，财物的浪费。一般情况下，战争过程越长，耗费越多。财物是主体创造的，主体的创造物是为了使自我过上更好的生活，让自己更好地发展，然而漫长的战线消耗了大量的社会财富，浪费了主体的劳动成果，因而是恶的。第二，人员的劳累。战争过程越长，参与战争的主体越多，战争主体越劳累。一方面，主体的生命是有限的，而把有限的生命用在无限的战争中，显然是不合理的；另一方面，无限延长的战争过程很可能无限否定主体的劳动和尊严，也无限否定主体的生活和价值，因而是不道德的。第三，生命的无限轻视。战争过程的无限延长，对敌我双方军人、民众的生命都是一个严峻的考验。我方力图消灭、制服敌方，敌方也想方设法消灭、制服我方，敌我双方军人、百姓都生活在恐怖、紧张之中。尤其是，直接参与战争的人可能随时面临伤残甚至死亡的威胁。生命是至善之一，伤残或死亡是对至善的一种践踏，无限的伤残或死亡是对至善的无限贬低，因而是不道德的。

相反，有限性的战争过程具有价值合理性。当战争不可避免时，人们普遍认同有限战争，即速战速决，其伦理依据至少有三个：第一，节约资源。相对而言，战争过程越短，越能节约社会资源。将主体创造的财富用在自我身上，而非你死我活的争斗上，是最大的人道，也是道德的。第二，减少伤亡。战争中，伤亡的不仅有敌方军人、敌方百姓，也有我方军人、我方百姓。他们的生命都是极为宝贵的，也是平等的，都值得敬畏。在战争中，越是快速地结束战争，参与战争的人越少，受战争影响的人也就越少，他们的生命越能得到保护和保障。战争史表明，战争过程与人员伤亡往往成正比，战争过程越长，伤亡往往越大；反之，战争过程越短，伤亡往往越小。减少伤亡是道德的申言。第三，恢复正常的社会生活。战争不是社会的常态，社会生活的常态应该是和平。战争时期，整个社会生活处于极端状态，一切为战争服务，扰乱了人们正常的生产生活，当然，这在正义战争过程中是不可避免的。无限的战争过程意味着无限地扰乱人们的正常生活，无限地否定人的生命、生活和尊严。相反，有限的战争过程，能使人们尽快恢复正常的社会秩序，过有价值的生活，因而是道德的。

三、价值目标："目的王国"[①]

除了伦理引领战争的价值依据外，还需要进一步回答的问题是：伦理把战争引向何方，伦理引领战争的价值目标是什么，这些价值目标是否合理？回答了这些问题，才能使伦理引领战争的价值依据更加牢固，更具有吸引力和可行性。

1. 世界和平

习近平同志提出"中国式现代化是走和平发展道路的现代化。我国不走一些国家通过战争、殖民、掠夺等方式实现现代化的老路，那种损人利己、充满血腥罪恶的老路给广大发展中国家人民带来深重苦难。我们坚定站在历史正确的一边、站在人类文明进步的一边，高举和平、发展、合作、共赢旗帜，在坚定维护世界和平与发展中谋求自身发展，又以自身发展更好维护世界和平与发展"[②]，把持久的世界和平放在第一位。诚然，战争不是从来就有的，而是人类发展到一定阶段尤其是随着

① "目的王国"最初是由康德提出的道德目标，揭示了人人可敬、人人发展、和平文明的社会状态，本书扬弃了这些思想。

② 习近平：《高举中国特色社会主义伟大旗帜　为全面建设社会主义现代化国家而团结奋斗：在中国共产党第二十次全国代表大会上的报告》，人民出版社 2022 年版，第 23 页。

私有制的产生而产生的，是集团主体对狭隘利益的武装争夺。奉献、牺牲利益即主体利益的付出是道德的基础，然而，战争在产生时战争主体往往为了获得一己私利或狭隘集团的私利，不仅不能奉献牺牲自我的利益，而且强取豪夺他人、社会的利益，满足自我或小集团的欲望。可见，战争在起源上具有不道德性。

人类有了战争就有了对和平的诉求。常识理性认为，战争意味着激烈的生存状态，和平意味着平静的生活状态，所以战争与和平就是反义词：战争就是冲突，和平就是无冲突。有战争就不能有和平，有和平就不能有战争。这种把战争与和平对立的观点是片面的。实际上，战争与和平是辩证的，这种辩证性表现为以战止战、以战争保障和平。《商君书·画策》指出："故以战去战，虽战可也；以杀去杀，虽杀可也；以刑去刑，虽重刑可也。"同时期的《司马法·仁本第一》也强调："是故杀人安人，杀之可也；攻其国，爱其民，攻之可也；以战止战，虽战可也。"二者共同点就是用辩证的眼光看待战争与和平的关系，而不仅仅将战争与和平对立起来，认为"以战止战、以战去战"具有合理性，以"去战""止战"为目的的战争应该被肯定。诚然，有时没有战争，和平可能更得不到保证和实现。从这个意义上说，尽管战争在其产生时具有消极的、不道德的根源，但是在人类社会发展中，战争又具有和平的目的。

所以，战争的合理性取决于和平，而和平的价值依据在于其伦理性。人类只有在和平的环境中才能生存、生活，才能配享人的尊严；相反，战争状态即暴烈的人类生存状态，不是你死就是我死，不是你伤就是我伤，人们都难以掌握自己的命运，每个参与战争的人随时可能面临伤残、死亡，因此战争状态不利于人们至少不利于大多数人的生存、生活。沃尔泽认为，参战的军人只是工具，不是人，不能享受正常人的待遇和尊严，从这个意义上说，战争不具有伦理性，而作为其对立面的和平就具有了价值合理性。和平保障了人类的正常生活、生存和发展，其伦理价值是显而易见的。

2. 人类文明

伦理引领战争的第二个价值目标是人类文明。首先是战争过程的人类文明。战争主要有野蛮和文明两个发展阶段，正义的战争也反过来促进人类从野蛮到文明。在野蛮时代，战争是你死我活的较量，让对方屈服的最好办法是消灭对方或大量消灭对方。为了消灭对方，为了让对方屈服，战争中各种手段都可能被考虑，比如一支能同时射杀多人的弩箭，甚至在不成熟的文明时代，类似的武器如原子弹、生化武器等仍然偶尔被使用，所以战争过程是残酷的、野蛮的。高级的文明时代尤其是信息化时代则不同，在这个时代，战争的目的仍然是让对方屈服，但并非消灭对方的肉体，尽管在特殊情况下，需要通过消灭部分敌军肉体的方式才能让其屈服，但是战争的真正目的不再是毁灭，而是让对手放下武器，停止不正义的战争。这一思想源远流长。在中国古代，孙子申言："凡用兵之法，全国为上，破国次之；全军为上，破军次之；全旅为上，破旅次之；全卒为上，破卒次之；全伍为上，破伍次之。"[①] 孙子强调，战争的最合理状况是零损害。如果说战争过程的文明在社会发展较低阶段多是美好的愿望，那么在社会发展较高阶段尤其是信息化时代已经变成现实。

其次是战争目标的人类文明。这主要表现在两个方面：一是保卫人类文明，二是发展人类文明。就保卫人类文明而言，人类进入奴隶社会以来，也就是马克思所说的进入文明时代以来，尽管有了文明的记载，尽管人类越来越文明，但是野蛮并没有消除，战争就没有消除。野蛮民族往往挑起战争，文明民族为了保护文明被迫还击。但也有这种情况，

① 《孙子兵法·谋攻篇》。

战争由文明国家发起，打击的对象是野蛮民族，原因是：在野蛮面前，文明显得非常脆弱，不堪一击，文明民族为了保护人类文明，防止文明向野蛮的堕落，必须先下手为强，消灭野蛮，防止野蛮民族对文明的破坏。逻辑上，首先由文明国家发起的战争具有合理性，但实践上有时可能走向极端而导致价值霸权。一些所谓的文明国家可能把自己的价值观念、生活方式、文化模式以“文明”的借口强加给本已文明的国家、民族，征服这些国家、民族，使其接受所谓的“文明”，这就不具有合理性了。就发展人类文明而言，战争要想取得胜利，必须具备较高的人员素质、较好的武器装备、较合理的战术战法，而提高作战人员的素质，也带动了其他人员素质的提高；提升武器装备的水平，也带动了其他科学技术的发展；提高战术战法的合理性程度，也带动了其他社会管理模式的发展，等等。所以在人类还不能消灭战争的历史条件下，战争的重要价值目标是人类文明，这也是伦理引领战争的价值目标。

3. 人的自由全面发展

伦理引领战争的第三个目标是人的自由全面发展。马克思在人类思想史上较早提出了人的自由全面发展的思想，战争也应该以此思想为理想，才有价值合理性。

马克思关于人的自由全面发展思想是基于资本主义社会的事实提出的。在资本主义社会，人们被经济、政治、文化等奴役，有时甚至对这种奴役视而不见，直至资本主义社会中的人被深刻异化。在经济上，资本家盘剥工人创造的剩余价值，导致工人劳动得越多，自己获取的越少，随着资本主义社会的繁荣，工人反而越发穷困。在政治上，国家机器掌握在大资本家及其代理人手中，工人没有任何政治权利，处于被统治的地位，言论、集会等自由受到极大约束。在文化领域，资本主义的文化极力宣扬资本主义的合理性，实质是宣传资本家剥削、压迫工人的合理性，工人的思想处于被检查、被压制的地位。鉴于这种情形，马克思提出了推翻资本主义社会、建立社会主义共产主义社会的构想，使广大劳动人民获得政治、经济、文化上的解放，获得较为充分的自由，也就是说，“关心人、爱护人、为了人是各种社会形态的根本任务，只不过在旧社会，该任务的实现受阶级局限、历史局限，程度较低；随着社会的发展进步，对人的关切将越来越突出，直到‘目的王国’的真正实现”[①]。在理想社会，正如马克思所说：“代替那存在着阶级和阶级对立的资产阶级旧社会的，将是这样一个联合体，在那里，每个人的自由发展是一切人的自由发展的条件。”[②]他强调在未来的理想社会中，只要有一个人尚未自由，其他人也难以自由，人们只有相互帮助，每个人的自由全面发展才能够实现。

根据马克思的人的自由全面发展思想，伦理引领战争所要达到的重要价值目标之一就是促进人的自由全面发展。这包括肯定和否定两个方面：就肯定的方面而言，合理的战争必须能够带来敌我双方乃至全人类的自由全面发展，具体表现为战争能够促使己方、敌方、第三方人民的解放、自由、独立。在这一语境下，民族独立、推翻殖民统治的战争是正义战争；反抗压迫、争取自由的战争也是正义战争。第二次世界大战以来，许多殖民地、半殖民地国家纷纷独立，摆脱了西方列强的殖民统治，建立了民主、自由的新国家，这些战争都是合理的战争，这些战争为广大人民的自由全面发展作出了重大贡献。就否定的方面而言，任何战争不能导致奴役、专制、不自由和征服。一场战争如果没有促进敌我双方人民群众的自由全面发展，就不具有合理性；如果导致了敌我双方人民群众的剥削、奴役等，就不具有合理性；如果导致己方自由、敌方

① 丁雪枫：《政治正义论》，江苏人民出版社 2010 年版，第 225 页。

② 《马克思恩格斯文集》第 2 卷，人民出版社 2009 年版，第 53 页。

不自由，也不具有合理性。敌方人民也是人，战胜他们，使他们屈服，目的是解放他们，使他们获得更合理的自由。总之，奴役人的战争应该受到批判。

四、伦理引领战争的军事影响："不战而屈人之兵"的认同

伦理引领战争的实践对国际政治生态尤其军事领域产生了深远的影响，其中"不战而屈人之兵"成为伦理对现代战争最重要的影响之一。恰如孙子所言："是故百战百胜，非善之善者也，不战而屈人之兵，善之善者也。"①

1. 提升了战略威慑而非实战

伦理引领战争，就是强调战争的价值合理性在于关切人，尤其关心敌我双方人员包括大多数无辜民众的生命、生活、生存和尊严，关切这些因素的战争就具有价值合理性，反之就不具有价值合理性。

这就导致威慑成为信息化时代主要的军事形态。一般情况下，军事形态有三种：实战、和平与威慑。在现有的社会条件下，实战与和平是暂时的、有缺陷的，威慑是持久的、合理的。一是实战的残酷性。战争实践表明，战争一定意义上都意味着伤亡和损失。在冷兵器时代如此，在机械化战争时代甚至信息化战争时代也如此。实战中，在敌我双方物质的激烈较量中，不仅敌我双方军人的生命、生存得不到全面保障，而且敌我双方无辜民众的生命、生存也得不到全面保障，甚至可能造成敌我双方财产的巨大损失和浪费。在信息化战争条件下更是如此，即"打仗就是打经济"。主体生产的财富本来是用于自我的享受，实现主体的

① 《孙子兵法·谋攻篇》。

自由全面发展，而在战争中被无谓地毁灭，因而不具有伦理性。所以伦理引领战争就是要尽可能地减少甚至消灭实战。

二是和平的不可能性。自从有了人类尤其人类进入文明时代以来，战争就没有停止过，大战、小战，世界性战争、局部性战争，国家之间的战争、民族之间的冲突，世界上能够100年内保持和平的国家非常少。也就是说，在现有社会条件下，受各种因素的制约，大大小小的战争时不时地出现，绝对和平只是人们的一种理想，是战争所要追求的目标，具有不可能性。这样，伦理引领战争就是尽可能地减少战争，通过相对和平的实现而推进绝对和平。

三是威慑的合理性。威慑成为当前国际军事形势的常态。军事威慑具有必然性，其存在具有伦理性，因而成为当前军事形势的主流。依据在于，第二次世界大战以来，随着核武器的使用，随着大杀伤力的常规武器投入战场，更由于生化武器的实际存在，人们对战争越来越谨慎，如果爆发世界性战争，就可能导致人类的彻底毁灭。大规模杀伤性武器的实际存在使各国尤其大国之间都着眼于威慑、遏制而非实战。实践也证明，大国之间的实战越来越少。军事威慑的伦理性在于，伦理要求保护人的生命、生存、生活和尊严，军事威慑的存在一定意义上影响了人们的正常生活，增添了人们的心理负担，但是对人们的伤害远远小于夺取他们的生命、伤废他们的肢体而造成的伤害。在威慑环境下，冷战中的敌我双方军人、民众除了少许心理负担外，一般都能更好地生活，与实战相比，军事威慑更加尊重人，因而更具有合理性。于是，伦理引领战争就会导致威慑日益突出、实战越发减少。

2. 推进了政治对话而非对抗

战争一般是国家之间的政治行为，伦理引领战争的另一个重要影响就在于这种价值引领推动了分歧国家的协商而非冲突。协商意味着主体之间的平等商讨。哈贝马斯的商谈伦理思想认为，行为规范不能由统治者确定，也不能由少数人确定，甚至也不能由多数人确定，而应该由行为者坐在一起进行商谈，得出各方都认可的规范、制度，这样的规范才具有价值合理性。商谈伦理的合理性在于，各方承认自己为人，也尊重对方为人，自己与他人处于平等的地位，都有需求，尽管需求千差万别。尊重每一个人，把人当作目的而不仅仅是手段。哈贝马斯的商谈伦理扬弃了康德的“目的王国”思想，值得肯定，但也有缺陷。社会规范是每个人都必须遵守的，由于人口、地域的限制，许多情况下把所有社会成员召集在一起达成一个共同的规范，显然是不可能的。所以哈贝马斯的商谈伦理具有理想性，不具有现实可能性。尽管如此，有一点是值得肯定的，商谈伦理认可了人与人的公平性。相反，冲突则意味着双方相互否定、相互不尊重、不承认对方为人、不承认对方为合理的一方。冲突的伦理困难就在于对自己的肯定而对对方、他人的否定之中。冲突中的一方认为对方不配享有人格尊严、对方劣差一等，因而应该被消灭或被压制，反过来对方也是这种思维方式或价值观念。

这样，协商与冲突的伦理差异促进了现代国家关系注重对话而非对抗。在国家之间的政治对话中，分歧国家之间相互承认对方，一定意义上也就意味着两国国民之间的相互承认：国与国的平等、国民与国民的平等，人格尊严得到相互的认可。通过对话，分歧国家解决了争端，达成了共识，使两国或多国之间和平相处，平等互利，相得益彰。相反，对抗意味着分歧国家或分歧民族之间互不认可，一方力图征服另一方，一方力图毁灭另一方，各方都没有把对方视为平等的成员。国家之间的对抗很可能导致分歧国家之间的仇恨、两国国民的仇恨，人与人之间没有共同的人格尊严，而是一方正确、另一方错误，一方合理、另一方不合理。因此，对抗不仅消解了国格的价值，而且消解了人格的价值，国与国之间、人与人之间不是走向共同与和谐，而是陷入差别与矛盾。伦理引领战争的重要价值就在于促进了分歧国家民族之间的政治对话、平等协商，颠覆了它们之间的对抗、冲突与战争。

3. 促进了武器智能化而非拼命

伦理引领战争理念促进了武器的发展。伦理引领战争的价值基础是对人的关切，这里的人是具体的而非抽象的，包括敌我双方的军人、平民、政府官员，各方都把对方当作与自己一样的人看待；这里的关切要求战争应该少伤亡或零伤亡，战争应该少损失或零损失。这一理念深刻影响了武器装备的研究与运用。

一方面，武器装备日益自动化。其依据主要在于对己方人和物的价值关切。众所周知，复杂、笨重、庞大的战争武器，不仅需要巨大的人力、物力的保障，而且影响作战效率，难以达到战争目的。正义战争既要考虑己方军人的生命、生活与尊严，又要考虑己方百姓的生命、生活与尊严，还要考虑财物的消耗与使用。武器装备的自动化、集成化、简单化、小型化，减少了战时我方军人的劳动，平时减少了不必要的训练，与此同时也提升了战场效率，缩短了战争进程；不仅如此，武器装备的自动化、集成化、简单化、小型化也减少了社会保障的负担，减少了物质的浪费。庞大复杂的武器装备必然耗费巨大的人力、物力、财力，民众为此也要付出不必要的牺牲。可见，武器装备日益自动化，是对人的充分尊重。

另一方面，武器装备日益精确化。其依据主要在于对敌方军人、百姓及财产的价值关切。敌军也是人，也配享人的尊严与价值，然而敌方军人并非全部罪大恶极，真正有罪的是少数人，是一些好战的军官或政府官员，有时甚至是个别人。这些人要么具有分裂的倾向，要么具有侵略的倾向，由少数人发动的战争是不正义战争，而其他大多数人、其他军人往往受到战争机器的鼓动参与战争。武器装备日益具有精确性，主要目的之一就是打击少数罪大恶极的人，消灭他们或迫使其屈服，最终结束战争，而非全部在肉体上消灭敌方军人。敌方的百姓大多是无辜的，其生命、生活与尊严与我方百姓一样，值得尊重。武器装备的精确化使打击时误伤平民的情形降低或消除，尽可能地保障了敌方平民的生命、生活。敌方的财产也是由敌方人民创造的，也应该得到应有的保障。战争的目的是保存自己、消灭敌人，其中，消灭敌人主要是使敌人放弃不正义战争而非从物质上消灭。尽管个别时期、个别情况下，消灭少数敌人、毁坏敌人物质保障是必要的，但是大多数情况下，只要敌人屈服就达到了战争目的，不能像原子弹轰炸那样不分青红皂白、无情摧毁，而应该有甄别地打击。不到万不得已，大部分敌国的财富必须给予保护和尊重。武器装备的日益精确化能够实现定人、定点、定时的精确打击，减少了不必要的伤亡和损失，因而既符合伦理价值取向，又决定了未来战争武器的发展态势。

第一章

军事伦理文化的基本内涵

军事伦理既是军事精神的核心，又是军人精神的核心，深刻反映了战争的价值取向和军人的人格品质。军事伦理的基本内涵是军事伦理学的基本理念之一，揭示军事伦理的起源与本质，总结军事伦理的特点与功能，分析军事伦理的范畴与养成，对于总体把握军事伦理学的基本面貌、推进军事伦理的研究等都具有重要意义。

第一节　军事伦理文化的起源与本质

伦理、道德起源于生活，作用于生活；同样，军事伦理、军人道德也起源于战争实践，指导人类的军事活动。

一、道德与伦理

对道德与伦理的理解主要有两个维度：词源学意义和生活意义。就道德而言，在中国，词源学意义上，许慎《说文解字》说："道，所行道也，从走首。一达谓之道。"训其义为"行道"，即今人所称道路，后引申为道路或道理。"道"字最初见于西周，在构形上，像人张首于十字路口，以示辨明方向引路而行之意。此引申语义逐渐转变为一种具有初步形而上学意义的“道”观念。“德”在甲骨文中一释为“直”，一释为“循”。虽然“直”最初只表示顺从祖先神与上帝神，“循”是“遵”“从”之义，但二者都蕴含着后来所说的行为规范之萌芽。许慎在《说文解字》中把“德”与“得”相通：“德者得也”。将“德”即“悳”解释为“外得于人，内得于己也”。训义是“内得于己，谓身心所自得也。外得于人，谓惠泽使人得之也”。这里的“得”被牟宗三先生演绎为天道，即得人之为人的天道部分，而非其他所得。这样，“内得于己”就是反省自我、端正心性，使个人内心具有善之品性，即“德者性之端也”；“外得于人”就是在内心确立正直原则、端正心性修养基础之上，身体力行，使内心中的正直原则指导和约束自己的行为。于是，端正内心修养并身体力行即为“德”。所以“德”具有鲜明的后人所说的实践理性之特质。“道”与“德”的结合“道德”一词较早地出现在老子的《道德经》中，形式上是结合的，但含义上是分离的，而且内涵已经倾向于形而上学和现实生活的丰富性了。

在先秦时期，“道”既有本体论意义上的，也有政治意义上的，还有人生意义上的。如老子所说的“道生一，一生二，二生三，三生万物”[①]，这是本体论意义上的“道”，是最高意义上的存在实体。管仲所说的“治民有常道”[②]，主要为政治意义上的道。孔子所说“志于道，据于德，依于仁，游于艺”[③]及孟子所说“仁也者，人也。合而言之，道也”[④]即为人生意义上的道。概言之，古代之“道”涵括本体、规律、必然、正当、道路、方法等意义。同样，先秦时期的“德”亦有多义。“德”最初并无后来的道德的含义。它的含义经历了一个演化过程：图腾崇拜—

---

① 《道德经·第四十二章》。

② 《管子·君臣上》。

③ 《论语·述而》。

④ 《孟子·尽心下》。

上帝崇拜—人王政行—道德观念。[①] 最初，德为氏族共同体的所有人所共有，是一种天生的事物，与“性”的意义相似，以划分氏族标准，即所谓“同姓同德，异性异德”。后来，德为氏族部落首领、人王所独享，成为人王独有的沟通上帝的“专利”行为，即所谓的“以德配天，克配天命”[②]，最后，则进一步形成为民众所普遍拥有的行为规范要求。[③]

就伦理而言，在词源学上，《说文解字》说：“伦，辈也，从人，仑声。”伦被许多论者演绎。杨倞在为荀子“人伦并处”一语作注时，称“伦”为“类”，指出伦“其在人之法数，以类群后也”。东汉经学家郑玄在为《孟子》作注时说：“伦，序……识人事之序。”把伦看作社会秩序，认为人群类而相比，等而相序，等等。在生活意义上，“伦”，最初并不是专门指人与人之关系，而是常常被用来与“和”相通，所谓声音有伦如“八音克谐，无相夺伦”，语言有伦如“言中伦”，事物有伦如“毛犹有伦”，行为有伦如“行同伦”，等等。“和”即和谐，内含着秩序、位次之意思。后来，人们逐渐将伦专门用于指人与人的交往关系，成了“人伦”。《孟子》中就有多处论述，如《滕文公上》的“使契为司徒，教以人伦”；《离娄上》的“学则三代共之，皆所以明人伦也”，“圣人，人伦之至也”；《离娄下》的“察于人伦”，等等。“理”的原义是治玉。《战国策》里说到郑国人称“玉之未理者为璞，剖而治之，乃得其鳃理”。所以“理”指的是事物内在机理、秩序。“玉虽至坚，治之得其鳃理以成器，不难谓之理。”可见，理有分析精微之意，故又称为分理，也即“理，治也”。伦、理二字合在一起使用，是指人们在社会生活中的秩序。所以在中国古代思想史上，伦理与道德意义大致相同。值得

---

① 巴新生：《西周伦理形态研究》，天津古籍出版社1997年版，第18—39页。

② “周人把德看做君主个人品质，既含有对王的意志行为的某种规范意义，同时又认可王对德的垄断特权。”刘泽华：《中国传统政治思维》，吉林文史出版社1991年版。

③ 巴新生：《西周伦理形态研究》，天津古籍出版社1997年版，第18—39页。

注意的是，在中国古代早期思想史中，尽管“道德”与“伦理”概念意义大致相同，没有明确将二者区分使用，却隐约包含了“道德”与“伦理”的内容区别。随着考古学与古文献学的发展，人们对此有了更为清晰的认识。庞朴先生就根据《郭店楚简》中的《六经》《五德》，对古代儒学学说体系及其内在逻辑框架，作了富有创见的阐释。根据庞先生的阐释，事实上古代儒学学说体系由两部分构成，这就是个体道德与社会伦理。《郭店楚简》中的“五行”主旨是个体道德心性修养，“六经”“四行”的主旨则是社会伦理关系。[①]

在西方，现代英语中的道德 moral 一词源于拉丁文 mores（风俗、习惯、作用、品格），而 mores 则是拉丁文 mos（习俗、性格、品性）的复数。后来西塞罗（Cicero）根据古希腊生活的经验，从 mores 一词创造了一个形容词 moralis，以表示国家生活的风俗习惯与人们的道德品性。麦金太尔认为，在英语早期的文献中，“‘道德’（the moral）都表示该文献所要教导的实践性训诫。在这些早期用法中‘道德的’既不与‘谨慎的’或‘自私的’相对照，也不与‘合法的’或‘宗教的’相对照。当时与这一词汇意义最为接近的词可能仅是‘实践的’。随后，在这一词汇的用法史中，它首先通常被作为‘道德德性’的一部分，接着，因其意义变得越来越窄，而自身成为一个谓语。到了 16、17 世纪，它开始具有现代意义”[②]。

从 1630 年到 1850 年，“道德”一词获得了一种既普遍又特殊的意义，它“成为一个特殊领域的名称，在这一领域中，既非宗教神学或法律方面的，亦非美学的行为规则被承认为一块属于其自身的文化空间”[③]。道德所表示的这种实践性即康德所说的实践理性精神。而“实践”

① 庞朴：《三重道德论》，《历史研究》2000 年第 5 期，第 3—11 页。

② ［美］麦金太尔：《德性之后》，龚群等译，中国社会科学出版社 1995 年版，第 51 页。

③ ［美］麦金太尔：《德性之后》，龚群等译，中国社会科学出版社 1995 年版，第 51—52 页。

概念在古希腊时期的原始意义，也并非今天人们所理解的那样是人的“行事”，而是“为人”，是有关人生意义与价值的活动，是生活方式的选择。英文伦理一词 ethic 源于希腊文，意为品性、气禀与习惯、风俗，与 moral 意义相通，在古希腊的荷马史诗《伊利亚特》中表示人的住所、居留的意思，后来意义逐渐扩大表示风俗、习惯及人在风俗习惯中形成的品质。亚里士多德说“把习惯一词（Ethos）的拼写方法略加改变，就成了‘伦理’（Ethiks）这个名称”，并认为“伦理德性是由风俗习惯熏陶出来的”[①]。在西方伦理学界，通常也将“伦理”与“道德”等同使用。但是黑格尔对二者作了较为严格的区分。moral 指个体道德、品性，它是主观修养与操守，是主观法；而 ethics 则指客观伦理实体，是客观法。ethics 化为个人的自觉行为，变为内在操守，即为 moral，moral 以 ethics 为内容。黑格尔的这种区分将客观实体与主观操守彼此相别，为深入认识道德现象开辟了道路。在黑格尔之后，虽然总体上仍然是将道德与伦理通用，但亦有一些思想家仔细区分了二者，如海德格尔（M. Heidegger）与哈贝马斯（J. Habermas）。

综上所述，道德指调节人与人之间关系的行为规范以及相应的心理意识和行为活动的总和，是由经济关系决定、可以进行善恶标准评价、依靠人们习惯信念和舆论发挥作用的社会现象。伦理指客观存在的合理的社会关系及其处理这些关系的原理。相比而言，伦理是客观的，道德是主观的；伦理是道德辩护的对象。

二、伦理与战争

军事伦理的起源与本质是一个具有根本意义的问题，对这一问题的

---

① ［古希腊］亚里士多德：《尼各马可伦理学》，廖申白译，中国社会科学出版社 1990 年版，第 25 页。

回答，关系着军事伦理学体系的性质及其内容的基本倾向。关于道德的起源有多种观点，如物源论、心源论、动物进化论、不可知论等，但归纳起来主要有两种观点：客体论和主体论。客体论主要代表是宗教的神启论。神启论把道德起源归结于神秘的天启和神的意志，认为道德根源于“天”的意旨或“上帝”的启示，从道德主体之外寻找道德的根源，教育论、环境论和社会关系论等也将道德看作外部事物的产物。主体论从道德主体之内寻找道德的根源，认为道德根源于人类的天性或自然本性，人天生就有道德意识，先天论、本能论、人性论等观点都属于主体论。

马克思主义伦理学认为，道德是人所特有的。道德作为一种社会现象，并不是从来就有的，社会劳动是道德起源的基础，依据主要有四个：（1）社会关系的形成是道德赖以产生的客观条件。人的社会关系首先是一种劳动关系，劳动活动推动了人的社会关系的形成和发展。劳动把本来孤立的个体联系起来，形成相互依赖、相互协作的关系。这就是最初的社会关系。有了社会关系才可能有道德的必要，孤立的个人不存在什么道德问题。（2）人的自我意识的形成与发展是道德产生的主观条件。当个人意识到自己的存在和利益，而且也意识到他人和整体的存在和利益时，道德才会产生。（3）劳动是道德产生所需要的主客观统一的社会条件。在劳动过程中，人们建立起了比较经常而固定的各种社会关系，并认识到人与自然的关系、人与人的关系、人与集团（整体）的关系，从而产生了包括道德意识在内的各种意识。（4）社会分工是道德从萌芽到生成的关键条件。随着生产和分工的发展，人们之间的社会关系及其相互交往日渐复杂，产生了每个人的个人利益和与之相交往的人们的共同利益之间的矛盾，从而产生了从道德意识上约束人的行为、调整各种利益矛盾、维系社会秩序的必要性，日久天长便形成了一些最简单的行为规范和准则，这就是最初的道德准则。

根据马克思主义道德起源观，军事伦理起源于军事生活或战争实践活动。因为有战争就有规范，就有伦理道德，军事伦理就是在军事实践中产生发展的，这在中西文化中都有反映。在中国，军事伦理（military ethic）即武德这个概念，从内容来看，早在上古炎黄氏族融合时代就产生了。它是在战争中产生并为战争服务的。炎帝尚农德疏于武，所以被尚武勇的蚩尤所败，黄帝尚武勇而又重修德终能灭蚩尤而统一各部落，商汤修武德而放桀，武王成武德而亡殷，等等。据《史记·五帝本纪》载："轩辕乃修德振兵，治五气，艺五种，振万民，度四方。"就是说黄帝不仅重视武（振兵），而且非常重视德（修德）。虽然这里所修的德并不完全是军事伦理，但轩辕黄帝能够把道德与振兵结合起来，已朴素地认识到军事与伦理统一的重要性。又据《韩非子·五蠹》说，尧舜时代，有三苗不服，禹准备攻伐，舜说："不可。上德不厚而行武，非道也。"这说明尧舜时代，就已经重视军事与伦理的结合，并将此视为养兵用战必须遵循的一条基本法则。至先秦时期，"武德"一词开始出现在典籍中。据《左传·宣公十二年》记载，"武有七德"说系出于楚庄王之口。所谓"武有七德"，就是说军事伦理有七条规范要求或七个方面的表现："夫武，禁暴、戢兵、保大、定功、安民、和众、丰财者也。""武"与"德"二字联用，始见于《国语·晋语九》："有孝德以出在公族，有恭德以升在位，有武德以羞为正卿，有温德以成其名誉。"这里所说的"武德"即指在养兵用战方面所表现出来的一种伦理精神。《尉缭子·兵教》中说："此之谓兵教，所以开封疆，守社稷，除患害，成武德也。"此处的"武德"就是军人的历史使命或军人的责任、义务及军人的价值。司马迁在《史记·秦始皇本纪》中赞美秦始皇统一六国的战争是"皇帝哀众，遂发讨师，奋扬武德。义诛信行，威燀旁达，莫不兵服。烹灭强暴，振救黔首，周定四极"。至汉代，曾有"武德舞"，舞人悉执干戚和乐而起，以颂除乱而安天下之功德。据《汉书·礼乐志》说："高庙奏武德、文始、五行之舞……武德舞者，高祖四年作，以象天下乐己行武以除乱也。"所以，军事伦理就是行武的德行。按照古人对"武"字结构的分析，"武"的本身就是一种伦理上的要求，或者说就是一种伦理。春秋时代的楚庄王说："夫文，止戈为武。"能使国家和人民免于或解除干戈之苦难的"武"，难道不是一种伦理？随着军事实践的发展，军事伦理的内涵不断扩展、丰富。不同的阶级、不同的历史时期、不同的军事伦理主体层次既有其共同的军事伦理本质，亦有其不同的军事伦理个性特征。历史表明，有战争必有军事伦理，军事伦理的得失是决定战争胜负的重要原因。

在西方，此起彼伏的战争硝烟是古希腊军事伦理形成的直接动因。富勒曾经指出：在人类古时，无论是定居文明还是游牧文明，在两种文明之中，战争的基本原因都是生物性的和经济性的。牲畜的繁殖愈盛，则寻找新草地的机会愈频繁，在任何时候只要有一次旱灾，即可以成为一次侵入的预兆。同样地，城市人口愈繁殖，则所需要的粮食愈多，于是必须用来耕种的土地也愈多。所以在定居文明和游牧文明中，战争都经常是为了肚皮打的，不管是人的还是兽的。因此，"有史以来，在生存的斗争中，'生存空间'（Leben Sraum）始终是一个大问题"[①]。古希腊帝国在形成和发展之初，为了争取生存空间，与其他民族，特别是波斯人之间同样战争不断。希罗多德在其著作《历史》中对此有较为详细的记载，他指出，除了与波斯之间大的战争以外，雅典先后与底比斯人、埃吉斯人等发生过多次战争。古希腊人中的伊奥尼亚人更是在战争中经常吃败仗、受奴役，"这样一来，伊奥尼亚人便第三次被变为奴隶：第一次是受到吕底亚人的奴役，第二次和现在的一次都是受波斯人的奴

① 富勒：《西洋世界军事史》第 1 卷，广西师范大学出版社 2004 年版，第 2 页。

役”[1]。军事伦理是战争的规范、要求，所以有战争就会有伦理。古希腊早期所发生的希波战争等大大小小的战争实践，成为古希腊军事伦理孕生的土壤和形成的直接推动力，这些在梭伦、希罗多德等的作品中都有反映。希波战争后，雅典由于在战争中的英勇表现，赢得了当时其他城邦的尊敬和拥护，不久即取代斯巴达成为古希腊联盟国的盟主。公元前5世纪左右，雅典进入黄金发展期，它所取得的成就使斯巴达和其他所有古希腊城邦黯然失色。然而，古希腊却并没有从此走上和平发展之路，争霸帝国使古希腊两个最大城邦之间不断兵戎相见，最终导致伯罗奔尼撒战争的大爆发。面对不断出现的军事冲突和战争，军事伦理道德的地位和作用日显突出，这一时期许多著名的思想家也从不同侧面阐述了自己独到的观点，比如修昔底德提出的“有利即正义”的军事伦理、色诺芬提出的“背誓无义”的军事伦理等。

三、军事伦理的本质

军事伦理的本质源于道德的本质。一定意义上，道德的本质是指道德区别于其他事物的根本性质，即道德作为意识形态和价值体系区别于其他意识形态和价值体系的特殊性所在，是道德所特有的性质。道德本质论是对道德本质认识而形成的理论。在思想史上，关于道德的本质存在多种观点，归纳起来有本体论和工具论。一是道德本体论。道德本体论就是在道德的本质问题上把道德作为目的，把人看成道德的载体和工具的理论。道德本体论认为道德原则和规范是至上的和超越的，是人们应当追求的终极目标，人只不过是道德的载体和工具，人生目的就是追求和实现理想的道德人格。道德本体论在西方的创始人和主要代表是柏拉图。柏拉图哲学主要是他的“理念论”，在柏拉图哲学中，现象世

---

① 希罗多德：《历史》（下册），商务印书馆1985年版，第415页。

界的万物由于以“理念”为范型而存在，而众多“理念”又都由于“善的理念”的存在而获得其存在的理由和被现象世界模仿的原因。因此，“善的理念”作为最高的存在，成为一切存在的终极目标。中国儒家思想是最为典型的道德本体论。儒家的道德本体论从孔子肇始，孟子进一步完善，在宋明理学中达到极致。儒家把道德或道德化的“天”看成宇宙的本体和人生所追求的目标。孔子的“天生德于予”就是把“天”作为宇宙本体，并认为它们是先于人而存在的。孟子进一步强调道德是人之为人并区别于其他动物的根本，对于人来讲，道德的重要性高于人的生命存在。宋明理学中的“理”“天理”本身是不待于物而成为万物之所待。在儒家那里，道德并不依赖于人的需要和利益而存在。相反，道德却是人追求的最终目的。

二是道德工具论。道德工具论是在道德本质的问题上把道德看成为人服务的手段和工具的理论观点。它确立了人的主体地位和中心地位，把道德仅仅看成为人服务的方式。道德工具论在西方较发达，中国则很少持此观点者。西方伦理思想史上的道德工具论思想产生于古希腊罗马时期。普罗泰戈拉就提出了著名的“人是万物的尺度”的观点，凸现了人的自身存在的独立性，赋予人以理性存在的权利，确立了人的中心地位和主体地位。伊壁鸠鲁认为，个人是一切活动的目的，唯一无条件的善就是那一切生物所努力追求的快乐，唯一无条件的恶就是那一切生物所极力回避的痛苦。他所说的快乐不是指个人对快乐本身的感受，而是指整个一生的幸福。真正的幸福在于避免一切痛苦、烦恼和忧虑。伊壁鸠鲁的快乐主义开始动摇了道德的至上地位。文艺复兴时期和近代资产阶级启蒙时期的思想家，提出人及其需要才是目的，道德只是为这个目的服务的工具的思想，后来被广泛接受。霍布斯认为人们的自我保存、利己需要是目的。霍布斯提出“自然权利”和自然法的理论，在霍布斯那里，自然法就是自然权利的自我限制。因而自然法的一切条文，都是为此目的服务的工具，不得与之相悖。约翰·穆勒认为，人及其快乐是道德的目的，道德就是要满足人们的需要，给人们带来快乐。到了当代，实用主义也认为善只是满足人的需要的工具，道德就是达到成功的工具性手段，坚持人是道德的主体的论点。

当代的我国学界关于道德本质也有多种观点，影响较大的有三种。一是规范论。认为道德的本质在于它的特殊的规范性。这个观点是我国学术界的主流观点。规范论主要从道德的社会本质出发，力图从道德作为意识形态和人们的行为规范与其他形态和行为规范——主要是法律规范——的区别中，界定道德的本质特征。持规范论的主要是以我国著名伦理学家罗国杰教授为代表的一大批学者。二是主体论。认为从本质上说道德是人自我肯定、自我发展和自我实现的一种特殊方式。主体论强调人的主体地位和主体性，认为道德不具有否定个人利益的性质，恰恰相反，道德的目的就在于保证每个人的利益和个体的发展。在主体论看来，道德的约束性只是从属的性质，肯定个人的利益和个体的发展的精神品质才是道德的本质所在。三是主体与规范统一论。认为道德的本质是规范性和主体性的统一，强调道德具有二重性：一方面，道德具有社会约束性，就此而言，人是道德的被动客体；另一方面，道德规范行为的实现必须以个人自愿接受约束并自由选择为条件，就此而言，人是道德的能动主体。从道德本质的规范性和主体性之间的相互关系来看，它们各自都以对方为自己存在的条件。

唯物史观在道德本质的观点中强调，道德作为一种特殊的社会意识形式，是对人的行为的非权力强制性调节形式，是在调节和反映社会利益关系中的规范性与主体性的辩证统一，是一种实践精神形式的价值活动。这样可以把道德的本质概括为：道德既是一种特殊的社会意识形式，又是一种在规范性和主体性的矛盾统一中非强制地反映和调节人与人、人与社会、人与自然、人与自我关系的具有应然价值的实践活动。

关于军事伦理的本质，马克思主义认为，战争是政治的继续，军事伦理或武德的本质也是意识形态的继续。道德是建立在特定经济基础之上的意识形态，在阶级社会具有阶级性。马克思恩格斯指出：“一切已往的道德论归根到底都是当时的社会经济状况的产物。而社会直到现在是在阶级对立中运动的，所以道德始终是阶级的道德；它或者为统治阶级的统治和利益辩护，或者当被压迫阶级变得足够强大时，代表被压迫者对这个统治的反抗和他们的未来利益。”[①] 马克思主义关于道德一般本质的论述是我们理解军事伦理本质的指南。战争是政治的继续，政治是经济的集中表现，所以战争是各对立阶级为维护自身利益以政党、国家等形式进行的暴烈冲突。不同阶级有不同的道德观念，因此服务于战争的军事伦理本质上就成为一种意识形态。比如，马克思主义认为，战争有正义与非正义之分，“决定战争社会性质的是战争所继续的是什么政治（‘战争是政治的继续’），战争由哪一个阶级进行的，是为了什么目的进行的”[②]，无产阶级因此应当以自身的利益为判断战争伦理的标准。从无产阶级利益出发，马克思同情和声援作为“争取工人阶级解放的总斗争的一部分”的反对殖民压迫、争取民族解放的革命运动，热情讴歌巴黎公社“具有何等的灵活性，何等的历史主动性，何等的自我牺牲精神！……历史上还没有过这种英勇奋斗的范例”[③]，认为普法战争是帝国主义发动的非正义战争，谴责帝国主义之流对巴黎公社的镇压。

列宁同样以无产阶级利益为军事伦理的依据，当俄、英、法等国于1900 年发动八国联军侵华战争时，列宁站在“俄国工人阶级和全体劳动人民”的立场上同情中国人民的反抗斗争，反对帝国主义战争。第一次世界大战爆发后，列宁同样站在俄国无产阶级一方，反对帝国主义战

① 《马克思恩格斯文集》第 9 卷，人民出版社 2009 年版，第 99—100 页。

② 《列宁全集》第 32 卷，人民出版社 1985 年版，第 222 页。

③ 《马克思恩格斯文集》第 10 卷，人民出版社 2009 年版，第 352—353 页。

争，要求无产阶级“把资本家为了本身利益而进行的战争变为无产阶级为了全体被剥削劳动者的利益而进行的战争”[①]，把侵略战争变为正义战争。马克思主义有关战争正义理论是我们认识和处理当代军事伦理现实问题的指南。

当代，国际范围内的阶级、国家矛盾仍然存在，战争依然根源于阶级、国家利益的对立与冲突。在这种背景下，必须坚持以中国工人阶级和广大人民的利益为判断战争正义性质的根本标准，把凡是有利于中国工人阶级和广大人民利益，有利于中国国家核心利益即捍卫国家主权、国家安全、领土完整、国家统一等战争视为道德的，在国际事务中坚决反对破坏《联合国宪章》所确定的国际关系秩序、破坏人类命运共同体的建立、恶化中国和平崛起外部环境的侵略战争，切实维护中国最广大人民群众的根本利益。

第二节　军事伦理文化的特点与功能

作为军事、伦理、哲学等理念的交叉，军事伦理与它们有相似之处，也有不同的特点和功能。

一、军事伦理的特点

特点即事物突出的地方、独特的性质。从不同侧面看，军事伦理有不同的特点，概括起来至少有五个。第一，形式的普遍性。形式的普遍性是指各国军队在各个历史时期都普遍存在军事伦理。只要有军队，就会有道德约束。对军人进行道德教育，是各国军队军事训练的重要内

① 《列宁全集》第 32 卷，人民出版社 1985 年版，第 220 页。

容。在美军中，对军人进行道德教育也被称为价值观灌输，行使这个职能的机构设在司令部。在平时的军人誓词、战前动员、重大节日、典礼仪式等场合，美军不失时机地对军人进行热爱美利坚、忠于宪法等教育；在战时的美军决策、军事行动中，对军人进行军事人道主义教育、国际战争法教育等。在法军中，对军人进行道德灌输更是军事训练的重要组成部分。在各种军事、政治手册中，法军都要教育军人热爱法兰西，为自由、民主、平等而战。日军、英军、俄军等也都有大量的军事伦理教育，并有明确的军人价值观要求。我军更是如此。我军是党绝对领导下的人民军队，政治工作是我军的生命线，军事伦理是军队政治工作的灵魂，这在当代革命军人核心价值观和培养“四有”新时代革命军人[①]中可以充分体现出来。不仅如此，军事伦理在各国军队的各个历史时期都普遍存在。在中国，传统军事伦理也叫中华传统武德，作为军队军人行武用武的道德要求，中国传统军事伦理非常丰富，尤其表现在兵家思想中。孙子的“将者，智、信、仁、勇、严也”的军事伦理的著名观点，塑造了中华民族一代又一代军人品格；“不战而屈人之兵”的人文关怀，更是影响了中国历代军队的行为取向。战国的管仲、秦末成书的《黄石公三略》、三国时期的诸葛亮、明代的戚继光等都有丰富的军事伦理思想。在西方，从荷马史诗军事伦理思想的萌芽，到古希腊罗马军事伦理思想的繁荣，再到中世纪军事伦理的异化，后到资本主义军事伦理理性化等，军事伦理是贯穿西方各个时期军事思想和部队建设的一条精神线索。

第二，内容的职业性。军事伦理与一般伦理不同，一般伦理涉及各个领域、各个主体、各个时期，也就是说，一般伦理的民族性较弱，对

① 习近平：《决胜全面建成小康社会　夺取新时代中国特色社会主义伟大胜利——在中国共产党第十九次全国代表大会上的报告》，人民出版社 2017 年版，第 53—54 页。

大多数国家和民族都适用。在罗尔斯的正义伦理中，理性存在者的一般伦理也被称为自然道德义务，这样的自然道德义务被分为两类：肯定性的义务和否定性的义务，肯定性的义务如当别人在需要或危险时帮助他的义务（假定这样做不必冒太大的危险或太大的自我牺牲）；否定性的义务如不伤害另一个人的义务、不施加不必要的痛苦的义务。现实生活中，否定性的义务比肯定性的义务更重要、更基本。与职责相比，作为一般伦理的自然道德义务的第一个特征是它们的无条件性和强制性，即一般伦理不涉及自愿与否，也与制度无任何联系（即不是由制度安排的），是一个人之所以为人必尽的道德义务。罗尔斯说："这样我们就负有一种不残忍的自然义务，一种帮助他人的义务，不管我们是否愿意承担这些行为。说我们没有做过不残忍或不复仇的承诺，或者没有做帮助别人的承诺，都不能成为推卸这些义务的理由或辩解。"[①] 一般伦理的特征是它们的普遍性，即它们不管在什么制度下，也不管在什么时候都有效，能被所有的理性存在者所认可。也就是说，一般伦理的基本特性就是它的义务性、普遍有效性、无差别性。与一般伦理不同，军事伦理是军事领域的行为规范、道德准则，是军事行动的灵魂，是战争的精神气质，因而是军人的职业伦理。军事伦理的职业性意味着军事伦理涉及军事训练、军事生活、战争行动等各个方面，是军人、军人集团首先要遵守的行为规范。其他行业的人未必就遵守这些规范和要求。以战争的性质为例，战争的正义判断了战争的价值合理性与否及合理性程度，而一般人关注的正义则是公平、公正的内涵。再比如军事人道主义主要指军人在军事行动中对人的价值关切，这里的人首先是己方的百姓、战友、友军，然后才是战俘、敌国人民，这与一般伦理的博爱有许多不同，等

① John Rawls, *A Theory of Justice, Cambridge*, Massachusetts: Harvard University Press, 1971, p.114–115.

等。军事伦理作为职业伦理在行为主体、基本要求、价值取向上都与一般伦理有很大差异。

第三，主体的针对性。军事伦理的主体与一般伦理的主体不同，伦理主体与内容紧密相关，既然一般伦理的内容是最基本的道德义务，那么其主体也就是所有的人，只要是人，都必须遵守一般伦理要求，否则人就不成为人了。也就是说，一般伦理是一种底线伦理，是人与兽的界限。与此不同，军事伦理是对人的更高的要求，其主体不但要遵守一般伦理要求，履行基本道德义务，而且有军事职业的针对性，即军事伦理的主体首先是军人，然后是政府官员，最后是一般民众。三者之中，政府官员之所以可以成为军事伦理的主体，是因为战争政策、战争目标等往往是由当事国政府官员制定的，它们是否具有伦理性或合乎伦理的程度如何，直接反映了政府官员的伦理觉悟。第二次世界大战末期，针对能否使用原子弹轰炸日本本土，美国以杜鲁门为总统的政府官员们进行了激烈的伦理论证，就是反映。一般民众也可能成为军事的主体，因为军队的后勤保障、战争的有关设施等是由百姓参与完成的，而且军人来自民众，民众的觉悟对战争取得胜利关系重大。三大战役中的淮海战役，有人将其比喻为百姓手推车推出的胜利。在人民群众的支援、支持下，我人民解放军以迅雷之势，取得了淮海战役的伟大胜利，可以说，没有民众的大力支持，我们要想取得如此辉煌的胜利，是有难度的。当然，军事伦理主体主要是军人或军事集团，这是由军队的地位和作用决定的。军队、军人就意味着战争，意味着暴烈冲突，有战争就会有规范、就会有价值要求，而军人、军队是战争的直接参与者，所以军事伦理首先的、最主要的约束对象是军人或军事集体。反过来，军人或军事集体能够自觉地按照伦理要求训练、打仗、生活、学习，也就由规范约束的对象成为规范的主体。这样，军事伦理主体的针对性主要指军事伦理对军人或军事集团的约束力相对较强，对其他人或集团的要求、约束相对较弱。

第四，力量的自觉性。与军法相比，军事伦理的自觉性是军事伦理对军事主体潜移默化影响后而形成的“我要做”的觉悟。军事伦理主体发挥作用的方式有一个“要我做”到“我要做”的过程。在“要我做”的阶段，军事伦理对军事主体而言纯粹是外在的、“异己的”力量，为了使军事主体遵守军事伦理，就要通过教育、宣传、舆论等各种方式，甚至通过军事强制迫使军人按照要求去做。比如新兵刚入伍，一些新战士对军人“作风优良”没有正确的认识，在行为中可能表现出消极、散漫、任性等现象。于是部队通过新兵教育、条令条例的学习、严格的纪律等措施迫使新战士养成良好军人作风的新习惯、新的行为方式。在“我要做”的阶段，军事主体能够自觉按照军事伦理精神要求去做，那些外在的军事伦理规范对军人来说不再是约束，而是自由；不再是异己的，而是自我的；不再是外在的，而是内在的。军事主体与军事伦理精神融为一体。比如在战场上，我军规定优待俘虏，这是军事人道主义的重要表现，也是瓦解敌军的重要举措，所以优待俘虏就是军事伦理规范，也是我军的政治纪律与军法规范。官兵在战场上面对俘虏，能够自觉地尊重他们的人格，给予人道主义的关怀，这就反映了军事伦理的自觉性。

自觉性的反面是强制性，后者大多与法律、纪律相联系，有时也与尚未内化为军事主体的道德规范相联系。道德与法律的相同点都是规范要求，都要求主体应该做什么、不应该做什么，但也有许多不同点，其中最重要的不同点就是自觉与强制的区别。军事伦理与军事法纪的区别也主要表现在自觉与强制方面。一般而言，军事法纪即军法、军纪是外在的、明确的、不得不如此的规范，军事主体一旦违反了这些规范，就会受到制裁，迫使当事人就范。相反，军事伦理和军人道德规范是内在的、不太明确的、应该如此的规范，军事主体一旦违反了这些规范，不仅会受到军队舆论和社会舆论的外在谴责，而且会受到自我良心的内在谴责，后者表现为军事行为主体事后的负罪感、自责等，在以后的军事行动中会自觉按照道德良心去做。为了洗刷第二次世界大战时期德国法西斯的罪恶，为了谢罪，勃朗特代表德国人民向波兰人民下跪，就是例证。

第五，本质的意识形态性。伦理或道德在现有的社会历史条件下大多具有阶级性。恩格斯指出："人们自觉地或不自觉地，归根到底总是从他们阶级地位所依据的实际关系中——从他们进行生产和交换的经济关系中，获得自己的伦理观念。"[①] 也就是说，道德观念总是反映人们的经济状况、阶级地位、政治立场。无产阶级道德总是反映工人阶级和广大劳动人民的利益和愿望，为广大人民群众的解放、发展服务。相反，资产阶级道德代表大资本家的利益和愿望，为他们欺压广大无产阶级和人民群众服务。所以，不同社会地位的人，不同阶级立场的人，他们的道德观念是非常不同的，因而具有强烈的意识形态性。军事伦理作为伦理的一种，也具有很强的意识形态性。即使军事伦理在形式上具有普遍性，即各国、各个时期的军队都有军事伦理要求，但是在属性上又有具体性、历史性。比如军事英雄主义，各个国家军队都要求自己的军人具有英勇顽强的精神，并把在战争中发扬军事英雄主义的军人树为英雄或典型，然而，由于阶级性质不同，各军对英雄主义的要求不同，结果也就不同。在资产阶级军队中，军人发扬英雄主义精神是不彻底的，一旦战争无法取得胜利时，允许军人投降。但我军的英雄主义即革命英雄主义不同，我军要求"一不怕苦、二不怕死"，哪怕只剩下最后一个人，也要战斗下去直至光荣牺牲。另外，资产阶级军队的英雄主义还是个人的英雄主义，是为了个人的利益而战。比如伊拉克战争中的美军女兵琳

① 《马克思恩格斯文集》第 9 卷，人民出版社 2009 年版，第 99 页。

娜，在记者采访她为何勇敢时，她的回答是“当兵、挣钱、周游世界”。而我军的革命英雄主义则不同，它是为人民的、集体的英雄主义，革命军人不是为了个人利益而战，而是为了国家、人民的利益自觉地战斗；不是“单枪匹马”，而是协同配合，直至以身殉国，毫无遗憾。所以，军事英雄主义作为世界各国军队所共同推崇的军事伦理精神，因其阶级属性不同而具有很强的意识形态性。军事爱国主义、军事功利主义、军事人道主义等所有的军事伦理都是如此，都具有一定的阶级性或意识形态性。

二、军事伦理的功能

军事伦理、军人道德也是道德，也具有一般道德的功能。一般意义上，道德功能即道德自身具有的作用，表征着道德诸要素相互作用的机理及其表现出来的功效，是道德对人自身生存发展和完善的功效及其意义。一般来说，道德至少有六大功能。一是调节功能。调节功能是道德的最主要功能。道德的调节功能是指道德具有通过评价等方式来指导和纠正人们的行为和实际活动，以协调人与人之间、个人同社会群体之间、个人与自然之间、个人与自我之间的关系的能力。道德调节以使人们的行为实现从“现有”到“应有”的转化为目标。二是认识功能。道德认识主要是认识自己对自己、家庭、阶级、社会、民族、国家和自然界应负的责任或义务。道德的认识功能主要是通过道德意识和道德判断实现。通过道德意识和道德判断，人们可以获得对现实社会的关系、状况的知识，确定现实社会的价值目标和价值体系，并预见或预测社会和人类发展的前景，其目标是提高人们做有道德人的自觉性。三是教育功能。道德的教育功能是指道德能够通过表彰和批评、扬善抑恶等评价手段，引导社会舆论、塑造理想人格、树立榜样，提高人们的道德信念、道德理想和道德境界，使人们自觉地努力修养，调节自己的行为，从而形成一定的道德品质和社会道德风尚。教育功能的目标是培养人们良好的道德意识、道德行为和道德品质，提高精神境界。四是命令功能。道德是人以评价和命令的方式把握现实的一种手段，通过把周围社会现象区分为善和恶、正义和非正义予以实现。道德向人提出要求和命令，人对道德要求和命令作出回答与奉守。道德命令功能的实现，表现为反映社会道德生活的价值准则转化为个人内心隐秘的命令、良心的召唤和义务的呼声，表现为道德参与人们内心世界的改造与完善。五是规约功能。道德用各种各样的规范作标准和尺度去评价人的活动和关系，也就是对人们的活动和关系的一种约束。道德的规范约束是通过社会舆论、内心信念等手段，唤醒人们的良知和羞耻感、内疚感，从而实现自我控制和社会控制的目标。六是激励功能。道德具有激发鼓励人们的主动性和积极性，促使人们自我发展、自我完善，使社会关系进一步人道化。道德的激励功能，是道德教育功能和认识功能的升华，表现为道德鞭策人们用高层次的道德标准要求自己，不断攀登道德高峰。其目标是不但要人做一个有道德的人，而且要做一个道德高尚的人。现代学术界还提出了道德的平衡功能，认为道德不仅调节人与人之间的关系，而且平衡人与自然之间的关系。它要求人们端正对自然的态度，调节自身的行为。环境道德、代际伦理是当代社会公德之一，它教育人们应当以造福于而不贻祸于子孙后代的高度责任感，从社会的全局利益和长远利益出发，开发自然资源，发展社会生产，维持生态平衡，积极治理和防止对自然环境的人为性的破坏，平衡人与自然之间的正常关系。所以道德的平衡功能本质上是其调节功能在人与自然关系中的反映。

军事伦理除了具备一般道德的功能外，还在于它是制约战争的重要力量。冷战结束以来，人类所要面对的或将要面对的重要问题不仅是政治的和军事的冲突，而且凸现出不同文明和文化之间的紧张与冲突。在这一点上，亨廷顿的理论也许具有一定的合理性。这是当代全球性人类境况的一个显著的新特点。诚然，在许多情况下甚至绝大部分情况下，各种跨国家、跨地区的问题仍将需要用政治的、外交的和军事的方式加以解决，但是除了这些方式之外，人类还应该学会用文化的和道德的方式解决我们共同面临的军事方面的问题。在某种意义上说，文化传统或道德价值观念的差异与分歧常常是造成许多军事冲突的深层原因，因而对于这些问题的真正解决而不是临时妥协，最终也要借助于各对立方的文化传统和价值观念之间的沟通理解。可见，道德作为解决军事冲突的方式之一，不仅是必要的，也是必然的，双方达成一定程度的道德共识也是可能的，可以预期的，达成的道德共识就是所谓的“国际道德规范”。它建立在大多数原则（the principle of majority）的基础上。大多数原则就是符合大多数人或大多数国家的利益原则，它是国际道德规范能够得到公认的基础。国际道德规范产生的前提是多边国际关系的形成。在现实的国际社会中，虽然“一国是否与他国进行战争交往，这通常是不由自主的”，但大多数情况下，每个国家都会为了获得合作带来的好处或避免违规带来的坏处而服从这种规范。这就是国际道德规范的效力。它表现为大多数国家的具有正当合理性的意志对少数国家的非正当合理的意志的舆论强制。当然，由于多数强国参与了强权争夺进而发动战争，弱小国家敢怒不敢言，伦理的声音就显得格外孤独、微弱而遥远。而争夺强权的国家行为不仅是不道德的，而且注定是要失败的，因为违背道德就是违背大多数国家的意志。约翰·斯托辛格在调查了 20 世纪中的 11 次重大战争后，得出的结论是，发动战争的国家中没有一个赢家。随着社会的发展，拥有自卫能力的国家越来越多，以发动战争谋取国家利益的方式不仅会越来越无法得逞，而且会给自己的民族和国家的历史留下无法抹去的污点，使她的人民永远为他们国家的历史感到愧疚。

具体地说，军事伦理的功能即军事伦理的作用、意义或价值，除了具有一般伦理道德的功能外，至少还有四个较为独特的功能：一是加强战争正义。学界普遍认为，正义战争是反侵略的自卫战争，一个国家或民族抵御外敌入侵，保护领土、人民、主权和文明，这时的自卫战争就是正义战争。正义战争说明了战争的正义性、价值合理性，但是，反侵略自卫战争的主体如果在战场上为所欲为，那么战争也就可能由正义走向非正义。相反，正义战争的主体能够在战争过程中谨慎地行动，不滥杀无辜，优待俘虏、关爱生命，尽力保护人类文明成果等，就可以获得正义之师的美名，从而加强了正义战争的正义性质，否则，会削弱战争的正义性。[①] 第二次世界大战后期，英国空军对德国的德累斯顿市的大轰炸就是例证。打击德国法西斯的战争是正义战争，赢得了美、英、中、苏同盟国及世界许多反法西斯国家人民的支持，然而在德累斯顿大轰炸中，炸死炸伤、烧死烧伤的人基本上都是普通市民，大量的世界独一无二的建筑文化被摧毁，尤其是，英美政府也承认，英国空军如果不轰炸德累斯顿，对德战争一样会取得胜利，并且不一定推迟，因为英美联军诺曼底登陆成功后，德国的败局已定。但是，英国为了报复德空军曾经对伦敦的袭击，发动了对德累斯顿的大轰炸，理由仅仅是惩罚德国人并“给德国政府和军人以心灵的震撼”。以无数人的生命为代价换来的只是吓唬一下少数德国人，理由太过牵强。尽管英国打击德国法西斯的战争是正义战争，但是英军不问青红皂白轰炸德累斯顿，导致直到如今英国国内外许多人对这次轰炸还颇有微词，认为这次大轰炸是不道德的。

二是推进战争文明。军事伦理虽然产生于战争，但是反对不必要的战争，主张在迫不得已的情况下才能发动战争。即使是正义战争，军事伦理强调军事主体也应该文明地作战。侵略国家的军队军人只有遵守军事伦理规范，才能减轻自身的战争罪行；反之，会加重自身的战争罪

---

① 丁雪枫：《道德正义论》，江苏人民出版社 2012 年版，第 259 页。

行。如果敌我双方的军队军人都能按照军事伦理的要求而战，则必然推进战争的文明、人类的文明。战争历来以残酷著称，古今中外概莫能外，有战争就会有伤亡，就会有损失。这里的伤亡不仅有肉体的伤残或消失，更有人的心灵精神的伤害，比如许多战争中甚至正义的军队、军人有时也可能做出一些不道德的事情。这里的损失不仅有战争资源的损失，而且有人类创造的文明的损害。军事伦理要求军事主体尊重人、爱护人、保护人类的文明成果，所以军事伦理的张扬，对于推进战争文明具有重要意义。

三是缩短战争进程。军事伦理承认战争有时不可避免，同时也承认战争不可能避免伤害。但是军事伦理强调，在战争中要把伤害降到最低。毋庸置疑，通常情况下，战争过程越长，耗费越多，涉及人员越多，伤亡也就越大。日本侵华期间，伤亡数千万人，国家民不聊生，中华民族几近到了亡国亡种的边缘。相反，解放战争中，在我党的正确领导下，人民解放军把握了战争的规律，掌握了战争的主动权，快速地结束了战争，敌我双方的损失和伤亡都是很低的。在国际上，伊拉克战争中，随着战争的延长，美军的伤亡不断增加，军费开支也大幅攀升，迫使美国不得不从伊拉克撤军。许多战争都表明，战争的伤害程度往往与战争的进程成正比，战争进程越长，伤亡越大；战争进程越短，伤亡越小。军事伦理有着对人类关切的情怀，保护每个人的人格尊严、爱护人类的文明成果等都可能促使战争尽快结束。

四是促进世界和平。“不战而屈人之兵”是军事伦理的价值目标。这个目标强调“兵不血刃”，也就是说，不通过战争行动，以和平的方式达到敌我激烈对抗才能达到的目的，所以军事伦理内在地包含了和平，和平也是军事伦理的应有之义。人类只有在和平的环境中才能生存、生活、发展，也只有在和平的环境中才能配享做人的价值与尊严，尤其只有在和平的环境中才能享受人类自我创造的文明成果。人类本质上是要求和平、期盼和平的，军事伦理迎合了人类的愿望，把和平作为战争的根本目标，强调军队应该为了和平而战，军人应该为了和平而牺牲，最好不发生战争。康德在《永久和平论》中指出，自从有人类以来，战争就连绵不断，但并非说明战争是人类不可避免的事情。他强调如果各国都能遵守基本的国际法法则或国际战争法规则，战争及其罪恶就可能减少甚至消失，人类永久和平的目标就可能实现。康德的思想也启示人们，军事伦理的大力弘扬，对于促进世界和平、保护世界和平等都具有重要价值。

第三节　军事伦理文化的范畴与养成

军事伦理学之所以能够成为一门较为成熟的学科，除了有人类战争实践的需要之外，还在于它有相对独立的范畴，这些范畴使其能够与哲学、军事学、普通伦理学等比较明显地区别开来。

一、军事伦理与军人伦理

军事伦理是军事领域的价值追求，而军事领域又有广义与狭义之分，所以军事伦理也有广义的军事伦理与狭义的军事伦理之分。广义的军事伦理基于泛化的军事领域。从广义视域定义军事领域，军事领域就包含许多方面：政治、经济、文化等。就政治方面而言，马克思主义认为，战争是政治的继续，政治是战争的本质，所以在这个意义上，军事是政治的一部分甚至是非常重要的组成部分。就经济方面而言，经济是军事、战争的基础，缺失基本的经济支撑，军事活动寸步难行；许多情况下，没有经济利益的考量，战争也难以发生。在信息化战争条件下，打仗在一定意义上也是在拼经济，因为战争需要强大的经济实力做后盾。就文化方面而言，军事文化是一般社会文化的重要内容，有时是一般社会文化的精华和发展方向。以我军军事文化为例，改革开放前，许多社会先进文化都是我军广大官兵首先弘扬，成熟后推向社会，成为社会的价值引领。全心全意为人民服务、大公无私、集体主义、先人后己、艰苦奋斗等军人道德曾经影响了全社会的文化取向，有的甚至在今天仍然发挥作用。当然，根本上，社会文化是军事文化的引领。在我军，马克思主义传入中国后，我军官兵在马克思主义指导下英勇奋战，与广大人民群众一起推翻了蒋家王朝，建立了社会主义新中国，所以马克思主义社会文化引导我军军事文化，马克思主义道德观引领我军军事伦理。当代西方资本主义国家，为了推广资本主义的生活方式、意识形态、价值观念等，不惜对发展中国家发动侵略战争。在中世纪，“十字军东征”也是社会文化牵引军事和战争的例证。当然，一些资本主义国家发动的战争、“十字军东征”虽然是在文化的引领下发生的，但总体上说那些文化都是没落的、腐朽的，只有马克思主义文化才是科学的、合理的。总之，军事蕴含了社会的各个方面，作为军事的价值与精神，军事伦理无处不在。为了便于研究，军事伦理一般不采用广义的形式，而采用狭义的形式。狭义的军事伦理是军事活动的价值取向、精神气质和道德规范，规定了军事活动的价值合理性限度。这些军事活动包括军人、军事集团在内的军事主体的训练、生活、工作、战争行动、非战争军事行动等各个方面。狭义的军事伦理主要是战争主体的伦理，有时也包括广大民众、政府官员的军事伦理。

军人伦理是军事主体的价值追求。军人伦理至少具有两个特点：第一，职业性与广泛社会性的统一。毋庸置疑，军人伦理学是一门职业伦理学，但是在其性质上又与一般职业伦理学有着显著区别。一般职业伦理学的显著特征是它的职业性，而军人伦理学不仅具有职业性的特征，而且具有最广泛的社会性特征。这是因为：其一，军人的职业价值具有最广泛的社会认同性。军人的职业关系国家和人民的生死存亡、安危祸福。军人伦理是为提升军人的职业价值服务的，亦即为实现和维护国家与人民的利益服务的。因此，军人伦理所具有的社会认同感最具有普遍性、广泛性。其二，军人的职业岗位最具有广泛接轨于社会各职业层面的通联性。就职业分工来说，军队就是一个社会。社会上的三百六十行，几乎每一行都可以在军事职业中找到它的影子，而且社会上有的“行”最初就是从军事职业中分化出来的。军地职业的接轨必然带来职业道德的接轨、渗透、借鉴和同步发展。其三，军事职业的主体具有最广泛的社会参与性、流动性。军人来自社会，最终绝大多数又回到社会。职业主体与社会的交互流动性越大，该职业伦理对社会的渗透、辐射效应就越强。主体的社会（公民）—军队（军人）—社会（公民）的流动和角色转换，有效地推进了军人伦理的社会化。第二，阶级性与国家至上性的统一。任何军队都有阶级性，都隶属于一定的国家和组织，因此，任何时期、任何国度的军人伦理都体现了阶级意志和国家意志。鲜明的阶级性与国家至上性的统一，是军人伦理区别于其他任何职业伦理的最显著、最本质的特征。军人伦理的阶级与国家属性主要表现在，军人道德理论以特定阶级的思想体系作指导，军人道德原则规范所体现的阶级和国家的价值指向性，以及军人道德实践的活动所服从和服务于利益主体的规定性。军人伦理的阶级与国家属性所体现的价值目标在一般情况下是一致的，但是在特定历史条件下、特定道德实践活动中，也可能出现道德二律背反或两难选择，这是阶级的利益和国家的利益发生冲突、阶级的道德意志和道德真理性的冲突所造成的。冲突不是对统一性的否定，而是对现实统一的破解，是使统一性在新的基础上实现质的飞跃。在现代国际社会中，军人伦理的阶级性通常表现为一种党性，如我军伦理所体现的就是共产党人的道德观念、道德要求等。西方有些国家的军人伦理在表面上好像不以政党的利益为导向，实质上仍然没有脱离党性原则。因为国家是由政党来执政的，西方所谓轮流执政的各党并非多阶级的政党，实质上只不过是同一个阶级的政党内部的不同派别而已。所以，在军人伦理的价值指向上，仍然体现了国家、阶级和政党的统一性。

在军事伦理与军人伦理的关系上，许多学者认为，军事伦理包括军人伦理，军事涉及方方面面，军人只是军事的一个要素，所以军事伦理中涵盖了军人伦理。也有许多学者认为，军人伦理包括军事伦理，因为伦理最终为了规范人，军事主体中有军人和军事集团，而军事集团也是由人组成的，军事集团的决策也是许多人的集体决策，军事集团主体的本质还是人，尤其是军人。人是军事的主体，军人伦理就应该涵盖军事伦理。辩证地看，两种观点都有一定的道理。军事伦理最终由军人去实践，通过军人的行为把伦理精神变为现实。所以，军事伦理与军人伦理融会贯通，不能把二者截然分割开来。但是军事伦理与军人伦理又有所侧重。军事伦理侧重于宏观伦理的探索，如战争的性质、和平问题、人道主义问题等，而军人伦理侧重于微观伦理的实践，如爱国、勇敢、诚信、牺牲等。在一定意义上，军人伦理是军事伦理的实践形态。按照这种逻辑，军事伦理学是军事伦理与军人伦理的统一。本书前六章分析理论，侧重于军事伦理；后四章介绍实践，侧重于军人伦理。

二、军事伦理的基本范畴

军事伦理的范畴即军事伦理的基本概念，支撑了军事伦理及其思想体系的军事伦理学。某一范畴一定或主要是某一学科的，必须符合人们的直觉与经验，比如善恶是伦理学的基本范畴，利润、货币、价格等是经济学的基本范畴，本体、规律、存在等是哲学的基本范畴，等等。军事伦理学是军事学、伦理学、哲学等的交叉学科，也是一门相对年轻的学科，军事伦理的基本范畴也应该尽可能符合人们的常识。如果说某些范畴是军事伦理（学）的范畴，同时也可能是其他学科的范畴，那么总体上这些范畴更倾向于军事伦理（学），也就达到了我们的目的。同时，既然军事伦理与军人伦理融会贯通，那么军事伦理的基本范畴也应该涵盖军人伦理的特色观念、基本精神。根据这些规定，军事伦理的基本范畴至少有六个：正义、和平、人道、勇敢、爱国、荣誉，其中正义、和平与人道属于军事伦理的宏观范畴，勇敢、爱国与荣誉属于军事伦理的微观范畴，后者倾向于军人伦理。六个范畴中前三个主要反映在军事伦理的基本理论中，后三个主要反映在军事伦理的实践中。

正义。正义衡量战争的性质，决定军事伦理的价值取向。古今中外的军事集团、军人个体都把战争的正义与否及正义的程度作为进行战争的价值依据，不仅指导军事集团的军事行动，也影响了军人个体的行为。当然，社会伦理中，正义也是一个基本范畴，主要讲的是社会至善。社会至善指社会应该具有价值合理性，社会是道德的。美国哲学家莱因霍尔德·尼布尔在《道德的人与不道德的社会》中认为，社会至善了即社会正义了，个体才能行为恰当，个体才能做到善良；相反，如果社会不正义，个体至善、个体道德高尚只能加剧社会的不道德，呼吁社会先至善、先正义、先有道德，然后才能对个体提出行善的要求。罗尔斯的《正义论》专门研究了社会正义问题，强调社会结构应该首先是公平的、善的，然后才能产生好公民，绝非相反。因此，社会上一般的正义与军事伦理的正义有着很大的区别。一般的正义倾向于社会的公平、公正与合理，处理的是一个社会中统治阶级（阶层）与被统治阶级（阶层）的关系。而军事伦理的正义倾向于军事行动的合理、正确，处理的是国家与国家、一个国家军队军人与另一个国家军队军人的关系。尽管战争的正义内涵千差万别，比如罗尔斯在《万民法》中对战争正义也作了国际原初状态的限制，黑格尔在《法哲学原理》中对战争正义作了保持民族精神的阐释，沃尔泽在《正义与非正义战争》中对战争正义作了关切人的生命、生存、生活与尊严的辩护，但是正义仍然是人们判断战争善恶的基本依据，可以说，抽取了正义，军事伦理的大厦将难以存在。

和平。和平衡量战争的目的，决定了军事伦理的目标。当人们追问战争为了什么、军事行动为了什么时，答案大多只有一个：保卫和平。和平与和平主义既有区别，又有联系。就区别而言，和平作为军事伦理的基本范畴之一，强调战争是为了和平的目的，战争的价值合理性在于其维护了和平。"以战止战"是马克思主义和平观的基本要求。和平主义则否定一切战争，和平主义者拒绝参加一切军事行动，认为所有的战争都是罪恶，都不应该发生。而军事伦理的和平认为，正义战争是遏制战争、实现和平的基本途径，参与战争是合理的。当然，和平范畴与和平主义也有联系，和平主义以和平为根本诉求，而和平范畴以绝对和平为最终目标，所以世界和平是和平主义与和平范畴的共同追求。没有和平范畴，军事伦理将如大海中无舵的小船，难以存在发展。

人道。人道主要衡量战争过程的合理性，是军事伦理学的基本范畴之一。如果一场战争被公认为是正义的，其价值目标也是实现和平，那么还不能表明这场战争具有彻底的价值合理性。如果在战争中，军人滥杀无辜、恣意破坏人类文明，如第二次世界大战中日本军国主义者制造的南京大屠杀、德国法西斯主义者制造的奥斯威辛集中营及当代一些国家内部冲突中的种族清洗等，发动战争的国家的理由无论多么合理善良，都得不到普遍的价值认同，甚至得不到同时期本国人民的价值认同。也就是说，人道主义决定了战争过程的正义与否。正义的开战、和平的目标、人道的行为的统一，才能使战争或军事行动成为伦理的行为。当然，社会伦理中也强调人道即仁爱，但军事伦理的人道可以超越民族、国家，主要反映了一种对人类的大爱。

勇敢。勇敢是军事个体的基本德行。军事伦理处理的是军事领域尤其是战争领域中的各种关系，其中就有敌我关系。对待不正义的军人，对待负隅顽抗的敌人，正义一方的军人只有英勇顽强，只有发挥军人的“血性”，才能震慑、制止乃至消灭敌人。一种观念认为，信息化战争实施的是不见面的战争，冷兵器时代的人与人的直面对抗大幅减少或不复存在，军人勇敢或军人血性的发挥已经没有必要。这种观点是片面的。恩格斯指出：枪自己是不会动的，需要有勇敢的心和强有力的手来使用它们。勇敢和必胜的信念常使战斗得以胜利结束，等等。所以，“一键封喉”不能代替“刺刀见红”，“智能化”不能排斥“实战化”。应通过严格训练和管理，锻造官兵无坚不摧、所向披靡的战斗精神和意志品格。军人没有英勇顽强的战斗作风，不可能打赢战争包括信息化战争。尤其是，军事领域是充满危险的领域，没有军事英雄主义精神，军队将不成为军队，军人也不成为军人。勇敢是军人的必备美德，是军事伦理的基本范畴。

爱国。军事伦理尽管具有形式的普遍性，但也有内容的意识形态性。中外各国军队都把爱国主义作为军人的基本美德，如美国西点军校的校训是“责任、荣誉、国家”，我国当代革命军人核心价值观中的“报效国家”等，各国军队之所以把爱国主义作为军人的基本道德之一，重要原因之一就是军队是为国家而存在的，保卫国家的领土完整和主权安全是军队军人的基本职能，为国献身就成为军人的基本道德。当然，不同时期的军人、不同国家的军人，由于国家的性质不同，从而导致了军人的爱国主义具有明显的历史性和阶级性。

荣誉。荣誉是军人的“生命”，是社会、他人对军人的价值评价，是军人的“所得”。如果说正义、和平、人道、勇敢、爱国等范畴要求军人奉献付出，那么荣誉则是军人自我的价值追求。当然，一般人也追求荣誉，但他们的荣誉往往只需要付出辛勤的劳动和汗水，而军人的荣誉不仅需要付出劳动和汗水，有时甚至是鲜血和生命的代价。也就是说，军人的荣誉更为崇高和神圣。荣誉是军人努力的结果，也是衡量军人成就的重要尺度，激励一个军人或军事集团杀敌报国。因此，荣誉也是军事伦理的一个基本范畴。

三、军事伦理的培育

军事伦理作为人类一种特殊的精神气质，对军事主体而言往往是自在的，要实现其向自为的转变，不仅需要军事主体自身的努力，更需要外在的培育。培育途径有很多，主要有六个。

教育灌输。军事伦理是自在的善，主体的任性常常抗拒这种自在的善变成主体自为的善，这种情况下就需要教育灌输，使军事主体自觉地按照伦理的要求规范军事行动。马克思指出，正确的思想不可能在工人运动中自发地产生，工人也不会自觉地接受这些思想，正确的思想变成工人的自觉行为需要灌输。军事伦理作为一种价值合理性思想，也不可能在各军事主体中自觉地产生，也需要教育灌输。教育灌输就是把军事伦理的基本理念、重要价值、具体要求等通过集中授课、宣讲的形式或引导自学的形式传达给军事主体，矫正其认识，规范其行动。比如军事人道主义教育，一般军事主体可能做到关切自己、战友、本国的百姓，同情友军等，但对敌国的民众甚至敌人的价值关切往往漠然视之。通过军事人道主义教育，使军事主体认识到，优待俘虏，给其以人道主义的待遇，不仅仅是政治、军事上的必然、必要和必需，也是人性光辉的展示；关切敌国无辜民众也是如此。通过教育，使军事主体在军事行动中自觉地践行军事伦理。

环境熏陶。如果说教育灌输是军事伦理的显性教育，那么环境熏陶则是潜移默化的影响。有时，军事主体对强行的教育灌输不感兴趣甚至抵制，这时可以尝试通过环境的作用，感化军事主体的灵魂。环境熏陶就是设置军营环境、训练环境、学习生活环境、战争环境甚至社会环境，使战争正义、世界和平、作风优良、报效国家等伦理思想无处不在，潜移默化地影响官兵的思想行为。环境熏陶由于其教育影响的隐蔽性，对官兵军事伦理的养成意义重大。如今的世界各国军队大都采用环境熏陶的方式启发官兵的伦理觉悟。我军也是如此。我军各军兵种都有自己的独特的军营文化，海军有海洋文化，空军有蓝天文化，火箭军有砺剑文化等，这些文化大都强化我军官兵对党的忠诚，对国家和人民的深深热爱，激励广大官兵“听党指挥、能打胜仗、作风优良”，为实现强国梦、强军梦而奋斗。我军伦理文化在军事生活中无处不在，在宿舍、食堂、操场、训练场、门厅、军史馆、网络等地方通过灯箱、标语、电子屏幕、信息、报纸、杂志、游戏等各种形式表现出来，效果十分明显，对我军成为“正义之师、胜利之师、文明之师”意义重大。

仪式强化。这种培育途径往往通过重大节日、举办各种活动或通过军内外的各种仪式张扬军事伦理精神，对于发扬军事伦理精神的人和事给予肯定，对于践踏军事伦理精神的人和事进行批评。以俄军为例，俄军新兵入伍时都必须举行入伍宣誓仪式，仪式上，新兵必须对着国旗、军旗宣誓，在宣誓前，军人不得执行战斗任务，也不得配发武器装备，受到纪律处分时不得被关押。俄军新兵入伍的誓词为：“我（姓、名、父称），庄严宣誓：忠于自己的祖国——俄罗斯联邦。我宣誓，要严格遵守俄罗斯联邦宪法，坚决执行军事条令的规定、指挥员和首长的命令。我宣誓，认真履行军人天职，勇敢捍卫俄罗斯的自由、独立和宪法制度，保卫祖国和人民。”通过新兵的宣誓，强化新兵的军事伦理精神。在我军，新兵入伍也要举行入伍宣誓仪式，入伍后许多部队每逢周一都要举行升旗仪式，在思想政治工作集会上，都要对好人好事进行表彰奖励等，通过各种典礼仪式，张扬军人的伦理情怀。

军官表率。军官的推动是军事伦理变为军事主体行为的重要外因。典礼仪式、教育引导、环境熏陶等大多由军官推动并在军人军事伦理素质的养成中起了重要作用。但是军官如果只说不做，也难以收到良好的效果。也就是说，军官通过各种活动、采用各种形式教育其他官兵实践军事伦理精神，但是军官自身并没有按照自己说的做，那么必然削弱军事伦理的培育效果。军官表率是指在军事伦理精神培育中，领导者不仅要倡导、推进军事伦理建设，而且要率先垂范，在军事伦理的践行上为其他军事主体作表率。常言道：己身正不令而行，己身不正虽令不从。在军事伦理培育中，军事指挥者、军官能够以身作则，随时随地都能体现军人应有的美德气质，关爱生命，关爱人类文明，行善积德，把正义、和平、人道作为自己的价值追求，这时军官周围的人、下级就会效仿，自觉或不自觉地按照军事伦理的要求去做。因此，军官表率是军事伦理培育的重要途径。

任务检验。和平与发展仍然是当今国际社会的主题，长期相对的和平状态，使许多国家的军事主体难以进行战争实践，军事伦理精神如何，也难以在实践中检验。鉴于此，非战争军事行动就成为检验许多国家军队军人军事伦理精神有无、高低的重要平台。相对和平时期，许多国家的军人都要执行国家中的各种急难险重任务即执行非战争军事行动，这些行动虽然不是敌我双方的真实对抗，但是由于任务的特殊性质和要求，使完成这些任务需要军人的战争素质，做一些真实战场中才可能有的行为。以抗洪抢险、抗震救灾为例，参与这些行动的军事主体既要有和平稳定的使命意识，又要有保护生命、生活、财产、环境的高度自觉。所以，非战争军事行动检验就是军事主体在执行急难险重任务时，是否能够按照正义、和平、人道、勇敢、爱国、荣誉等要求规范自己的言行，规范得好，就应该给予鼓励；规范得不好，就应该进行批评教育。

军法保障。军法有国际法、国际战争法，也有国内法、国内军法。规范军事主体的法律主要是国际战争法和具体国家的军法。战争往往是国与国的军事冲突，属于国际行为，所以军事主体的行为善恶首先是由战后国际战争法评判的。以第二次世界大战为例，第二次世界大战结束后，德国法西斯主义、日本军国主义的战犯大都受到了国际军事法庭的审判，许多战犯被判处了绞刑、无期徒刑或有期徒刑。这些战犯的一个共同点就是在战争过程中做了大量的不道德的事情，如使用毒气弹、人体活体细菌武器实验、慰安妇、滥杀无辜、肆意破坏人类文明等，这些人在受到各国人民谴责的同时，也受到法律的严惩。国内军法也是矫正军事主体伦理行为的重要手段。一些军人在战争中做出了丑恶之事，国内军法也会对其进行制裁。国内军法虽然对战争恶行的评判可能具有狭隘性，但是对军事行为的约束与国际战争法相比更为有力、迅速。通过军事法律的制约，对不遵守军事伦理规范的人予以惩罚，从而保障军事伦理精神的张扬。

第二章

中国传统军事伦理文化的发展历程

中国传统军事伦理文化的发展历程大致经历了萌芽、形成、发展、高峰四个阶段。第一阶段为萌芽阶段，时间大约从原始社会末到西周。在这一时期，人们未能把军事伦理观念作为独立的战争要素来认识，因而还没有提出系统的军事道德规范。第二阶段为形成阶段，时间为春秋战国之间。在这一阶段，社会各阶级、阶层通过其代表人物纷纷对战争及军事伦理问题发表自己的看法，从而形成了兵、儒、道等“百家争鸣”的局面。第三阶段为发展阶段，时间为从秦汉至鸦片战争以前的清王朝时期。在这一时期，各时代的思想家们结合当时的军事活动对军事伦理问题进行了广泛而深入的探讨，使军事伦理的内容更加丰富、具体和深刻。第四阶段为高峰阶段，时间为鸦片战争至五四运动前。鸦片战争后，中国成为半殖民地半封建社会，对于军事伦理应向何处发展的问题，以曾国藩为代表的封建势力和以孙中山为代表的革命党人作出了不同的回答，从而将中国军事伦理文化的发展推进到了高峰阶段。

第一节　先秦时期的军事伦理文化

春秋战国时期是中国军事伦理文化的形成时期。以孙武为代表的兵家对军事伦理问题进行了深入的研究，写出了《孙子兵法》《吴子》《六韬》《尉缭子》等一批兵学著作。以孔子、孟子、荀子为代表的儒家和以老子、庄子为代表的道家等也对军事伦理问题进行了思考，提出了重要观点，成为中国军事伦理文化的重要组成部分。

一、兵家的军事伦理文化

兵家是指在军事上有过重要贡献和成就，对军事科学的发展起过一定作用的军事家。在春秋战国时期，兵家的主要代表有孙武、吴起、尉缭、孙膑等人。兵家的军事伦理文化主要表现在以下两个方面：

（一）丰富多彩的战争道德认识

战争观是人们对战争的根本态度。春秋时期战乱频繁，如何看待战争就成为统治者和军事家们关注的重要问题。孙武说："兵者，国之大事也，死生之地，存亡之道，不可不察也。"[①]强调战争关系到国家、人民的生死存亡，是必须认真考察研究的。于是，孙子提出了重战、慎战的战争观。在此基础上，孙子认为，道德在战争中具有十分重要的作用。孙子说："故经之以五事，校之以计而索其情：一曰道，二曰天，三曰地，四曰将，五曰法。道者，令民与上同意也，故可以与之死，可以与之生，而不畏危；天者，阴阳、寒暑、时制也；地者，远近、险易、广狭、死生也；将者，智、信、仁、勇、严也；法者，曲制、官道、主用也。凡此五者，将莫不闻，知之者胜，不知者不胜。故校之以计，而索其情。曰：主孰有道？将孰有能？天地孰得？法令孰行？兵众孰强？士卒孰练？赏罚孰明？吾以此知胜负矣。"[②]在孙子看来，战争可以从"五事""七计"等方面来进行。在"五事""七计"中均包含着许

---

① 《孙子兵法·始计篇》。

② 《孙子兵法·始计篇》。

多道德理念，道德是决定战争胜负的一个重要因素。

军事家吴起则认为，要治理好国家，并在战争中取得胜利，就要保持国家、军队和民众内部的团结。吴起说："昔之图国家者，必先教百姓而亲万民。有四不和：不和于国，不可以出军；不和于军，不可以出陈；不和于陈，不可以进战；不和于战，不可以决胜。是以有道之主，将用其民，先和而后造大事。"[①]一个贤明的统治者必须团结军队和民众，形成和谐的局面，这是取得战争胜利的前提。而要达到这一目的，就必须"内修文德，外治武备"[②]。所谓"内修文德"是指国君应加强道德修养，按照仁义道德的原则治理社会。吴起说："夫道者，所以反本复始。义者，所以行事立功。谋者，所以违害就利。要者，所以保业守成。若行不合道，举不合义，而处大居贵，患必及之。是以圣人绥之以道，理之以义，动之以礼，抚之以仁。"[③]在吴起看来，统治者如果不按照仁义道德的要求改进管理方式，就会失去民心，在战争中就会遭到失败。所谓"外治武备"，其内涵有二：一是慎战。吴起认为，要慎重对待战争问题。若发动战争，就必须"告于祖庙，启于元龟，参之天时，吉乃后举"[④]；若已经发动了战争，也应力求速战，尽可能减少战争带给百姓的危害。二是义战。吴起将兵分为"义兵"、"强兵"、"刚兵"、"暴兵"和"逆兵"五种。其中"义兵"是为"禁暴救乱"而发动的战争，是正义战争；其他则属于非正义战争。将战争区分为正义战争和非正义战争两种类型，这是吴起战争观的特点。

孙膑则认为战争是不可避免的。他说："德不若五帝，而能不及三王，知不若周公，曰我将欲积仁义，式礼乐，垂衣裳，以禁争夺。此尧

---

① 《吴子·图国》。

② 《吴子·图国》。

③ 《吴子·图国》。

④ 《吴子·图国》。

舜非弗欲也，不可得，故举兵而绳之。”[①] 战争胜败对于国家来说是极其重要的，“战胜，则所以在亡国而继绝世也。战不胜，则所以削地而危社稷也”[②]。在孙膑看来，仗打胜了，可以使处于危亡境地的国家得以继续存活下去，使将要灭绝的宗族世系得以继续延续下去。反之，仗打败了，则必须割让土地，甚至会进一步危及国家的生存。因此，对于战争问题不能不认真加以考察和研究。而要发动战争就必须进行义战，无义而战者必亡。“故城小而守固者，有委也；卒寡而兵强者，有义也。夫守而无委，战而无义，天下无能以固且强者。”[③] 在孙膑看来，城邑虽小但防守坚固，是因为有充分的物质准备；士卒虽少而战斗力强，是因为自己属于正义的一方。倘若防守而缺乏足够的物质准备，发动战争却属于非正义的一方，则天下即使有如此而能固守的人，也没有如此而能使战斗力保持强大的人。

（二）仁严交融的军事道德规范

春秋时期的军事家们大都十分重视将帅在战争中的作用，所以他们提出的道德规范主要是针对将帅而言的。具体来说，主要有三个方面：

一是忠君爱国。孙子指出：“凡用兵之法，将受命于君，合军聚众，交和而舍，莫难于军争。”[④]将帅是接受国君的命令，组织民众编成军队，并开赴前线与敌对阵的，因此应该忠君。忠君就要在战争过程中自觉维护君主和国家的利益。孙子说：“故战道必胜，主曰无战，必战可也；战道不胜，主曰必战，无战可也。故进不求名，退不避罪，惟人是保，而利合于主，国之宝也。”[⑤] 作为将帅，忠君爱国就表现为在战争中前进

---

① 《孙膑兵法·见威王》。
② 《孙膑兵法·见威王》。
③ 《孙膑兵法·见威王》。
④ 《孙子兵法·军争篇》。
⑤ 《孙子兵法·地形篇》。

不贪求战胜的功名，后退不回避违抗君命的罪责，只求使民众和士卒得以保全，符合国君的根本利益。《六韬》认为，将帅在接受君主任命后就要效忠于君主，“临敌决战，无有二心”[①]。临敌决战，将帅要忠于君主，而不能怀有二心。孙膑认为，忠是将帅必须具备的品质之一：“安忠？忠王。”什么是忠？就是忠于君王。“不忠于王，不敢用其兵。”[②]将帅如果不忠于君王，就不敢用他的军队打仗。由此可见，有忠心对于将帅来说是非常重要的。

二是爱护士卒。孙子认为，作为将帅只有爱护士卒才能赢得战争的胜利。孙子说：“视卒如婴儿，故可与之赴深谿；视卒如爱子，故可与之俱死。厚而不能使，爱而不能令，乱而不能治，譬若骄子，不可用也。”[③]在孙子看来，将帅对士卒要像对待婴儿和爱子一样，士卒就可以与将帅赴汤蹈火、荣辱与共、同生共死，但也要把握好度，不能过分溺爱，要遵规守纪，否则一旦参战就会失去战斗力。吴起认为，将领要爱护士卒，“与之安，与之危，与众可合而不可离，可用而不可疲，投之所往，天下莫当，名曰父子之兵”[④]，否则就会上下离心，遇战即败。吴起本人就是爱护士卒、与之同甘共苦的榜样。据《史记》记载：“起之为将，与士卒最下者同衣食。卧不设席，行不骑乘，亲裹赢粮，与士卒分劳苦。卒有病疽者，起为吮之。卒母闻而哭之。人曰：‘子卒也，而将军自吮其疽，何哭为？’母曰：‘非然也。往年吴公吮其父，其父战不旋踵，遂死于敌。吴公今又吮其子，妾不知其死所矣。是以哭之。’”[⑤]《六韬》认为，将领要尊重士卒，“勿以身贵而贱人，勿以独见而违众，

---

① 《六韬·龙韬·立将》。

② 《孙膑兵法·篡卒》。

③ 《孙子兵法·地形篇》。

④ 《吴子·治兵》。

⑤ 《史记·孙子吴起列传》。

勿以辩说为必然。士未坐勿坐，士未食勿食，寒暑必同。如此，则士众必尽死力”[①]。尉缭也明确指出：“夫勤劳之师，将必先己。暑不张盖，寒不重衣，险必下步，军井成而后饮，军食熟而后饭，军垒成而后舍，劳佚必以身同之。如此，师虽久而不老不弊。”[②]也就是说，一支能战的军队，将帅要与士卒同甘共苦。

三是赏罚分明。孙子认为，管理部队不能只是爱，还要赏罚分明。孙子说：“卒未亲附而罚之则不服，不服则难用也；卒已亲附而罚不行，则不可用也。令之以文，齐之以武，是谓必取。令素行以教其民，则民服；令不素行以教其民，则民不服。令素行者，与众相得也。”[③]其意是说，将帅在士卒尚未亲近依附时，就贸然处罚士兵，那士卒一定不服，这样就难以使用他们去打仗了；如果士卒对将帅已经亲近依附，仍不执行军纪军法，这样的军队也是不能打仗的。所以，要用政治道义教育士卒，用军纪军法来统一步调，这样军队打起仗来就必定胜利。平素能认真执行命令、教育士卒，士卒就会服从；反之，士卒就不会服从。平素之所以能认真执行命令，是由于将帅与士卒相互取得信任。孙子认为，必要时，还可以“施无法之赏，悬无政之令”[④]，即施行超出惯例的奖赏，颁发打破常规的号令。吴起则认为，将领一定要认真对待和实施赏罚，要做到“严刑明赏”，即赏罚分明、守信和及时，这样才能鼓励士卒，提高作战能力。反之，“若法令不明，赏罚不信，金之不止，鼓之不进，虽有百万何益于用？”[⑤]在吴起看来，如果法令不严明，赏罚不讲信用，鸣金不能收兵，击鼓不能前进，虽有百万大军，又有什么用处呢？关于

---

① 《六韬·龙韬·立将》。

② 《尉缭子·战威》。

③ 《孙子兵法·行军篇》。

④ 《孙子兵法·九地篇》。

⑤ 《吴子·治兵》。

赏罚,《六韬》认为,"所憎者,有功必赏;所爱者,有罪必罚"[①],强调赏罚不避亲疏;"将以诛大为威,以赏小为明,以罚审为禁止而令行"[②],其意是说,主将要敢于诛杀违犯军纪的权臣贵人才能树立起自己的威信,能够奖赏应当奖赏的地位卑微的人为明察,做到了赏罚分明,就能做到有禁必止,也就是说,赏罚要不分贵贱。尉缭也明确指出赏罚必须公正:"杀之贵大,赏之贵小。当杀而虽贵重,必杀之,是刑上究也;赏及牛童马圉者,是赏下流也。夫能刑上究,赏下流,此将之武也,故人主重将。"[③]其意是说,杀人时应该以大人物作典型,奖赏时应该以小人物作榜样。应该杀的虽然位高势大,也一定要杀,这就是"刑上究"的原则。应该赏的,即使是牛童马倌,也一定要赏,这就是"赏下流"的原则。能够做到对有罪的大人物依法制裁,对有功的小人物给予奖励,将帅就有了威严,所以国君应该尊重将帅的职权。

二、儒家的军事伦理文化

在先秦,儒家是诸子百家中较大的学派,中国历史上影响最大,延续时间最久。儒家的主要代表是孔子、孟子和荀子。儒家的军事伦理文化主要表现在三个方面:

(一)以仁为本的战争道德认识

孔子思想的核心是仁,即爱人。这也就决定了孔子对战争基本上持否定态度。当卫灵公向孔子请教打仗之事时,孔子则说:"俎豆之事,则尝闻之矣;军旅之事,未之学也。"[④]其意是说,礼仪的事情,我曾经听到过,军队的事情从来没学习过。当鲁国将要攻打颛臾时,孔子则极

---

① 《六韬·文韬·盈虚》。
② 《六韬·龙韬·将威》。
③ 《尉缭子·武议》。
④ 《论语·卫灵公》。

力反对并劝阻参与此事。《论语·述而》中记载了孔子的慎战思想："子之所慎：齐、战、疾。"当然，孔子并不是绝对否定战争的作用。当子贡问政时，孔子则说："足食、足兵、民信之矣。"[①]不过与道德相比，战争的地位处于仁德之下。因此，当子贡问不得已而去其中两者时，孔子则回答说要去兵、去食，只保留"信"："自古皆有死，民无信不立。"[②]作为孔子思想的继承者，孟子对战争也是持反对态度的。孟子曰："争地以战，杀人盈野；争城以战，杀人盈城。此所谓率土地而食人肉，罪不容于死。故善战者服上刑，连诸侯者次之，辟草莱、任土地者次之。"[③]在孟子看来，战争给民众带来了严重灾难，战争的发动者是应该受到严厉惩罚的。作为儒家的重要代表，在战争观方面，荀子主张以仁为本的用兵思想。当学生问他："先生议兵，常以仁义为本。仁者爱人，义者循理，然则又何以兵为？凡所为有兵者，为争夺也。"荀子则回答说："非女所知也。彼仁者爱人，爱人故恶人之害之也；义者循理，循理故恶人之乱之也。彼兵者，所以禁暴除害也，非争夺也。"[④]也就是说，仁者用兵打仗不是为了争夺各种利益，而是为了施行仁义，这就必须禁止暴乱，革除伤害，才能使民众过上有秩序的生活。因此，仁义之兵对社会改造的作用是巨大的。在荀子看来，仁义之兵能有重要作用的根本原因在于仁者施行仁义，获得了民众的支持。因此，能否得民心是战争取胜与否的关键所在。这也就是人们常说的仁者无敌，得民心者得天下。

（二）爱民倾向的军事道德规范

孔子提出的军事道德规范主要有两个：一是义勇。孔子认为，作

---

① 《论语·颜渊》。

② 《论语·颜渊》。

③ 《孟子·离娄》。

④ 《荀子·议兵》。

为一个军人，特别是军事指挥者，要自觉塑造理想人格，使之具有“智”“仁”“勇”的品德。孔子说：“知者不惑，仁者不忧，勇者不惧。”[①]孔子这里所倡导的“勇”是有特定内涵的，是以仁、义为前提的“义勇”。子路曾这样问孔子：“君子尚勇乎？”孔子回答说：“君子义以为上，君子有勇而无义为乱，小人有勇而无义为盗。”[②]在孔子看来，君子只有勇而没有义就会捣乱造反，小人只有勇而没有义，就会成为土匪强盗，而只有符合仁义的勇敢才是值得倡导的。为了自觉践行仁义的道德规范，在特定情况下即便牺牲生命也在所不惜。“志士仁人，无求生以害仁，有杀身以成仁。”[③]其意是说，志士仁人，不贪生怕死而损害仁德，只勇于牺牲来成全仁德。这一观点对后世的无数仁人志士具有重要的影响，激励着他们为了国家、民族的利益，大义凛然，慨然赴死。二是诚信。孔子认为，守信是非常重要的：“人而无信，不知其可也。大车无輗，小车无軏，其何以行之哉？”[④]在孔子看来，作为一个人却不讲信誉，不知那怎么可以。譬如大车子没有安横木的輗，小车子没有安横木的軏，如何能走呢？“言忠信，行笃敬，虽蛮貊之邦，行矣。言不忠信，行不笃敬，虽州里，行乎哉？”[⑤]其意是说，言语忠诚老实，行为忠厚严肃，纵到别的部族国家，也行得通；言语欺诈无信，行为刻薄轻浮，就是在本乡本土，也是行不通的。可见，守信对于社会和个人来说都是十分重要的。当然，孔子也认为，在具体军事活动中贯彻落实诚信的要求时，也要注意权变。比如在战争中，对待敌人，不能诚信；对待自己人，应该诚信。

---

① 《论语·子罕》。

② 《论语·阳货》。

③ 《论语·卫灵公》。

④ 《论语·为政》。

⑤ 《论语·卫灵公》。

荀子提出的军事道德规范主要如下：一是以礼治军。荀子说："礼者，治辨之极也，强固之本也，威行之道也，功名之总也，王公由之所以得天下也，不由所以陨社稷也。故坚甲利兵不足以为胜，高城深池不足以为固，严令繁刑不足以为威，由其道则行，不由其道则废。"[①]因此，以礼治军，就可以得天下，否则就会社稷不稳。二是处事以敬。荀子说："虑必先事而申之以敬，慎终如始，终始如一，夫是之谓大吉。凡百事之成也必在敬之，其败也必在慢之，故敬胜怠则吉，怠胜敬则灭，计胜欲则从，欲胜计则凶。战如守，行如战，有功如幸。敬谋无圹，敬事无圹，敬吏无圹，敬众无圹，敬敌无圹，夫是之谓五无圹。慎行此六术、五权、三至，而处之以恭敬无圹，夫是之谓天下之将，则通于神明矣。"[②]其意是说，事情在发生之前，必定有周密的考虑，以谨慎的态度重视它，谨慎地对待事情的终结，一如对待事情的起始，终结与起始的谨慎程度完全一样，这就叫作最大的吉利。一切事情的成功，都在于谨慎；失败，在于怠慢。所以当谨慎胜过怠慢时就吉利；怠慢胜过谨慎时就灭亡。计谋高过欲望的就顺利，欲望高过计谋的就凶险。作战时，像镇守一样谨慎，行军时像作战一样警惕，有了功劳就像是侥幸获得。思考策划、对待事务、对待官吏、对待士兵、对待敌人都要谨慎而不要疏忽。在荀子看来，对于将帅来说，具有处事以敬的道德品质是至关重要的。三是爱民顺民。荀子认为，民众在战争中发挥着举足轻重的作用，民心向背决定着战争的胜负和国家的安危。荀子说："君者，舟也；庶人者，水也。水则载舟，水则覆舟。"[③]在荀子看来，君主和民众的关系就像是舟和水的关系，水能载舟，也能覆舟。"爱民者强，不爱民者

① 《荀子·议兵》。

② 《荀子·议兵》。

③ 《荀子·王制》。

弱。”[①]国君爱护百姓，则国家就强；国君不爱护百姓，则国家就弱。“故有社稷者而不能爱民，不能利民，而求民之亲爱己，不可得也。民不亲不爱，而求其为己用，为己死，不可得也。民不为己用，不为己死，而求兵之劲、城之固，不可得也。兵不劲、城不固，而求敌之不至，不可得也。敌至而求无危削，不灭亡，不可得也。”[②]这段话深刻地告诫人们，作为社会统治者，如果不能爱民就不能用民，不能用民就不能兵强城固，这样一旦打起仗来就必然会失败，国家也就必然会灭亡。因此，这就要求统治者必须爱民，国家才能长治久安。

（三）经验的军事道德教育

儒家认为，军人要形成优秀的军事道德品质就必须进行道德教育。儒家提出的道德教育方法主要有三个方面：一是学习。孔子说：“我非生而知之者，好古，敏以求之者也。”[③]孔子认为，自己并不是生来就有知识的人，而是爱好古代文化，勤奋敏捷去求得的人。荀子则说：“君子博学而日参省乎己，则知明而行无过矣。”[④]在荀子看来，君子要广博地学习并且每天检验考察自己，就能够聪慧且行为没有过错。二者都强调学习他人的美德，提高自己。二是以身作则。孔子说：“其身正，不令而行；其身不正，虽令不从。”[⑤]在孔子看来，统治者本身行为正当，不发命令，事情也行得通；他本身行为不正当，纵三令五申，百姓也不会信从。荀子则说：“君者仪也，民者景也，仪正而景正；君者槃也，民者水也，槃圆而水圆。君射而臣决。楚庄王好细腰，故朝有饿人。故曰：闻修身，未尝闻为国也。”[⑥]这都表达了“喊破嗓子，不如做出样子”

① 《荀子·议兵》。

② 《荀子·君道》。

③ 《论语·述而》。

④ 《荀子·劝学》。

⑤ 《论语·子路》。

⑥ 《荀子·君道》。

的军事道德教育思想。三是积微。荀子说："积土成山，风雨兴焉；积水成渊，蛟龙生焉；积善成德，而神明自得，圣心备焉。故不积跬步，无以至千里；不积小流，无以成江海。"[①]其意是说，泥土堆积成山，风雨便会在这里产生；水流汇积成渊，蛟龙便会在这里生长。多做好事养成高尚的德行，精神的最高境界自然就会达到，圣人的心志就会具备。所以，不半步半步地积累起来，就无法达到千里；不把细流汇积起来，就无法形成大江大海。在荀子看来，道德行为者应该从不起眼的小事做起，最后才能完善道德人格。

三、道家的军事伦理文化

以道家学派的创始人老子为代表，道家的军事伦理文化主要表现在以下两个方面：

（一）以慈为宝的战争道德认识

老子说："我有三宝，持而保之：一曰慈，二曰俭，三曰不敢为天下先。慈故能勇；俭故能广；不敢为天下先，故能成器长。今舍慈且勇，舍俭且广，舍后且先，死矣！夫慈，以战则胜，以守则固。天将救之，以慈卫之。"[②]老子认为，他有三种宝贝：第一是慈爱，第二是俭啬，第三是不敢居于天下人的前面。慈爱所以能勇武，俭啬所以能宽广，不敢居于天下人的前面，所以能成为万物的首长。现在舍弃慈爱而求取勇武，舍弃俭啬而求取宽广，舍弃退让而求取争先，这是走向死路。慈爱用来征战就能胜利，用来守卫就能巩固。天要救助谁，就用慈爱来卫护他。"圣人无常心，以百姓心为心。善者，吾善之；不善者，吾亦善之；德善。信者，吾信之；不信者，吾亦信之；德信。"[③]在老子看来，

① 《荀子·劝学》。

② 《道德经·第六十七章》。

③ 《道德经·第四十九章》。

有道的人没有私心，以百姓的心为心，要以慈爱之心去对待任何人，这样就可使人人向善。由此可见，慈爱是老子军事伦理思想的核心。正是从这样的观点出发，老子对战争基本上持反对态度。老子说："夫兵者，不祥之器，物或恶之，故有道者不处。"[①] 在老子看来，兵革是不祥的东西，大家都怨恨它，所以有道的人不使用它。"以道佐人主者，不以兵强天下。其事好还。师之所处，荆棘生焉。大军之后，必有凶年。"[②] 其意是说，用道辅助君主的人，不依靠兵力逞强于天下。用兵这件事一定会得到还报。一旦战事发生，军队所到之处，就会荆棘丛生；大战过后一定会变成荒年，民不聊生。老子通过战争的祸害，表达了自己的反战思想。与此相反，老子向往"虽有甲兵，无所陈之"[③]，主张没有战乱的、人民能够安居乐业的社会生活。当然，老子并非反对一切战争。在迫不得已的情况下，还是要使用战争。老子说："兵者不祥之器，非君子之器，不得已而用之，恬淡为上。胜而不美，而美之者，是乐杀人。夫乐杀人者，则不可得志于天下矣。"[④] 兵革是不祥的东西，不是君子所使用的东西。万不得已而使用它，最好淡然处之。即使胜利了也不要得意扬扬，否则就是喜欢杀人，而喜欢杀人的就不能在天下得到成功。因此，在迫不得已的情况下，要怀着哀痛的心情参加战争，打了胜仗也要用丧礼的仪式来处理。老子曰："杀人之众，以哀悲泣之，战胜以丧礼处之。"[⑤]

（二）无为的军事道德规范

老子认为，在万不得已的情况下发动战争，君主就要遵守道德规

① 《道德经·第三十一章》。
② 《道德经·第三十章》。
③ 《道德经·第八十章》。
④ 《道德经·第三十一章》。
⑤ 《道德经·第三十一章》。

范。君主的军事道德规范主要有以下三个方面：一是爱民。老子之所以总体上对战争持反对态度，其重要原因就是战争使百姓生灵涂炭，民不聊生。老子所持有的三宝之一，就是“慈”，即慈爱人民。老子说：“圣人无常心，以百姓心为心。”[①] 有道德的人没有自己的私心，关心百姓疾苦，满足其衣食住行的需要是自己的头等大事。二是贵柔不争。老子主张在迫不得已的战争中要贵柔不争。老子说：“人之生也柔弱，其死也坚强。草木之生也柔脆，其死也枯槁。故坚强者死之徒，柔弱者生之徒。是以兵强则灭，木强则折。强大处下，柔弱处上。”[②] 其意是说，人活着的时候身体是柔软的，死了的时候就变得僵硬了。草木生长的时候形质是柔脆的，死了的时候就变成干枯了。所以坚强的东西属于死亡的一类，柔弱的东西属于生存的一类。因此，用兵逞强就会遭受灭亡，树木强大就会遭受砍伐。凡是强大的，反而居于下位，凡是柔弱的，反而居于上位。在此，老子之所以强调贵柔、处弱，就是由于他领悟了柔弱与刚强之间相互转化的辩证关系。这一思想体现在官兵关系上，就要求将帅谦恭地对待士卒。与此相应，老子提出了“不争”的思想：“善为士者，不武；善战者，不怒；善胜敌者，不与；善用人者，为之下。是谓不争之德，是谓用人之力，是谓配天，古之极。”[③] 在老子看来，作为一个军事指挥者要“不武”“不怒”，即不可逞强，不可暴戾。在战争中要“不争”，就是不能嗜杀。三是慎终如始。老子指出，在战争过程中要想胜利，就必须重视敌人，而不能有轻敌的思想，否则就可能遭到失败的厄运。老子说：“祸莫大于轻敌，轻敌几丧吾宝。故抗兵相若，哀者胜矣。”[④] 在老子看来，祸患再没有比轻敌更大的了，轻敌几乎丧失

① 《道德经·第四十九章》。

② 《道德经·第七十六章》。

③ 《道德经·第六十八章》。

④ 《道德经·第六十九章》。

了我的“三宝”。所以，两军相当的时候，慈悲的一方可获得胜利。“民之从事，常于几成而败之。慎终如始，则无败事。”[①]其意是说，人们做事情，常常在快要成功的时候就失败了。事情要完成的时候也能像开始的时候一样谨慎，那就不会失败了。那么，开始应该怎么办呢？老子说：“图难于其易，为大于其细；天下难事，必作于易；天下大事，必作于细。是以圣人终不为大，故能成其大。”[②]在老子看来，要从小事、易事做起，由小到大，由易到难，必须有毅力和耐心一点一滴去完成；心意稍有松懈，就会功亏一篑，功败垂成。

第二节 秦汉时期的军事伦理文化

秦汉时期是中国封建社会的确立和发展阶段。这一时期的军事伦理文化主要体现在《三略》《淮南子》《诸葛亮集》等著作中。

一、《三略》的军事伦理文化

《三略》也叫《黄石公三略》，宋时收入著名的《武经七书》。《三略》一书杂采儒家的仁、义、礼，法家的权、术、势，墨家的尚贤，道家的贵柔，甚至还有谶纬之说。《三略》分上、中、下略，其中蕴含了丰富的军事伦理文化。具体来说，主要有两个方面：

（一）战争道德认识

《三略》认为，要慎重对待战争，战争是一种不得已而使用的手段，发动战争要符合正义的目的。“圣王之用兵，非乐之也，将以诛暴讨乱

① 《道德经·第六十四章》。

② 《道德经·第六十三章》。

也。夫以义诛不义，若决江河而溉爝火，临不测而挤欲堕，其克必矣。所以优游恬淡而不进者，重伤人物也。夫兵者，不祥之器，天道恶之。不得已而用之，是天道也。夫人之在道，若鱼之在水，得水而生，失水而死。故君子常畏惧而不敢失道。”[①]有道之人发动战争是为了诛暴禁乱，而不是喜欢打仗。不得已而发生战争，只有符合道义的一方才能获得胜利。人之顺应天道就如鱼儿在水中一样，得水则生，失水则死，因此要时刻警惕战争，防止战争违背天道。

（二）军事道德规范

《三略》特别注重将领的道德规范，因为将领的道德素质在战争中起着重要的作用。“夫将者，国之命也。将能制胜，则国家安定。”[②]将帅是国家的栋梁，掌握着国家的命运。只有将帅能够率军战胜敌人，保卫国家的安全。“夫统军持势者，将也；制胜破敌者，众也。故乱将不可使保军，乖众不可使伐人。”[③]对将领而言，其道德素质高下关系到国家的安危和军队的强弱。《三略》对将领提出的道德要求主要有以下几个方面：

一是爱民爱卒。这是因为民众在战争中起着很重要的作用：“庶民者，国之本”，“制胜破敌者，众也”[④]。作为君主就要爱护民众，满足他们的正当利益需求，“利一害百，民去城郭，利一害万，国乃思散。去一利百，人乃慕泽。去一利万，政乃不乱。”[⑤]在利民的基础上，还要尊民，使民众生活快乐而有秩序：“故有德之君，以乐乐人。无德之君，以乐乐身。乐人者，久而长。乐身者，不久而亡。”[⑥]有道德的君主，用

① 《三略·下略》。
② 《三略·上略》。
③ 《三略·上略》。
④ 《三略·上略》。
⑤ 《三略·下略》。
⑥ 《三略·下略》。

音乐使大家高兴，国家就能长久地存在；无道德的君主，用音乐使自己高兴，国家很快就会灭亡。作为将领应该爱护士卒，与士卒同甘共苦，患难与共。“夫将帅者，必与士卒同滋味而共安危，敌乃可加，故兵有全胜，敌有全因。昔者良将之用兵，有馈箪醪者，使投诸河，与士卒同流而饮。夫一箪之醪，不能味一河之水，而三军之士思为致死者，以滋味之及己也。《军谶》曰：‘军井未达，将不言渴；军幕未办，将不言倦；军灶未炊，将不言饥。冬不服裘，夏不操扇，雨不张盖。’是谓将礼。与之安，与之危，故其众可合而不可离，可用而不可疲，以其恩素蓄，谋素和也。故曰：蓄恩不倦，以一取万。”①作为将领还要以身作则，身先士卒，“以身先人，故其兵为天下雄”②。

二是礼贤下士。《三略》认为，士对国家的治乱安危来说，是极其重要的。“夫所谓士者，英雄也”、“英雄者，国之干”③。所谓“士”就是英雄，就是有才智之人，他们是国家的栋梁。“夫主将之法，务揽英雄之心，赏禄有功，通志于众。故与众与同好靡不成，与众同恶靡不倾。治国安家，得人也。亡国破家，失人也。”④其意是说，君主治国统军，务必收揽天下杰出人物的心。对于有功的人要给予奖赏，赐以爵禄，使自己的意志与众人的意志一致。因为上下同心同德，就没有不能成功的事业；同仇敌忾，就没有不可战胜的敌人。国治家安，在于广得人心；国破家亡，在于尽失人心。“罗其英雄，则敌国穷。”“所任贤，则敌国震”⑤。君主若能够收揽英雄之心，就会使敌国震惊和困窘，己国就能国家安稳，一旦发生战争就能取得胜利。那么，应该如何重士呢？具体来

---

① 《三略·上略》。

② 《三略·上略》。

③ 《三略·上略》。

④ 《三略·上略》。

⑤ 《三略·上略》。

说，要做到以下几点：其一是要崇礼重禄。《三略》指出："夫用兵之要，在崇礼而重禄。礼崇则智士至，禄重则义士轻死。故禄贤不爱财，赏功不逾时，则下力并而敌国削。夫用人之道，尊以爵，赡以财，则士自来。接以礼，励以义，则士死之。"[①] 其意是说，用兵的要诀，在于尊崇礼节和厚施俸禄。尊崇礼节，有智谋的人就被吸引过来；俸禄优厚，有义气的人就会拼死报效。所以，用厚禄招揽贤德之人不能吝惜财物，奖赏有功之人不要拖延时间。这样部属定能同心协力，而敌国将被削弱。用人的基本方法，是以封爵位尊重他，给资财赡养他，吸引贤士自愿投靠；以礼节接待他，用大义鼓励他，促使贤士以死相报。其二是要谦逊信任。"《军谶》曰：'贤者所适，其前无敌。'故士可下而不可骄，将可乐而不可忧，谋可深而不可疑。士骄则下不顺，将忧则内外不相信，谋疑则敌国奋。以此攻伐，则致乱。"[②] 也就是说，对士要谦恭而不可傲慢，对他们要充分信任而不可使他们有遭到陷害的顾虑，否则一旦打仗就会失败。其三是要善于纳谏。"夫将者思士若渴，则策从焉。夫将拒谏，而英雄散；策不从，而谋士叛。"[③] 作为将领要善于集思广益，认真倾听他人的意见，并采纳其合理建议，而不要独断专行、刚愎自用。

三是赏罚分明。《三略》认为，重视赏罚对于战争胜利来说是十分重要的。"《军谶》曰：'军无财，士不来；军无赏，士不往。'《军谶》曰：'香饵之下，必有悬鱼；重赏之下，必有死夫。'故礼者，士之所归；赏者，士之所死。招其所归，示其所死，则所求者至。故礼而后悔者，士不止；赏而后悔者，士不使。礼赏不倦，则士争死。"[④] 在战争过程中，通过奖赏的方式可以有效地调动士卒的积极性，甚至不惜牺牲生命。当

---

① 《三略·上略》。
② 《三略·上略》。
③ 《三略·上略》。
④ 《三略·上略》。

然，仅有奖赏是不够的，还要有惩罚。“《军谶》曰：‘军以赏为表，以罚为里。’赏罚明，则将威行。”[①]既要有奖赏，又要有处罚，二者互为表里不可或缺。只有赏罚分明了，将领才会有权威，军队才会有强大的战斗力。

二、《淮南子》的军事伦理文化

《淮南子》，亦称《淮南鸿烈》，是西汉淮南王刘安及其宾客编纂的一部著作。其中的军事伦理文化主要有两个方面：

（一）战争道德认识

《淮南子》认为，战争植根于人的本性之中，因而是不可避免的。“人有衣食之情，而物弗能足也。故群居杂处，分不均，求不赡，则争。争则强胁弱而勇侵怯。人无筋骨之强，爪牙之利，故割革而为甲，铄铁而为刃。”[②]于是就发生了战争。“兵之所由来者远矣。”“自五帝而弗能偃也，又况衰世乎？”[③]战争在人类很早的时候就存在了，又何况现在呢？

关于战争的性质，《淮南子》认为，战争的性质有正义和非正义之分。“兵失道而弱，得道而强；将失道而拙，得道而工；国得道而存，失道而亡。”[④]这段话说明，为民而战的正义战争，就会获得民众的支持，虽弱必强，最终能取得胜利。而为个人私欲而战的非正义战争，就会失去民众的支持，虽暂时强大，最终也会以失败而告终。“夫兵者，所以禁暴讨乱也。”[⑤]这里，《淮南子》深刻阐述了正义战争的根本目的，就是禁暴讨乱，消除万民危害，使天下太平。

---

① 《三略·上略》。

② 《淮南子·兵略训》。

③ 《淮南子·兵略训》。

④ 《淮南子·兵略训》。

⑤ 《淮南子·兵略训》。

针对战争胜败的根本原因,《淮南子》认为，义可以得民心，因而是战争之本。它指出:“兵之胜败，本在于政。政胜其民，下附其上，则兵强矣。民胜其政，下畔其上，则兵弱矣。故德义足以怀天下之民，事业足以当天下之急，选举足以得贤士之心，谋虑足以知强弱之势，此必胜之本也。”① 其意是说，政治是战争取得胜利的根本。政治是能够凝聚他们的百姓的，也会使臣下归附他们的君主，若是那样的话军队就会强大；假如百姓胜过了他们的政治，那就会使臣民背叛他们的君主，那样军队也就会减弱了。所以德泽、大义完全可以含怀天下的百姓，而事业的成就也完全能够去面对天下的急事，举荐和选用有才能的人必定能够得到他的心，而那些强弱的形势也完全能够被计谋思虑所知道。因此，这就是能够取得胜利的根本。“地广人众，不足以为强；坚甲利兵，不足以为胜；高城深池，不足以为固；严令繁刑，不足以为威。为存政者，虽小必存；为亡政者，虽大必亡。”② 一个国家的强大与否，不在于土地的广狭，人口的多少，也不在于城池是否坚固，而在于是否有清明的政治，是否得到了民众的支持。得民心者，虽小必存；失民心者，虽大必亡。

在此基础上,《淮南子》阐述了社会需要国君的原因。《淮南子》指出:“古之立帝王者，非以奉养其欲也；圣人践位者，非以逸乐其身也。为天下强掩弱，众暴寡；诈欺愚，勇侵怯；怀知而不以相教，积财而不以相分，故立天子以齐一之。”③ 民众拥戴国君的目的是要其能为民众谋取利益，而不是让其享受荣华富贵的。因此，“人主者，以天下之目视，以天下之耳听，以天下之智虑，以天下之力争。是故号令能下究，而臣

①《淮南子·兵略训》。

②《淮南子·兵略训》。

③《淮南子·修务训》。

情得上闻。”[①] 作为国君，应关心天下百姓的衣食冷暖，无私心，以百姓心为心。否则，就会遭到民众的抛弃。《淮南子》说：“君为无道，民之思兵也，若旱而望雨，渴而求饮，夫有谁与交兵接刃乎！故义兵之至也，至于不战而止。”[②] 其意是说，若是君主做出些不合道义的事情，那么他的臣民就会期盼着义军的到来，这就好比久旱期盼雨水，口渴去寻求饮水一样，这样难道还有谁去与他们交战吗？因此义兵的到来可以不战而胜，制止暴乱。

针对国君与民众之间的关系，《淮南子》认为，国君与民众之间应是父子兄弟的关系。“故明王之用兵也，为天下除害，而与万民共享其利。民之为用，犹子之为父，弟之为兄，威之所加，若崩山决塘，敌孰敢当？”[③] 贤明的国君用兵是去为天下民众清除患害，并且和天下百姓去共同享受他们的利益的。只要国君对待民众如子、如弟，那么民众就会视国君如父、如兄，如此就会上下精诚团结，所向无敌。

（二）军事道德规范

《淮南子》中关于军事道德规范很多，主要有三个。

一是官兵团结。《淮南子》认为，战争要想取得胜利，将领和士卒必须同心协力，步调一致。“千人同心，则得千人力；万人异心，则无一人之用。将卒吏民，动静如身，乃可应敌合战。”[④] 强调将领和士卒之间的关系是心体关系，故将领应当爱护士卒，要以德义怀天下之民，“视下如子”“视下如弟”“与卒同甘苦，俟饥寒”[⑤]。

二是忠君。《淮南子》认为，将领必须忠君，要“为主不顾身，见

---

① 《淮南子·主术训》。

② 《淮南子·兵略训》。

③ 《淮南子·兵略训》。

④ 《淮南子·兵略训》。

⑤ 《淮南子·兵略训》。

难不畏死，决疑不辟罪”[①]。忠君是战争取胜的关键要素。“二心不可以事君，疑志不可以应敌。”[②]将领既受君命就必须为君尽忠，一切行为要“利合于主”，而不能有二心、疑志。“故四马不调，造父不能以致远；弓矢不调，羿不能以必中；君臣乖心，则孙子不能以应敌。”[③]将领若不能忠君，即使孙武在世也不能取得战争的胜利。

三是赏信罚明。《淮南子》认为，在战争过程中要使士卒齐心协力，还必须赏信罚明。“夫人之所乐者生也，而所憎者死也，然而高城深池，矢石若雨，平原广泽，白刃交接，而卒争先合者，彼非轻死而乐伤也，为其赏信而罚明也。”[④]可见赏罚分明对于战争获胜来说是十分重要的。“若苦者必得其乐，劳者必得其利，斩首之功必全，死事之后必赏”[⑤]，这四个方面赏罚若能做到，军队的作战能力就会强大，就能取得战争的胜利。

三、诸葛亮的军事伦理文化

诸葛亮（181—234），字孔明，东汉徐州琅琊郡阳都县人，是一位杰出的政治家、军事战略家，其军事伦理文化主要表现在由后人整理而成的《诸葛亮集》中。

（一）战争道德认识

诸葛亮认为，治理国家既需要文治，又需要武备。“有文事必有武备”[⑥]，二者均不可或缺。“以文为先，以武为后”，“治国以文为政，治军

① 《淮南子·兵略训》。
② 《淮南子·兵略训》。
③ 《淮南子·兵略训》。
④ 《淮南子·兵略训》。
⑤ 《淮南子·兵略训》。
⑥ 《诸葛亮集·十六策·治军》。

以武为计”[①]。治国要以文治为先，以武备为后。“戎狄之人，难以理化，易以威服，礼有所任，威有所施。是以黄帝战于涿鹿之野，唐尧战于丹浦之水，舜伐有苗，禹讨有扈，自五帝三王至圣之主，德化如斯，尚加之以威武，故兵者凶器，不得已而用之。”[②]在诸葛亮看来，战争是凶器，是在文事失效而不得已的情况下才使用的。“治军之政，谓治边境之事，匡救大乱之道，以威武为政，诛暴讨逆，所以存国家安社稷之计。是以有文事必有武备，故含血之蠹，必有爪牙之用，喜则共戏，怒则相害；人无爪牙，故设兵革之器，以自辅卫。”[③]诸葛亮强调，战争的根本目的在于诛暴讨逆，维护社会正义。

在军事活动中，道德的作用是十分重要的，它甚至可以不战而屈人之兵。“古之善理者不师，善师者不陈，善陈者不战，善战者不败，善败者不亡。昔者，圣人之治理也，安其居，乐其业，至老不相攻伐，可谓善理者不师也。若舜修典刑，咎繇作士师，人不干令，刑无可施，可谓善师者不陈。若舜伐有苗，舜舞干羽而苗民格，可谓善陈者不战。若齐桓南服强楚，北服山戎，可谓善战者不败。若楚昭遭祸，奔秦求救，卒能返国，可谓善败者不亡矣。”[④]古之圣人之所以能够如此，其关键在于能够以德化人。诸葛亮指出：“治人之道，谓道之风化，陈示所以也。故经云：‘陈之以德义而民与行，示之以好恶而民知禁。’日月之明，众下仰之，乾坤之广，万物顺之。是以尧、舜之君，远夷贡献，桀、纣之君，诸夏背叛。”[⑤]因此，君主、将帅在用兵过程中要注重道德的作用。“夫用兵之道，在于人和，人和则不劝而自战矣。若将吏相猜，士卒不

---

① 《诸葛亮集·十六策·治军》。
② 《诸葛亮集·十六策·治军》。
③ 《诸葛亮集·十六策·治军》。
④ 《诸葛亮集·将苑·不陈》。
⑤ 《诸葛亮集·十六策·治人》。

服，忠谋不用，群下谤议，谗慝互生，虽有汤武之智，而不能取胜于匹夫，况众人乎。”①

（二）军事道德规范

诸葛亮既是一位军事家，又是一位儒者，非常重视军事道德规范对军人的约束、激励。具体来说，有以下三个方面：

其一是忠君。诸葛亮认为，作为臣民，要忠君，要“鞠躬尽力，死而后已”②。诸葛亮说：“人之忠也，犹鱼之有渊，鱼失水则死，人失忠则凶，故良将守之，志立而名扬。”③诸葛亮本人就是忠君的楷模。蜀主刘备临终托孤时，对诸葛亮说：“君才十倍曹丕，必能安国，终定大事。若嗣子可辅，辅之；如其不才，君可自取。”诸葛亮则哭着说：“臣敢竭股肱之力，效忠贞之节，继之以死。”④诸葛亮的忠君行为受到后世人们的褒扬。

其二是爱卒。诸葛亮认为，将领只有爱护士卒，士卒才能与其齐心协力，所向无敌。否则，就会导致战争失败。“将无思虑，士无气势，不齐其心，而专其谋，虽有百万之众，而敌不惧矣。”⑤首先，爱护士卒要尊重士卒，待之以礼，赏之以利。“将不可骄，骄则失礼，失礼则人离，人离则众叛。将不可吝，吝则赏不行，赏不行则士不致命，士不致命则军无功，无功则国虚，国虚则寇实矣。孔子曰：‘如有周公之才之美，使骄且吝，其余不足观也已。’”⑥其次，爱护士卒就要与士卒同甘共苦。诸葛亮说：“夫为将之道，军井未汲，将不言渴；军食未熟，将不言饥；军火未然，将不言寒；军幕未施，将不言困；夏不操扇，雨

① 《诸葛亮集·将苑·和人》。

② 《诸葛亮集·后出师表》。

③ 《诸葛亮集·兵要》。

④ 《三国志·蜀志·诸葛亮传》。

⑤ 《诸葛亮集·十六策·治军》。

⑥ 《诸葛亮集·将苑·将骄吝》。

不张盖，与众同也。”[①]

其三是赏罚必信。诸葛亮认为，所谓赏罚就是赏善罚恶，这对于治国治军来说是十分重要的。诸葛亮说：“赏以兴功，罚以禁奸，赏不可不平，罚不可不均。”[②] 当然，赏罚还要公正。“赏赐知其所施，则勇士知其所死；刑罚知其所加，则邪恶知其所畏。故赏不可虚施，罚不可妄加，赏虚施则劳臣怨，罚妄加则直士恨，是以羊羹有不均之害，楚王有信谗之败。”[③] 切记赏罚一定要出于公心，不可因个人喜怒好恶而滥加赏罚。“怒不犯无罪之人，喜不从可戮之士，喜怒之际，不可不详。喜不可纵有罪，恕不可戮无辜，喜怒之事，不可妄行。行其私而废其功，将不可发私怒，而兴战必用众心，苟合以私忿而合战，则用众必败。”[④]

第三节　唐宋元明清（鸦片战争前）时期的军事伦理文化

唐宋元明清（鸦片战争前）时期是中国封建社会巩固和发展的时期。这一时期的军事伦理文化主要体现在《唐李问对》、《太白阴经》、《虎钤经》和《纪效新书》等军事著作中。

一、《唐太宗与李靖问对》的军事伦理文化

《唐太宗与李靖问对》，简称《唐李问对》或《李靖问对》，也可简称《问对》。此书是清代人汪宗沂根据《通典》《太平御览》等古籍辑录而成的，记录了李靖与唐太宗讨论军事的谈话，被列为“武经七书”

---

① 《诸葛亮集·将苑·将情》。

② 《诸葛亮集·十六策·赏罚》。

③ 《诸葛亮集·十六策·赏罚》。

④ 《诸葛亮集·十六策·喜怒》。

之一。

李靖认为，战争的胜败不在于天地鬼神，而在于人。“夫战之取胜者，此岂求之于天地乎？在因人而成之。”[①] 其意是说，战争的胜利不是向天地鬼神祈求来的，而是通过人的努力获得的。要实现军队战无不胜的目标，要依靠一套合理的制度。“有制之兵，无能之将，不可败也；无制之兵，有能之将，不可胜也。”[②] 如果士兵遵守约束，训练有素，进退齐一，队伍森严，即使将帅指挥能力不强，这样的军队也不能被击败；反之，如果士兵不遵守约束，训练懈怠，即使将帅指挥能力很强，这样的军队也是不能取得胜利的。要落实制度就要对士卒进行教育。“教道不明，吏卒无常，陈兵纵横，曰乱。”[③] 教练的道理不明了，吏卒没有常法可以遵循，列队布阵就会杂乱无章。教育则要注重运用合适的方式方法，才能达到预期的效果。“教得其道，则士乐为用；教不得法，虽朝督暮责，无益于事矣。”[④] 教练时如果能够符合古阵法，士卒就乐于被指挥；教练如果不符合古阵法，即使从早到晚时时督促，对事情也没有什么好处。教育的根本方法就是爱威并用。

唐太宗与李靖在讨论过程中，曾深入探讨爱与威的关系。唐太宗问：“严刑峻法，使人畏我而不畏敌，朕甚惑之。昔光武以孤军当王莽百万之众，非有刑法临之，此何由乎？”[⑤] 李靖回答说：“《孙子》曰：‘卒未亲附而罚之，则不服；已亲附而罚不行，则不可用。’此言凡将先有爱结于士，然后可以严刑也，若爱未加而独用峻法，鲜克济焉。”[⑥] 李靖认为，治理军队要处理好爱与威的关系，仅运用其中一种方法是不行

① 《通典·卷一五二》。
② 《唐李问对·卷上》。
③ 《唐李问对·卷上》。
④ 《唐李问对·卷上》。
⑤ 《唐李问对·卷中》。
⑥ 《唐李问对·卷中》。

的。将领要首先爱护士卒，然后才可以使用严刑，否则就难以取得成功。而且“爱设于先，威设于后，不可反是也。若威加于前，爱救于后，无益于事矣。”[①] 在李靖看来，爱威要有顺序，先爱后威，威才能起到积极效果。反之，若先威后爱，士卒就会心生怨恨，严刑峻法只能起到消极作用，对于提高战斗力是无济于事的。这种方法运用得当，军队就会士气高涨，打起仗来就能同心协力，取得战争胜利。“夫含生禀血，鼓作斗争，虽死不省者，气使然也。”[②] 也就是说，人是有生命的，一旦鼓舞起来参加战斗，就会英勇杀敌，视死如归。“故用兵之法，必先察吾士众，激吾胜气，乃可以击敌焉。”[③] 在李靖看来，用兵的方法，必须首先察明我军官兵的斗志，激励起我军敢打必胜的勇气，这样才可以去进击敌人。由此可见，“爱结于士”，与士卒同甘共苦，是鼓舞士气、提升勇气、获得战争胜利的基本途径。

二、李筌的军事伦理文化

李筌，约为唐玄宗至唐代宗时人，曾任荆南节度使等职务，有一定的军事经历。鉴于唐中期的混乱状态，李筌担心孙武以来的兵学失传，便立志研究前人的军事思想，总结唐代的战争经验。经过多年的潜心研究，写出了《阴符经疏》《孙子注》《太白阴经》等兵学著作。其中以《太白阴经》对后世影响最大，是清朝《四库全书》所收的二十种兵书之一。李筌的军事伦理文化主要有两个方面：

（一）重德的战争认识

李筌扬弃了前人的思想，认为“兵者，不祥之器，不得已而用

---

① 《唐李问对·中》。
② 《唐李问对·卷下》。
③ 《唐李问对·卷下》。

之”[①]。战争是在不得已的情况下才发动的。这是对《老子》军事伦理思想的继承和发展。其根本目的在于“存亡、继绝、救乱、除害”。李筌说：“兵者凶器，战者危事，阴谋逆德。好用凶器非道德忠信，不能以兵定天下之灾，除兆民之害也。”“兵非道德仁义者，虽伯有天下，君子不取。”[②]在李筌看来，只有符合道德仁义的正义战争，才能取得胜利，并实现其根本目的。“善师者不阵，善阵者不战，善战者不败，善败者不亡。”[③]能够用政治和道德的方法解决问题是最好的。“故兵有百战百胜之术，非善之善者也。不如不战而屈人之兵，善之善者也。夫太上用计谋，其次用人事，其下用战伐。”[④]在用兵决策顺序上，应先以德义感人，只有在德义实在感化不了对方时才可动兵。用军事方式解决问题，是最后迫不得已的办法。

当不得已而发动战争的时候，战争胜负的关键因素是什么呢？李筌认为，人的因素是战争胜负的决定因素。“明王圣主贤臣良将所以动而胜人，成功出于众者，先知也。先知不可取于鬼神，不可求象于事，不可验之于度，必求于人。”[⑤]在人的因素中，君主、将帅是否有德是十分重要的。“无厚德而占日月之数，不识敌之强弱而幸于天时，无智无虑而侯于风云，小勇小力而望于天福，怯不能而恃龟筮，士卒不勇而恃鬼神，设伏不巧而任向背”[⑥]，这些都是不会取得成功的。对于战争胜利来说，天道鬼神是不可靠的，它不能决定战争的胜负。李筌总结性地说：“由此言之，天时不能佑无道之主，地利不能济乱亡之国，地之险易因人而险因人而易，无险无不险，无易无不易，存亡在于德，战守在于

---

① 《太白阴经·卷一·人谋下·贵和》。

② 《太白阴经·卷一·人谋下·善师》。

③ 《太白阴经·卷一·人谋下·善师》。

④ 《太白阴经·卷一·人谋上·术有阴谋》。

⑤ 《太白阴经·卷一·人谋上·天无阴阳》。

⑥ 《太白阴经·卷一·人谋上·天无阴阳》。

地，惟圣主智将能守之，地奚有险易哉。”[①]

在人的因素中，士卒的士气是极其重要的。李筌说：“激人之心，励士之气。发号施令，使人乐闻；兴师动众，使之乐战；交兵接刃，使人乐死；其在以战劝战，以赏劝赏，以士励士，木石无心，犹可危而动、安而静，况於励士乎！”[②]士卒的积极性和勇敢精神一旦被调动起来，军队的战斗力就会大大增强，就能夺取战争的胜利。要想达到这一目的，将帅就要自觉地关心、爱护士卒。对待士卒要“恩信养之，礼恕导之，小惠渐之，如慈父母育爱子也。故能救其阽危，拯其涂炭。卑身下士，济免甘苦，亲临疾病……视卒如婴儿，可与之赴深溪；视卒如爱子，可与之俱死”[③]。将帅对待士卒要能赏能爱，赏之能劝其奋进，爱之能得其心。得其心，则能在战争中尽心尽力，视死如归。“古之善率人者，未有不得其心而得其力者也，未有不得其力而得其死者也。”[④]得其心才能得其力，得其力才能让其愿意牺牲生命。“人所以守战至死不衰者，上之所施者厚也。上施厚，则人报之亦厚。”[⑤]

（二）赏罚的军事道德规范

从刑赏的产生来看，刑赏与道德有着密切的关系。刑赏也不是从来就有的，而是社会发展到一定阶段才出现的。在上古之时，“有虞氏画衣冠，异章服，以州辅牧，而奸不犯，其人醇”，民风淳朴，不用刑赏，社会和谐有序；到了汤武之时，社会风气发生了变化，“汤武凿五刑，伤四肢，以缪捕刑，而奸不止”，人心浇薄，道德沦丧，于是产生了刑赏用以维持社会秩序。

---

① 《太白阴经·卷一·人谋上·地无险阻》。

② 《太白阴经·卷二·人谋下·励士》。

③ 《太白阴经·卷二·人谋下·子卒》。

④ 《太白阴经·卷二·人谋下·子卒》。

⑤ 《太白阴经·卷二·人谋下·子卒》。

李筌认为，与社会生活一样，军事生活的刑赏也离不开道德规范的约束，于是提出运用刑赏手段时要力求做到以下三点：一是刑赏要出于公心。“赏无私功，刑无私罪”[①]。二是刑赏要不分贵贱亲疏。凡是豪强权贵乱军，“各宜诛之”[②]。三是刑赏要有度。“刑过则无善，赏过多奸”，“刑多而赏少，则无刑；赏多而刑少，则无赏”[③]，刑赏如果过滥，就会适得其反，不能实现其预期的目的。

三、《虎钤经》的军事伦理文化

《虎钤经》，北宋许洞著。许洞，字渊夫，苏州吴县人。《虎钤经》写于 1004 年。许洞说，此书“上采孙子、李筌之要，明演其述；下撮天时人事之变，备举其占，或作于已见，或述于古人，名曰《虎钤经》”[④]。钤为锁钥，比喻事物的关键，虎喻指将军，“虎钤经者，将军之事也”。《虎钤经》蕴含着重要的军事伦理文化。

许洞认为，天、地、人是战争的重要因素，要想获得胜利就必须处理好天地人三者之间的关系。关于天地的关系，许洞指出：“天贵地贱，天动地静，贵者运机而贱者效力，上有其动而下行其地矣。”[⑤]有人问，若敌“得天时，讵可破乎？”许洞回答说：“天之所佑，正也。怙天时而戾军政，与天违也。天人相违，不凶何俟。故兵利以顺应，顺也；顺而逆应之，必凶之兆也。”有人问：“军乘天时，跨有地利，将吏骄怠，谋画不精，军阵散乱，如之何？”许洞曰：“可击也。”因为，“人者，天地之心也。苟心不正，虽有其表，将焉用乎！”[⑥]敌方虽占有天时地利，但

① 《太白阴经·卷一·人谋下·刑赏》。
② 《太白阴经·卷一·人谋上·政有强诛》。
③ 《太白阴经·卷一·人谋下·刑赏》。
④ 《虎钤经》序。
⑤ 《虎钤经·卷一·天功》。
⑥ 《虎钤经·卷一·三才应变》。

由于缺乏“人和”，徒有其表，攻之必胜。由此可见，天时、地利固然是战争的重要因素，而人是战争胜负的决定因素。许洞说：“先以人，次以地，次以天。”[①]“其在天也，无吉凶；其在地也，无险易；其在人也，无利害”，“观乎人事强弱利害有胜败之势者，事皆系于人也。苟以变合于事，强弱利害有胜败之势者，事皆系于人也。苟以变合于事，事合于时，时合于理者，无强弱，无利害，则败事可以胜，胜事可以败也”[②]。在许洞看来，战争胜负关键在人。

既然如此，就要在战争过程中充分发挥人的主观能动性，做好人的工作，确保战争能赢得胜利。具体来说，要做好以下两点：

第一，要人和。许洞认为，战胜敌人，必须“先务三和，次务三有余，次务三必行”[③]。“三和”是指和于国、和于军、和于阵。“国不和则人心离，军不和则教令乱，阵不和则行列不整。”[④]“三有余”是指力有余、食有余、义有余。力有余就是国力强大，物资供应充足，否则在战争中就会难以为继。食有余就是粮食充足，否则就不能进行持久战争。义有余就是指进行的是正义战争，否则就会引起百姓和将士的怨忿不满。“三必行”是指：必行其谋、必行其赏、必行其罚。“必行其谋”就是排除各种干扰实现预期的谋划。“必行其赏”就是有功必赏，以此鼓励士卒杀敌报国。“必行其罚”就是有过必罚，这样有过者就能及时吸取教训。赏罚必行就是要求将领赏信罚必，目的是实现人和。

第二，要处理好君主与将帅之间的关系。许洞说：“王者天也，将者地也”，“王之于将也，阃外之寄择贤授柄，举无所疑。将必内应其正

---

① 《虎钤经·卷一·三才应变》。

② 《虎钤经·卷三·兵机统论》。

③ 《虎钤经·卷三·先胜》。

④ 《虎钤经·卷三·先胜》。

外应其顺，应以正则师律严，务以顺则臣节贞”。[①]君主的道德在于用将无疑，将帅的道德在于纪律严明和忠君爱国。对于君主来说，选将时要非常慎重，因为，“国家行师授律，生杀之柄，大将所主。将者国之腹心，三军之司命也”[②]。选将的目的是用将，而用将的关键在任而不疑。通过德、才等方面的考察，任命某人为将帅后，就应该用人不疑，给予他充分的职权，放手让其独立自主地指挥作战。“国不可以从外理，将不可以从中御”[③]，否则，“君恃智以自用，倨礼而傲下，授柄非人，任人不信”[④]，则战争必败无疑。对于将帅来说，要具备廉洁自律、忠诚勇敢、爱护士卒、赏罚必信等道德品质。许洞认为，为将者要“廉于财，节于色，疎于酒，持身以礼，奉上以忠，忧乐与士卒同。获敌之货赂而不蓄，得敌之妇女而不留。纳谋而能容，疑而能断，勇而不凌物，仁而不丧其法，匿其小罪，决其大过，犯令者不讳其亲，有功者不忌其仇，老者扶之，弱者抚之，惧者宁之，忧者乐之，讼者决之，滥者详之，贼者平之，强者押之，懦者隐之，勇者使之，横者杀之，服者原之，失者扶之，亡者逐之，来者爵之，暴者挫之，智者昵之，馋者远之”[⑤]。总之，将既受命，就要忠君报国，身先士卒，指挥若定，决战决胜，“了却君王天下事，赢得生前身后名”。

四、戚继光的军事伦理文化

戚继光，字元敬，号南塘，山东蓬莱人，是明朝中叶后著名爱国将领。戚继光在抗击倭寇中屡建奇功，根据抗倭的经验写成《纪效新书》。

---

① 《虎钤经·卷一·天功》。

② 《虎钤经·卷二·辩将》。

③ 《虎钤经·卷二·出将》。

④ 《虎钤经·卷一·天功》。

⑤ 《虎钤经·卷二·论将》。

后来，又奉命镇守北部边塞十余年，为总结北方练兵、防止蒙古入侵的经验，又写一部《练兵实纪》。在这两部著作中蕴含着丰富的军事伦理文化。

（一）安国保民的官兵职责

在浙江沿海抗倭时，面对明朝军队畏敌如虎、望风而逃的现象，戚继光认识到，要想彻底根除倭患，必须组建一支有战斗力的军队。这支新军的职责就是“杀贼”、“安国”和“保民”。戚继光说：“沿海卫所自初建置，本以保障生民，捍卫地方，故出膏脂以供馈饷。今积承二百年来，一旦被有倭患，其民社供馈军饷且如旧矣，而军伍不唯不能保障生民，无益内地，且每事急，又请民兵以为伊城守。是供军者民也，杀贼者民也，保民者民也，保军者又民也。事体倒置如此，殊失祖宗建牙之意。”[①] 其意是说，将士是由百姓用民脂民膏供养的，理应努力杀贼，保障百姓安居乐业，否则就是本末倒置，违背了祖宗建军的初衷。戚继光说：“合而言之，无非以保民为职”，“凡我将士，跃马食肉，握符当关，其所统军卒，不耕而食，不织而衣，民商税课为之供养，毋问风雨，宴安坐縻廪饩，无非用其力于一朝。除乱定暴则民生遂，民生遂则国本安。故文武之职不同，所司之政虽异，而其所以保民一也”[②]。因此，“安国保民”是军人的根本职责使命。

（二）将领道德规范

戚继光认为，将领的素质包括德、才两个方面，无才固然不能为将，但将领也不能有才而无德。戚继光说：“材艺之美，必有不二之心，庶成其材。苟有人焉，以不二之心，发于事业，昼夜在公，即有一尺之材，必尽一尺之用。至于多才之徒，或巧为身谋，或明习祸福，用之自

① 《纪效新书·总论》。

② 《练兵实纪·练将》。

私，虽良、平之智，孔明之术，我何所赖？故曰：有将材而无将心，具将也。无将心，斯无将德。将德靡而用其材，此世之所以有骄将，有逆臣，有矜怠之行，有盈满之祸，有怏怏之色，不能立功全名，卫国保家，为始终完器矣。”[①] 因此，为将首先要有德。戚继光认为，从安国保民的根本职责出发，作为将领应具备以下道德品质：

一是牺牲奉献。戚继光说：“将者，死官也；兵者，危事也。”[②]作为将领要有为国为民之公心，“忧国不忧身”，为了国家、民众的利益要有牺牲奉献精神。要认识到自己责任重大，要有敢于担当的精神，特别在上司面前要心胸坦荡，而不要唯唯诺诺。戚继光说：“夫无责于身而逢迎以取悦已不可也；有责于身而逢迎之，是自卖其身于祸患之中，不亦左乎！”[③]在戚继光看来，无论是否有责于身，都不可有巴结逢迎的态度，一定要实事求是。“遇上司之命令，当道之谘询，必须是曰是，非曰非。某事不宜行，即曰不宜；某事力不能奉行，即曰力不能。直以告之。虽一时有拂上官意，终必无失于己。”[④]

二是爱护士卒。戚继光说：“将者，腹心也；士卒者，手足也。”[⑤]在战争过程中，“必赖士卒誓同生死，奋勇当锋”[⑥]，才能取得胜利。因此，将领要爱护士卒。将领爱护士卒要力求做到以下两点：一要尊重士卒。戚继光说：“位有贵贱，身无贵贱。”[⑦]将领与士卒虽然职务有高低，但在人格上是平等的。戚继光指出：“凡军称曰军士、战士、力士、勇士、义士、士卒。夫必称曰士者，所以贵之也。朝廷之命名贵士如此，所以

---

① 《练兵实纪·杂集·储练通论》。

② 《练兵实纪·练将》。

③ 《练兵实纪·练将》。

④ 《练兵实纪·练将》。

⑤ 《练兵实纪·练将》。

⑥ 《练兵实纪·练将》。

⑦ 《练兵实纪·杂集·登坛口授》。

望之出力疆场，卫国保民。”而如果将领不尊重士卒，“以厮役待士，而欲其出死力，捐命御寇，有是理哉！”[①]二要与士卒同甘共苦。戚继光说：“所谓身先士卒者，非独临阵身先，件件苦处要当先。所谓同滋味者，非独患难时同滋味，平处时亦要同滋味。”[②]

三是赏罚分明。戚继光说：“自古及今，大将所统，动则数十万。若都临阵来，无个法子管着，如何用他？若个个无有利害到身，谁肯用命？任你几十万人，我所诛罚，不过数人，不怕你几十万人不着紧，此正节制。”[③]其意是说，从古到今，赏罚是统率军队、带兵打仗的重要手段。而要想达到提高战斗力的目的，赏罚就要得当，合情合理，否则就会事与愿违。赏罚还要公正无私，不避亲疏。戚继光说：“凡赏罚，军中要柄。如该赏者，即与将领有不共戴天之恨，亦要录赏，患难亦须扶持；如犯军令，便是亲子侄亦要依法施行，决不许报施恩仇。”[④]

四是廉洁自律。戚继光说：“夫士之廉，犹女之洁，此本等修身立己之事。况朝廷俸禄豢养为官，不耕而食，不蚕而衣，正要你不贪取军财，不克剥粮赏。况将官要军士用命，立功扬名，保位免祸，必当如此。故廉之一字，全是本等分内所该。”[⑤]戚继光认为，将领如果利用职权贪占财物，就会招致士卒怨恨，“财物与怨相联，利入则怨随”[⑥]，一旦临敌作战，就会“失士卒心，败疆场事，身死名丧，求为匹夫而不可得”[⑦]。因此，作为将领务必廉洁自律，洁身自好。戚继光告诫将领说：“惟有知止知足，以淡薄节俭为务，则无欲。无欲则心清神爽，智虑生

① 《练兵实纪·练胆气》。
② 《纪效新书·或问》。
③ 《练兵实纪·杂集·登坛口授》。
④ 《练兵实纪·练胆气》。
⑤ 《练兵实纪·练将》。
⑥ 《练兵实纪·练将》。
⑦ 《练兵实纪·练将》。

焉。奉职为将，大得人心，周详防御。古人所谓‘武臣不惜死，文官不爱钱，天下太平矣！’是故不惜死，由不爱钱中生来，不爱钱，由无欲而充之。平居可以延生，为将可以济事。”①

五是谦虚谨慎。戚继光说：“谦者，美德也，不独士君子当力行之。为将者，处功伐之间，当危疑之任，非虚不能受益，非谦不能永保终誉。全身完名，此为上计。”②在戚继光看来，不光文人学士应具有谦虚的美德，将领也要有谦虚的品德。将领谦虚谨慎就能够集思广益，察纳雅言，有助于取得战争胜利。“善将者，凡于古今名将成败之政，一时山川形势之殊，敌情我军微隐之变，必广询博访，集众思，屈群策，虽不挠于非礼，而转环于听纳。”③“人之有技，如己有之，即其人不足取，而言可采，略其人而取其言，师其言而不必用其人。”④此外，为将谦虚还要防止刚愎自用。戚继光说：“坚志而勇，谓之刚。刚，生人之德也。恃强而自用不回，谓之愎。愎，刚德之贼也。吾人患其不刚，固然矣。刚而愎，又不如不刚之为愈也。故为将者，一有自用之心，士情不问，人人解体；敌情不得，耳目瞽瞶；亡身败家，可立而待矣！”⑤针对当时军队中存在的把谦虚当作萎靡的问题，戚继光深刻说明了二者的差别：谦虚是公而忘私，萎靡是私而忘公，二者完全相反。

（三）士卒道德规范

在提出将领道德规范的基础上，戚继光还提出了士卒应具备的道德规范：一是爱民。戚继光认为，士卒是由百姓供养的，百姓供养士卒是为了杀敌的，因此士卒要爱民、亲民。戚继光对士卒说：“设使你们果

① 《练兵实纪·练将》。

② 《练兵实纪·练将》。

③ 《练兵实纪·练将》。

④ 《练兵实纪·练将》。

⑤ 《练兵实纪·练将》。

肯杀贼，守军法，不扰害地方，百姓如何不奉承？官府如何不爱重？只是你们到个地方，百姓不过怕贼抢掳，你们也曾抢掳；百姓怕贼焚毁，你们也曾折毁；百姓怕贼杀，你们要讨功也曾杀他；这百姓如何不避而怨之？如何不关门锁户？"[①]士卒只有爱民，才能得到民众的支持。戚继光还号召士卒要以"岳家军"为楷模，学习他们"冻死不拆屋，饿死不掳掠"的爱民精神。作为军人，爱民就要为民解忧，就要奋勇杀敌，保障民众能够安居乐业。戚继光对士兵说："你们当兵之日，虽刮风下雨，袖手高坐，也少不得你一日三分。这银分毫都是官府征派你地方百姓办纳来的。你在家那个不是耕种的百姓，你肯思量在家种田时为纳的苦楚艰难，即当思量今日食银容易，又不用你耕种担作。养了一年，不过望你一二阵杀胜，你不肯杀贼保障他，养你何用？"[②]指出了军人爱民的重要途径，这个途径就是到战场上杀贼。

二是勇敢。戚继光认为，除了爱民之外，士卒还要有勇敢精神。戚继光说："人有此身，先有此心。气发于外，根源于心。""大命所系在气，而属乎心；心之所系，则神明之感、自然之应也。""盖其所发为勇者，乃浮气之在外者，非真气之根于心也。气根于心，则百败不可挫。"[③]在戚继光看来，气、心、勇三者之间存在着密切的关系，在战争中要有高昂的士气和勇敢精神，才能有效履行安国保民的责任。在军事训练时，"如擂鼓该进，就是前面有水有火，若擂鼓不住便往，水里火里，也要前去"[④]，在打仗时才能勇往直前，临危不惧。他还指出，士卒要勇敢，但不能勇于私斗或危害百姓。戚继光说："他人索我争斗，就是他人理短，亦好好避他。禀赴本官，转达应该上官，定与处分得

---

① 《练兵实纪·练胆气》。

② 《纪效新书·谕兵紧要禁令篇》。

③ 《练兵实纪·杂集·储练通论》。

④ 《纪效新书·总叙》。

平。”[①] 如果与之私斗，即便有理也是不应该的。

第四节　中国近现代的军事伦理文化

鸦片战争以后，中国的社会性质、阶级关系、社会主要矛盾都发生了深刻的变化。在这一时期，以曾国藩、孙中山等为代表的思想家，从不同的阶级立场出发提出了较为精彩的军事伦理文化。

一、曾国藩的军事伦理文化

曾国藩（1811 — 1872），初名子城，字伯涵，号涤生，谥文正。晚清第一中兴名臣，湘军的创立者和最高统帅。曾国藩 1811 年生于湖南长沙府湘乡（今娄底市双峰县），1838 年考中进士，从此开始了辉煌的仕途生涯，曾官至两江总督、直隶总督、武英殿大学士、一等毅勇侯。曾国藩一生以创立湘军、开启中国近代洋务运动以及在识人用人方面的卓越成就而为世人所熟知。曾国藩的军事伦理文化主要有三个方面：

（一）战争道德认识

曾国藩认为，对于战争应持慎重态度。他说：“兵者，不得已而用之，常存一不敢为先之心，须人打第一下，我打第二下。”[②] 战争是不得已而使用的手段，要常以不敢为先的态度对待之。在此基础上，曾国藩提出“哀兵必胜”的思想：“兵者，阴事也。哀戚之意，如临亲丧；肃敬之心，如承大祭，庶为近之。今以羊牛犬豕而就屠烹，见其悲啼于割剥之顷，宛转于刀俎之间，仁者将有所不忍，况以人命为浪博轻掷之

① 《练兵实纪 · 练胆气》。

② 曾国藩：《曾文正公全集》第 1 卷，中国书店 2011 年版，第 303 页。

物，无论其败丧也，即便幸胜，而死伤相望、断头洞胸、折臂失足、血肉狼藉日陈吾前，哀矜之不遑，喜于何有？故军中不宜有欢欣之象，有欢欣之象者，无论或为和悦，或为骄盈，终归于败而已矣。田单之在即墨，将军有死之心，士卒无生之气，此所以破燕也；及其攻狄也，黄金横带而骋乎淄渑之间，有生之乐，无死之心，鲁仲连策其必不胜。兵事之宜惨戚，不宜欢欣亦明矣。”①

（二）军人道德要求

曾国藩在不同的历史时期从不同的视角出发，对于军人提出了多种道德要求，主要有四个方面：

一是忠诚。曾国藩认为，“诚”是天地万物和道德的基础。他说：“盖尝抉剔平生之病源，养痈藏瘤，百孔杂出，而其要在不诚而已矣。窃以为天地之所以不息，国之所以立，贤人之德业之所以可大、可久，皆诚为之也。故曰：‘诚者，物之终始，不诚无物。’”② 什么是诚呢？曾国藩说：“人必中虚，不著一物而后能真实无妄，盖实者不欺之谓也。人之所以欺人者，必心中别著一物，心中别有私见，不敢告人，而后造伪言以欺人。若心中了不著私物，又何必欺人哉？其所以自欺者，亦以心中别著私物也。所知在好德，而所私在好色，不能去好色之私，则不能不欺其好德之知矣。是故诚者，不欺者也。不欺者，心无私著也。无私著者，至虚者也。是故天下之至诚，天下之至虚者也。当读书则读书，心无著于见客也；当见客则见客，心无著于读书也。一有著则私也。灵明无著，物来顺应，未来不迎，当时不杂，既过不恋，是之谓虚而已矣，是之谓诚而已矣。”③ 在曾国藩看来，诚就是真实无妄，不自欺欺人。曾国藩认为，要想克服用兵日久产生的骄惰情绪，避免战争的

① 曾国藩：《曾文正公全集》第1卷，中国书店2011年版，第301—302页。

② 曾国藩：《曾文正公全集》第5卷，中国书店2011年版，第19页。

③ 曾国藩：《曾文正公全集》第1卷，中国书店2011年版，第270页。

失败，以诚待人接物乃是根本。曾国藩说："用兵久则骄、惰自生，骄、惰则未有不败者。勤字所以医惰，慎字所以医骄。此二字之先，须有一诚字以立之本。立志要将此事知得透，办得穿，精诚所至，金石亦开，鬼神亦避，此在己之诚也。人之生也直，与武员相交接，尤贵乎直。文员之心多曲、多歪、多不坦白，往往与武员不相水乳，必尽去歪、曲私衷，事事推心置腹，使武人、粗人坦然无疑，此接物之诚也。以诚字为之本，以勤字、慎字为之用，庶几免于大戾，免于大败。"① "用兵之道，最重自立，不贵求人。驭将之道，最贵推诚，不贵权术。"② 在曾国藩看来，在办事时，虽然会有艰难曲折，但只要我们诚心诚意地探索，就总会有实现目标的那一天。忠则是诚的具体表现。曾国藩说："乱世多尚巧伪，惟忠者可以革其习。"所谓忠就是为人处事尽心尽力："忠不必有过人之才智，尽吾心而已矣"，"能剖心肝以奉至尊，忠至而智亦生焉"③。在当时乱世之中，所急需而又不可骤得的是忠义之人。曾国藩说："无兵不足深忧，无饷不足痛哭，独举目斯世，求一攘利不先、赴义恐后、忠愤耿耿者，不可亟得，此其可为浩叹也。"④ 在曾国藩看来，没有士兵不必忧心忡忡，没有军饷也没有必要痛哭不已，真正让人扼腕叹息的是，放眼世界，很难在短时间内找到一个不求名利、敢于奉献、忠心耿耿的人。对于带兵之人来说，有忠义、有血性则是其能力的核心。曾国藩说："带勇之人，第一要才堪治民，第二要不怕死，第三要不急急名利，第四要耐受辛苦。大抵有忠义血性，则四者相从以俱至。"⑤ 能够带兵的人，第一要有治理百姓的能力，第二要有不怕死的精神，第三要

① 曾国藩：《曾文正公全集》第 5 卷，中国书店 2011 年版，第 356 页。
② 曾国藩：《曾文正公嘉言钞》，中国书店 2013 年版，第 26 页。
③ 曾国藩：《曾文正公全集》第 7 卷，中国书店 2011 年版，第 471 页。
④ 曾国藩：《曾文正公嘉言钞》，中国书店 2013 年版，第 2 页。
⑤ 曾国藩：《曾文正公嘉言钞》，中国书店 2013 年版，第 4 页。

淡泊名利，第四要能够忍受辛劳艰苦。一般来说，忠义、有血性的人，这四种特点都会同时具备。

二是仁爱。军人的仁爱首先表现为爱民。曾国藩说："爱民乃行军第一义，须日日三令五申，视为性命根本之事，毋视为要结粉饰之文。"[①] 在曾国藩看来，爱护百姓是军队的第一要务，它是性命攸关的事情，不能只是看作装饰门面的说法而已。爱民首先就要禁止骚扰百姓。曾国藩说："近年从事戎行，每驻扎之处周历城乡，所见无不毁之屋，无不伐之树，无不破之富家，无不欺之穷民。大抵受害于贼者十之七八，受害于兵者亦十之二三。目击心伤，喟然私叹，行军之害民，一至此乎！故每于将官委员告诫，总以禁止骚扰为第一义。"[②] 为了让官兵懂得爱民的重要性，咸丰八年（1858 年）曾国藩在江西建昌大营还亲自作了《爱民歌》："三军个个仔细听，行军先要爱百姓。贼匪害了百姓们，全靠官兵来救人。百姓被贼吃了苦，全靠官兵来作主……爱民之军处处喜，扰民之军处处嫌。我的军士跟我早，多年在外名声好。如今百姓更穷困，愿我军士听教训。军士与民如一家，千记不可欺负他。日日熟唱爱民歌，天和地和又人和。"[③]《爱民歌》读起来朗朗上口又易于理解记忆，起到了较好的宣传教育作用。就军队内部关系而言，仁爱就表现为爱护尊重士卒。曾国藩说："带勇之法，用恩莫如用仁，用威莫如用礼。仁者，即所谓欲立立人，欲达达人也，待弁勇如待子弟之心，尝望其成立，望其发达，则人知恩矣。礼者，即所谓无众寡，无小大，无敢慢，泰而不骄也；正其衣冠，尊其瞻视，俨然人望而畏之，威而不猛也；持之以敬，临之以庄，无形无声之际，常有懔然难犯之象，则人知

---

① 曾国藩：《曾文正公嘉言钞》，中国书店 2013 年版，第 24–25 页。

② 曾国藩：《曾文正公全集》第 1 卷，中国书店 2011 年版，第 303 页。

③ 曾国藩：《曾文正公全集》第 7 卷，中国书店 2011 年版，第 397—398 页。

威矣。守斯二者，虽蛮貊之邦行矣，何兵勇之不可治哉？”[①]在曾国藩看来，用仁、用礼的方式比用恩、用威的方式更能获得士卒之心。因此，曾国藩说：“古来名将得士卒之心，盖有在于钱财之外者。后世将弁专恃粮重饷优为牢笼兵心之具，其本为已浅矣。是以金多则奋勇蚁附，利尽则冷落兽散。”[②]曾国藩认为，古时候的名将能得到士卒的衷心拥护，不只是依靠钱财笼络人心。后世的将领只会用粮食与丰厚的军饷作为笼络士卒的工具，这种办法是经不起考验的。钱财丰厚时，士卒会争先恐后地跟着你，钱财用完了，就会作鸟兽散。

三是勤劳。勤劳是曾国藩对自己治军经验的概括和总结。曾国藩说：“治军以勤字为先，实阅历而知其不可易。未有平日不早起，而临敌忽能早起者；未有平日不习劳，而临敌忽能习劳者；未有平日不忍饥耐寒，而临敌忽能忍饥耐寒者。吾辈当共习勤劳，先之以愧厉，继之以痛惩。”[③]军官治理军队以“勤”字为先，这是曾国藩通过亲身经历总结出来的、不可轻易改变的道理。曾国藩说：“练勇之道，必须营官昼夜从事，乃可渐几于熟，如鸡伏卵，如炉炼丹，未宜须臾稍离。”[④]训练士兵，要求营官必须白天黑夜都努力操练，这样才能日渐熟练，就像母鸡孵蛋、药炉炼丹一样，一刻也不应该松懈。曾国藩说：“治军之道，以勤字为先。身勤则强，佚则病；家勤则兴，懒则衰；国勤则治，怠则乱；军勤则胜，惰则败。惰者，暮气也，常常提其朝气为要。”[⑤]在曾国藩看来，“勤”字不仅对军队是重要的，对于个人、家庭和国家来说也是极其重要的。

---

① 曾国藩：《曾文正公全集》第1卷，中国书店2011年版，第304页。

② 曾国藩：《曾文正公嘉言钞》，中国书店2013年版，第5页。

③ 曾国藩：《曾文正公嘉言钞》，中国书店2013年版，第22页。

④ 曾国藩：《曾文正公嘉言钞》，中国书店2013年版，第6页。

⑤ 曾国藩：《曾文正公全集》第1卷，中国书店2011年版，第302页。

四是勇毅。勇毅就是勇敢坚毅。两军相遇勇者胜。行军打仗、冲锋陷阵，无勇气则无胜算。所谓勇，用曾国藩的话说就是“不怕死”。在谈到自己的用兵经验时，曾国藩指出：“锐气暗损，最为兵家所忌。夫战，勇气也。再而衰，三而竭。国藩于此数语常常体验，大约用兵无他谬巧，常存有余不尽之气而已。”[①] 锐气在不知不觉中消耗，这是用兵之人最为忌讳的。用兵没有什么别的技巧，时时保持用之不尽的锐气就够了。“国藩昔在湖南、江西，几于通国不能相容。六七年间，浩然不欲复闻世事。然造端过大，本以不顾死生自命，宁当更问毁誉？以拙进以巧退，以忠义劝人而以苟且自全，即魂魄犹有余羞，是以戊午复出，誓不返顾。”[②] 曾国藩在湖南、江西的时候，曾感觉几乎整个国家都容不下他。在咸丰六七年间，他真想归隐山林一走了之，从此不再过问世事。然而由于所做的事情本来就风险很大，既然已经打算不顾个人生死，何必还在乎别人的诋毁和赞誉呢？于是，在咸丰八年决定复出以后，他就发誓不会再回头。由此可见，在巨大困难和压力面前，有一往无前的勇气是至关重要的。在曾国藩看来，虽然成败听天由命，毁誉听任别人，但自己的精神气概则可完全由自己做主，可以不因为别人的高兴和惧怕而改变自己，这也是一种勇敢。“事会相薄，变化乘除，吾尝举功业之成败、名誉之优劣、文章之工拙，概以付之运气一囊之中，久而弥自信其说之不可易也。然吾辈自尽之道，则当与彼赌乾坤于俄顷，校殿最于锱铢，终不令囊独胜而吾独败。”[③] 在曾国藩看来，努力是与机会联系在一起的，相互影响。曾经将功业的成败、名誉的好坏、文章的精巧和拙劣，一概归于运气使然。久而久之，我就更加相信这种说法是不可改变的真理。但我们这些人在实现自我价值的过程中，却应当和运气赌上一

---

① 曾国藩：《曾文正公全集》第 5 卷，中国书店 2011 年版，第 174 页。

② 曾国藩：《曾文正公嘉言钞》，中国书店 2013 年版，第 29—30 页。

③ 曾国藩：《曾文正公嘉言钞》，中国书店 2013 年版，第 27—28 页。

赌，在细微的地方较量一下，一定不能让运气永远占上风。但仅有一时之勇、匹夫之勇还不够，还要有毅力。曾国藩说：“遇棘手之际，须从耐烦二字痛下功夫。”① 如果遇到难以处理的事情，就要从“耐烦”两个字上多下功夫。“大抵任事之人，断不能有誉而无毁，有恩而无怨。自修者，但求大闲不逾，不可因讥议而馁沉毅之气。衡人者，但求一长可取，不可因微瑕而弃有用之材。苟于峣峣者过事苛责，则庸庸者反得幸全。”② 在曾国藩看来，一个注重道德修养的人，只求在大的原则上不逾越，不能只是因为别人的讥讽非议就泄了自己沉着刚毅的士气。不过要注意把握强毅与刚愎的不同：“至于强毅之气，决不可无，然强毅与刚愎有别。古语云：自胜之谓强。曰强制，曰强恕，曰强为善，皆自胜之义也。如不惯早起，而强之未明即起；不惯庄敬，而强之坐尸立斋；不惯劳苦，而强之与士卒同甘苦，强之勤劳不倦，是即强也。不惯有恒，而强之贞恒，即毅也。舍之而求以客气胜人，是刚愎而已矣。二者相似，而其流相去霄壤，不可不察，不可不谨。”③ 有了强毅之气，就能够克服困境，发奋图强，从逆境中走出来，迎来光明的前程。曾国藩说：“困心横虑，正是磨炼英雄，玉汝于成。李申夫尝谓余怄气从不说出，一味忍耐，徐图自强，因引谚曰‘好汉打脱牙和血吞’。此二语是余生平咬牙立志之诀。余庚戌、辛亥间为京师权贵所唾骂，癸丑、甲寅为长沙所唾骂，乙卯、丙辰为江西所唾骂，以及岳州之败、靖江之败、湖口之败，盖打脱牙之时多矣，无一次不和血吞之。弟来信每怪运气不好，便不似好汉声口，惟有一字不说，咬定牙根，徐图自强而已。”④ 由此可见，勇毅既是对军人的道德要求，又是曾国藩治军经验和人生经历

① 曾国藩：《曾文正公嘉言钞》，中国书店 2013 年版，第 32 页。

② 曾国藩：《曾文正公嘉言钞》，中国书店 2013 年版，第 27 页。

③ 曾国藩：《曾文正公家书》，中国书店 2011 年版，第 215—216 页。

④ 曾国藩：《曾文正公嘉言钞》，中国书店 2013 年版，第 70 页。

的总结。

（三）军事道德修养

军人道德修养的目的就是要使军人具有忠诚、仁爱、勤劳和勇毅等品德。要达到这一目的，应采取哪些方法呢？曾国藩认为，具体的方法主要有以下几种：

一是学习。军人所具有的品德并非天生的，只有经过艰苦的学习实践才能获得。曾国藩说："天下凡物加倍磨治，皆能变换气质，别生精彩，何况人之于学？但能日新又新，百倍其功，何患不变化气质，超凡入圣！"① 不仅如此，通过读书学习还可以改变自己的气质。曾国藩说："人之气质由于天生，本难改变，惟读书可以变化气质。古之精相法（者），并言读书可以变换骨相。"②

二是立志。曾国藩认为，要想改变自己的气质就要确立改变缺点的志向。曾国藩结合自己的体验深刻指出："欲求变之之法，总须先立坚卓之志。即以余生平言之，三十岁前最好吃烟，片刻不离，至道光壬寅十一月二十一日立志戒烟，至今不再吃。四十六岁以前作事无恒，近五年深以为戒，现在大小事均尚有恒。即此二端，可见无事不可变也。尔于厚重二字，须立志变改。古称金丹换骨，余谓立志即丹也。"③ 在曾国藩看来，只要针对缺点树立坚定的志向，并持之以恒地改变之，就没有什么事情是不能改变的。古代说金丹换骨，而立志就是金丹。而且立志对于变化气质、成就一番事业也是十分重要的。

三是力行。曾国藩说："军中阅历有年，益知天下事当于大处着眼，小处下手。陆氏但称先立乎其大者，若不辅以朱子'铢积寸累'工夫，

① 曾国藩：《曾文正公全集》第 1 卷，中国书店 2011 年版，第 280 页。
② 曾国藩：《曾文正公家训》，中国书店 2011 年版，第 31 页。
③ 曾国藩：《曾文正公家训》，中国书店 2011 年版，第 31 页。

则下梢全无把握。”[①]在曾国藩看来，无论做什么事，都要从大处着眼，小处下手。如果志大才疏，不从小处下功夫，将来做事就很难成功。曾国藩说：“治军总须脚踏实地，克勤小物，乃可日起而有功。”[②]治理军队不管什么时候都必须脚踏实地，从做好小事做起，这样才可能做到每一天都有进步。曾国藩还说：“古之成大业者，多自克勤小物而来。百尺之楼，基于平地；千丈之帛，一尺一寸之所积也；万石之钟，一铢一两之所累也。”[③]

四是有恒。有恒是曾国藩在家书、家训、书札、日记中反复强调的一种具体要求。办理军务要求有恒，否则难有成就。曾国藩说：“余生平坐无恒之弊，万事无成。德无成，业无成，已可深耻矣。逮办理军事，自矢靡他，中间本志变化，尤无恒之大者，用为内耻。尔欲稍有成就，须从有恒二字下手。”[④]要办好一件普通的事，也要有恒心。曾国藩说：“人生惟有常是第一美德。余早年于作字一道，亦尝苦思力索，终无所成。近日朝朝摹写，久不间断，遂觉月异而岁不同。可见年无分老少，事无分难易，但行之有恒，自如种树畜养，日见其大而不觉耳。”[⑤]有恒心，就要求做事专心致志，心无旁骛，恰如曾国藩所说：“凡人作一事，便须全副精神注在此一事，首尾不懈，不可见异思迁，做这样想那样，坐这山望那山。人而无恒，终身一无所成。我生平坐犯无恒的弊病，实在受害不小。”[⑥]

① 曾国藩：《曾文正公嘉言钞》，中国书店 2013 年版，第 17 页。
② 曾国藩：《曾文正公家书》，中国书店 2011 年版，第 217 页。
③ 曾国藩：《曾文正公全集》第 7 卷，中国书店 2011 年版，第 418 页。
④ 曾国藩：《曾文正公家训》，中国书店 2011 年版，第 15 页。
⑤ 曾国藩：《曾文正公家训》，中国书店 2011 年版，第 30 页。
⑥ 曾国藩：《曾文正公家书》，中国书店 2011 年版，第 213 页。

二、孙中山的军事伦理文化

孙中山（1866—1925），广东香山人。资产阶级民主革命先行者，名文，字逸仙。1905年中国同盟会正式成立，被推选为总理。提出“驱除鞑虏，恢复中华，建立民国，平均地权”的革命纲领，创立三民主义学说。1911年武昌起义后，回国领导辛亥革命。1912年1月1日在南京就任临时大总统，建立了中华民国。同年2月被迫辞职后，将中国同盟会改组为国民党。1924年召开了中国国民党第一次全国代表大会，重新解释三民主义，采取“联俄、联共、扶助农工”三大政策，实行国共两党合作。1925年病逝于北京。孙中山的军事伦理文化主要表现在以下两个方面：

（一）以战止战的战争认识

孙中山认为，爱好和平是中国的一个传统。孙中山说：“中国更有一种极好的道德，是爱和平”，“中国人几千年来酷爱和平，都是出于天性。论到个人便重谦让，论到政治便说‘不嗜杀者能一之’，和外国人便有大大的不同”[①]。“中国从前的忠孝仁爱信义种种旧道德，固然是驾乎外国人，说到和平的道德，更是驾乎外国人。这种特别的好道德，便是我们民族的精神。”[②]

热爱和平是中华民族的优良传统，战争则是不得已而使用的手段。孙中山说：“兵者所以威不若，固非得已。”[③]就国内而言，晚清政府不会自动退出历史舞台，和平改良的道路是行不通的，因此必须采用革命的方式。对于国外侵略者若采取和平谈判的方式也是不现实的：“对于欧洲人，只用仁义去感化他们，要请在亚洲的欧洲人，都是和平地退回我们的权利，那就像与虎谋皮，一定是做不到的。我们要完全地收回我

① 《孙中山全集》第9卷，中华书局1986年版，第246—247页。
② 《孙中山全集》第9卷，中华书局1986年版，第247页。
③ 《孙中山全集》第1卷，中华书局1986年版，第332页。

们的权利，便要诉诸武力。”[①]孙中山说：“惟吾意中国无侵略志，因吾人志尚和平，吾人所以要水陆大军者，只为自保，而非攻人。若果欧人势逼吾人，则吾人将以武力强国。”[②]“革命是不得已的事，革命是破坏的事业。”[③]“革命须用军队之故，乃以之为手段，以杀人为救人。”[④]由此可见，为了民族的生存而战是孙中山战争观的基本价值取向。而一切危及中华民族的战争，都必须以正义战争去消灭。

而要想实现以战止战的目标，就不能徒托空言，“须仗兵力”，即要有一支为国为民而且英勇善战的革命军队。1924 年 6 月 16 日，孙中山在中国国民党陆军军官学校的开学典礼上说：“有了这种好的骨干，成了革命军，我们的革命事业，便可以成功；如果没有好革命军，中国的革命，永远还是要失败。”好革命军的标准是什么呢？孙中山说：“革命军是救国救民的军人，诸君都是将来革命军的骨干，都担负得有救国救民的责任。”“我因为要维持共和，消灭这般贪暴无道的军阀，所以要诸君不怕死，步革命先烈的后尘，更要用这五百人做基础造成我理想上的革命军。有了这种理想上的革命军，我们的革命便可以大告成功，中国便可以挽救，四万万人便不至灭亡。所以革命事业，就是救国救民。”[⑤]在孙中山看来，以先进的思想作为指导，能够救国救民的军队就是好革命军。

战争要为人民而战，自然也就离不开人民的大力支持。孙中山说：“国民革命之运动，必恃全国农夫、工人之参加，然后可以决胜。”[⑥]“民

---

① 《孙中山全集》第 11 卷，中华书局 1986 年版，第 408 页。
② 《孙中山全集》第 2 卷，中华书局 1986 年版，第 389—390 页。
③ 《孙中山全集》第 6 卷，中华书局 1986 年版，第 6 页。
④ 《孙中山全集》第 8 卷，中华书局 1986 年版，第 503 页。
⑤ 《孙中山全集》第 10 卷，中华书局 1986 年版，第 292—300 页。
⑥ 《孙中山全集》第 9 卷，中华书局 1986 年版，第 121 页。

国革命，所以去专制之淫威，谋人民之幸福。”[①] 在孙中山看来，军队所进行的为人民谋幸福的正义战争，只有得到广大人民的支持，才能取得胜利。因此，“若单独依靠兵力，是不足靠的”，“要以人民之心力，为吾党之力量，要用人民之心力以奋斗”。兵力要以人民心力为基础，“革命行动，欠缺人民心力，无异于无源之水，无根之木”[②]。由此可见，经过长期的革命实践活动，孙中山已经认识到，人民是战争胜利之本，军队必须与人民相结合，才能取得革命成功。

（二）“四德”的军人道德规范

在孙中山的道德体系中，三民主义始终占有重要地位，它既是战争观和人生观的核心，又是衡量军人是否合乎道德的标准。因此，三民主义是孙中山道德理论的基础，他提出军人应具有忠、智、仁、勇四德。

一是忠。孙中山说：“现在一般人民的思想，以为到了民国，便可以不讲忠字；以为从前讲忠字是对于君的，所谓忠君；现在民国没有君主，忠字便可以不用，所以便把他拆去。这种理论，实在是误解。因为在国家之内，君主可以不要，忠字是不能不要的。”在孙中山看来，以前所谓忠就是忠君，现在到了民国，君主虽然没有了，但“忠”字还是要保留并赋予其新的内涵。孙中山强调：“我们在民国之内，照道理上说，还是要尽忠，不忠于君，要忠于国，要忠于民，要为四万万人去效忠。为四万万人效忠，比较为一人效忠，自然是高尚得多。故忠字的好道德还是要保存。”“我们做一件事，总要始终不渝，做到成功，如果做不成功，就是把性命去牺牲亦所不惜，这便是忠。”[③] 所谓忠就是忠于国家，忠于人民，始终不渝地忠于理想和事业。

二是智。孙中山说：“智之云者，有聪明，有见识之谓，是即为智

① 《孙中山全集》第2卷，中华书局1986年版，第263页。
② 《孙中山全集》第8卷，中华书局1986年版，第430—431页。
③ 《孙中山全集》第9卷，中华书局1986年版，第244页。

之定义。”[1]所谓智，就是有聪明、有见识。“诸君皆为军人，须知军人之智为军人精神之一种，尤须知军人之智，在乎别是非，明利害，识时势，知彼己。”所谓军人之智，就是别是非、明利害、识时势和知彼己。别是非就是：“凡为军人，要先知自己所处之地位，与所负之责任如何？军人者，为社会分工，有保卫国家及人民之责任也。”[2]“军人所以卫民，利于民则为是，不利于民则为非；军人所以卫国，利于国则为是，不利于国则为非。”[3]明利害就是：“故利民者，民亦有利于我；其恃强骚扰，则民皆望望然去之，如避虎狼。”“但以利害务求其远者、大者，勿贪其近者、小者。何谓远者大者？军人以卫国卫民为己责，其利亦即在此。但因吾国现时之国势，故曰利害之与是非相因而至。是则为利，利可为也；非则为害，害不可为也。”[4]在孙中山看来，所谓明利害就是把利民作为自己利之所在，而不斤斤计较蝇头微利。识时势就是审时度势。孙中山认为，“统一中国，造成完全独立之新国家”乃是当今的时势，军人应该顺势而为，才能大有作为。知彼己，就是知己知彼，把握敌我双方的力量对比情况。孙中山说：“由于南方有主义，北方无主义；南方为公，北方为私故也。以有主义与无主义战，以为公者与为私者战，胜败之数，奚待蓍龟？”[5]最后，孙中山总结道：“但望诸君之为军人者，无论官长士兵，对于人民宜以仁义为重，须知人民与我一体，利害与共，不过分功任事而已。”[6]所以，军人之智，必须以合乎道义为准。

三是仁。孙中山说：“能博爱，即可谓之仁。”在孙中山看来，仁的含义就是博爱。仁的种类主要有三种：救世之仁、救人之仁、救国之

---

① 《孙中山全集》第6卷，中华书局1986年版，第16—17页。

② 《孙中山全集》第6卷，中华书局1986年版，第17页。

③ 《孙中山全集》第6卷，中华书局1986年版，第18页。

④ 《孙中山全集》第6卷，中华书局1986年版，第19页。

⑤ 《孙中山全集》第6卷，中华书局1986年版，第21页。

⑥ 《孙中山全集》第6卷，中华书局1986年版，第21—22页。

仁。“何谓救世？即宗教家之仁，如佛教、如耶稣教，皆以牺牲为主义，救济众生。”所谓救世之仁，就是舍身以救世。“何谓救人？即慈善家之仁。此乃以乐善好施为事，如寒者解衣衣之，饥者推食食之，抱定济众宗旨，无所吝惜。居于乡，而乡称仁；居于邑，而邑称仁。”① 所谓救人之仁，就是舍财以救人。所谓救国之仁，孙中山说：“何谓救国？即志士爱国之仁，与宗教家、慈善家同其心术，而异其目的，专为国家出死力，牺牲生命，在所不计。”可见救国之仁就是舍生以救国。军人之仁就属于救国之仁，“目的在于救国”。但共和国军人之仁与专制国家军人之仁有着本质区别：“专制国家乃君主个人之私产，认定君主即为国家，故在此专制国之军人，只可谓忠于一人一姓，为君主出死力，非为人民而牺牲也。若在共和国，则国家属于全体人民，而牺牲者，即同时为国家尽力也。”② “而共和国军人之仁须以三民主义为指导思想方可实现。三民主义乃为军人之精神所由表现，亦即为军人之仁所由表现。军人者，以救国救民为目的，有救国救民之责任。国与民弱且贫矣，不思有以救之，不可也；救之而不得其道，仍不可也。道何在？即实行三民主义，以成救国救民之仁而已。”③

四是勇。孙中山说：“由是以观，不怕即勇之定义，决无可疑。但军人之勇，须为有主义、有目的、有知识之勇始可。否则逞一时之意气，勇于私斗，而怯于公战，误用其勇，害乃滋甚。”④ 在孙中山看来，勇的含义就是不怕，而军人之勇则是有主义、有目的和有知识的勇，是成仁取义的大勇，而不是“发狂之勇”“血气之勇”“无知之勇”的小勇。军人之勇可以包括两个方面：一是长技能。长技能包括命中、隐伏、耐

---

① 《孙中山全集》第6卷，中华书局1986年版，第22页。

② 《孙中山全集》第6卷，中华书局1986年版，第23页。

③ 《孙中山全集》第6卷，中华书局1986年版，第29页。

④ 《孙中山全集》第6卷，中华书局1986年版，第30页。

劳、走路、吃粗等内容，即要重视训练军事技能，培养吃苦耐劳的精神。二是明生死。明生死即指要树立正确的生死观，懂得为革命而死重于泰山的道理，敢于杀身成仁、舍生取义。孙中山说："我们无论做什么事，只要问心无愧，凭真理去做，就是牺牲了，还是很荣耀。像黄花岗的七十二烈士、打死孚琦的温生财，为主义去革命，成仁取义，留名千古，至今谁人不敬仰他们呢？就是千载之后，谁人又不去纪念他们呢？他们那些人的牺牲，真是虽死犹生，死在九泉之下都是很瞑目的。古人说：'死有重于泰山，有轻于鸿毛。'盖人类牺牲的价值，有比生命还要贵重的，就是真理和名誉。"[①] 在孙中山看来，"军人为国家、为人民、为真理、为荣誉而死，重于泰山，否则就轻于鸿毛。当革命军的资格，是要用什么人做标准呢？简单地说，就是要用先烈做标准，要学先烈的行为，像他们一样杀身成仁，牺牲一切权利，专心去救国。像这个样子，才能够变成一个不怕死的革命军人。革命党的资格，就是要不怕死。要用什么方法才不怕死呢？这个方法说来说去，还是要学先烈。作为军人，就应该以先烈为榜样，要有一种不怕死的精神"。

① 《孙中山全集》第 8 卷，中华书局 1986 年版，第 286 页。

第三章

西方军事伦理文化的发展历程

西方军事伦理文化诞生于古希腊古罗马时期。从英雄传说到氏族、家族的建立，从部落兴旺到城邦国家的崛起，从帝国昌盛到民族的衰微，古希腊古罗马历史的脚步走过了跌宕起伏的几千年。战争不但深刻影响着古希腊古罗马历史发展的进程，同时也催生了古希腊古罗马所特有的军事伦理，并始终影响和决定着其发展方向与进程。

第一节　古希腊古罗马时期的军事伦理文化

“《荷马史诗》是西方文化的活水源头，也是西方军事伦理理念的发源地。以正义为核心、以城邦主义为主线、以荣誉为目标的军事伦理理念和勇敢、智慧、诚信、团结等军人美德，构成了《荷马史诗》军事伦理精神的主要内容，并对西方伦理思想产生了广泛而深远的影响。”[①] 同时，“在希腊思想史上，城邦是一个具有决定性的事件”[②]。古希腊城邦的出现和城邦制的建立，标志着城邦文明的兴起。城邦文明的兴起，为古

① 丁雪枫:《〈荷马史诗〉的军事伦理思想》，人大报刊复印资料《伦理学》2003 年第 1 期，第 117—120 页。

② 韦尔南:《希腊思想的起源》，秦海鹰译，生活 · 读书 · 新知三联书店 1996 年版，第 37 页。

希腊军事伦理文化的形成提供了必要的社会历史条件。

一、古希腊军事伦理文化的萌生

古希腊军事伦理文化萌生于《荷马史诗》，后者主要以发生在公元前 13 世纪到公元前 12 世纪之间的特洛伊战争为题材。这一战争题材经过荷马的加工，最后成为充满神话和传奇色彩的长篇史诗。在《荷马史诗》中，出现了与古希腊军事伦理相关的大量语词，这些语词所体现出的军事伦理精神及其基本含义在后来的古希腊军事伦理中几乎没有什么改变。所以《荷马史诗》不仅孕育了以后西方的军事伦理思想，而且生成了西方一般社会伦理思想的胚芽。

《荷马史诗》反映了当时军人的情感、价值观念及愿望。其中，正义（公正）、城邦主义、荣誉等军事伦理，以及勇敢、智慧、团结、节制等军人美德，构成古希腊军事伦理精神的主要内容。

正义是古希腊军事伦理的核心。军人在军事领域中活动，必然形成各种各样的生活规则、道德规范。所有这些约束的产生直接或间接地根源于正义原则及其要求。反映在《荷马史诗》中，《伊利亚特》可以看作军人对正义的维护，《奥德赛》则可以看作希腊将领俄底修斯对家庭团圆正义的伸张。正是由于特洛伊人破坏了正义原则，希腊人强烈要求恢复正义，才构成了《荷马史诗》的主题。所谓正义，指一系列基本秩序——社会秩序（包括家庭秩序），主观上则体现为生活规范、人伦规则。如果它们受到破坏，社会就会不稳定，而在维护这种稳定的方式中，军事方式即武力是最有效的解决方式之一。《荷马史诗》并非仅描述一般性的正义原则，还具体地展现了同一军事集团内部、敌我之间的正义原则如何被破坏，用何种方式加以解决等。在同一军事集团内部，公正原则主要表现为战争中所掠夺财产的合理化分配原则。而国与国、城邦与城邦之间的公正原则则体现了财产分配的另一种形式——所有权。各国和城邦也必须遵循公正原则，否则会引起社会的强烈不满，导致军事冲突。在《伊利亚特》中，特洛伊的帕里斯王子到斯巴达王宫做客，斯巴达王墨涅拉俄斯"热忱地款待他，哪知他竟恩将仇报，居然拐走了美丽的海伦——墨涅拉俄斯的妻子，同时还把国王的许多财物拐带而去。"[①] 可见，特洛伊人首先破坏了正义原则——所有权，引起希腊社会的强烈不满和军人的强烈抗议，希腊联军于是群起而攻之，以维护正义。如何恢复被毁的正义，《荷马史诗》中有许多"补偿"的描述。无论是内部还是外部，对正义补偿的数量都是巨大的，比如，阿伽门农王除了归还阿喀琉斯的战礼外，还要"招其为婿，不要聘礼"，"还要陪送一份嫁妆……七座人丁兴旺的城堡"[②]。敌人的补偿往往是以其毁灭的形式出现的。如《荷马史诗》描述道：特洛伊城陷落并遭到洗劫，青年男子被杀，妇女儿童沦为俘虏，昔日繁荣的城堡成为青烟缥缈中的一片废墟。结果，正义的补偿是：正义一方的胜利，非正义一方的失败。从以上分析可以看出，正义（公正）与否，决定了敌对双方军事集团及各自内部成员间的相互关系，决定了军事行动的起因、过程与结果，支配着军事集团及其成员的行为，体现了军事伦理思想的主要矛盾，是军事伦理思想和军人道德的核心。

城邦主义是贯穿军事伦理生活的主线。对正义的维护，实质上是对城邦间及城邦内部共同生活规则的维护，因此，张扬城邦主义，保护城邦既定的生活方式就成为维护正义的一种具体形式，表现在爱联邦、爱部族、爱民众等各个方面。首先，城邦主义表现为对联邦、联军的热爱。单个部落是难以取得对敌斗争胜利的，必须联合其他部落。希腊联军就是由各个部落组成的军事组织。因此，保护联邦、热爱联军，是城

① 丘尔契：《伊利亚特的故事》，中国青年出版社 1957 年版，第 1 页。
② 荷马：《伊利亚特》，花城出版社 1994 年版，第 196 页。

邦主义的基本精神。在特洛伊的盟军中，许多人别妻离子为盟军的胜利而战。吕喀亚部落的萨耳珀冬离开了吕喀亚，抛下了妻儿和财物，从遥远的地方来帮助特洛伊人，并与其他部落一起组成特洛伊盟军，为特洛伊城的防卫效力。其次，城邦主义表现为对自己部落、自己城邦的热爱。军人爱自己的城邦就要为其而战，敢于为其献身。特洛伊的统帅赫克托认为，“对于一个勇敢的人，只有一种可信的预兆，那就是为祖国而战”[①]。因此，为自己的祖国而战，是古希腊时期城邦主义思想的基本内容，也是当时军人爱国思想的朴素表达。最后，城邦主义表现为爱城邦的人民。城邦是由人和物组成的实体。爱城邦的客体——物，免受侵略者的掠夺，是城邦主义的一个方面；爱城邦的主体——人，不受他族的欺凌，则是城邦主义更为重要的方面。涅斯托就告诫阿伽门农王不能因自己的恩怨，损害人民的利益。阿喀琉斯也曾批评阿伽门农王不能保全他的人民。特洛伊统帅赫克托也发誓，为了特洛伊人民，为了父老乡亲的幸福，他宁愿去死。尽管古希腊时期“人民”范畴有其局限性，但所有这些仍能映射出城邦主义的爱民思想。

荣誉是军事伦理思想的主体目标。《荷马史诗》中的人不是抽象的人，而是生活在一定社会中并担当特定社会角色的人。荣誉是对军人社会功能的肯定。如果一个军人没有完成其角色功能，或者说，没有获得军事荣誉，那么他就什么都不是。因此，荣誉就成为军人具体追求的伦理目标，它引导军人在打仗时冲锋陷阵。在战场上，军人作战越勇敢，越能够实现自身的价值，获得的荣誉就会越多，因此，勇敢常与荣誉联系在一起。希腊联军的老将涅斯托说：“谁敢去，谁就能得到很大的光荣。”[②]探听敌人的虚实是极其危险的，而知己知彼又是取得胜利、完

① 丘尔契：《伊利亚特的故事》，中国青年出版社 1957 年版，第 111 页。

② 丘尔契：《伊利亚特的故事》，中国青年出版社 1957 年版，第 7 页。

成军事任务的先决条件，因此，必须有人敢冒这个极大的危险。涅斯托认为，谁敢冒这个险，谁能完成这个艰巨的任务，谁就能获得很大的荣誉。诚然，荣誉或光荣的反面是耻辱，也是对军人没有实现其角色功能的评价。对于军人来说，最大的耻辱莫过于贪生怕死和打败仗。

《荷马史诗》表达的军事伦理思想虽然很朴素，但作为西方传统军事伦理思想的萌芽，其中的正义（公正）、城邦主义、荣誉等军事伦理思想对后来的军事伦理的影响是深远的。当然，《荷马史诗》中也有很多消极的成分。比如，希腊联军把对外族的残酷烧杀劫夺视为天经地义的，在族内也有用亲子献祭的习俗。也就是说，生命自身的无比尊严并没有被意识到。还有，将荣誉、勇气看作与神有密切联系的各种迷信思想，等等，都是应该加以摒弃的。[①]

二、古希腊军事伦理文化的繁荣

希波战争后，雅典由于在战争中的英勇表现，赢得了当时其他城邦的尊敬和拥护，不久即取代斯巴达成为古希腊联盟国的盟主。公元前5世纪左右，雅典进入黄金发展期，它所取得的成就使斯巴达和其他所有古希腊城邦黯然失色。然而，古希腊却并没有从此走上和平发展之路，帝国争霸的冲突使古希腊这两个最大城邦之间不断兵戎相见，最终导致伯罗奔尼撒战争的大爆发。面对不断出现的军事冲突和战争，如何从伦理道德的角度进行解析，这一时期许多著名的古希腊思想家从不同侧面阐述了自己独到的观点，古希腊军事伦理由此呈现出繁荣的特点。

修昔底德“有利即正义”的军事伦理思想。修昔底德（Thucydides，约前460—前396）是古希腊伟大的历史学家。在《伯罗奔尼撒战争史》

---

① 丁雪枫：《〈荷马史诗〉的军事伦理思想》，人大报刊复印资料《伦理学》2003年第1期，第117—120页。

中，修昔底德对以雅典为代表的古希腊城邦帝国军事伦理，特别是对其起基石作用的“有利即正义”思想进行了深刻阐述。希波战争以后，雅典势力日强，不久更是替代斯巴达成为古希腊联盟国的盟主。在违背盟约而相继奴役同盟的许多城邦之后，雅典走上帝国之路，这一时期的军事伦理主导原则也日益凸现，它公开宣称军事行为是否符合正义，是否合乎情理要看它能否为雅典城邦谋取更多利益，只有对雅典城邦帝国“有利”的才是正义的。在伯罗奔尼撒同盟大会上发言时，雅典使者指出：“因为弱者应当臣服于强者，这一直就是一条普遍的法则……当你们考虑到利益的时候，才开始高喊‘正义’的口号——当人们有机会以武力获取更多利益之时，没有人会因为这种考虑而放弃其雄心的。”① 而当他们在卡马林那城邦民众会议上发表演说时更加毫不掩饰地指出：“对于独裁者或一个统治着帝国的城邦而言，只要是对自己有利的就没有什么不合乎情理的。”② 步入帝国之路的雅典城邦信奉“有利即正义”，有利即合乎情理的军事道德原则，实际上是把正义当作了帝国对其军事行为进行自我打扮的脂粉，当用则用，不当用则抛之一边。柏拉图对修昔底德的这种正义观进行了批判，“柏拉图否定了修昔底德的那种认为正义不外乎是强者之创造的观点……用真正的美德标准来衡量，那些缺乏正义的人不仅达不到优秀，而且在有效性方面也会失败，这种失败是他们自己所不能正确理解的”③。其实雅典城邦帝国的最后失败也已经为此做了最好的说明。雅典城邦帝国“有利即正义”军事伦理的形成不是偶然的，在修昔底德看来有深刻的人性根源：战争的起因就在于人类本

① ［古希腊］修昔底德：《伯罗奔尼撒战争史》，徐松岩、黄贤全译，广西师范大学出版社2004年版，第40页。

② ［古希腊］修昔底德：《伯罗奔尼撒战争史》，徐松岩、黄贤全译，广西师范大学出版社2004年版，第366页。

③ ［美］麦金太尔：《谁之正义？何种合理性？》，万俊人等译，当代中国出版社1996年版，第94页。

性中的一种东西，这种东西就是贪婪，特别是对强大权力的贪婪。他借叙拉古人赫摩克拉特斯之口说出：“没有人是浑浑噩噩地被卷入战争的；或者，如果他认为战争是有利可图的事业，他就不会畏惧而置身于战争之外的。”①诚然，修昔底德坚信：“只要人性不变，这种灾殃将来永远都会发生的，尽管依照不同的情况，情形各异，或者采取较为残酷的形式，或者采取较为温和的形式。”②

色诺芬“背誓无义”的军事伦理思想。色诺芬（Xenophon，前430—前355）是古希腊著名的史学家、经济学家、思想家和军事家。《长征记》在色诺芬诸多历史著作中被公认为是最出色的，它描述了色诺芬和1万名古希腊雇佣军，到亚洲去帮助小居鲁士争夺王位而最后被迫撤退的历史事迹。正是在这本《长征记》中，色诺芬集中阐述了他的军事伦理思想。当以克利尔库斯为首的希腊军军官连同陪同的队长、士兵被波斯军队违反盟誓抓起来并杀害后，希腊军队每一个人面对身陷敌人重围、没有物资供应、远离希腊的困境，都满怀顾虑，精神沮丧，“他们晚上大都食未沾唇，无心生火，夜间也未回返营地而是就地躺卧，不能入睡。他们在悲伤、想念他们的故土和父母妻子，认为再也不能见到他们了”③。就是在这种希腊全军万念俱灰、消极悲观的绝境中，色诺芬挺身而出。他首先用以鼓舞希腊将士作战信心的武器便是对波斯人背信弃义的谴责，“他们已经用行动破坏了休战……诸神非常可能是在我们这方的，因为敌方在诸神面前违了誓，而我们则面对丰富物资却一直恪守对神的誓言未曾染指。所以我想我们可以有比敌人更大得多的信心进

① ［古希腊］修昔底德：《伯罗奔尼撒战争史》，徐松岩、黄贤全译，广西师范大学出版社2004年版，第226页。

② ［古希腊］修昔底德：《伯罗奔尼撒战争史》，徐松岩、黄贤全译，广西师范大学出版社2004年版，第178页。

③ ［古希腊］色诺芬：《长征记》，商务印书馆1985年版，第60页。

入这场较量”[①]。这些言辞慷慨激昂、掷地有声，极大地振奋和激励了希腊军队的士气，使得弥漫全军的阴霾一扫而光。每当色诺芬以及古希腊军队与敌军或友军准备建立盟誓时，他们常会说“凭天地诸神”“诸神在上”等言辞，使盟誓带上神的神圣印记，任何人都不应违背。古希腊人在这一方面的言行是高度一致的，他们之所以对誓言笃信无疑，与希腊人对神的虔诚是分不开的。在古希腊神话中，宙斯是“神和人之父”，主宰着一切，“当神灵之间发生争吵和冲突，或奥林波斯的任何一位神灵说谎时，宙斯便派伊里斯用一只金杯，不远万里来装诸神的伟大誓言”[②]。古希腊随处可见的战争期间的献祭活动，城邦对将帅和官员的选择以虔诚作为首要标准，斯巴达人使国王拥有两个祭司职位，他们可以随便对任何国家开战而任何斯巴达人都不能加以阻止，否则就会受到诅咒等，这一切都说明虔诚信神、信守誓言在当时的希腊社会中何其重要。“在德行层面上虔诚信神、信守誓言具有特别重要的价值……信守誓言不仅仅意味着诚信，更是对神的虔诚、对正义的信奉，不仅是个人性的品德，更是社会性的美德。”[③]“兵不厌诈”一向是战争行动中的操作准则，然而一旦盟誓休战，再背信弃义、欺诈突袭，就是对誓约的可耻违背，对神的亵渎，成为非正义之举，这就是色诺芬等典型的古希腊人所坚信不疑的战争正义伦理法则。

苏格拉底、柏拉图和亚里士多德被称为古希腊的三大圣哲。关于军事、军事斗争和战争对国家和民族发展的重大影响，不能不引起他们的高度关注。他们以其哲人所特有的视角，从不同方面阐发了自己具有代表性的军事伦理思想。首先是苏格拉底“正义和一切其他德行都是智慧”的军事伦理思想。苏格拉底（前469—前399）生活的中晚期，古

① ［古希腊］色诺芬：《长征记》，商务印书馆1985年版，第63页。

② ［古希腊］赫西俄德：《工作与时日·神谱》，商务印书馆1991年版，第49页。

③ 祝宏俊：《希腊神话语境中的“正义”》，《史学集刊》2004年第1期。

希腊世界正在经历一场古代的世界大战，即伯罗奔尼撒战争。战争给古希腊造成的影响是极其深刻的，因此不能不引起这位哲学家的深入思考。针对苏格拉底的正义观念，色诺芬有明确的记载，“苏格拉底还说：正义和一切其他德行都是智慧。”[①] 可以说，这是苏格拉底对正义所做的最为概括的说明。按照苏格拉底的理论推理，正义的事情和行为肯定是美好的，凡是理解和认识到这些事情和行为的正义性的人是不可能选择非正义的事情和行为的，凡是没有理解和认识到这些事情和行为的正义性的人也是决不可能把它们付诸实践的，即使试着去做了，也会失败。正义的行为表现又具体包括两条：一是“守法就是正义”，二是“做你的城邦和国家命令你做的事”。实践中，苏格拉底既是“正义和一切其他德行都是智慧”的坚定信仰者，又是这一信仰的坚定追求者。

其次是柏拉图以“音乐和体操”培育军人品德的军事伦理思想。柏拉图（前 427—前 347）是古希腊的大哲学家，苏格拉底的学生，亚里士多德的老师。当他出生时，雅典城邦无论在政治、经济还是军事上都已经处于逐渐衰落时期。那时，伯罗奔尼撒战争还在继续进行。生长于战争乱世，柏拉图就国防和军事问题对国家和民族的重要性深有体会，他多次借苏格拉底之口谈到这一问题：“那么我们需要一个更大的城邦，不是稍微大一点，而是要加上全部军队那么大，才可以抵抗和驱逐入侵之敌，保卫我们所列举的那些人民的生命和我们所有的一切财产。”柏拉图主张用“音乐和体操”培育军人品德。在先后顺序上，柏拉图认为应把音乐放在前面。在这里，由于古希腊重要的文化生活是听民间艺人弹着竖琴演说史诗故事，故“音乐”一词包括音乐、文学等含义，也就是说，相当于现在的“文化”一词。音乐有着极其重要的作用：一方面，“音乐和体育是相对的，它通过习惯以教育护卫者，以音调培养某

① ［古希腊］色诺芬：《回忆苏格拉底》，吴永泉译，商务印书馆 1984 年版，第 117 页。

种精神和谐（不是知识），以韵律培养优雅得体，还以故事（或纯系传说的或较为真实的）的语言培养与此相近的品质”[1]。另一方面，它有时甚至关系到一个国家和民族的存亡，“音乐的任何翻新对整个国家是充满危险的，应该预先防止。因为，若非国家根本大法有所变动，音乐风貌是无论如何也不会改变的……因此，我们的护卫者看来必须就在这里——音乐——布防设哨”[2]。那么应该如何“布防设哨”呢？柏拉图从诗歌的形式、内容、方法、体裁，以及音乐曲调的调子、节奏等各个方面都进行了详尽的阐述，并认为要对荷马和赫西俄德的诗歌加以审查，删掉那些对教育希腊人不相符的内容。在进行了音乐教育之后，柏拉图认为就应该对古希腊的护卫者进行体育锻炼了。“音乐教育之后，年轻人应该接受体育锻炼。”“体育方面，我们的护卫者也必须从童年起就接受严格的训练以至一生。我所见如此……因为我觉得凭一个好的身体，不一定就能造就好的心灵、好的品格。相反，有了好的心灵和品格就能使天赋的体质达到最好。”[3]在体育锻炼方面，柏拉图认为与其他人相比，由于军人所担负职责的特殊性，因而对他们的要求也要更高一些。柏拉图之所以特别强调对军人进行音乐教育和体育锻炼，其思想根源在于他心目中所坚持的军人理想人格应该是爱智、爱美与勇敢、有力两个方面的完美结合，只有实现这种结合的人才是具有正义的人，只有由这些人参与的城邦才是正义的城邦。正如他借苏格拉底之口说出的：“那么，我们可以在一个真正善的城邦护卫者的天性里把爱好智慧和刚烈、敏捷、有力这些品质结合起来了。”[4]

再次是亚里士多德“和平是战争的目的”的军事伦理思想。亚里士

① ［古希腊］柏拉图：《理想国》，张竹明译，商务印书馆 1996 年版，第 282—283 页。

② ［古希腊］柏拉图：《理想国》，张竹明译，商务印书馆 1996 年版，第 139 页。

③ ［古希腊］柏拉图：《理想国》，张竹明译，商务印书馆 1996 年版，第 111 页。

④ ［古希腊］柏拉图：《理想国》，张竹明译，商务印书馆 1996 年版，第 69 页。

多德（前 384—前 322）虽然是柏拉图的学生，但与柏拉图相比，他的思想格调是理智的，知识是百科全书式的。在亚里士多德所生活的时代，古希腊城邦急剧衰落。伯罗奔尼撒战争结束后，古希腊与波斯以及自己内部各城邦之间的战争依旧连绵不断。战争给古希腊人民带来了无尽的灾难与伤害，也使亚里士多德看到了珍视和平的重要性。亚里士多德认为只有和平才是战争的目的，只有包括和平在内的善才是所有事物的至高目的，而战争不过是达到这一目的的一种手段，他在《政治学》中强调："很清楚，所有好战的民族，尽管极力美化和崇尚战争，但战争终究不是所有事物至高的目的，而只能是达到这一目的的一种手段。"[①]"正如多次重复过的一样，和平是战争的目的，闲暇是劳作的目的。"[②]在《尼各马可伦理学》中他也同样指出："幸福存在于闲暇，我们是为了闲暇而忙碌，为了和平而战争。实践德性活动是在各种政治活动和战争行为中，这一类的实践就不能说是闲暇的。战争行为完全不闲暇（谁也不会为了战争而进行战争、挑动战争，只有十足的杀人狂，才会为战争和屠杀把朋友当敌人）"。[③]亚里士多德把和平作为战争的目的，既有其对古希腊战争实践的反思，又表达了他对战争目的的根本看法。伯罗奔尼撒战争给古希腊带来了毁灭性的打击，虽然以斯巴达为核心的城邦取得了这场战争的胜利，但是由于斯巴达等城邦把军事征服作为城邦的根本目的，因此，最终它们也并没有给古希腊人民带来和平与幸福。因此，以征服而不是以和平为战争目的的城邦在其政体上必然会选择专制而不是民主，这样一种政体也必然会偏离城邦追求好生活的目

① ［古希腊］亚里士多德：《亚里士多德全集》第 9 卷，苗力田主编，中国人民大学出版社，1994 年版，第 236 页。

② ［古希腊］亚里士多德：《亚里士多德全集》第 9 卷，苗力田主编，中国人民大学出版社，1994 年版，第 262 页。

③ ［古希腊］亚里士多德：《尼各马可伦理学》，苗力田译，中国社会科学出版社 1999 年版，第 232 页。

的，所以在这样的城邦中，公民良好的德行不可能得到培育，善和幸福也不可能实现。

三、古罗马军事伦理文化的丰富

国内外形势的变化给古罗马军事伦理的发展带来了深刻的影响。军事伦理应当怎样才能满足日益强大的帝国发展需要，怎样才能紧追时代变迁的步伐，在自身的变革中又应如何对待传统等一系列问题，困扰着当时古罗马许多著名的政治家、军事家和思想家，他们从不同的视野提出了自己对这些问题的看法和解决之道。古罗马军事伦理由此呈现出多彩的特点。

马略“宣誓效忠于将军”的军事伦理思想。在古罗马共和国末期，由于连年的征战和领土的不断扩大，对于军队数量和质量的要求都日益提高。然而，频繁的战争却使古罗马军队中的公民兵人数急剧减少并造成他们愈来愈强烈的厌战情绪。面对军队的混乱、公民兵兵源的匮乏以及征兵的困难，公元前 107 年，马略当选为执政官后开始对古罗马的军事制度进行全面的改革和整顿。为了更好地管理这些人，马略只能依靠军队的统帅与所在部队人员的直线联系来管理他们，不同军团的军人也只服从于本军团统帅的指挥，宣誓效忠于他们。“军人的誓言已不再宣誓为共和国效力，而是宣誓效忠于将军本人……久而久之，罗马公民为祖国效力的光荣职责渐渐地沦落为充当雇佣兵这种卑微角色。”[①] 除此之外，马略还采取了其他一系列措施，以求解决当时古罗马军队军纪败坏、战斗力急剧下降等问题。如他对士兵进行知耻教育，“马略在当时以及在对朱古达作战的其他时期，他的治军原则是要士兵们知耻，而

① ［古罗马］弗拉维乌斯·韦格蒂乌斯·雷纳图斯：《兵法简述》，袁坚译，解放军出版社 2006 年版，第 37 页。

不是单纯使用惩办的方法……这种做法对国家作了既伟大而且光荣的贡献，就和通过最严格的纪律所达到的效果一样”①。他为每个军团建立了固定的标志——鹰徽。鹰徽的出现，意味着古罗马职业军队“集体精神”的建立。正是有这种“集体精神”的维系，才使散沙一样的由无产者和新公民为主体的古罗马职业军队，重新变成团结奋斗、英勇作战的整体。

恺撒报效“大罗马”的军事伦理思想。恺撒继承了古罗马自西庇阿以来的对外扩张成果、革拉古兄弟的政治改革事业和马略的军事改革成果，并结合当时古罗马所处的新的历史条件，一举为共和国的古罗马变为帝国的古罗马奠定了基础。恺撒也因此成为古罗马历史上最伟大的军事家和政治家。建立和巩固“大罗马”是恺撒一系列军事征服行动所追求的价值所在。为实现建立和巩固“大罗马”的宏伟目标，恺撒提出了自己的一些军事伦理思想。一是“尽量不要错失和平的机会”。无论是在对外战争还是在后来的内战中，恺撒一贯主张如果作战双方能用和平的方式解决问题，那么就决不诉诸武力。因为武力只能使人一时和表面上表示屈服，和平的契约则能使统治更为长久。二是“高明的统帅能从策略上比从刀剑上创造更大的胜利”。恺撒是一位军事家，但他和亚历山大一样，同时又是一位伟大的政治家，是“将道”和“治道”的完美结合者，也正因为如此，他才和亚历山大一样成就了世纪伟业。这种做法和理念极好地瓦解了敌军，在他的征服进程中，主动投降者甚多。三是“没有比宽恕哀求者更令人愉悦”。在他的战记著作中，恺撒指出：“我自己以为没有比宽恕哀求者更令人愉悦；反之，要是有人帮过我的忙，而这个人在行省犯下公众暴行，我也不会坐视不理。”②在战场上，

① ［古罗马］撒路斯提乌斯：《喀提林阴谋　朱古达战争》，王以铸译，商务印书馆 1996 年版，第 318 页。

② ［古罗马］恺撒：《恺撒战记》，席代岳译，广西师范大学出版社 2003 年版，第 186 页。

恺撒用军事行动印证了这一点。

西塞罗“正义和诚信应当至高无上”的战争道德观。西塞罗（前106—前43），古罗马伟大的演说家、律师、政治家和哲学家。在《法律篇》中，西塞罗在论及战争法时，明确指出：“我的法律规定，在开始、进行和结束一场战争时，正义和诚信应当至高无上。”[①] 无疑，在西塞罗看来，正义和诚信美德应当贯穿战争行为的始终。西塞罗认为，一旦决定要发动战争，交战国必须采取公开宣战的形式告知对方，不得采取不宣而战的方式，不得在战争一开始就不讲诚信，搞突然袭击，这应该成为交战国各方都必须承担的一种道义责任。在战争进行过程中，交战各方都应当遵循公正的原则要求，特别是不能单纯为了战胜对方，就不择手段地玩弄阴谋诡计，用欺诈的方式谋取不义的胜利。正义是高尚的美德，这一美德的遵循需要人们作出诸多牺牲和努力，但是西塞罗认为，即使经历再多苦难，人们也不应当放弃对正义的追求，他在《国家篇》中借菲卢斯之口说出：“正像那些去寻找金子的人会毫不犹豫地这样做一样，我们寻找的是比世界上的所有金子都更加贵重得多的正义，我们肯定不应在任何困难面前退缩。”[②] 战争行为应当遵循正义的要求，那么，正义从哪里来，谁来充当正义与否的解释者和评判者？西塞罗认为，正义源于法律，只有法律才是衡量正义与否的标准。“那么正义的来源就应在法律中发现，因为法律是一种自然力；它是聪明人的理智和理性，是衡量正义和非正义的标准。”[③] 因此不了解法也就不可能了解正义，“正义只有一个：它对所有的人类社会都有约束力，并且它是基于一个大写的法，这个法是运用于指令和禁令的正确理性。无论谁，不了

---

① ［古罗马］西塞罗：《国家篇　法律篇》，沈叔平、苏力译，商务印书馆1999年版，第202—203页。

② ［古罗马］西塞罗：《国家篇　法律篇》，沈叔平、苏力译，商务印书馆1999年版，第94页。

③ ［古罗马］西塞罗：《国家篇　法律篇》，沈叔平、苏力译，商务印书馆1999年版，第158页。

解这个大写的法——无论这个法律是否以文字形式记录在什么地方——就是没有正义”[①]。在古罗马，法律不是哪一个伟人或聪明人心血来潮而一举制定的，它是古罗马多少代人努力的结果，是集体智慧的结晶，因此法律的解释者只能是古罗马人民，特别是代表古罗马公民群体的元老院。因此，在西塞罗看来，是否要发动一场战争，这场战争在古罗马人看来是否恰当和正义，其主动权和决定权只能掌握在元老院及人民手中。

第二节　中世纪的西方军事伦理文化

欧洲中世纪社会的政治经济文化发生巨大变化，新的经济关系和社会制度产生，孕育了完全不同于古希腊、古罗马的军事伦理。庄园经济的形成和封君封臣制的确立，使军人与领主间形成了一种比较稳定的契约关系。

一、上帝：西方中世纪军事伦理文化的灵魂

中世纪的基督教成为西方时代的象征，作为基督教经典的《圣经》更是被人们视为圣物。每日诵读《圣经》是中世纪欧洲军人的必修课，而《圣经》中的军事伦理精神则成为军人心中的信仰。《以赛亚书》《耶利未书》《阿摩司书》《哈巴谷书》的先知在国家和民族危亡的紧急关头，不顾个人安危，为国家的生存而呐喊，为民族的振兴而疾呼，向上帝祈求保卫家园的力量。中世纪的军人也认为，是上帝赐予军人保卫家园的力量，在战争中无往不胜，取得战争的最后胜利。在战争中遇到困

① ［古罗马］西塞罗：《国家篇　法律篇》，沈叔平、苏力译，商务印书馆1999年版，第170页。

难之时，中世纪的军人会虔诚地求主保护：“耶和华啊，求你留心听我的言语，顾念我的心思……因为你必赐福于义人。耶和华啊，你必用恩惠如同盾牌四面护卫他。”[①] 在击退敌人取得战争胜利的时候，中世纪的军人会称颂上帝的公义，感谢上帝对军队的庇护：“我要一心称谢耶和华，我要传扬你一切奇妙的作为。我要因你欢喜快乐，至高者啊，我要歌颂你的名。我的仇敌转身退去的时候，他们一见你的面就跌倒灭亡……耶和华啊，求你使外邦人恐惧，愿他们知道自己不过是人。”[②]

上帝对西方中世纪军人的巨大影响力着重体现在对军人的行为的约束上，军人的一切行为都要在《圣经》的启示下寻找答案，一切行动都遵照上帝的旨意。军人每日的生活都离不开宗教活动，对上帝的信仰时时刻刻体现在军人的行为中。欧洲中世纪军人虔诚地信仰基督教，必每日诵读《圣经》，《圣经》中的思想已深深扎根于他们的脑海中。进餐、就寝前要祷告，每日要向上帝忏悔，上战场前要把手放在《圣经》之上宣誓。《圣经》深深影响着西方中世纪军人的思想情感，在他们的生活中无处不在。在教堂进行崇拜活动，是中世纪军人的重要生活内容。在军人的日常生活和军事活动中，内心严格遵循《圣经》中神的旨意，即使是内心的稍稍偏离，也被视为极大的罪恶。在作为基督徒的军人的生活中，有两件事是必须做到的，即祷告与诵经。祷告是信徒向神说话，陈明心意；而诵经是神向信徒说话，显明他的旨意。作为基督徒的军人每日以爱慕、虚心和遵行的态度祷告与诵经，并真诚地向神忏悔自己的罪过，祈求神的帮助。中世纪的军人把自己对上帝的信仰体现在自己的实践中。“信就是所望之事的实底，是未见之事的确据。”[③]“我信故我在”比“我思故我在”更加真实。“以行体信”说的就是要把信仰付诸

---

① 《圣经·旧约·诗篇》。

② 《圣经·旧约·诗篇》。

③ 《圣经·旧约·希伯来书》。

实践，这是中世纪军人本质的真实体现和自身价值的兑现。“行”是受到《圣经》中的上帝充分尊重和肯定的人的自由意志。[①] 黑格尔说：“人的真正存在是他的行为……有什么样的行为就有什么样的人。”[②] 人的生命创造性源于人身上的神性，因为上帝用土造人时，往人的鼻孔吹了灵气，所以人必须充分发挥上帝赋予的生命创造性。如美国著名哲学家、“超验主义”创始人爱默生说：“蕴藏在一个人身上的巨大力量本质上都是新的，除了他自己，任何人都不知道他能做出些什么，而且他自己也只有在努力试过以后才能知道这些。”[③] 生命的含义和价值在于奉献、舍己和创造，而这便是爱。“付出生命的才可以得着永远的生命，吝惜生命的就失掉了生命的价值。”[④] “你们是世上的盐。盐若失了味，怎能叫他再咸呢？以后无用，不过丢在外面，被人践踏了。你们是世上的光。城造在山上，是不能隐藏的。人点灯，不放在斗底下，是放在灯台上，就照亮一家的人。你们的光也当这样照在人前，叫他们看见你们的好行为。”[⑤] “所以凡听见我这话就去行的，好比一个聪明人，把房子盖在磐石上。”[⑥] 耶稣不赞同“因信废行”，称徒有信仰口号和虔诚表演的法利赛人为“假冒为善”的“有祸的人”，而在《马太福音》第 25 章中，耶稣讲的“愚拙的童女”的比喻，也正是斥责消极等待的态度。

扬善惩恶、匡正祛邪是《圣经》的一个主旋律。《约伯记》讴歌义人约伯勤劳、善良、正直、诚实的高尚品质，激励军人修身养性、潜心向善。《创世记》鞭挞该隐弑杀胞弟亚伯的劣德败行，他那流离失所的悲惨结局无疑是要人们引以为戒，免蹈覆辙。著名的《摩西十诫》则以

① 田童心：《神学觉悟》，宗教文化出版社 2003 年版，第 14 页。

② ［德］黑格尔：《精神现象学》上卷，贺林、王玖兴译，商务印书馆 1987 年版，第 213 页。

③ ［美］爱默生：《自然沉思录》，博凡译，上海社会科学院出版社 1993 年版，第 125 页。

④ 《圣经·旧约·路得记》。

⑤ 《圣经·新约·马太福音》。

⑥ 《圣经·新约·马太福音》。

律法形式昭告同胞：不可杀人、不可奸淫、不可偷盗、不可妄证、不可贪恋他人妻女和财物、不可收受贿赂、不可拐卖妇女儿童。这种坚持正义、疾恶如仇的道德理想，提高了军人的道德素质，形成自觉抵制假恶丑、弘扬真善美的良好风尚。对《圣经》的虔诚信仰，对上帝的爱，使军人在军事斗争实践中勇敢、忠诚、一往无前。信奉基督教的军人们胸怀着崇高的宗教理想，为了从异教徒手中夺回圣寝而进行殊死战斗。随着基督教在欧洲中世纪的广泛渗透，军人由封建领主的斗士转而成为教会的斗士，他们自觉地遵守一种与修道士们所遵循的同样严格的宗教观念和组织原则，从而使军队成为上帝的牢不可撼的坚固堡垒。

二、骑士：西方中世纪军事伦理文化的主体

西方中世纪是骑士的“英雄时代”，骑士在历史舞台上扮演着重要角色，从竞技比武、格斗私战、城堡争夺以至各个战场和十字军运动中都驰骋着骑士勇武的身影。他们不仅是中世纪军事艺术的体现者、军事战略战术谋略的策划者，而且作为“上帝的战士”体现出一种伦理文化精神，直接影响了一个时代的社会风貌与道德风尚。“骑士”一词在英语中为“knight”，它与盎格鲁–撒克逊语“cnibt”是同源词，法语为“chevalier”，德语为“ritter”，意大利语为“cavaliere”，西班牙语为“caballero”。[①]从语源上看，它们共源于拉丁文“miles”。“miles”一词最早出现于法国，时间在8世纪、9世纪后，“miles”指聚集在领主（dominus）周围的全副武装的士兵。10世纪，“miles”开始作为法国骑士的头衔。11世纪初，“miles”专指骑兵。中世纪骑士是身披盔甲的骑兵，一般出身于贵族，还可能家世显赫，如果被征召入伍，他们就自备战马和武器，充当骑兵，他们都举行过触肩册封仪式，并获得了骑士身

① Frances Gies, *The Knight in History*, Harper & Row, Publishers. Inc., 1984, p1.

份。在经济上，骑士占有一定数量的土地，土地收入用来维持他的装备和供给。骑士的身份是自由人（德国例外），持有领主的封地，负有军事义务，因此，骑士是封建制度的基石。

信仰与忠诚是骑士的基本道德。欧洲中世纪早期，授予骑士称号的仪式十分简短——新战士的脖子上会受到重重一击，然后是宣读一则教育他要勇敢、忠诚并熟练掌握骑士所需要的各种技巧的警训。但到了公元 11 世纪，由于教会的宗教思想对骑士产生的深刻影响，没多久，骑士的受封仪式就演变为一种正规严肃的宗教仪式，仪式要求受封的骑士发誓：他将为信仰而战，并全力维护其道德准则。首先，骑士把上帝作为他们的保护神，他们坚信上帝可保佑他们在战斗中打败敌人，即使战死也可升入天堂、获得永生。其次，骑士对基督教信仰的坚定还表现在他们与异教徒英勇顽强的战斗方面。基督教的排他性使其教徒的行为显得残暴，导致骑士由于信仰的执着而对异教徒打击的无情。罗兰伯爵用尽全力向敌人攻击，刺透对方的盾，又戳破甲衣，捅开他的胸膛，把骨头折断，把整个背脊都刺穿，用他的长矛了结对方的性命，他用力刺进，摇动敌人全身，又用矛把敌人挑下马鞍，使敌人的头颈折成两段。对上帝的坚定信仰是西欧中世纪骑士的重要精神。为信仰而死是最高尚、最值得敬佩的行为。骑士的职责是保卫神圣的基督教，并争得荣誉、增强信仰，为这信仰，在这世界中要遭受数不尽的辛苦、痛恨甚至死亡。骑士活着就应为这种信仰不懈地努力和战斗。忠诚是中世纪骑士非常重要的思想观念和行为准则，在封建体制中，骑士作为大贵族的附庸，封建义务决定他必须向之效忠；作为自己领地的主人，他又必须保护依附于他的农奴，其封建权力也是神圣不可侵犯的。忠诚之所以被重视，是因为忠诚可进一步维护他与他人之间的关系。当时，土地和忠诚涉及绝大多数人的地位、利益和相互关系。少财产或无财产者可自愿委身其他权贵的保护之下，可寻求权贵的庇护，但要宣誓效忠，并同意承担某些义务。中世纪的骑士认为忠诚就是一种约束力，而不忠诚于领主是一种犯罪，这种罪过单靠忏悔是不得解脱的。上帝是最高主宰，任何人的忠诚最终都归结为对上帝的忠诚。征战中，战士们护卫着首领，用最勇猛的战斗来增加首领的名誉，并把这看成是忠诚的最高表现。如果首领战死疆场，而战士们活着回来，这是一个莫大的耻辱，将受诟终身。

荣誉与勇敢也是骑士的基本道德。欧洲中世纪的骑士渴望着军事冒险、成功的战役以及会带来的大量战利品。假若本部落并无战争，许多贵族青年便自动地参加别的部落的战争，他们厌恶待着不动。同时，只有在战争中，他们才能得到荣誉，也只有依靠战争，一个首领才能维持一群战士，因为战士们希望从首领的手中得到战马和武器。他们宁愿在战争中因负伤受到荣誉，也不愿从事耕种，以待收获。他们认为用流汗来取得用流血所能得到的东西是愚笨的、懦弱的。将士们把战斗中掠夺来的财宝、衣物、武器自豪地向人们公开展示，把这些掠夺物看作英雄式生活的美德和将士的勇敢精神的有力证明，看作社会荣誉的标志。勇敢是骑士应具备的最起码的条件和特征，有句老话说“无骑士不勇敢”。在战场上，任何怯懦的表现都将遭到所有人，包括妇女和儿童的藐视和耻笑，妻子和母亲都不能容忍自己的丈夫和儿子贪生怕死、临阵脱逃、叛变投敌等可耻行径。在战争中，如果首领战死沙场，活着的骑士都会有苟且偷生的羞愧之感，如果首领在战场上表现得不如手下的人勇敢，他也会感到脸上无光。在战场上不能勇敢地面对死亡的骑士是任何人都瞧不起的。

诚实与慷慨也是骑士的基本道德。对于骑士来说，诚实与忠诚同样受到重视，诚实是信仰虔诚的一个重要前提，没有诚实不可能有真正的忏悔，谎言是忏悔的敌人，没有真正的忏悔也不可能真正信仰上帝，因此，骑士要有“诚实的心灵”，要信守诺言。骑士在宣誓时把剑放在圣坛上，放在打开的《圣经》和圣徒遗物上，这不仅表示他的誓言是发自内心的，同时也表明在上帝的监督之下，他们要为实现诺言而奋斗到底。慷慨的施与被视为骑士的高尚品德。《圣经·马太福音》中讲，“如果你要达到完善，得卖掉你所有的产业，把钱捐给穷人，便有财富积存在天上”。声名显赫的查理大帝是骑士们的榜样，他一生慷慨，在临终前，还把一生所积攒的财产的大部分献给全国 21 所大教堂，将一生所珍藏的书籍变卖后，以现金赈济贫民。

骑士的道德践履对社会和军队道德产生重要影响。尽管人们对于骑士精神所引发的道德问题存在着惊人的不同意见，但是对骑士精神的主流宣扬是：笃信基督而又效忠君主，尚武好战而又不失风度，勇于冒险而又诚信守约，尊崇女性而又追求爱情，侠义公正且荣誉至上，等等。然而，人们都清楚，骑士精神的道德准则和现实生活的反差是令人厌恶的，是当时社会背景的产物。当时，西欧在经历了蛮族入侵、国家建立、列国纷争后，于 11 世纪步入相对稳定时期，物质财富的积累渐渐涤荡蛮风，文学、音乐、建筑、雕刻等开始焕发新的生机。加之十字军东侵后，东方商品大量向西欧输送，东方的礼仪、服饰、艺术亦随之西渐，这对经历了战与火、梦想与幻灭的西欧贵族、骑士们产生了潜移默化的影响。于是，在混乱的往昔与初露秩序的现时、在刚刚摆脱野蛮的西欧与物质精神丰富的东方的巨大反差中，深受基督教影响的普通民众的向往与贵族的矫情，经过诗人的激情升华，与实际生活具有强烈反差的骑士道德观出现了。随着时代的发展，骑士所标榜的道德风范对近代绅士风度的演化，甚至对西方近代以来的伦理道德、礼仪风俗都产生了深刻的影响。

三、神学家：西方中世纪军事伦理文化的演绎者

连年的战争及社会的混乱与基督教宣扬的和平与爱逐渐背离，促使

中世纪的思想家们不断地深入思考，以奥古斯丁为代表的神学家们对欧洲中世纪的军事伦理作出了重要的发挥。奥古斯丁生于罗马帝国末年的边缘省份北非，他亲身经历了罗马末世的混乱、人生的无常和政治的颓败，目睹了战争的惨烈、基督教的兴盛、汪达尔人的入侵，他甚至就死于汪达尔人兵临城下之时。身处战争频繁、人命如草芥的年代，眼见庞大的人间帝国大厦将倾，奥古斯丁进行了伦理反思。

“上帝之城”与“地上之城”观念是奥古斯丁军事伦理思想的重要理论依据。在《上帝之城》卷1的“序言”中，奥古斯丁开宗明义地指出，这部“艰辛的巨著”旨在捍卫“最荣耀的上帝之城”。为此，他必须同时讨论另一座城，即“地上之城”。显然，在“两座城”之间存在着一种基本的对立。这一对立既表现在不同的称谓和性质上，又表现在其历史进程之中。可以说“两座城”，两种境域。奥古斯丁的“两座城”不仅包括了古往今来的全人类，还包括了全部天使。每一座城均由天使与人类这两个部分组成，一座属于善的天使与人类，另一座属于恶的天使与人类。“两座城”的巨大差别在于，一座城是虔信之人的社会，而另一座属于不信者。或者说，“上帝之城”坚持对上帝的信仰，而“地上之城”崇拜伪神；“上帝之城”靠信仰生活，而“地上之城”不靠信仰生活。因此，“两座城”的观念鲜明地表达了对罗马异教的反对。当然，虽然奥古斯丁主张“两座城”尖锐对立，但他并不简单地认为二者之间非此即彼、毫无联系。“两座城”之间的真正区别在于爱或信仰。在现实社会中，二者之间并无确定的、可见的界限：这两座城在此尘世中交织，彼此相混，直到最后审判才分开。“交织”和“彼此相混”是他用以刻画“两座城”“在尘世中”之关系的常用语。为此，应该捍卫“上帝之城”，求得永久与完美的和平。与上述两项观念相一致，对于尚在尘世中为客旅的“上帝之城”，奥古斯丁强调了维护和参与“地上的和平”的重要性。在他眼中，“和平”就是事物的有序状态。它是现世中最值得追求、最可贵的善。不论善恶，所有人都追求它。根据“两座城”的观念，奥古斯丁将人类的“和平”分为两类，“两座城”各按自己那种“和平”生活：“地上之城”追求的是“地上的和平”，而“上帝之城”追求的是“永久与最高的和平”，或者说是“永久与完美的和平”“永生中的和平”。

正义战争是从“地上之城”进入“上帝之城”的途径。在奥古斯丁那里，正义意味着公平、平等，正义战争可以使军人从“地上之城”进入“上帝之城”。“所以，不管谁爱人，都应该或者因为他们是公义的，或者因为他们可以成义而爱他们。这也是他应该爱自己的方式，或者因为他是公义的，或者是为了成为公义的。”[①]“至于今生，上帝希望善人和恶人的福乐和痛苦都是共同的。”[②]自然正义是上帝赐福人的，自然权利就每个人而言就是相同的，这是由“存在大链条”秩序中人与人的地位相等决定的，无论自由人还是奴隶，男人还是女人（奥古斯丁的性别论不涉及这一平等），以色列人还是非以色列人，上帝是世界的上帝！因此，神的恩典也是平等的，故自然正义更多的是分配的正义。就校正的正义而言，人之爱上帝越真实，上帝之城离谁就越近。校正的正义可以看作永恒正义对每个人的校正，不要忘了，上帝将是末世唯一的审判者！“不论是统治者或被统治者，都能凭借圣神而裁判。”[③]“权力，就其本分来说，应该是跟随公义而不是领先公义的。”[④]这是奥古斯丁对正当性和合法性的最好解释，人法受哺神法虽说不是奥古斯丁的原创，但正义优先于权力，正当性先于合法性的政治神学观对后世影响很大。正是因为世俗的王国的好坏是上帝的旨意，奥古斯丁一方面称没有公义的王

---

① 奥古斯丁：《论三位一体》卷 8，14 章。

② 奥古斯丁：《上帝之城》卷 1，8 章。

③ 奥古斯丁：《忏悔录》卷 13，23 章。

④ 奥古斯丁：《论三位一体》卷 13，4 章。

国就像是一个强盗团伙，另一方面无奈地说纳税的事归恺撒，毕竟这是恰当的统治。奥古斯丁在《上帝之城》中认为世俗国家无正义可言，而正义的“上帝之城”又从未出现，所以奥古斯丁主张服从国家君王的统治是既悲观又充满矛盾的，也许这是他对人类现有社会秩序状态的一种妥协。这种矛盾还表现在他对战争的评价上：在《上帝之城》里，奥古斯丁承认了正义的、诉求和平的战争。

奥古斯丁认为要使一场战争成为正义的战争，有三个条件是必要的。第一，有权宣战的统治者的权威。一个私人不得宣战，因为他可以求助于一个长辈的裁判来捍卫他的权利。他也无权动员为战争所需要的人力。但是，既然统治者们受权负有处理公共事务的责任，负责保卫城市、区域或省份的人们就要受他们的支配。他们在惩罚罪犯时用公民的力量正当地保卫国家，以弭平一切国内的变乱；像使徒保罗所说的：他并不空佩宝剑。他是神的用人，是申冤的，刑罚那作恶的。同样地，他们也负责用战争的武器来保卫国家，以抵御外来的敌人。为此，神在《诗篇》第 82 篇中叮嘱统治者们“要保护贫寒和穷乏的人，救他们脱离恶人的手”。奥古斯丁在他的《反侥幸》一书第 23 章第 73 节中说：“应该加以和平处理的人们的自然秩序，要求把宣战的权力和决定交由统治者掌握。”第二，需要一个有充分根据的理由，也就是说，那些为了某种罪行而受攻击的人理应获得这种对待。奥古斯丁说：“当一个民族或一个国家由于不能赔偿所造成的损害或不能归还非法占有的东西而应当受到惩罚时，那些为某种损害复仇的战争一般叫作正义的战争。”[①] 第三，在交战者的方面需要有一个正当的目的，或者是为了达到某种好的目标，或者是为了避免某种祸害。所以奥古斯丁在《论天主的话》一书里说：“如果战争不是为了贪婪或出于残暴，而是从抑恶助善的和平愿

---

① 奥古斯丁：《论〈约书亚书〉》，第 10 章。

望出发而掀起的，那么对于上帝的真正的信徒来说，即使战争也是和平的。”我们可以碰到，即使战争是由合法的当局宣布的，并且也有理直气壮的根据，然而它却由于居心叵测而变成非正义的。奥古斯丁在《反侥幸》第 74 章中说：“损人的欲望，仇杀的残暴，冷酷而毫不容情的精神，胜利后的趾高气扬，对于权力的觊觎，凡此种种，在战争中都是理应加以谴责的。”

著名的神学家托马斯·阿奎那是基督教正义战争理论的集大成者。阿奎那在全面继承了奥古斯丁的思想的基础上，提出了正义战争必须符合的条件，其中最重要的三条是：第一，战争只能由具有主权性质的权威来发动，私人不得宣战；第二，战争必须有一个充分而正当的理由；第三，发动战争必须有正当的目的，必须是发挥善意，或者避免恶意。[①] 阿奎那并不是个绝对的和平主义者，他并不反对所有战争，只不过强调战争的发动和进行要受基督教道德的制约。

综上所述，基督教道德信仰对中世纪西方军人道德有重大影响。一种道德信仰往往体现着知与行的统一。正是道德信仰使道德主体真正理解和把握道德精神、道德理想、道德原则，凝聚成稳定而强大的道德人格。基督教信仰为军人的道德行为选择提供了持久的、稳定的精神动力。基督教道德信仰使军人不仅是对具体的道德规范、道德目标、道德选择笃信、奉行和追求，更是对蕴含在这些具体的规范和行为选择中的最高价值标准和最高原则的信奉和追求。基督教道德信仰使军人在汇通和整合各种具体的道德规范、道德判断的基础上形成稳定的道德心理和行为定式，具有价值定向性，它使道德信仰变成军人毋庸置疑、坚忍不拔的信念和不屈不挠、奋不顾身的道德实践。

① ［意］托马斯·阿奎那：《阿奎那政治著作选》，马清槐译，商务印书馆 1963 年版，第 135—136 页。

第三节　近代以来的西方军事伦理文化

在走出了黑暗的中世纪后，西方踏上了文明发展的快车道。在发展的过程中，伴随始终的是激烈的斗争和战争的硝烟。资产阶级在近代的产生、发展壮大直至全面掌握政权的漫长过程，是与封建统治不断斗争的过程。其中又伴随着封建王朝之间频繁的战争以及野蛮的殖民战争。资本主义统治在西方确立后，资本主义列强之间又不断发生战争，最终导致两次世界大战的爆发。在资本主义文明发展的推动下，在无数战争实践的锤炼中，西方近代军事伦理突破了中世纪军事伦理浓厚的宗教氛围，在功利主义的引导下，走上了世俗化的道路，以完全不同于中世纪军事伦理的面貌踏上历史舞台，为资本主义的开疆拓土提供了重要的价值支撑，给世界留下了可贵的经验，也给世界留下了惨痛的教训。

一、西方近代军事伦理文化的萌发

骑士制度是欧洲封建制度的产物，骑士是中世纪欧洲军队的主力军，随着封建制度的逐渐衰落，骑士制度不可避免地走向解体，封建骑士也逐渐消亡。随着骑士制度和封建骑士的消亡，中世纪军事伦理不可避免地走向了衰落，近代军事伦理得以产生。

西方近代早期，由雇佣兵组成的步兵取代封建骑士成为各国军队的主力，战斗中火器被日益广泛地使用，威震四方的西班牙步兵方阵战术，也不同于封建骑士的单打独斗，新的军事制度的建立，客观上需要新的军事伦理支撑。实践中，为争夺霸权和物质利益而频繁进行的战争推动了西方近代军事伦理的诞生。在新旧交替的时代里，随着资本主义经济的发展，新航路的开辟，欧洲国家之间的矛盾日益尖锐起来，而战争成为解决矛盾的重要手段，所以这也是个战争的时代。英国和西班牙为争夺海上霸权和殖民地而战，处在资本主义上升期的英国取得了胜利；奥土为争夺东南欧和中欧的霸权而发动战争；法国、西班牙和神圣罗马帝国为争夺意大利而开战，后转变为法、西两国争夺欧洲霸权的战争。而对霸权争夺的最终目的仍旧是获取更大的经济利益，残酷而野蛮的殖民战争更是如此。这些战争同中世纪那些为了荣誉和因为宗教原因而进行的战争截然不同。在近代早期的战争中宗教因素仍然发挥着影响，但是战争目的已经发生了改变。如恩格斯所言："16 世纪的所谓宗教战争也根本是为着十分明确的物质的阶级利益而进行的。这些战争，同稍后时期英国和法国的国内冲突完全一样，都是阶级斗争。"① 战争的极端功利化使陈旧的中世纪军事伦理显然不能为新型战争提供有力价值论证与支撑，在频繁地为争夺物质利益而进行的战争中，近代军事伦理实现了对中世纪军事伦理的扬弃，在伦理追求和伦理理论上逐步功利化和现实化。

第一，从为上帝而战到为利益而战：战争价值取向世俗化。在基督教占统治地位的中世纪，军事活动被赋予宗教意义，战争是上帝的命令和旨意，骑士作战是为了维护上帝的荣耀、为了保卫圣地而为上帝而战。到了近代早期，战争则开始为了不同的目的而进行。欧洲殖民者在新大陆上用大炮、原始毛瑟枪和骑兵打败了只有原始武器的印第安人和马来人，掠取了大量的黄金和白银。掠夺财富成为战争的根本动力和直接目的。随着资本主义商业和贸易的发展，海上霸权日益重要，为了争夺海上霸权，英国与西班牙、西班牙与荷兰、荷兰与英国之间都进行了一系列的海上争霸战争。

第二，从献身上帝到追逐金钱：军人价值功利化。中世纪的骑士是基督的战士，他们的战斗是为了上帝的荣耀，为了执行上帝的旨意和神启。骑士把上帝当作他们的保护神，坚信与异教徒作战可以升入天堂，

① 《马克思恩格斯军事文集》第 1 卷，战士出版社 1981 年版，第 85 页。

他们具有坚定的宗教信仰，而信仰的标准是“把自己的心放在上帝身上，还是放在世俗利益上”。所以，真正的骑士的作战是为了信仰、为了荣耀，而不是为了世俗的金钱利益。而到了近代早期，军队的组成主体——军人的成分已经发生了显著变化。由贵族骑士充当军队核心的时代一去不复返了。军队主要由临时性的雇佣军组成，雇佣军是以战争为职业的职业军人，他们自备武器装备，进行一定的军事训练。君主需要发动战争了，便花钱雇用他们作战。所以无论他们在欧洲大陆，还是在遥远的殖民地，作战都是为了金钱，“瑞士人为了一开始就证明自己的共和国——欧洲第一个独立的共和国——的资产阶级性质，立即便把他们的军事荣誉变成了金钱”①。他们往往为外国作战，所以他们毫无爱国热情和信仰可言，“雇佣兵不断扮演着受马基雅维利指责的角色：将利益和个人的方面置于国家或信仰之上”②。他们的自身价值也通过金钱来体现。雇佣军把自备的武器装备、一定的训练和自己的安危作为成本来投入，收益是佣金以及抢掠来的财富。“向往财富和抢劫的冒险家和无赖，通过战争无可损失、而只会获得一切的人，构成了军队的主体。战争不再被当做一种宗教义务来承担，而这情形的一个结果，是从军的目的成了赚钱。”③

第三，从基督教正义战争理论到现实主义战争伦理：战争伦理现实化。中世纪晚期，基督教的正义战争理论并没有能够发挥它制约限制战争的作用，反而成为发动战争的支撑与借口。教会本身为了扩大它的影响和权力，滥用这种理论不断发动战争，致使基督教的正义战争理论名

① 《马克思恩格斯全集》第 21 卷，人民出版社 1965 年版，第 456 页。

② R. B. 沃纳姆：《新编剑桥世界近代史》第 3 卷，中国社会科学院世界历史研究所组译，中国社会科学出版社 1999 年版，第 240 页。

③ 彼得・帕雷特：《现代战略的缔造者：从马基雅维利到核时代》，时殷弘等译，世界知识出版社 2006 年版，第 6 页。

存实亡。“阿奎那正义战争的思想的指导原则是：战争只有在作为一种自卫手段时才是合法的。但是这种图景因欧洲分裂出敌对的宗教集团并出现了某种类似实力均衡的东西而复杂化了。正义战争的概念被放宽到了可对其他国家中的信仰相同者提供军援，可通过预防性战役在实力均衡的变化中抢先一步。”①在这种情况之下，新的战争伦理思想被提出来，包括伊拉斯莫的和平主义思想、马基雅维利的现实主义伦理思想，以及后来的格劳秀斯的近代正义战争理论，战争伦理呈现出多元化的趋势。但是在近代早期，在现实的战争活动之中，真正发挥主导作用的伦理观念是马基雅维利的现实主义战争伦理思想，并且在整个近代都产生了重大的影响。近代早期是个战争频发的时代，在这样的时代里“人们对战争的一再爆发习以为常。托马斯·迪格斯写道：‘在这个竞争的世界里谈论持久和平，无异于亚里士多德的《幸福篇》，色诺芬笔下的居鲁士，昆体良论及的演说家或托马斯·莫尔爵士的《乌托邦》，那仅仅是人们的期望，在这个严酷的时代里，战争是如此根深蒂固，以至于除非同宇宙一道毁灭，否则根本就不可能消除’”②。所以，“尽管少数人按伊拉斯莫的传统表达了基督教徒出于和平主义的不安情绪，但在欧洲战场上几乎没有得到支持”③。对于正义战争理论而言，在中世纪，基督教会作为超国家的组织，发挥着重要的国际仲裁作用，但到了近代，“教廷作为国际仲裁者的作用已每况愈下……罗马教廷对战争的控制权更是确切无疑地已宣告结束……教会权力的特殊性质，对战争的准备或进行战争

① R. B. 沃纳姆：《新编剑桥世界近代史》第 3 卷，中国社会科学院世界历史研究所组译，中国社会科学出版社 1999 年版，第 228 页。

② R. B. 沃纳姆：《新编剑桥世界近代史》第 3 卷，中国社会科学院世界历史研究所组译，中国社会科学出版社 1999 年版，第 226 页。

③ C. R. 埃尔顿：《新编剑桥世界近代史》第 2 卷，中国社会科学院世界历史研究所组译，中国社会科学出版社 2003 年版，第 662 页。

的方式都不再发生重大影响。”[①] 由于没有一个强有力的国际仲裁者的存在，正义战争理论往往沦为战争的借口和工具。于是，在近代早期这样一个规则和秩序还未完全建立起来的年代，马基雅维利的现实主义战争伦理便大行其道了。

第四，从重个人英雄主义到重团体精神：军人武德职业化。骑士时代的战斗规模往往很小，战斗中一般是一对一的厮杀，因为骑士重视荣誉与勇敢甚于自己的生命，骑士的荣誉观念要求骑士一对一地决斗，否则即使取胜也不光彩。骑士一生的追求就在于扬名后世，所以他们宁愿用死亡换取荣誉，在荣誉和纪律之间，他们更倾向于荣誉而不是纪律。在为荣誉而战的战斗中，骑士的个人英雄主义淋漓尽致地表现出来。而在雇佣军时代，雇佣军成为军队的主力，战争在武器使用、战略战术上逐步近代化，更强调的是实用性。正如骑士费恩·德·布尔所说：“现代战争是一种职业，而不是一项体育运动，在宫廷里生活的骑士并不适合现代战争，不论在勇敢还是在能力方面，现代战争更需要的是纪律、策略而不是骑士的个人主义、英雄主义行为。”[②] 雇佣军并没有骑士的荣誉观念和狂热的宗教信仰，同时战争规模不断扩大，采用的是密集的方阵队形，个人只是方阵中的一分子，所需要的是整齐的机械的移动，所以军队之中更强调的是纪律，更重视团体精神而不是骑士无比崇尚的个人英雄主义。

二、西方近代军事伦理文化的形成

在西方近代学术界，著名的军事理论家克劳塞维茨将“武德”作为一种主要的精神力量进行了研究。第一，服从命令、遵守纪律、遵循

① G. R. 波特：《新编剑桥世界近代史》第 1 卷，中国社会科学院世界历史研究所组译，中国社会科学出版社 1988 年版，第 380—381 页。

② Frances Gies, *The knight in history*, Harper & Row, Publishers. Inc., 1984, p.197.

规则和方法是武德要求的核心。武德中的其他“晶体”，如勇敢、胆量等，都必须服从这一更高的要求。在论及武德中的胆量时，他高度赞赏军人胆量，认为即使是没有深思熟虑的智力来指导的胆量、毫无目的的胆量，其作用也不能低估。“只有当胆量同服从背道而驰，因而忽视上级明确的意志时，我们才可以把它看作是一种危害。”① 而对于一支富有武德的军队而言，必须能“在失败的困境中仍能服从命令，不丧失对指挥官的尊重和信赖”②。第二，荣誉是军人唯一的信条。克劳塞维茨认为，军人与军队都必须有荣誉心，荣誉心在战争中发挥着重要的作用。“在进行激烈的战斗时，人们内心充满的一切高尚感情中，再没有什么比荣誉心更强烈和更稳定的了。”荣誉心“是在战争中使巨大的身躯（军队）获得灵魂的真正的生命力”③。第三，勇气、胆量、意志力是军人不可或缺的美德。克劳塞维茨认为对于一个具有武德的军人而言需要“激发、锻炼和吸收那些在战争中活动的力量”，而“活动的力量”是指“勇敢等各种感情力量”④。这些“活动的力量”包括勇气、胆量和意志力等军人美德。

在西方近代的社会实践中，战争仍然在欧洲各地频繁发生，涌现出了以克伦威尔、腓特烈、苏沃洛夫为代表的军事家。他们在军事实践中形成了富有特色的治军思想，其中蕴含着丰富的军事伦理思想。依靠富有特色的军事伦理思想的指导，他们在战场上屡战屡胜，成为青史留名的杰出军事家。

奥利弗·克伦威尔（1599—1658）是位杰出的英国资产阶级革命领袖。在英国资产阶级革命中，他创建了不同于王军的铁骑军和“新模

① ［普鲁士］克劳塞维茨:《战争论》，军事科学院译，商务印书馆 1997 年版，第 198 页。
② ［普鲁士］克劳塞维茨:《战争论》，军事科学院译，商务印书馆 1997 年版，第 193 页。
③ ［普鲁士］克劳塞维茨:《战争论》，军事科学院译，商务印书馆 1997 年版，第 75 页。
④ ［普鲁士］克劳塞维茨:《战争论》，军事科学院译，商务印书馆 1997 年版，第 192 页。

范军”，以其卓越的指挥才能和坚强的意志品质指挥军队，为摧毁封建专制势力发挥了极其重要的作用，把国王查理一世送上了断头台，结束了封建王权，为英吉利共和国的建立扫除了障碍，成为英国的无冕国王和一代枭雄。“在精神上壮大自己”是克伦威尔的制胜之道。他心目中理想的士兵必须有坚定的信仰，有勇敢的精神，有严明的纪律。为此，克伦威尔全力以赴地为建立革命新军而努力奋斗。为了培养起新军崭新的精神面貌，克伦威尔还进行了一系列的改革。克伦威尔废弃了只有骑士、贵族和出身高贵的人才能充任军官的陈规，坚持不凭出身而根据本人的勇敢精神和对革命的忠诚来提拔军官。这样就给许多出身低微但有真才实干的人提供了施展才能的机会，一些出身于下层人民的优秀指挥官脱颖而出，比如，普莱德上校过去是马车夫，休逊上校过去是鞋匠，福克斯上校过去是锅炉工，等等。克伦威尔还非常注重军队的纪律，“新模范军”以行为端正、纪律严明而远近闻名。克伦威尔非常痛恨军队的抢掠，因为它会败坏军队的风纪而最终导致战场上的失败。对于战场上的逃兵，他也绝不姑息。“新模范军”的军事条例规定，“凡抛弃军旗或临阵脱逃者处死”，“如果发现哨兵或侦察兵睡眠或酒醉均处死”，“偷盗或抢劫者以死罪论处”①。这一切使他的部队的士气和自我约束力在当时是无与伦比的，军队的战斗力也得到了迅速的提升。从“铁骑军”到“新模范军”，从马斯顿荒原到伍斯特的街巷，克伦威尔的部队创造了一个又一个胜利的神话。人们高度赞扬这些训练有素的人，认为“欧洲找不出比他们更好的士兵了”。

苏沃洛夫是个标准的军人，1748 年正式参军时他只是一名下士，他依靠个人的努力奋斗，凭借自己出众的军事才华最终成为俄罗斯的大元帅。“人是制胜的决定因素”是他改革的基本理念，对于军队而言，

① 米·阿·巴尔格：《克伦威尔及其时代》，陈贤齐译，四川大学出版社 1986 年版，第 164 页。

士兵则是战斗中获胜的主要因素。他制定了一系列的规章制度激发士兵的荣誉感、爱国心，大力培养他们的勇敢精神，获得了很好的效果。苏沃洛夫反对当时俄军盛行的普鲁士的训练理念，即把士兵训练成严格遵守纪律、服从命令的冷酷的战争机器。他认为士兵应该是具有多种美德的战士，“士兵应当身体健康，勇敢、坚定、果决，有正义感，笃信宗教。要向上帝祈祷上帝给我们胜利”[①]。其中，苏沃洛夫特别强调士兵在战场上的勇敢顽强，“军人的美德是：士兵的勇猛顽强，军官的勇敢坚定，将军的英明果断”[②]。他认为“死神在勇敢者的刺刀和马刀面前退却”。苏沃洛夫主张通过激发士兵的自尊心和爱国热情来培养士兵的美德。18 世纪中期，俄军士兵的主要来源是农奴，地位低下，军官则多是贵族出身，所以军官往往只把士兵看作奴隶，对他们毫无尊重之心。在对士兵的训练上，俄罗斯军队仿效的是普鲁士军队的做法，采取的是棍棒式的训练，希望将他们训练成战争机器。当时流传的一首小曲就反映了士兵遭受这种野蛮的棍棒式训练的痛苦：“训练对我们没有啥关系，这伤苦罪真叫人受不起，喊了向左转又喊向右转，可我们啥也不懂得；说打就把士兵打，捡起啥来就用啥，长刀短剑和枪把，弟兄们别再做傻瓜。”[③] 苏沃洛夫特别尊重兵士的人格，当时的沙皇保罗一世把士兵视为能够走动的机器，可以任意打骂侮辱。苏沃洛夫对此非常气愤，他把保罗一世的军棍纪律叫作“残暴制度”。苏沃洛夫把士兵看成勇士，他决不叫士兵白流一滴血，不准许军官虐待士兵。为了培养具有多种美德的士兵，苏沃洛夫在纪律上和训练上对士兵要求非常严格，但是在生活上非常关心、爱护士兵，因为他始终认为士兵是制胜之本。

19 世纪末 20 世纪初，欧洲资本主义发展到垄断资本主义阶段，资

---

① 袁品荣主编：《享誉世界的十大军事名著》，海潮出版社 1998 年版，第 461 页。

② O. H. 米哈伊洛夫：《苏沃洛夫》，杨少云、慈国巍等译，解放军出版社 1986 年版，第 359 页。

③ O. H. 米哈伊洛夫：《苏沃洛夫》，杨少云、慈国巍等译，解放军出版社 1986 年版，第 100 页。

产阶级逐渐成为腐朽没落的阶级，为了攫取更大的地盘和更多的利益，各帝国主义国家开始了更为疯狂的帝国主义战争，最终导致了有史以来规模最大的两次世界大战。在野蛮而血腥的两次世界大战中，和平、正义、人道等军事伦理观念都被战火淹没，战争双方为了取得胜利，血腥地杀戮，造成了巨大的伤亡。血腥的两次世界大战中，没落的近代资产阶级军事伦理没有发挥伦理对战争的限制和规范的作用，反而在某种程度上促进了战争的发生和加剧了战争的惨烈，凸显了欧洲近代军事伦理的没落。

三、当代西方军事伦理文化的发展

尽管当代西方军事伦理所面对的理论和现实问题多种多样，提出的理论观点和答案也各有千秋，但总结起来，有两个问题是任何一种军事伦理思想都不可回避的：一个是战争正义的问题，另一个是和平的问题。这两个问题贯穿了西方军事伦理从古典到现代发展脉络的始终，迄今仍然是当代西方军事伦理所要面对和回答的主要问题。战争正义是军事伦理学的核心内容之一，西方伦理学界围绕战争正义问题的道德争论十分激烈，如著名学者罗尔斯的《正义论》《万民法》，沃尔泽的《正义与非正义战争》等。

当代西方军事伦理更倾向于将战争正义从正义战争中剥离开来讨论，如果存在战争正义，它是指战争中的道德合法性问题，包括战争目的的合理性和手段的正当性。然而这种回答并没有最终明确何为战争正义的问题，相反它提出了更多、更复杂的问题。道德合法性不可避免地带来的理解和认识上的冲突，不同文化、不同利益代表者可以提出不同的合法性定义。为解决这样的问题，当代西方军事伦理为战争正义规定了具体的原则，尤其较为著名的是罗尔斯的万民正义原则。罗尔斯的万民正义理念是战争正义的理论形态，其核心是万民正义原则，万民正义及其原则的合理性前提是国际原初状态。那么，国际原初状态的合理性表现在哪里呢？国内正义的原初状态被罗尔斯称为“原初状态的第一次运用”，其合理性在于保证了国内正义原则的公平性、正当性；国际正义的原初状态被罗尔斯称为“原初状态的第二次运用”，在这里，各方不是某一国家特殊阶层的代表，而是不同国家的代表；各代表聚集一起，选择的不是处理国内冲突的基本道德原则，而是裁决国家之间冲突的万民正义原则。国际原初状态的合理性在于万民无知之幕的设定：在制定万民正义原则时，各国代表虽然知道自己代表着一个国家，每个国家都生活在人类生活的正常环境中，但是，不可知道他们所处的社会的特殊环境、与其他国家相比较的权威和势力及他们在自己社会中的地位。总之，各方除了被允许有足够的知识来作出一种保护他们国家利益的合理选择外，不能得到那种“使他们中的较幸运者利用他们的特殊情况谋利”的具体知识。罗尔斯认为，“该原初状态在各国之间是公平的；它取消了历史命运造成的偶然和偏见。在这样解释的原初状态中所选择的原则决定了国家之间的正义”[①]。这些原则支配一国对他国的公开政策，尤其是战争的权利。可见，无知之幕限制下的国际原初状态，为万民正义、战争正义的合理性提供了坚实的理论前提。在万民正义理论中，国际原初状态下产生了万民正义原则，有八个：“1. 万民要自由独立，其自由与独立要受到其他万民的尊重。2. 万民要遵守条约与承诺。3. 万民要平等，并作为约束他们的协议的各方。4. 万民要遵守不干涉的义务。5. 万民要有自卫的权利，除为自卫外，无权鼓动战争。6. 万民要尊重人权。7. 万民在战争行动中要遵守某些特定的限制。8. 万民要有义务帮助其他生活于不利条件下的万民，这些条件妨碍了该万民建立正义

---

① John Rawls, *A Thoery of Justice*, Cambridge, Massachusetts: Harvard University Press, 1971, p.378.

或合宜的政治及社会体制。”[①]万民正义原则强调，万民应该是自由、平等、和平与独立的，万民要发扬国际人道主义精神，帮助国际社会中“最不利者”，战争只能是自卫的，即使发动自卫战争，战争手段也应该受到道德的限制。“可见，万民正义原则本质上反映了国际主体的基本行为准则：基本国际道德原则。但万民正义原则的困难在于：原则的产生并不意味着所有国家对原则的遵循。万民正义观念如何对待这种困境呢？罗尔斯认为，正如国内正义中的‘逃票式乘客’和‘自由式骑手’应该受到谴责和制止一样，不遵守万民法的万民即违反了基本国际道德原则的国家也应受到制裁，而制裁的根本手段就是战争，于是由万民正义理念及其原则引发了战争正义问题。”[②]

和平也是当代军事伦理的题中应有之义。战争往往在和平条件下孕育，一旦战争的要素成熟，和平会很快转化为战争状态。不在和平状态下积极消除战争的因素，而去热衷于规制战争中的手段正当性和目的合理性，与其说他们更关注和平，不如说更关注战争。为战争制定规则并非军事伦理之“大道”，军事伦理的最高目标是限制战争、消除战争，违背这个目标的伦理取向本身就是不道德的。和平伦理主要有两个向度，首先是限制战争力量。战争力量具有双重意义，一个是作为发动战争的暴力机器，另一个是作为维护安全的依靠力量。这两个方面是相互依存的，没有前者的存在就没有后者的需要。因而，致力于和平目的的当代西方军事伦理，将和平时期对战争力量的限制提上议事日程，裁军、控制军备竞赛、防止大规模杀伤性武器扩散等成为其关注的焦点问题。裁军，特别是核裁军，是当代国际社会关注的热点问题之一。1968年7月1日，《不扩散核武器条约》分别在华盛顿、莫斯科、伦敦签字，

① ［美］约翰·罗尔斯：《万民法》，张晓辉、李仁良、邵红丽等译，吉林人民出版社2001年版，第40页。

② 丁雪枫：《道德正义论》，江苏人民出版社2012年版，第57页。

当时有 59 个国家签约加入。1970 年 3 月 5 日《不扩散核武器条约》正式生效。该条约的宗旨是防止核扩散，推动核裁军和促进和平利用核能的国际合作。而美俄双方迄今签署了 3 项核裁军条约，即 1972 年的《反弹道导弹条约》、1991 年的《第一阶段削减战略武器条约》和 1993 年的《第二阶段削减战略武器条约》。军备竞赛是当代和平的威胁之一，它的理论基础是“均势理论”，与其说这种理论是基于安全的考虑，毋宁说是追求权力与国际地位的产物，是冷战的典型化特征。无论是“战略导弹防御计划”——里根“星球大战”计划的替代品，还是“战区导弹防御计划”——名义上是防御性、自卫性的，实质上追求的不过是军事优势地位，是以和平的道德话语述说的侵略计划。大规模杀伤性武器扩散——包括核武器在内的扩散——有足够的理由让当代西方社会忧心忡忡，一旦这个问题失控，足以彻底毁灭其精心建立的和平体制。因为没有人能够知道会不会有一天不知从何处冒出一批人声称自己拥有毁坏一座城市乃至一个国家的力量，并以此要挟政府满足他们的愿望，或者发动恐怖主义的袭击。其次是和平干涉和人道主义干涉。和平干涉是指对存在危及和平的国家或地区采取手段降低战争爆发的风险；人道主义干涉是指对严重侵犯人权的政府进行干涉。这两种干涉虽然理由不同，但都指向和平与正义，可以采取的手段也是大同小异的。从开战正义的角度看，西方军事伦理认为这两种行为虽然都存在超越国家权利和侵犯国家主权独立的问题，但都是具有正义性质的。如果一个地区或政府危及其他国家的和平，其他国家当然有权要求保证自己和平诉求的权利，这一点并不成问题，存在问题的是对危及其他国家和平的判定上，如果一个国家并未对其他国家表现出侵略的意图，这种危险不过是理论上的推定，那又该如何理解呢？或者在非现实的危险面前是不是所有国家都愿意为此埋单呢？当然存在这些问题，因而不得不诉求于“集体安全”的理念，要求这个集体里的国家共同担负起安全的责任。联合国就是承担这种责任的一个重要载体。

当代西方军事伦理是当代西方社会的一个精神写照，一路从战争中走来的西方社会对战争与和平、战争与正义等关于人类生死存亡的问题不能不留下道德的思考。一方面，当代世界仍然不是一个稳定的世界，战争之危险仍然存在，宗教矛盾、领土纠纷、种族冲突、恐怖主义等历史遗留问题仍是世界不安全的根源。因而，西方军事伦理追求一种非战争的解决这类历史问题的途径，或者即使战争必将爆发，也存在一种限制战争的力量，使人类免于世界大战那样的灾难。另一方面，以美国为首的霸权主义国家为谋求霸权利益，巩固霸权地位，亦不惜以种种道义借口频频对弱小国家动武。军事伦理似乎没有表现出相应的规制力量，却成为论证战争合理性的工具。这是当代西方军事伦理的局限性所在，对于新时代我国的军事伦理建设来说，既要吸取当代西方军事伦理的精华，丰富我们的军事伦理研究，又要认真辨别其理论局限性，及其服务资本主义国家利益的本质。

第四章

战争与正义

作为“运用暴力解决对抗性社会矛盾的最高斗争形式”[①]，战争自出现伊始，就给人类造成了难以弥合的创伤，那些挥之不去的恐怖经历必然会促使人们对战争进行反思。而这些反思的一个重要方面就是战争的性质问题，主要关注战争的价值合理性与否、道德与否。实际上，对于军事伦理研究而言，有关战争的道德评判和价值论辩，历来都是最重要和最困难的任务之一。“与此相关的原则、信念或思想状态对战争发动者、参与者和关切者的动员能力、道德自信心或情感认同的巨大影响，一向是决定战争能力、战争胜负或战争之政治与心理后果的主要因素之一，因而具有重大的实际政治意义。”[②]尽管战争相对于其他社会活动具有鲜明的暴力性特点，但它归根结底也是人类组织化、集团化行为的一种形式，同样需要遵循一定的原则，接受伦理的制约。“战争总是要受到最审慎的道德审查”[③]，其中最为关键的就是“正义”问题。

战争与正义的关系往往是不易描述的，这不仅因为战争本身的内涵相对复杂，而且在于“正义”一词至少具有伦理、法律和政治三个层面

---

① 黄迎旭:《当代战争论》，解放军出版社 2009 年版，第 76—77 页。

② 张书元、石斌:《沃尔泽的正义战争论述评——兼论美国学术理论界有关海外军事干涉的思想分野》,《美国研究》2007 年第 3 期。

③ 威廉姆・H. 肖 :《正义战争理论》,《国外理论动态》2013 年第 6 期，第 22 页。

的含义。因此，关于战争与正义的争论，在人类文明史上从未中断过，其理论渊源和表达方式“既有宗教的和哲学的道德观念，也有法学理论、国内或国际的习惯法和实在法，还有特定的军事理论与实践”[①]。可以说，尽管“战争与正义”相比于其他军事伦理学论题似乎要更为烦琐和抽象，但围绕战争正义性进行的道德思考经过漫长的历史积淀却依然焕发着生机和活力。从早期基督教思想家创立的“正义战争理论”，到20世纪各种国际公约中关于战争正义性的界定，直至冷战后世界范围内有关局部战争正义性问题的激烈辩论，都充分体现了这一思考对于人类战争理解史的重要意义和深远影响。

第一节　正义

正义（Justice）一词的希腊文是dikaion，由dike而来，意思是诉讼法律；拉丁文的对应词是justum，由jussum而来，含义是已被命令的。从词源学上看，正义指的是应由权威强制的、规定的处事方式。从起源来看，正义与“公平交易”或“正当行为”相关。在法律的意义上，正义是应当遵循的原则和法规的总和。所以，正义往往被奉为法律精神的核心和法律体系的根基。在道德哲学中，正义大致上相当于“公平”或“平等”。“直到有一个社会后，才可能有一个公正的社会；形容词公正并不决定而只是修正它所描述的社会的实质生活。有无限多的可能生命，他们受无限多的可能文化、宗教、政治安排、地理条件等影响。如果一个社会是以某种特定方式——也就是说，以一种忠实于成员们

① ［英］戴维·米勒、韦农·波格丹诺，邓正来（中译本主编）:《布莱克维尔政治学百科全书》，中国政法大学出版社1992年版，第380页。

共享知识的方式过实质生活的，那么，这个社会就是公正的。”[①] 在迈克尔·沃尔泽那里，正义就是根据人们相应的差异加以区别对待，属于涉及个人之间及个人和社会之间关系的一种德性。作为赋予个人应得权益以维护社会秩序的原则，正义要求个人权利不被任何社会成员或组织所侵犯。

一、正义观念的发展历程

“正义”一词的使用由来已久。自古希腊开始，围绕正义问题展开的争论就从来没有停止过。柏拉图视“正义”为一种个体心理上的健康状态，在这种状态下，灵魂的不同组成部分（理性、精神、欲望）之间能够实现和谐地运作。就国家层面而言，柏拉图认为正义意味着“不同的阶级各司其职”，即不同社会阶级之间的和谐秩序。作为一种德行的正义，可以为国家带来最大的善。正义者了解如何实现正义，因而具有智慧；正义者必定无所畏惧，因而表现勇敢；正义者不会放纵自己，因而显得审慎。在《理想国》中，柏拉图精心建构了一个以“统治者”、“辅助者”和“劳动者”的等级划分为基础，以“哲学王”统治为核心，以公有制度和公共教育为支撑的国家正义制度，既可以平息内部动乱，又能够最大限度地避免对外发动战争，并有利于在抗击外敌入侵的行动中取得胜利。柏拉图之后，亚里士多德较为系统地阐述了正义思想。与前人主要从政治角度谈论正义不同，亚里士多德主要从法律和经济的角度分析正义。在他看来，正义就是合法和公平，主要用于评价人的行为。正义是正义之人在合乎其抉择的正义行动中显出的德行，关涉某种适中状态，属于比较典型的“中道”。“亚里士多德给予‘正义’

---

① ［美］迈克尔·沃尔泽：《正义诸领域：为多元主义与平等一辩》，褚松燕译，译林出版社2002年版，第417—418页。

的较专门意义是避免贪婪，亦即避免通过夺去另一人的所有，或者通过拒绝给予某个人以他应得的尊敬、偿款和不遵守对他的诺言来为自己谋利。显然，这一定义是适用于行为的，就人们有一种对正当行为的稳固有效的欲望（作为他们性格中的一个稳定因素）而言，他们被认为是正义的。”[①] 在其名著《尼各马可伦理学》中，亚里士多德考察了作为德行总体的正义，包括正义与伦理德性的关系、正义的规定、分配正义、矫正正义、交换正义、政治正义、正义与自愿的关系、正义与理当的关系、正义与自我的关系等。特别是他对分配正义（对珍惜资源的恰当分配）和矫正正义（通过惩罚犯法行为对非正义的矫正）所作的区分至今仍非常重要。

13 世纪的基督教神学家托马斯·阿奎那将正义区分为“自然的正义”和“实在的正义”。前者属于天经地义，是普世的道德律令，适用于人类社会的所有领域；后者是可以证明的契约和制度，从属于前者。阿奎那认为，正义的目的在于调整人与人之间的关系，进而促成“公共幸福”。个人与社会的关系，如同部分与整体的关系。部分从属于整体，任何个体的利益也应从属于社会整体利益。“从这个观点来看，无论就一个人对他自己或就人们之间的关系而言，任何有益的行动和善行都涉及作为正义的目标的公共幸福。按照这个意义来说，只要正义能够导使人们致力于公共幸福，一切德行都可以归入正义的范围。”[②]

在近现代的西方思想家那里，“正义”的概念越来越多地被专门用作评价社会制度的一种道德标准，被看作社会制度的首要价值。“当所确立的社会规范模式基本上是公平的时候，正义作为一个原则起保护这一秩序的作用。当现存的秩序是不公平的时候，正义就成为一个要求社

---

① ［美］约翰·罗尔斯：《正义论》，何怀宏、何包钢、廖申白译，中国社会科学出版社 1988 年版，第 8 页。

② ［意］托马斯·阿奎那：《阿奎那政治著作选》，马清槐译，商务印书馆 2009 年版，第 144 页。

会变更的改革原则。”[①]尤其需要注意的是，有关正义的论说往往包含着对社会秩序和稳定的探究，因而正义逐渐成为道德哲学和政治哲学的中心论题，很多学者出于阐明正义原则的目的不断进行着尝试。

作为“近代国际法之父”的格劳秀斯，率先将自然法理念从宗教神学的束缚中解脱出来，恢复并发展了自然法的世俗观念，强调自然法代表了人的理性。格劳秀斯还将自然法与道德联系起来，明确提出“自然法是正当理性的命令，它指示任何与合乎本性的理性相一致的行为就是道义上公正的行为，反之，就是道义上罪恶的行为”[②]。在格劳秀斯看来，自然法构成判定行为正义与否的标准。人们需要根据特定行为是否与“合乎本性的理性”相一致，来断定其能否被称得上正义。

休谟在《道德原则研究》一书中提出，大众的功利是正义的唯一本源，而且对此德性所带来的利益的考虑乃是其优点的唯一基础。休谟认为，正义是人类社会处于既不非常富足又不十分贫困的中间状态时的社会德性，源于其对公众的有用性。正义感是自然根植于人心的原始本能，虽然非常复杂，却有着相似的有益的目的——社会的幸福和安宁。就此而言，正义对维持社会的必要性乃是其作为一种社会德性的基础。休谟的正义思想为边沁和密尔等功利主义者所继承，提出了“正义的尺度就是最大多数人的最大幸福”这一原则。

以马基雅维利为代表的现实主义政治思想家将“目的”作为正义的衡量尺度。在《君主论》一书中，马基雅维利提出了颇具争议的伦理命题：目的可以证明手段是否正当。目的是唯一重要的，手段从属于目的，为达目的可以不择手段。只要目的是正当的，什么手段都可以使用。不论什么手段，只要能达目的就是好的。不能因为手段的非正义而

---

① 尼古拉斯·布宁、余纪元编著：《西方哲学英汉对照辞典》，人民出版社2001年版，第531页。

② ［荷］格劳秀斯：《战争与和平法》，何勤华译，上海人民出版社2005年版，第32页。

影响目的的正义。毫无疑问，由于没能显示出对基本的人类价值理念和伦理精神的应有尊重，马基雅维利的正义观在后世引起了持续不断的非议和责难。

康德的正义观由其人性观推导而来。作为自然的人，总是有满足感性欲望的倾向；作为理性的人，总是力求利益的最大化。但社会资源终归是有限的，为了避免冲突和混乱，需要某种强制力量对人加以约束。而人所具有的特殊属性决定了既要有内在强制，又要有外在强制。一般而言，内在强制就是道德，外在强制则是法律。不管是道德还是法律，都要以正义为前提和根基，否则就会从源头上破坏社会秩序。需要关注的是，康德认为，“所有有理性的生物一律平等，而不问他们的品级如何；也就是说，就其本身就是目的的这一要求而言，他就应该作为这样的一个人而为每一个别人所尊重，而绝不能作为单纯是达到其他目的的手段而被任何别人加以使用”①。简言之，每一个人的合法权利都应得到尊重和保护。既然每个人都是目的，那么正义也就必然是“任何人的有意识的行为，按照一条普遍的自由法则，确实能够和其他人的有意识的行为相协调”②。因此，正义既是对人的自由权利的保障，也是对人的自由权利的限制，是普遍自由原则支配下的相互强制。

尽管古往今来的人们对“正义”作出了千差万别的评判，但有一点是公认的：正义构成社会运行的前提条件和人际交往的可靠纽带。当代学者对“正义”的讨论基本上是围绕罗尔斯的“正义论”进行的。按照他的论述，“正义是社会制度的首要价值，正像真理是思想体系的首要价值一样”③。“允许我们默认一种有错误的理论的唯一前提是尚无一种

---

① ［德］康德：《历史理性批判文集》，何兆武译，商务印书馆 2009 年版，第 68—69 页。

② ［德］康德：《法的形而上学原理》，沈叔平译，商务印书馆 1991 年版，第 42 页。

③ ［美］约翰·罗尔斯：《正义论》，何怀宏、何包钢、廖申白译，中国社会科学出版社 1988 年版，第 1 页。

较好的理论，同样，使我们忍受一种不正义只能是在需要用它来避免另一种更大的不正义的情况下才有可能。作为人类活动的首要价值，真理和正义是决不妥协的。”[①] 罗尔斯认为，正义的对象是社会的基本结构，即用来分配公民的基本权利和义务、划分由社会合作产生的利益和负担的主要制度。而正义的本质则是公平，其一般的观念可以概括为：“所有的社会基本善——自由和机会、收入和财富及自尊的基础——都应被平等地分配，除非对一些或所有社会基本善的一种不平等分配有利于最不利者。”[②] 这一关于正义的一般观念由两条基本原则构成。第一条原则给予平等的自由以优先性，“每个人对与所有人所拥有的最广泛平等的基本自由体系相容的类似自由体系都应有一种平等的权利”[③]。第二条原则涉及的是机会的平等和利益分配上的公正。“社会和经济的不平等应这样安排，使它们：①在与正义的储存原则一致的情况下，适合于最少受惠者的最大利益；并且，②依系于在机会公平平等的条件下职务和地位向所有人开放。”[④] 需要注意的是，罗尔斯的正义理论反映出明显的新自由主义的平等主义倾向，加之其论述主要集中在正义的两条原则而不是一般观念上，学界对于它能否构成独立的正义观念，或者只是导出确定概念的推理方式，一直存有争论。对正义的这一论述在许多方面引发了重要的方法论及实质问题的讨论，并导致了各种对立观点的发展。

当代著名伦理学家诺齐克在《无政府、国家与乌托邦》一书中，提

① ［美］约翰·罗尔斯：《正义论》，何怀宏、何包钢、廖申白译，中国社会科学出版社 1988 年版，第 2 页。

② ［美］约翰·罗尔斯：《正义论》，何怀宏、何包钢、廖申白译，中国社会科学出版社 1988 年版，第 292 页。

③ ［美］约翰·罗尔斯：《正义论》，何怀宏、何包钢、廖申白译，中国社会科学出版社 1988 年版，第 292 页。

④ ［美］约翰·罗尔斯：《正义论》，何怀宏、何包钢、廖申白译，中国社会科学出版社 1988 年版，第 292 页。

出并论证了“持有正义”思想，作为对罗尔斯正义论的批判性回应。诺齐克认为，“分配正义”的提法并不十分恰当，主张用较为中性的“持有”来代替“分配”。如果个人按获取和转让的正义原则具备持有的权利，那么这样的持有就是正义的。如果每个人的持有都是正义的，那么社会的持有的总体就是正义的。应该承认，诺齐克对正义的历史性和过程性的强调，对于人们思考相关问题具有不容忽视的启发意义和借鉴价值。

追溯正义研究的发展历程，尽管人们的理解不尽相同，关注点各有侧重，但有一点是明确的：正义作为政治生活的本质规定，蕴含着“至善”的价值维度。“只有在至善的政治生活中，个体的价值实现才能与共同体的整体利益完全统一起来，对个体而言，献身于政治共同体的正义要求才具备了充分的理由；一旦善被剥离，个体与政治共同体就仅仅剩下工具性的联合，个体既依赖于共同的政治生活而存在，又在必需性目标上与政治共同体产生冲突，这就从根本上背离了正义的本质。”[①] 正义不是一种非此即彼的选择，而是公共利益和个人利益的相互统一，其价值必须通过人类的德行实践才能彰显。

二、与战争相关的主要的正义类型

一般而言，正义是可分的和相对的，事实上存在着不同程度的正义。此外，如同人们已对不同类型的暴力作出区分一样，亦可以对正义进行分类。从现实的角度看，与战争相关的主要的正义类型包括：

分配性正义。社会中的所有个体都能够公平地享有属于他们的利益、服务以及其他有价值的东西。这一类型的正义视“公平”为核心价值，经典的论述来自罗尔斯的《正义论》。“作为公平的正义的一般观

---

① 马坤：《战争正义：一种制度性的分析框架》，《长白学刊》2005年第3期，第35页。

念要求平等地分配所有的基本善，除非一种不平等的分配将有利于每一个人。对这些善的交换没有做出任何限制，因此，一种较少的自由能够从较多的社会和经济利益得到补偿。这样，无论从哪一个人的立场看待这一状况，他都没有任何办法能专为他自己赢得利益。另一方面，也没有任何根据使他接受特殊的不利。由于他期望在社会利益的分配中得到比平等的份额更多的一份是不合理的，并且，同意较少的一份对他也是不合理的，那么他要做的事显然就是把要求一种平等分配的原则接受为正义的第一个原则。的确，这一原则是如此明显，以致可以预期每一个人都会直接地觉察它。”① 虽然分配性正义通常体现在社会领域，特别是经济层面，但从现实经验来看，多数的冲突、混乱乃至暴力都是由分配的非正义所导致的，因此分配性正义对于人们全面理解战争与正义之关系有着特殊的意义。

程序性正义。这一类型的正义强调在执行和落实正义时公平适当的处置与正当合理的程序。正义的彰显需要符合正义精神的方式和途径，通过非正义的手段终究无法实现真正的正义。程序性正义在社会生活中的应用较为广泛，往往与人权观念联系在一起，其价值在于提醒人们：任何人都有应当被珍视的尊严和利益，即使是对于罪大恶极之人，也不应该肆意践踏和非法剥夺其基本权利。在更深层次上，程序性正义实际上反映出一种对待社会当中分歧和矛盾的明智态度。“当人们对社会诸善的意义有歧义时，当人们的认识相互矛盾时，正义要求社会忠实于这些歧义，为它们的表达、宣判机制和替代性分配提供制度渠道。”② 程序性正义在战争中显得尤为重要，将直接影响甚至改变人们对战争正义性

① ［美］约翰·罗尔斯：《正义论》，何怀宏、何包钢、廖申白译，中国社会科学出版社 1988 年版，第 144 页。

② ［美］迈克尔·沃尔泽：《正义诸领域：为多元主义与平等一辩》，褚松燕译，译林出版社 2002 年版，第 418 页。

的认识。“美国将其在阿富汗捕获的俘虏囚禁在古巴岛一个军事基地的做法是对程序性正义和‘正当程序’的嘲弄，因为它拒绝承认被俘者作为‘战俘’和人的地位。”①

报复性正义。这一类型的正义与传统的“以暴易暴”“以牙还牙”观念相关联，强调人如果犯下罪行，就必须付出相应的代价，希望通过某种朴素的情感和直接的方式实现公正与平等的理想。虽然从表面上看具有一定的合理之处，但应该承认报复性正义的危险之处在于使仇恨和隔阂固定化、永久化，并在人的头脑之中形成某种根深蒂固的程式化偏见和自然性反感，进而为未来的冲突埋下了种子。现实当中，报复性正义构成战争合理性的重要方面，如果战争的发动者能够证明其举动是为了惩戒罪恶或清算旧账不得已而为之，那么起码可以获得特定人群的同情、理解和支持，从而有效减轻战争的阻力。对于报复性正义而言，所谓的“以德报怨”不具有现实可行性，应对暴力的最佳方式只能是暴力，至于“冤冤相报何时了”之类的疑问则是永远无法破解的难题。

修复性正义。这一类型的正义虽然并不放弃对罪犯实施必要的惩罚，但更为重要的是修复冲突各方的关系，其目的在于愈合相关各方所受的创伤。实际上，在受害者、作恶者以及更广泛的社会之间存在着某种复杂的关系，修复性正义连同其核心的道德信仰与价值承担，为这种关系的重构提供了可能。现代社会的所有问题对于任何个体或组织来说都过于复杂和难以解决，因而需要寻找超越分歧和隔阂的合作途径，为实现正义寻求共有的基础。在这种情况下，修复性正义所追求的目标并不是思想意识上的趋同，而是价值与伦理方面的共识，最终促成宽容而非对立的产生，并因此成为统合而非分裂的因素。由此可见，修复性正

① ［英］安德鲁·瑞格比:《和平、暴力与正义：和平研究的核心概念》,《学海》2004 年第 3 期，第 24 页。

义寻求谅解、倡导宽恕，目标是帮助人们重新审视自我、优化外部关系，实现与其他社会主体的包容性理解与和平式互动，因而是最能够体现社会同一性的价值。

作为人类持之以恒的信念和追求，正义不但可以增强人类对建构秩序的渴望，而且能够激发洋溢于维护秩序和修复秩序之实践中的热情。社会活动难免有不确定之处，矛盾重重的状态难以有所改观，人类的困扰和纠葛也无法彻底清除。可以肯定的是，寻求正义的欲望越强烈，建立秩序的决心就会越坚定，随之而来的矛盾也就越复杂，所引起的忧虑也会越深刻。正义的实现几乎没有终结的可能，因为其本身就是一种自我推动、自我强化的过程。“这就带来了与手段和目的有关的严峻问题：人究竟能不能通过非法或不正义的手段维护法治，从而寻求促进正义呢？”[①] 人们到底能不能在“暴力的政治”——战争中寻找到正义呢?

第二节　战争的正义

正义蕴含着“至善”的价值追求，彰显人道、维护正义是政治生活的本质规定。战争作为政治的继续，必须遵循并捍卫内在于政治生活之中的正义诉求。在人类思想史上，关于战争正义性问题的思考与讨论相当漫长而广泛，通过不断交融汇集早已形成一股绵延不息的理论潮流，深刻影响着人们的战争观念。在西方，对于战争正义性问题的探索可以追溯到古希腊古罗马时期，后经不断发展形成了由早期基督教思想家首先加以系统阐述的“正义战争理论”，旨在说明何时使用以及如何使用

① ［英］安德鲁·瑞格比:《和平、暴力与正义：和平研究的核心概念》,《学海》2004 年第 3 期，第 24 页。

武力是正当的。在中国，春秋战国时期的诸子百家尤为注重和平、道义与仁爱的价值，并以此为核心理念建构起一套关于战争正义性的观念体系。中国传统文化具有典型的和平主义伦理倾向，以“天下大同”为政治理想。“即便不得不运用武力来解决争端，也必须符合‘道’之精义，同时力主‘不战而屈人之兵’，以此来伸张战争的正义性，最终达成‘止戈为武’和‘以战止战’的目的。”[①]可以说，战争带来的痛苦越深重，就越能激发人们对战争的道德审视。古今中外的先贤大家面对和平理想与现实政治的纠结，始终没有放弃对那些与战争相关的道德问题给出明确的解答，立足于法理和道义对战争权利作出严格限定，从而为有效探讨战争的正义性问题提供基本的逻辑线索和思维框架。

值得注意的是，鉴于战争的破坏性，大多数人对其持有一种保留甚至否定的态度。而有的观点则认为国家行为仅仅出于利益需要，不受任何道义约束，战争在本质上与道德无关；将正义与战争联系起来是可笑的，存在无法回避的内在矛盾。但不管怎样，人类毕竟不能对现实社会当中的战争行为熟视无睹，有必要为征战讨伐的军事行动划定道义标准。更何况“世界上的大多数文化都承认在被尊崇的价值理想和世界原本的‘现实’之间存在着紧张关系。因此，就在直接暴力和杀戮他人被普遍看作是不可取的同时，也有看法认为在一定环境下，为了捍卫（或追求）好的和有价值的目标也许有必要诉诸暴力”[②]。尽管这颇有些无可奈何的意味，却真实地反映出人类在战争正义性问题上的尴尬和困惑。

历史地观之，欧洲学者曾给予战争的正义性问题以极大的关注和系统的论述。当今西方学者津津乐道的“正义战争”（Just War）思想就源于天主教，最初是为了解决战争的合法性问题，认为使用武力惩罚来犯

① 谈际尊等：《军人核心价值观伦理学基础》，军事科学出版社2012年版，第102页。

② ［英］安德鲁·瑞格比：《和平、暴力与正义：和平研究的核心概念》，《学海》2004年第3期，第25页。

之敌是无可厚非的，后来逐渐演变为一个政治哲学论题，探讨出于政治目的而动用武力是否符合道德标准。“传统的正义战争理论特别包含了某些关于谁可以和谁不可以在战争中拿起武器来的论述。此外还有如下三个主要论点：正义的战争必须由合适的权威发动和领导；必须是为具有正确意图的正义事业而战；不能使用不正当的手段。”①经过不断发展完善，正义战争理论日臻成熟，目前已成为人们在讨论战争正义性问题时无法忽视的重要内容。实际上，“大多数研究战争伦理的当代思想家的著作中都隐含着正义战争理论的思想，即使他们对其提出了一些异议或修改了它的一些戒律”②。应该承认，正义战争理论站在道德的立场上分析战争，明确提出发动战争要符合道德标准，并规定了交战过程中的正义原则，反映出人类在战争问题上的理性传统，在很大程度上构成了 20 世纪国际暴力规则的核心内容，对冷战后频发的局部战争起到了一定的规制作用，因而具有不容低估的理论意义和实践价值。当然，我们也应该看到，“在各文化传统对正义的理解尚存在分歧、各国之间对某些国际争端的解决尚未形成道德共识的情况下，正义战争论为超级大国利用其军事优势追求它们所理解的‘正义’的霸权行为提供了合法性辩护”③。这是当前正义战争理论为人诟病的重要现实原因。

需要指出的是，本书所要探讨的战争正义性论题与拥有特定内涵和文化背景的“正义战争理论”虽然有很大程度的重合，但并不完全一致。一般而言，“正义战争理论”指的是“那种由早期的基督教思想家首先加以阐述的，并且在随后几个世纪中不断得到发展的，旨在能够帮助人们确定何时使用及如何使用武力是正当的理论”④。而战争的正义性

---

① Jenny Teichman，*Pacifism and the Just War*，Basil Blackwell，1986，p.46.

② 威廉姆·H. 肖：《正义战争理论》，《国外理论动态》2013 年第 6 期，第 17 页。

③ 冉光仙：《全球正义：问题与焦点》，《哲学动态》2008 年第 6 期，第 53 页。

④ 吴征宇：《“正义战争理论”的当代意义论析》，《现代国际关系》2004 年第 8 期，第 14 页。

归根结底属于战争的性质问题，只不过这种性质的判断与伦理层面的反思密不可分，旨在帮助人们在武力使用的问题上进行更理性的思考、作出更审慎的选择。毕竟，战争作为有组织的暴力活动，总是以某一“政治共同体”的名义进行，其中的杀戮行为具有显著的“象征性”和“代理性”特征。正因如此，战争的正义性论题除了要关注政治决策者的动机和战争参与者的行为之外，更要积极适应特定的时空要求和变化的战争特点，为有效探讨同战争相关的道德问题提供基本的思维框架，以特定的方式深化人们对于战争的道德审视。

一、开战正义

所谓“开战正义”（Justice of War），指的是诉诸战争的正义，旨在确定何人在何种情况下出于何种政治目的而使用武力是正当的。从战争伦理的角度看，“开战正义”探讨的是“战争权利伦理”。发动战争的主体、理由、目的是否合法、合情、合理，对于判定战争的性质至关重要。“战争只有在它是对侵略做出的反应时才是正当的，不管这种反应是为了保卫自己国家的边境，还是为了把别国从侵略中解放出来。使用武力必须是最后的手段，并且战争的进行必须以确立和平为目的。”①

一般认为，“开战正义”主要包含六条原则：

（1）“合法权威”（Legitimate Authority）原则。这一原则意味着“只有有能力的、正式组建或合法指定的、能够代表人民行使发言权和行动权的政治实体可以发动战争”②。在某种意义上，正义是一种社会约束力，需要诉诸政治统治方式，以政治权力的形式表现出来。由国家实施的惩罚是体现和维护正义的唯一合法手段，只有以国家的名义发动战争才具

① 尼古拉斯·布宁、余纪元编著：《西方哲学英汉对照辞典》，人民出版社 2001 年版，第 530 页。

② 威廉姆·H. 肖：《正义战争理论》，《国外理论动态》2013 年版第 6 期，第 18 页。

有正义性。“一场战争成为正义战争的必要条件在于：战争由适当的官方机构来发动。这可能需要解释清楚这样一种关系，即决定进行战争的领导者必须为了他们的群体利益而战斗。通常，政治家和国家之间是一种构成关系，所以参与战争的派别就是国家本身，而不是为了小集团利益而被非官方雇用的国家军队。”① 也就是说，战争属于国家行为，有别于群体争斗和私人仇杀，必须由特定人物（国家元首）或机构（最高权力机关）依据法律通过政治预先规定的途径授权或发起，而且战争决定需要向本国民众和开战对象公开宣布。

在西方历史上，最早对“开战正义”的“合法权威”原则加以阐述的是基督教思想家奥古斯丁。在著名的《上帝之城》一书中，奥古斯丁指出，某些拥有公共权力的人依照其理性发动的战争是可以接受的，并不违反正义原则。“如果他记得自己是人，那他就会痛苦地意识到，正义的战争是必需的。而如果不是正义的，他们就根本不会发动，那么智者就根本不会介入战争。”② “应该加以和平处理的人们的自然秩序，要求把宣战的权力和决定交由统治者掌握。”③ 托马斯·阿奎那明确提出，个人不得宣战，因为他可以求助于长辈的裁决来捍卫权利。而国家的统治者肩负着处理公共事务的责任，可以正当地动用武装力量抵御外敌的入侵。④ “只有主权者（君主）而非个人有权发动战争，因为只有君主才肩负其人民的福祉责任。而其他人如果诉诸武力，无论借口多么冠冕堂

---

① ［英］保罗·吉尔伯特：《新恐怖与新战争》，王易等译，中国人民大学出版社 2010 年版，第 16 页。

② ［罗马］奥古斯丁：《上帝之城：驳异教徒（下）》，吴飞译，上海三联书店 2009 年版，第 139 页。

③ 转引自［意］托马斯·阿奎那：《阿奎那政治著作选》，马清槐译，商务印书馆 2009 年版，第 140 页。

④ ［意］托马斯·阿奎那：《阿奎那政治著作选》，马清槐译，商务印书馆 2009 年版，第 139 页。

皇，都是对公共秩序的侵扰。”[①] 格劳秀斯认为，战争权利应该受到严格的限制，敌对双方必须具备基于国家主权的交战资格。“战争并不是由强硬的冒险家进行的私人活动，而是由双方公共的主权权力实行并授权的。”[②] “主权权力的共同载体是国家，国家已经被说成是由个人组成的完美社会。”[③] 当代著名的政治哲学家和道德哲学家迈克尔·沃尔泽指出，现行的人类政治秩序决定了个人的生命和财产主要依靠所属国家的政府来保护，在可以预见的未来，国家的主导作用不可能被任何力量所撼动或取代，全球治理体系的发展完善也要以对国家主导权的尊重为前提。“因此，除了在革命或内战的形势下较难界定之外，正义战争的合法权威应当、也只能是作为人权‘容器’的主权国家。”[④]

需要关注的是，在现实生活中，国家的权威往往由通过法定程序产生的领导人来行使。既然被赋予了对外宣战的权力，领导人的“战争责任”自然会关系到战争的正义性。正如沃尔泽所说，“开战正义”首先并且主要是针对国家领导人而言的，他们有权动员军队、发动战争，必须为战争的性质负责。如果不能承担这种责任，无疑是在犯罪。[⑤] 合格的国家领导人具有识别和平社会的永久条件和真实利益的能力，不能在作出重大判断和评价时顾及私利，尤其不能在战争决策过程中被狭隘心理和偏激情绪所左右，要始终坚持正义的原则，积极避免使和平陷入困境。

（2）“正当理由”（Just Cause）原则。这一原则意味着任何国家在发

① 韦宗友：《西方正义战争理论与人道主义干预》，《世界经济与政治》2012 年第 10 期，第 34 页。

② ［荷］格劳秀斯：《战争与和平法》，何勤华译，上海人民出版社 2005 年版，第 391 页。

③ ［荷］格劳秀斯：《战争与和平法》，何勤华译，上海人民出版社 2005 年版，第 88 页。

④ 张书元、石斌：《沃尔泽的正义战争论述评——兼论美国学术理论界有关海外军事干涉的思想分野》，《美国研究》2007 年第 3 期，第 123 页。

⑤ Brian Orend，*Michael Walzer on War and Justice*，University of Wales Press，2000，p.86.

动战争时必须能够提供明晰而准确的理据，其最基本的要素就是不义行为的存在，以及受到侵害的事实。“正当理由”是正义战争的必要前提。由于战争往往会带来惨重的后果，因此发动战争的理由必须在道义上具有足够的说服力。对于战争的发动者而言，寻找“正当理由”无疑是第一要务，不但能够以此获得民众的理解和支持，还可以借此为战争产生的复杂后果辩护，从而有效减轻战争的阻力。一般而言，所谓的“正当理由”包括两种情况，即“自卫”和“自保”。“前者讨论的是对来自他者武力进攻、占领和干涉等侵略行为的防御与反击，后者外延更广，不仅指保护自己不受侵害，也包含保护他者的意思。”[①]这里所说的“自卫”和“自保”不应是“预防性”和“进攻性”的，其正当性取决于诸如侵略等不义行为是否属实。

在“开战正义”的诸原则中，“正当理由”原则至关重要，历来都是战争伦理及其相关研究的核心论题。奥古斯丁认为，“哪怕是发动正义的战争，也是因为对手的罪而交战的。所有的胜利，……为了纠正或惩罚罪过而羞辱被征服者”[②]。只有在遭受巨大伤害的情况下，才能够发动战争。那些出于私利的掠夺和扩张都属于强盗行为。“因此，作为遏止伤害的手段，正义战争既是一种惩罚性行动，也是一种针对既有伤害的民事诉求。”[③]托马斯·阿奎那明确提出，凡是正义的战争“需要一个有充分根据的理由，也就是说，那些为了某种罪行而受攻击的人理应获得这种对待”[④]。格劳秀斯指出，凡是正义的战争，必然是为维护和履行自然法所规定的权利和义务而进行的战争。国家并没有绝对的战争

---

① 徐峰：《战争的伦理书写与正义边界——迈克尔·沃尔泽的正义战争论解读》，《广西社会科学》2013 年第 9 期，第 74 页。

② ［罗马］奥古斯丁：《上帝之城：驳异教徒（下）》，上海三联书店 2009 年版，第 150—151 页。

③ 韦宗友：《西方正义战争理论与人道主义干预》，《世界经济与政治》2012 年第 10 期，第 34 页。

④ ［意］托马斯·阿奎那：《阿奎那政治著作选》，商务印书馆 2009 年版，第 140 页。

权利，仅能出于以自然法所明确的义务或权利为基准的“正当理由”而发动和进行战争。“通常提出可以发动战争的正当理由有三：防卫（自保）、赔偿和惩罚。”① 格劳秀斯特别强调了“自保”的权利，认为“自保”属于自然权利，符合自然法的要求。“如果发动战争的目的是保全我们的生命和身体完整，以及获得或者拥有那些对生活来说是必要的和有用的东西的话，那么都是完全与那些自然法则相一致的。在这些场合，如果有必要使用武力，也绝不会与自然法的原则相冲突，因为所有的动物天生就被赋予力量，以便足以保全和保护它们自己。”②“受伤害，或者避免受伤害，构成了发动战争的唯一正当的理由。”③ 同时，格劳秀斯也指出，有些战争借口虽然表面上看具有合理性，却经不起道义的检验，当其伪装被剥去后，邪恶的动机就会暴露无遗。比如，对其他国家的安全忧虑并不足以构成正当的开战理由，而出于攫取更大利益的需要发动战争更是严重违背正义原则。“对于邻近国家的忧虑并不足以构成发动战争的正当理由。要授权以战争作为防御手段，就必须具备由正当的忧虑所产生的危机性。”④“从战争中将要得到的利益不能作为与必要性同等重要的和正当的原因。”⑤“运用武力使他人陷入奴役状态，并辩称这是按照其特性最适合他们的，这种欲望也同样是不正当的。”⑥ 另外，格劳秀斯还坚决反对将“正当理由”作为发动战争的充分条件，主张不能因为拥有正当理由就随意进行战争。如果对开战理由的正当性存有争议或疑虑，应避免草率动武。在这种情况下，无所作为就是恪守正义。总之，除非绝对必要，否则无论如何也不应诉诸战争。格劳秀斯对

① ［荷］格劳秀斯：《战争与和平法》，何勤华译，上海人民出版社 2005 年版，第 108 页。
② ［荷］格劳秀斯：《战争与和平法》，何勤华译，上海人民出版社 2005 年版，第 50 页。
③ ［荷］格劳秀斯：《战争与和平法》，何勤华译，上海人民出版社 2005 年版，第 107 页。
④ ［荷］格劳秀斯：《战争与和平法》，何勤华译，上海人民出版社 2005 年版，第 329 页。
⑤ ［荷］格劳秀斯：《战争与和平法》，何勤华译，上海人民出版社 2005 年版，第 330 页。
⑥ ［荷］格劳秀斯：《战争与和平法》，何勤华译，上海人民出版社 2005 年版，第 331 页。

于“开战正义”中“正当理由”原则的论述，具有强烈的现实意义，对后世产生了深远的影响。特别是他曾提出，“自然法不仅允许主张我们自己的权利，而且也允许主张属于其他人的权利。那些使得交战原则正当的原因，也赋予那些帮助他人的行为以正当性。”[①] 这就意味着不论是不是不义行为的直接受害者，任何国家都有参与正义战争的普遍权利。这一观点被很多学者视为当代集体安全思想的萌芽。

在“开战正义”的“正当理由”问题上，罗尔斯强调了“自卫权”的重要。国家拥有排斥干预的自主权利和反对侵略的自卫权利是国际法的平等原则衍生出的基本结论，国家间缔结的条约只有与调节国际关系的原则相一致，才应当被遵守。通常情况下，防御性条约所具有的约束力是毋庸置疑的，而在侵略过程中形成的合作协议从一开始就是无效的。“这些原则确定了一个国家何时具有介入战争的正义理由，或者用传统的术语说，何时有一种‘诉诸战争的权利’。”[②] 在 1993 年的“万民法”演讲中，罗尔斯再次指出，国家不能为了掠夺财富和资源进行争霸战争，只能为了维护公民自由和民主制度进行自卫战争。

与罗尔斯的观点相近，沃尔泽主张只有基于“自卫”的战争才具有正义性。正义战争的出发点在于维护以人权为基础的国家权利，确保领土完整和主权独立。因此，不可能出现交战双方都具有正义性的情况，要么正义归于其中一方，要么双方都不具有正义性。“防止侵略行为的唯一有效途径，就是严格限制战争理由及其道德评价标准，排除任何出于其他理由的武力行为获得国际道德支持的可能性。”[③] 同时，沃尔泽认

① ［荷］格劳秀斯：《战争与和平法》，何勤华译，上海人民出版社 2005 年版，第 348 页。

② ［美］约翰·罗尔斯：《正义论》，何怀宏、何包钢、廖申白译，中国社会科学出版社 1988 年版，第 367 页。

③ 张书元、石斌：《沃尔泽的正义战争论述评——兼论美国学术理论界有关海外军事干涉的思想分野》，《美国研究》2007 年第 3 期，第 122 页。

为，即使是针对侵略实施反击的自卫行动，也应受到正义原则的有效约束，其必要前提是存在着实际而又充分的威胁。为了防止未来可能出现的威胁而进行的“预防性战争”并不具有正义性，“先发制人”策略也往往达不到应有的效果，反而会挑起或激化矛盾。对侵略行为的反击固然属于正义之举，但要真正做到名副其实，就必须把握好相关的道义界限，其判断标准是：“公开表明的伤害的意图；使这种意图成为现实危险的某种程度的准备活动；坐视不顾和采取战争之外的其他行动将大大增加危险的总体形势”①。

（3）“正当目的”（Right Intentions）原则。这一原则意味着战争的发动者应该以正当的目的为基本指引，确保战争始终在为和平与正义开辟道路。判定战争的性质不能仅仅关注开战理由，必须深入考察发动战争的真实原因、主要意图和根本动机。凡属正义的战争只能是对不义行为的必要回应和适度反击，以恢复和平为最终目标，不应借机实现任何其他目的。正如英国学者保罗·吉尔伯特所说，“形成一个正当的意图包括旨在重构一种和平局势，在其中所有公民，不论是谁，都能够有秩序地生活。……因为战争总是一种罪恶，所以无论在什么情况下都要尽可能地避免，而不要通过诉诸武力以求达到非必要的目的，战争只有在恢复和平和保护公民的情况下才能够进行”②。

“开战正义”的“正当目的”原则决定了战争不应成为简单的国家政策工具，不能为一己私利而置公义于不顾。正义的战争需要有相应的道德动机，其最终结果必然是长久的和平和稳固的秩序。奥古斯丁充分肯定了和平的价值，将其视为“终极的好”。“和平是巨大的好，哪怕

① ［美］迈克尔·沃尔泽：《正义与非正义战争》，任辉献译，江苏人民出版社2008年版，第92页。

② ［英］保罗·吉尔伯特：《新恐怖与新战争》，王易等译，中国人民大学出版社2010年版，第17页。

是在地上和必朽的事物中，我们听不到比和平更值得感谢的，不会希望比和平更值得追求的，不会发现比和平更好的东西。”① 如果战争不是为了贪婪或出于残暴，而以抑恶扬善的和平愿望为最终目标，那么就应当被视为正义的。战争既是罪恶的一种表现，又是对罪恶的一种补救。真正的邪恶并不是战争本身，而是人类在战争中的暴力倾向，包括顽固的仇视、野蛮的侵占和残忍的报复。如果战争确系无法避免，也要抱有真诚的和平信念而不能过分暴虐。“损人的欲望，仇杀的残暴，冷酷而毫不容情的精神，胜利后的趾高气扬，对于权力的觊觎，凡此种种，在战争中都是理应加以谴责的。”② 奥古斯丁强调，正义的战争并不仅仅为了赢得胜利，更要匡扶正义、缔造和平，进而实现有序的社会和谐状态。阿奎那指出，和平对于人类社会的发展进步具有重要意义，政治活动应将维护和平作为基本关切和主要任务。“如果没有和平，社会生活就会失去它的一切好处；并且由于纷扰，反而会成为一种负担。所以，任何社会的统治者的首要任务是建立和平的团结一致。”③ 战争如果不以和平为旨归，就会丧失合理性；从事战争以及战争行为的结果必须受道德准则的有效制约。格劳秀斯基于自然法原则还原了战争的世俗性，强调战争同其他国际关系行为一样需要法律的约束。符合自然法的战争才是正义的，而正义的战争必然会带来和平。“永恒的和平前景——那是敌对行动得以合法展开的唯一终点。”④ “由于战争是为和平而发动的，没有争端就不会引起战争，应当把通常发生在国家间的所有这些纷争看作战争法的调整对象，这样，战争本身就会把我们引向和平。这才是战争的真

① ［罗马］奥古斯丁：《上帝之城：驳异教徒（下）》，上海三联书店 2009 年版，第 143 页。
② ［罗马］奥古斯丁：《反儆幸》（第 74 章）。转引自托马斯·阿奎那：《阿奎那政治著作选》，商务印书馆 2009 年版，第 140 页。
③ ［意］托马斯·阿奎那：《阿奎那政治著作选》，商务印书馆 2009 年版，第 48 页。
④ ［荷］格劳秀斯：《战争与和平法》，何勤华译，上海人民出版社 2005 年版，第 499 页。

正目的。”[①]

在现实世界中，如果战争的发动者缺乏正当目的，就不可能基于道德原则采取行动。就此而言，开战动机在很大程度上决定了战争的正义与否。罗尔斯认为，经济利益和国家权力有时可能会成为开战的深层动因，但一国政府不能以此来干涉公民的基本自由，更不能借此攻击其他国家。为了获取利益而诉诸武力严重违背国际法准则，具有典型的非正义性质。罗尔斯告诫人们，战争不能被当作国家对外政策的普通工具和一般手段而随意使用。开战决定“不是出于争夺世界霸权或提高国家荣誉的动机；进行战争也不是为了经济利益或扩张领土。不管这些目的在现实的国家行动中是多么流行，它们都是与确定一个社会合法利益的正义观相悖的”[②]。当然，国家的战争动机往往非常复杂，道德因素充其量只是其中之一，严格来说纯粹的“正当目的”并不存在。有鉴于此，沃尔泽提出，在战争动机日益多元化的现实情况下，如果其中的道德因素能够占据主导地位，即使存在其他非道德成分，仍然可以认定战争目的是正当的。同时，沃尔泽还分析了“正当目的”与“正当理由”之间的关系。“正当目的”在某种意义上可被视为“正当理由”的主观方面。“一个国家发动战争的目标必须受到正当理由的限制；当且仅当发动战争是为了实现正当理由时，发动战争及其所造成的破坏才是正当的。”[③]但两者也有一定区别，“正当目的”的实现并不意味着“正当理由”的存在，反之亦然，因此仍有必要将两者作为各自独立的道德原则加以看待。

（4）“最后手段”（Last Resort）原则。这一原则意味着战争应该是

---

① ［荷］格劳秀斯：《战争与和平法》，何勤华译，上海人民出版社 2005 年版，第 27—28 页。

② ［美］约翰·罗尔斯：《正义论》，何怀宏、何包钢、廖申白译，中国社会科学出版社 1988 年版，第 368 页。

③ 威廉姆·H. 肖：《正义战争理论》，《国外理论动态》2013 年第 6 期，第 19 页。

不得已而为之的最后手段，在所有阻止或纠正不公的非暴力手段遍试无效的情况下才能使用。“战争是一种恰当的和最后的制裁，也是一个有效展示罪罚匹配思想的方法，而不是利于报复的方式；只有当其他旨在把犯罪者绳之以法的方法无效的情况下，才能诉诸战争；而且战争应该成功地纠正不公正，否则邪恶就会大行其道。”[①] 之所以在“开战正义”中强调这一原则，理由是显而易见的。在现实的冲突或争端中，矛盾双方往往都有各自的立场，都认为自己是正确的，甚至都号称握有“正当理由”。更为可怕的是，双方阵营中不可避免地会出现某种与开战决定所需的理性判断相抵触的好战情绪，并随着外部矛盾的不断激化得以快速滋长蔓延。在这种情形下，如果放弃了“最后手段”原则，局面将不受控制。战争是残酷的，轻易动武的背后潜藏着邪恶动机，任何国家都应采取积极的措施规避战争。正如格劳秀斯所说：“战争就是这样一种具有极其重要性的事物，在战争中经常会有无辜的人被牵涉到有罪的人所遭受的痛苦中，所以在存在两可的观点时，天平的一端应该尽可能偏向和平。”[②]“甚至在强大的一方，在为胜利而喜不自胜时，和平也是一种更保险的权宜，胜过最大限度的成功。”[③] 格劳秀斯意识到战争皆因争端而起，于是提出了不使用武力解决争端的三种方法，即协商、仲裁和抽签，以表明战争乃是应当且能够避免的。

应该承认的是，虽然战争作为“最后手段”历来被认为是简单明了、一以贯之的原则，但在实际操作中却很难把握。一方面，战争如果以“最后”为最佳时机，往往会招致更大的灾祸；而且一旦贻误了战机，即便是正义之师也难以获得胜利，或者为胜利付出惨重的代价。另

---

① ［英］保罗·吉尔伯特：《新恐怖与新战争》，王易等译，中国人民大学出版社 2010 年版，第 20 页。

② ［荷］格劳秀斯：《战争与和平法》，何勤华译，上海人民出版社 2005 年版，第 337 页。

③ ［荷］格劳秀斯：《战争与和平法》，何勤华译，上海人民出版社 2005 年版，第 499 页。

一方面，正如沃尔泽所说，如果“最后手段”原则指的是国家在决定诉诸战争之前必须用尽所有“合理、可行”的和平手段，那么可以肯定的是，“‘手段’很难被穷尽，即‘最后’的界限很难确定，即使在紧急情况下，仍然存在诸如外交谈判等战争以外的手段”[①]。有些手段（如经济制裁）尽管看似平和，却根本不能达到预期目标，还存在导致更为严重的人道主义灾难的风险。可以说，“最后手段”原则不能光凭字面意思去理解，将其应用于实践往往是一个判断问题，涉及多方面的关系、因素和条件，必须加以综合考量。

“开战正义”的“最后手段”原则带给人们的启示在于：任何时候都不能忽视和平解决分歧和争端的可能性，战争永远都应该是一个国家最不喜欢、最难决断、最为无奈的选择，开战之前必须尽最大努力尝试各种非暴力手段化解危机。“只有在其他各种非战争手段都无效的情况下，才能选择战争；而在战争过程中一旦出现了以和平方式解决争端的转机，则需要马上调整战略方向，同时停止军事行动。”[②]总之，无论如何，对任何人来说，“只要没有非常可怕的危险，他就必须尽一切可能阻止发动战争或者制止已经发动的战争”[③]。

（5）“成功可能性”（Likelihood of Success）原则。这一原则意味着战争的发动应以对胜利的合理期望为必要前提，也就是说，战争的正义性需要由一定的“获胜把握”来保证。归根结底战争属于暴力行为，纵然拥有正当的理由和动机，如果在胜算不大的情况下贸然开战，不仅难以实现预期目的，还会造成更大范围的破坏和更深程度的伤害。在这种

---

① 张书元、石斌：《沃尔泽的正义战争论述评——兼论美国学术理论界有关海外军事干涉的思想分野》，《美国研究》2007 年第 3 期，第 124 页。

② 谈际尊等：《军人核心价值观伦理学基础》，军事科学出版社 2012 年版，第 114 页。

③ ［美］迈克尔·沃尔泽：《正义与非正义战争》，任辉献译，江苏人民出版社 2008 年版，第 335 页。

情况下，任何国家都没有理由坚持非要使用武力。可以说，“成功可能性”原则是对“正当理由”和“正当目的”原则的必要补充。如果战争只会给国家及其人民带来毫无意义的伤亡和损失，也就因此丧失了基本的正义性。这一原则从估算战争代价的角度看，属于“效果论”；而就尽可能减少无谓的损失来说，则带有鲜明的伦理意义。在一些人看来，这一原则可能只是胆怯和懦弱的表现，但对于国家的领导人而言，既要坚决维护国家的尊严和体面，又不能徒劳牺牲生命和浪费资源，往往容易陷入伦理困境而难以抉择。

需要注意的是，“成功可能性”原则的关键不在于怎样确认“可能性”，而在于如何界定“成功”；而有效定义“成功”必须参照国家的战争目标。基于不同的作战预期，“成功”也往往被赋予了不同的含义。“于强者，或意味着彻底胜利，或因考虑到代价而寻求局部胜利；于弱者，则意味着阻止侵略者意图的实现，包括使其付出惨痛代价而放弃侵略，或组织起有效抵抗乃至赢得国际社会的尊重等等。”①在现实政治中，影响一国战争目标的因素有很多，包括国际地位、周边环境、文化传统、价值理念、民众认知、社会心理等方面，不能一概而论，也不存在高下之分。一些在局外人看来并不值得为之一战的目标，对于当事国而言却有着重要的意义，并不惜付出任何代价促成其实现。从这个意义上讲，可以认为存在着合理的“成功可能性”。在面对侵略等不义行为的时候，考虑成功的可能性固然是必要的，但不管从哪个角度看，选择抵抗都有助于正义的实现。毕竟，“成功可能性”属于动态的范畴，并非一成不变，需要在行动中加以检验。

（6）“相称性”（Proportionality）原则。这一原则意味着国家诉诸战

① 张书元、石斌：《沃尔泽的正义战争论述评——兼论美国学术理论界有关海外军事干涉的思想分野》，《美国研究》2007年第3期，第123页。

争所造成的罪恶应该与其所要阻止或纠正的不义行为之间存在某种便于权衡的轻重关系。之所以用“相称性”来表述这一原则，并不是指前述两者应该处于同等程度或同一水平，而是指前者必须远远小于后者，否则战争就不具有正义性。“这个原则预示了这样一种可能性，即使一个国家有很好的道德理由发动战争，它也可能是错误的，因为战争带来的伤害将与被纠正的不公平不相称。”[①] 从某种意义上看，战争是人类社会“以暴易暴”法则的产物。即使一国已经充分确认了其他的“开战正义”原则，也要反复权衡战争中的利害关系。只有在完全肯定战争之利将远大于其弊的情况下，才能作出开战的决定。

值得关注的是，“相称性”原则往往需要与“正当理由”原则结合起来阐发才更具说服力。沃尔泽认为，国家在开战之前有必要对可能付出的代价和获得的利益进行评估，只有在预期利益大于代价，并且符合正当理由的情况下，战争才具有正义性。在这里，“相称性”原则实际上意指战争的深度和广度应该受到“正当理由”的有效约束，所造成的危害不能大于所遭受的伤害。如果领土遭到侵犯，那么收复失地就构成了合理的开战理由，根据“相称性”原则，战争目标应仅限于此，而不是借机报复。这一原则的意义“在于对拥有正当理由一方的战争动机或目的提出了道德限制，旨在防止反侵略方因为‘得理’而追求不正义的目标”[②]。沃尔泽同时指出，由于对战争利弊的权衡往往关涉道德层面，难以形成一套通行的规则，因此人们对于“相称性”原则的普遍认同和接受尚有赖于世界范围内道德共识的确立。

在一般意义上，“开战正义”所包含的六条原则可被视为一个整体，相互联系、相互支撑，共同构成判断开战是否具有正义性的先决条件。

---

① 威廉姆·H. 肖：《正义战争理论》，《国外理论动态》2013 年第 6 期，第 20 页。

② 张书元、石斌：《沃尔泽的正义战争论述评——兼论美国学术理论界有关海外军事干涉的思想分野》，《美国研究》2007 年第 3 期，第 124 页。

虽然在现实政治中，不同国家会根据不同的实际情况有所侧重，但没有任何一项原则可以完全凌驾于其他所有原则之上。一国发动战争只有同时符合这些原则，才能被认为是正义的。需要注意的是：①这里的“正义”相比通常情况下内涵更为宽泛，兼有“正当”、“合法”和“允许”之意。如果满足六个条件，即在道德层面具备了正当性，那么开战行为就是合理的。然而，这并不意味着必须发动战争。只有在获得充分授权被允许这样做时，开战才是道德上需要的。战争不同于一般性政治事务，“先斩后奏”有可能引发大量的后续问题。简言之，并不是自认为正当合理就可以行动，而是应该先得到允许再采取行动。由此可见，“开战正义”理论的精髓在于国家应当慎用武力，如有可能尽量避免战争，即使发动战争是合法的。②“开战正义”的六条原则看似比较简单，但将其运用到具体操作过程中却很困难，尤其是评判某个特定案例是否满足这些条件并不像想象中那么容易。实际上，国家之间的矛盾分歧纷繁复杂，既涉及双方的历史纷争，又伴有烦琐的现实问题，各执一词、针锋相对的状况时有发生，以公正合理、精细准确的方式应用这些原则往往需要良好的判断能力和分析水平。“在复杂的情况下，人们可能就这六项标准是否得到满足而意见相左，进而就一个国家发动战争的合理性产生分歧。开战正义标准只是提供了一个道德分析的框架，并不给我们提供快速、明确的答案。”[①] ③虽然“开战正义”的六条原则从理论上讲具有同等重要性，但在不同的情况下，其相对重要性是完全不同的。随着国际利益格局的变迁和战争方式手段的发展，这六条原则的相对地位也在不断发生变化。比如，现代武器技术的发展突飞猛进，大规模杀伤性武器具有的破坏潜力早已超出人类的承受极限，一旦将其投入战场，就会带来灭顶之灾。因此，对于绝大多数人而言，战争肯定不是

---

① 威廉姆·H. 肖：《正义战争理论》，《国外理论动态》2013 年第 6 期，第 18 页。

解决国际争端和地区冲突的理性手段。即使在战争中占据了优势，也不可能赢得合乎理性标准的纯粹胜利，仍要付出惨痛代价。同时，随着国际仲裁机制的不断发展完善，越来越多的国家将其视为更合乎道德规范的争端解决方式。这样的现实决定了“成功可能性”、“相称性”和“最后手段”原则的重要性较之以往都有明显的提升。

二、交战正义

所谓“交战正义”（Justice in War），指的是战争过程中的正义，旨在确定如何对正当使用的武力加以限制。沃尔泽将其称为“战争惯例”。从战争伦理的角度看，“交战正义”探讨的是“战争行为伦理”。在逻辑上，“开战正义”与“交战正义”存在承接相续关系，但也有一定区别。“开战正义”探寻的是“正义的战争”，立足于宏观层面；“交战正义”寻求的是“战争的正义”，侧重于微观层面，两者对于战争的正义性问题具有同等重要的意义。如果说“开战正义”奠立了战争正义性的基础，那么“交战正义”就是这种正义性的具体反映和生动体现。“交战正义”适用于参战双方的相关人员，主要包括政府和军队的决策者、指挥官以及普通士兵，他们都应该为自己在战争中的行为负责，并完全有义务维护战争中的正义。

在现实世界中，强调“交战正义”是十分必要的，因为即使正义地诉诸战争，也不意味着可以任意地进行战争。通常情况下，交战双方都不会承认自己在正义性方面弱于对手。如果参战人员认为正义一方的行为可以不受道德限制，有理由有权利通过任何方式取得胜利，那么在实战中各方都不会主动接受道义约束，战争将随之变得更为恐怖和惨烈。因此，对于战争而言，“正义”应该是正当目的与适当手段、理性动机与理想效果的有机统一。正如罗尔斯所说：“即使在一场正义战争中，某些形式的暴力也被严格禁止；而当一个国家进行战争的权利是可疑的和不确定的时候，对于它可使用的手段的限制就更严格了。所以，在一场合法的自卫战争中当必要时可允许的某些行为，换到另一场较可疑的战争中就可能被断然排除。战争的目标是一种正义的和平，因此所使用的手段不应该破坏和平的可能性，或者鼓励对人类生命的轻蔑，这种轻蔑将使我们自己和人类的安全置于危险的境地。战争行为理应受到限制并适应于这个目标。”[①]简言之，“交战正义”主要涉及相关人员的战争责任，致力于规范战争行为，尽可能减少战争伤害，尤其是生命损失。

虽然存在一定的关联，但“开战正义”与“交战正义”在逻辑上是相对独立的。因此，不管目的如何，人们都有必要考虑战争作为手段本身的性质，以及其中所包含的伦理因素。战争过程中经常会出现非常棘手的道德难题，交战各方的作战人员也不可能完全抛弃自己的道德立场和伦理标准。“甚至可以说，在此时，他最需要道德，因为他所担负的责任和影响都是最大的。在战争中，人们可以做许多他们不想做的或憎恨做的事情，但是他们绝不能闭上眼睛行动。”[②]就此而言，较之“开战正义”，“交战正义”更具现实意义和实践价值，应当予以充分关注。

一般认为，“交战正义”主要包含三条原则：

（1）“必要性”（Necessity）原则。这一原则禁止那些与合法军事目的无关的战争行为，意味着交战各方使用武力时必须有清晰的军事意图和明确的军事目标，避免导致无道理的或不必要的破坏和损害。在这个意义上，“必要性”就是一种“限制性”。可以说，这一原则“被视为对作战中军事行动的约束，使之更为适度，士兵的行为更为合理。如造成比实际军事需要更大的损失，则是士兵脱离本身角色成为另一个角色使

① ［美］约翰·罗尔斯：《正义论》，何怀宏、何包钢、廖申白译，中国社会科学出版社 1988 年版，第 367—368 页。

② 左高山：《正义的战争与战争的正义——关于战争伦理的反思》，《伦理学研究》2005 年第 6 期，第 45 页。

然，它源于某种动机，但这种动机是士兵角色所不能接受的”[①]。

在格劳秀斯看来，战争过程中的正义也源于自然法。自然法不仅要求发动战争必须具有正义性，而且在战争中也要遵守审慎、克制等美德，尽最大努力减少破坏，有效避免伤及无辜。“绝对正义并不谴责在战争中牺牲生命的行为，但人道要求尽量作出最大限度的预先警告，以防止陷无辜者于危险之中。”[②] 格劳秀斯认为战争中不加限制地使用武力，从而造成不必要的伤亡和损害，属于严重违反正义原则的行为。特别是在有望快速征服对手、赢得胜利的时候，更要采取克制政策，防止造成过度破坏。凡是理性的指挥人员，“都会以运用其权威来防止在攻城略地过程中的一切不必要暴力为己任；因为将严苛的行为推至极端就不可能避免大量无辜者的死亡。而此类行为，除了无助于结束战争外，也完全有悖于……正义的原则”[③]。“征服者的首要目标应当是避免一切不正义行为及严苛的做法，除非敌方的恶德和暴行要求如此；除了合法的惩罚外应当无所攫取。遵守这些约束，只要安全所容许，总是一件倾向于容忍和仁慈的受赞美之事。……战争的最佳结局是：通过公平的调整使所有发生争议的主张得到和解，以及一个普遍的赦免。”[④] 沃尔泽明确提出，真正的关于战争正义性的理论应该是“一种限制性的理论”。“反对侵略和征服；反对攻击平民、杀害战俘；反对恐怖行动、酷刑折磨和强奸掠夺；反对种族清洗和集中营。……我们所能做的一切就是维护对战争的限制，我们必须保护无辜者不被故意杀害，不受到恐怖轰炸，

---

① ［英］保罗·吉尔伯特：《新恐怖与新战争》，王易等译，中国人民大学出版社 2010 年版，第 93 页。

② ［荷］格劳秀斯：《战争与和平法》，何勤华译，上海人民出版社 2005 年版，第 435—436 页。

③ ［荷］格劳秀斯：《战争与和平法》，何勤华译，上海人民出版社 2005 年版，第 443 页。

④ ［荷］格劳秀斯：《战争与和平法》，何勤华译，上海人民出版社 2005 年版，第 478 页。

免受犯罪性的疏忽，保护他们不被漠视。”[①]

“交战正义”的“必要性”原则体现了一种对于战争过程的宏观把控，即在任何情况下，武力的使用不应超出一定范围，更不能与为之战斗的正义理由背道而驰。如果违反了这一原则，即使是在执行命令，也要受到相应的谴责或惩罚。

（2）“区别性”（Discrimination）原则。这一原则意味着交战各方必须区分参战人员和非参战人员、军事目标和非军事目标，不得将与战斗无关的人员作为攻击对象，必须尽最大努力避免伤害平民。通过这种区分，有效保护非战斗员尽可能免受或少受战争的摧残和蹂躏，使其生命和财产在战火中得以最大限度地保全。“区别对待原则是非常必要的，它确保战争只是双方士兵间的竞争，而不是不加区分的人与人之间的自由屠杀。”[②]

格劳秀斯曾对战争中区别对待作战人员和平民百姓作出了深入细致的阐述。“在战争的灾难面前，儿童因其年龄、妇女因其性别而得到免除和宽恕。”“年迈者和妇女都公平地被赦免，除非后者放弃其性别特权而作为男子拿起武器参战。”[③]完全远离战事的男性，也应该给予同样的待遇。比如“那些献身于追求知识以及从事其他有益于人类的研究的人，以及耕种土地者、商人、工匠以及其他一切以和平的手艺谋生的人也都包括在内”[④]。除此之外，对待战俘也要以人道主义为基本遵循，不可任意奴役和处死。“战俘不得被贬为奴隶，于是也就不得买卖，不得

① ［美］迈克尔·沃尔泽：《正义与非正义战争》，任辉献译，江苏人民出版社2008年版，中文版序言，第3页。

② ［英］保罗·吉尔伯特：《新恐怖与新战争》，王易等译，中国人民大学出版社2010年版，第97页。

③ ［荷］格劳秀斯：《战争与和平法》，何勤华译，上海人民出版社2005年版，第436页。

④ ［荷］格劳秀斯：《战争与和平法》，何勤华译，上海人民出版社2005年版，第437页。

强迫其进行和奴隶制相关的苦役。”[①]“更为文明的方式已经废止了野蛮地处死战俘的做法，同样道理，在战斗或包围中投降者保留性命的约定也不得被拒绝。”[②]战士从被俘虏的那一刻起，就不能再被视为参战人员。既然已经丧失了作战能力，就应该得到与普通民众相同的对待。

在战争过程中，直接参与战斗的各类人员都是合法的攻击目标，没有被卷入战事的平民百姓则属于非战斗员，在道义上应作为保护对象而无条件享有不受直接和故意伤害的权利。毫无疑问，“区别性”原则带有一定的强制性特征。沃尔泽认为，既然“交战正义”是一种对于战争行为的限制性理论，那么就应当确立起相应的“战争规则”，主要包括两组禁令：“第一组规定他们何时可以杀人以及可以怎样杀人；第二组规定可以杀哪些人。”[③]在沃尔泽看来，后者相对于前者更为重要，如果舍弃这种规定，战争的道德体系将会发生根本性变化。进一步说，“区别性”原则实际上“表明了一种普遍的战争观念，即战争是战斗员之间的战斗”[④]，造成的破坏性后果也必须被严格限制在特定的范围内。沃尔泽将“权利原则”引入对于“交战正义”的分析之中，反对影响战争行为的“功利原则”，强调从人性和人权的角度来理解战争的正义性。“所谓正当的战争行为，就是不侵犯该行为所针对的对象的权利的行为”。[⑤]“所有其他人都不是为了被杀才存在的。这个区分是战争规则

---

① ［荷］格劳秀斯：《战争与和平法》，何勤华译，上海人民出版社 2005 年版，第 420 页。

② ［荷］格劳秀斯：《战争与和平法》，何勤华译，上海人民出版社 2005 年版，第 437 页。

③ ［美］迈克尔·沃尔泽：《正义与非正义战争》，任辉献译，江苏人民出版社 2008 年版，第 48 页。

④ ［美］迈克尔·沃尔泽：《正义与非正义战争》，任辉献译，江苏人民出版社 2008 年版，第 49 页。

⑤ ［美］迈克尔·沃尔泽：《正义与非正义战争》，任辉献译，江苏人民出版社 2008 年版，第 150 页。

的基础”。[①] 沃尔泽进一步指出，从战争开始直至结束，作战人员在任何时候都有可能遭到攻击，除非受伤或被俘。“普通民众被征召为士兵，便放弃了生命和财产等原本不可侵犯的基本权利，在战争中成为合法的攻击目标。当受伤或被俘而失去战斗力时，则重新获得了失去的权利，从而拥有非战斗者豁免权”。[②] 普通士兵在战争中几乎没有自由选择的权利，任何时候都要听命行事，一旦成为伤员或战俘，理应受到善待。同时，基于人道主义原则，非作战人员的生命财产以及与社会公共生活相关的基础设施在任何情况下都不应成为攻击目标。尽管“区别性”原则在实际运用过程中有一定难度，但交战各方的指挥官仍有准确判断和识别攻击目标的义务，战斗员也必须担负相应的责任并承受额外的风险，以确保战斗行动对非作战人员的损害降到最低。

有必要指出的是，“区别性”原则在现实战争中的应用需要以实际情况为判断依据，并不意味着绝对不能伤害非作战人员。这一原则只是禁止以平民为直接攻击目标或故意损害对象，但在攻击合法军事目标时造成连带伤害的意外情况不可能完全杜绝。因此，“交战正义”的“区别性”原则往往需要战争技术的完善和战场秩序的规范才能得以真正落实。无论如何，交战各方在战争进程中必须有效避免伤及无辜，并将为实现合理军事目的而给非作战人员带来的间接损失或意外伤害控制在最低限度。

（3）“相称性”（Proportionality）原则。这一原则要求交战各方根据战争目标和实际情况选择合理适当的作战方法和手段，使用相称的暴力，务求在最短的时间内以最小的代价结束战争，防止出现“过度暴

---

① ［美］迈克尔·沃尔泽:《正义与非正义战争》，任辉献译，江苏人民出版社 2008 年版，第 151 页。

② 张书元、石斌:《沃尔泽的正义战争论述评——兼论美国学术理论界有关海外军事干涉的思想分野》,《美国研究》2007 年第 3 期，第 125 页。

力”和“重复伤害”。战争之残酷往往超乎想象，需要人们将任何可能的后果作为重要衡量因素加以通盘考虑，避免因“小利”而造“大孽”。加拿大学者保罗·兰赛认为，“所做的善大于恶或预防了大恶的发生”，就意味着实现了“相称性”[①]。由此可见，这条原则“实际上是一个典型的理性抉择问题，如果被正确地运用，它鼓励那些做出决策的人们公正而宏观地去思考战争的成本和收益，它告诉我们不要忘记作为他者的人们所蒙受的苦难”[②]。

在实际运用“相称性”原则的过程中，交战各方通常会面临功利与道德之间的两难考验。首先，既然主张战争手段与目标相称，那么即使是攻击合法军事目标，也不能滥用武力，尤其不能使用容易导致过度伤亡和生态灾难的大规模杀伤性武器，虽然它们被认为有助于赢得胜利。“新的大规模杀伤技术，如原子、生物和化学武器，如用于战争会不可避免地杀害大量无辜的平民。为此，在正义战争中，它们被广泛认为在道义上是不能接受的。”[③] 沃尔泽指出，从人道主义角度看，在战争中使用大规模杀伤性武器的意图本身就是一种恶，尽管这样做能起到有效制服敌方的作用而看似合理，但从根本上讲并非理想途径和理性行为。其次，一旦战争爆发，交战各方都会更多地考虑自身的利益，往往对敌方或者第三方的战争代价视而不见或忽略不计。这种做法虽然能保障己方战争利益的最大化，却与战争道义有所抵触。毫无疑问，“相称性”原则坚决排斥这种单边主义的思维方式和行事风格。“交战正义”要求各方不仅确保自身的利益，也要在一定程度上考虑对手的代价。“例如，

① ［美］布鲁诺·考彼尔特斯等：《战争的道德制约：冷战后局部战争的哲学思考》，邹琳等译，法律出版社 2003 年版，第 107 页。

② 左高山：《正义的战争与战争的正义——关于战争伦理的反思》，《伦理学研究》2005 年第 6 期，第 46 页。

③ 尼古拉斯·布宁、余纪元：《西方哲学英汉对照辞典》，人民出版社 2001 年版，第 530 页。

在其他条件一定的情况下，一方本可以轻易俘虏敌方士兵，但将其杀戮，或者为了占领一个战略位置而杀死过多的敌方士兵，以上做法都是错误的。这一原则也不赞成为了实现一些琐碎的或与军事无关的目标屠杀大量敌军士兵。”[①]

有必要说明的是，“交战正义”的“相称性”原则与“开战正义”的“相称性”原则存在明显的区别，不应混淆在一起。后者从总体上要求战争之利大于其弊；而前者则关注具体的作战行动，提倡通过适当的方式和手段来实现军事目的，反对滥用暴力。

关于“交战正义”，需要注意以下几点：①“交战正义”所涉及的问题充分反映了战争之中取得胜利与正当作战之间的两难。正义的战争是否可以不正义地进行？战争的道义诉求将怎样影响交战各方的决策部署？这实际上是政治伦理的核心问题——“手段与目的”在军事领域的特殊表现形态。对此，“交战正义”各原则主张，战争中即使是正义的一方也不能为取得胜利而无所顾忌、任意妄为，要使用与军事目的相称的作战手段，有效避免以善的名义造就恶果，哪怕有可能因此遭遇失败。正如沃尔泽所说：“战争是如此可怕，它使我们对约束战争的可能性感到怀疑，更糟糕的是没有规则约束的战争又使我们义愤填膺。我们的怀疑证明了战争规约的不完善，我们的愤怒则证明了它的现实存在和效力。”[②]“交战正义”理论正是通过对“战争规则”的阐发，力求实现对战争行为的道德制约，使正义性论题更为贴近人类的战争实践。②从逻辑上看，“交战正义”与“开战正义”虽然有内在联系，但也相对独立。通常情况下，“开战正义”诸原则基本上只适用于那些处于国家或军队决策层面的对战争决定具有实际影响的少数人，而“交战正义”各原则

---

① 威廉姆·H. 肖：《正义战争理论》，《国外理论动态》2013 年第 6 期，第 21 页。

② [美] 迈克尔·沃尔泽：《正义与非正义战争》，任辉献译，江苏人民出版社 2008 年版，第 53 页。

不仅适用于决策者，同时也适用于全体参战人员，尤其是直接担负作战任务的将士。从某种意义上看，战争进程中的伦理问题更为现实，更容易引发争议。因此，"交战正义"作为对战争行为的道德约束，其重要性不亚于'开战正义'，其中所涉及的正义问题甚至更为复杂，道德两难也严重得多。在战争中合乎道德地行动可能比在战前更加困难，因为这种道德责任已经向下延伸到战场指挥官乃至普通士兵"[①]。同时，我们也应该看到，"开战正义"与"交战正义"的区别仅仅是"相对的"，"正义的战争"如果与"战争的正义"相互脱节，两者都将变得毫无意义。而且人类的战争实践已经反复表明，"开战正义"与"交战正义"之间的"二元分立是战争的道德现实中所有那些最令人疑惑不解的问题的核心"[②]。正因为如此，人们需要将"开战正义"和"交战正义"统一起来思考，力争实现对战争正义性论题的整体性理解。③当前，人们实际运用"交战正义"诸原则的效果，往往取决于实战环境中的主观判断力，因而在很多具体问题上比较纠结。应该承认，"交战正义"各原则只是为战争中的武力使用提供了一种抽象的指导，既缺乏精细性，又没有确定性。任何人都无法通过这些原则来获得理想的标准答案。另外，要实现"交战正义"诸原则所倡导的战争规则，仅靠少数国家的力量远远不够，必须依赖联合国等国际组织发挥作用。"虽然国际组织并非凌驾于各国政府之上的政治权力机构，但是它对于人类基本权利与长久和平事业的追求，还是能够在积极的意义上带动与激励全世界人民共同捍卫正义价值。"[③]

---

① 张书元、石斌：《沃尔泽的正义战争论述评——兼论美国学术理论界有关海外军事干涉的思想分野》，《美国研究》2007 年第 3 期，第 124 页。

② ［美］迈克尔·沃尔泽：《正义与非正义战争》，任辉献译，江苏人民出版社 2008 年版，第 24 页。

③ 谈际尊等：《军人核心价值观伦理学基础》，军事科学出版社 2012 年版，第 118 页。

三、战后正义

所谓“战后正义”（Justice after War），指的是战争结束后一系列恢复和重建工作的正义性，旨在评估战争造成的伤害和损失，认定交战各方的战争责任，主要涉及战后秩序安排和对遗留问题的处理及其伦理评判标准，包括赔偿、修正和审判等具体措施。从战争伦理的角度看，“战后正义”探讨的是“战争责任伦理”。相对于“开战正义”和“交战正义”，“战后正义”长期被忽视，尽管在实践中并非新问题，但通常仅限于国际法范畴的讨论，在战争正义性相关研究中最为薄弱，有待进一步充实完善。

现实表明，战争给人类社会带来的负面影响往往是无法估算的。即使完全符合“开战正义”和“交战正义”各原则，战争也会使相关人群陷入国破家亡、颠沛流离、文明湮灭的危险境地，而由疾病和饥饿引发的死亡、随恐惧和绝望而来的伤痛，甚至比暴力本身造成的损害更为严重。因此，交战各方在战争结束之后最为紧迫的任务就是依据事实确定战争责任，并着手开展战争赔偿、战犯审判和战区重建等方面工作，力求在较短时间内能够弥合战争创伤、恢复民众信心。正如罗尔斯所言：“结束战争的行为在社会的历史记忆中是鲜活的，也许会、也许不会成为未来战争的舞台。”[①]这说明“战后正义”关系到战后的持久和平。如果“战后正义”能够真正实现，完全可以避免战争悲剧的再次上演；如果“战后正义”没有保障，和平也将只是昙花一现。

与战争相伴相随的怨愤和仇恨并不会因为交战的结束而自动消减，如果没有承担战争责任的主体，不仅正义无法彰显，冲突和暴力也将会以另外的形式继续下去。“如果最终无人负责，在战争中就没有任何正

① John Rawls, *The Law of Peoples*, Harvard University Press, 1999, p.96.

义可言。”[①] 一方面，战争责任的伦理研究应当首先立足于国家层面，毕竟只有国家才是能够合法使用暴力的公共权威组织。既然战争是由国家发动的组织性暴力活动，那么该国政府自然是战争行为的责任主体。也就是说，对于战争等不义之举的反思、忏悔、道歉、赔偿等一切相关工作，都要基于国家名义展开才具有合法性。反之，一些国家妄图推卸战争责任的重要表现就是拒绝在国家层面发表任何言论或采取任何措施以示悔过。另一方面，虽然战争是国家行为，但并非与个人完全无关，更不意味着不需要任何个人为战争承担责任。康德就曾明确指出，统治者应该为战争的后果负责。[②] 沃尔泽也认为，“国家的行为同时也是某些个人的行为，当这些行为具备了侵略战争的形式，个人就要对罪行负责。”尤其是作出战争决定的领导人“没有任何无需证明的特权可以逃脱侵略的恶名”[③]。同时，沃尔泽提出，个人承担的战争责任需要依据其在战争中的作用和表现来判定。拥有决策权或指挥权的国家领导人和军队高级将领，战争责任无疑最大，在任何情况下都要遵循战争正义性的基本要求，尽最大努力避免对非战斗员造成伤害。军人虽然从职业角度讲存在一定的道德风险，大多数时候难以自我抉择，但不应彻底沦为单纯的战争工具，不能轻易违背战争规则。对于进行非正义战争的国家而言，尽管战争决定是以国家名义作出的，但普通公民一旦成为战争的拥护者或追随者，也应该受到谴责。沃尔泽进而指出，诸如憎恨敌人、厌恶限制、渴求胜利等特征“是现代战争带给民主政治的，同时也是民主政治

① ［美］迈克尔·沃尔泽：《正义与非正义战争》，任辉献译，江苏人民出版社 2008 年版，第 319 页。

② ［德］康德：《法的形而上学原理》，沈叔平译，商务印书馆 1991 年版，第 180 页。

③ ［美］迈克尔·沃尔泽：《正义与非正义战争》，任辉献译，江苏人民出版社 2008 年版，第 323 页。

带给现代战争的”[①]。

除了追究战争责任之外，“战后正义”还要求：①索讨战争赔偿。战争结束后，受害国完全有理由要求赔偿来弥补战争损失并惩罚侵略行为。但战争赔偿应遵循适度原则，不能妨碍战败国人民的基本生活。过高的索赔不但有违正义精神，而且将使地区局势更不稳定。②审判战争罪犯。在依据事实认定战争责任的基础上，非正义战争的发动者以及实施不正义行为的参战人员均应接受相应的审判，其罪行大致可分为违反“开战正义”和违反“交战正义”两类。前者包括谋划、提议、准备和发动非正义战争，肆意践踏人权，严重破坏和平；后者包括对处于战场之中的人员和设施不加区分，直接或故意攻击非军事人员和民用设施，采取不恰当的手段造成过度毁伤等严重违反人道主义的行为。③恢复战区秩序。“战后正义”之根本目的在于恢复往日的和平，但是完全照旧既无可能又不现实，何况战争之前的社会状态并不一定十分理想，因此在大多数情况下，“战后正义”都会立足于创造更加安全、稳定、正义且富有活力的社会局面。同时，正如罗尔斯所说：“一旦恢复了和平，就要使敌国能够有自己的良序政权（有时可以限制战败国的外交自由）。敌国投降后，不能把他们的人民作为奴隶或农奴，也不能剥夺他们的全部自由。”[②]出于防范侵略野心再度滋长的考虑，有必要对侵略国进行一定程度的军事限制和政治调整，其主要措施包括设立战略缓冲带、通过法律限制武装力量规模和武力使用权利、销毁所拥有的大规模杀伤性武器等。但“政治调整一般不应包括政权变更，只有当侵略者的战争行为确实极端残暴，或其政权继续对国际正义和人权构成严重威胁

① ［美］迈克尔·沃尔泽：《正义与非正义战争》，任辉献译，江苏人民出版社 2008 年版，第 41 页。

② John Rawls，*The Law of Peoples*，Harvard University Press，1999，p.98.

时，才可以被新政权所取代”[①]。总体上看，“战后正义”在很大程度上属于针对战争的全面审视与综合评判，因而较之“开战正义”和“交战正义”更具道德约束力。

战争正义性理论为人们正确认识战争、有效避免战争、合理进行与评价战争提供了有益的启示和详尽的指导。就像沃尔泽所说的那样，“战争是最艰难的场合：如果在战争中可能存在可以理解的、确定可靠的道德判断，在别的场合也就有可能”[②]。战争正义性理论强调战争没有也不应超出道德范畴，主张给予个体生命和权利以人道主义关切，提醒世人任何个体“都拥有一种基于正义的不可侵犯性，这种不可侵犯性即使以社会整体利益之名也不能逾越”[③]。因此，对战争正义性问题的思考，不仅有利于人们深入理解当代战争的性质，还有助于人们准确认识国家主权、社会公义与个人权利之间的关系，从而具有更为现实的政治伦理意义。相对于那些具体的原则，这可能是战争正义性理论最为持久和最有价值的成就。

第三节 马克思主义的战争正义观

马克思和恩格斯作为无产阶级革命理论的奠基人，运用辩证唯物主义和历史唯物主义的立场、观点、方法分析人类社会的战争，揭示了战争的起源和本质，提出了区分正义战争与非正义战争的科学依据，形成

① 张书元、石斌：《沃尔泽的正义战争论述评——兼论美国学术理论界有关海外军事干涉的思想分野》，《美国研究》2007 年第 3 期，第 126 页。

② ［美］迈克尔·沃尔泽：《正义与非正义战争》，任辉献译，江苏人民出版社 2008 年版，英文第一版序言，第 30 页。

③ ［美］约翰·罗尔斯：《正义论》，何怀宏、何包钢、廖申白译，中国社会科学出版社 1988 年版，第 1 页。

了以实现人类彻底解放为最终目标的新型战争正义观。列宁从战争产生的历史条件出发，进一步论述了区分战争性质的标准和方法，确立了对待各种战争的不同态度。毛泽东在创新发展马克思主义军事理论的基础上，明确了正义战争的历史作用和共产党人对待战争的根本立场与态度。

马克思主义指出，战争并非从来就有，而是一种伴随着人类文明进程发展起来的社会产物。从根本上讲，阶级社会的战争都是为了非常明确的阶级利益而进行的，当阶级矛盾尖锐到一定程度必然会爆发战争。同时，马克思主义历来强调社会存在决定社会意识，包括“正义”在内的一切人类思想观念需要同社会物质生产方式联系起来理解。也就是说，对于正义性的理解，不能仅仅停留于精神层面，一定要与社会物质基础联系起来，更要与社会历史的发展联系起来，有利于社会进步的就是正义的，相反就是非正义的。

一、马克思恩格斯的战争正义观

人类历史上存在着一种较为普遍的现象，交战各方往往通过各种方式为自己的战争行为辩护，都宣称所进行的军事活动符合正义原则。如果运用马克思主义原理加以细致剖析，不难发现这些关于战争正义性的观念看似言之凿凿，实属泛泛而谈，抽象的价值观被用作发动战争的“正当理由”，反而争权夺利的真实目的被有意忽略或刻意掩盖。当然，人们不应以此否定所有战争。“对战争的态度应根据历史环境、各阶级的相互关系等在不同时间而有所不同。永远一概拒绝参加战争是荒谬的。”[①]“社会主义者如果还是社会主义者，就不能反对一切战争。”[②]“我

① 《列宁军事文集》，战士出版社 1981 年版，第 155 页。

② 《列宁选集》第 2 卷，人民出版社 2012 年版，第 720 页。

们一向说：‘有各种各样的战争。’我们谴责帝国主义战争，但并不是笼统地否定战争。”[①] 总体上看，战争是复杂的，需要结合具体的历史条件进行具体的分析。“弄清战争的性质是马克思主义者决定自己对战争的态度的必要前提。要弄清战争的性质，首先必须确定该战争的客观条件和具体环境是怎样的。必须把这种战争置于它所发生的历史环境中，只有这样才能确定自己对它的态度。否则对问题的解释就不是唯物主义的，而是折衷主义的了。”[②] 一场具体的战争可能同时兼具两种性质，也可能从一种性质转化为另一种性质。

毫无疑问，马克思主义战争正义观强调，战争有正义与非正义之分，关键在于衡量的根本标准并非抽象的主观道德原则，而在于战争是否顺应社会发展、能否推动社会进步。战争作为阶级意志的体现，真实目的在于争夺物质利益，为了经济解放而进行的战争构成促进社会发展的动力。恩格斯认为，暴力并非绝对的恶行，在历史上具有正反两方面作用，其中积极的一面即“革命的作用”。“暴力……是每一个孕育着新社会的旧社会的助产婆；它是社会运动借以为自己开辟道路并摧毁僵化的垂死的政治形式的工具”。[③] 显然，恩格斯在这里所说的“暴力”就是指正义的战争，包括无产阶级革命、反侵略战争、民族解放战争以及下层民众旨在反抗剥削压迫的起义等。

马克思和恩格斯非常关注 19 世纪下半叶世界各地反抗阶级压迫的战争和维护国家主权的战争，认为两者都具有正义性。通过深入剖析人类社会的运行和发展，马克思和恩格斯明确指出，只要存在着阶级压迫和阶级剥削，在社会成员之间就不可能有平等与正义。因此，“无产阶级平等要求的实际内容都是消灭阶级的要求。任何超出这个范围的平等

---

① 《列宁军事文集》，战士出版社 1981 年版，第 528 页。

② 《列宁军事文集》，战士出版社 1981 年版，第 155 页。

③ 《马克思恩格斯选集》第 3 卷，人民出版社 2012 年版，第 564 页。

要求，都必然要流于荒谬”[①]。这一论断蕴含了反抗阶级压迫战争的正义性诉求。马克思将这类战争称为“革命战争”，并从社会制度变革、无产阶级解放的角度对其内涵和性质进行了阐述。列宁曾对革命战争给予高度评价，“革命就是战争。它是历史上所有一切战争中唯一合理的、正当的、正义的，真正伟大的战争。它不像任何其他战争那样，是为了维护一小撮统治者和剥削者的私利，它是为了人民群众反对暴君，为了千百万被剥削的劳动者反对专横和强暴而进行的战争”[②]。可以说，革命战争所追求的反抗阶级压迫、推动社会变革，本身就是立足于人类解放的进步事业，因而具有鲜明的正义性。同时，在国家关系问题上，马克思和恩格斯将侵略与反侵略、掠夺与反掠夺视作判定战争正义性的主要标准。“他们一贯反对民族压迫、反对侵略掠夺，主张维护被压迫民族国家的独立和主权。在对战争性质的分析上，马克思还提出了‘防御性战争’和‘掠夺性战争’的概念，认为反对异族统治、反对侵略，维护自身主权的战争，是防御性战争；反之侵略别的国家和民族，就是掠夺性战争。”[③]基于这样的认识，马克思和恩格斯明确肯定中国是鸦片战争中正义的一方，中国人民抵御外敌入侵的英勇斗争属于正义战争，并且对中国人民在战争中遭受的苦难表达了深切的同情，对殖民主义者卑劣的行径和贪婪的本性进行了彻底的揭露。

二、列宁的战争正义观

随着“十月革命”的胜利，资本主义一统天下的局面被打破，社会主义由理想变为现实。通过革命战争实践，列宁在继承马克思和恩格斯相关思想的基础上，进一步丰富和发展了马克思主义的战争正义观。列

---

① 《马克思恩格斯选集》第3卷，人民出版社2012年版，第484页。

② 《列宁全集》第9卷，人民出版社1987年版，第193页。

③ 赵小芒:《军事哲学专题研究》，国防大学出版社2010年版，第118页。

宁认为，判定战争的性质应从战争的政治目的、战争的阶级属性和战争的历史条件等三个角度入手。从战争的政治目的看，如果是帝国主义的政治，通过掠夺和压迫殖民地来达到保护金融资本利益的目的，那么这样的战争就是典型的非正义战争。如果是民族解放的政治，通过反抗压迫剥削来达到民族解放和国家独立的目的，那么这样的战争无疑是正义战争。“祖国、民族——这是历史的范畴。如果谈的是保卫民主或反对民族压迫的战争，那我是决不反对这种战争的；如果‘保卫祖国’指的是这类性质的战争或起义，那我也是决不害怕这四个字的。社会主义者永远站在被压迫者一边，因此，他们不会反对旨在反压迫的民主斗争或社会主义斗争的战争。”[①] 从战争的阶级属性看，由不同阶级进行的战争代表了不同阶级的利益。被压迫阶级和先进阶级所进行的战争一般情况下是正义的，而压迫阶级和没落阶级所进行的战争一般情况下是非正义的。“战争的性质不取决于是谁进攻，‘敌人’在谁的国境内，而取决于是哪一个阶级进行战争，这场战争是哪一种政治的继续。”[②] “在战争问题上，人们常常忘记和注意不够的，以及引起很多也许可以说是空洞无谓、徒劳无益的争论的，主要是这样一个基本问题，即这个战争具有什么样的阶级性，它是因什么而爆发的，它是由哪些阶级进行的，它是由什么样的历史条件和历史经济条件造成的。……从马克思主义即现代科学社会主义的观点来看，在社会主义者讨论应该怎样评价战争、应该怎样对待战争的时候，主要的问题是要弄清这个战争是由于什么引起的，它是由哪些阶级准备和驾驭的。”[③] 从战争的历史条件看，顺应历史潮流、促进社会发展的战争从根本上讲都是正义战争，反之则是非正义战争。列宁对帝国主义时代的战争作了具体的区分，帝国主义的对外扩张和侵

① 《列宁军事文集》，战士出版社 1981 年版，第 314 页。

② 《列宁选集》第 3 卷，人民出版社 2012 年版，第 644 页。

③ 《列宁军事文集》，战士出版社 1981 年版，第 333 页。

略是非正义战争，而“革命战争”则是正义战争。“承认保卫祖国，就是承认战争的合理性和正义性。从什么观点出发来看这种合理性和正义性呢？只有从社会主义无产阶级及其争取自己解放的观点出发；其他的观点，我们是不承认的，如果是剥削阶级为了巩固自己的阶级统治而进行战争，这就是罪恶的战争，在这种战争中采取‘护国主义’就是卑鄙行为，就是背叛社会主义。如果是已经战胜本国资产阶级的无产阶级为了巩固和发展社会主义而进行战争，那么这种战争就是合理的和‘神圣的’。”①

三、以毛泽东为代表的中国共产党人的战争正义观

以毛泽东为代表的中国共产党人将马克思主义基本原理同中国革命的实践结合起来，进一步丰富了无产阶级战争正义观。在《中国革命战争的战略问题》一文中，毛泽东提出了“正义战争是拯救人类的旗帜”的著名论断，点明了正义战争的历史作用。正义战争是历史发展的推动力量，可以使人类摆脱剥削和压迫，获得自由和解放，从而促进社会进步。毛泽东认为，作为“人类互相残杀的怪物”，战争终将随着社会的发展而被消灭，但方法只有一个，就是用“战争”反对“战争”，用正义战争反对非正义战争，用革命战争反对反革命战争。“人类正义战争的旗帜是拯救人类的旗帜，中国正义战争的旗帜是拯救中国的旗帜。人类的大多数和中国人的大多数所举行的战争，毫无疑义地是正义的战争，是拯救人类拯救中国的至高无上的荣誉的事业，是把全世界历史转到新时代的桥梁。……我们研究革命战争的规律，出发于我们要求消灭一切战争的志愿，这是区别我们共产党人和一切剥削阶级的界线。”②

---

① 《列宁选集》第3卷，人民出版社2012年版，第518页。

② 《毛泽东选集》第1卷，人民出版社1991年版，第174—175页。

毛泽东指出，历史上的战争有正义和非正义之分。一切代表广大人民利益、顺应历史发展方向、反对阶级剥削和民族压迫的战争，都具有鲜明的正义性特征。“正义战争，可以教育人民，提高人民的思想觉悟、道德水平和组织程度；可以使束缚生产力发展的生产关系和政治制度受到沉重打击，引起社会经济基础和上层建筑的根本变革，从而促进生产力发展和社会进步。”①在阶级社会中，剥削阶级利用暴力手段镇压人民革命，维护其统治地位。劳动人民要获得真正的自由和解放，必须高举正义战争的旗帜，用正义的阶级革命战争反对非正义的阶级反革命战争，以正义的民族解放战争反对非正义的民族侵略战争。毛泽东关于正义战争具有推动社会进步的重要作用的观点，在中国人民革命战争的实践中得到充分证明。中国共产党领导的人民战争之所以能够取得胜利，最重要的原因在于唤醒了无产阶级的自主意识，反映了社会上广大人民群众要求解放、实现平等、获得自由的呼声，完全符合社会发展规律并顺应时代进步要求。“中国共产党领导中国人民高举正义战争的旗帜，经过长期艰苦的战争，推翻了帝国主义、封建主义和官僚资本主义的反动统治，建立了人民当家作主的社会主义社会，不仅使广大中国人民摆脱了阶级剥削和民族压迫，而且鼓舞了世界上一切被压迫民族和被压迫人民的正义斗争。”②

在明确了正义战争之历史作用的基础上，毛泽东进一步论述了共产党人对待战争的根本立场和态度，即“拥护正义战争，反对非正义战争”。抗战全面爆发前夕，毛泽东就提出，“历史上的战争，只有正义的

---

① 范震江主编：《中国军事百科全书·毛泽东军事思想》，中国大百科全书出版社 2007 年版，第 36—37 页。

② 范震江主编：《中国军事百科全书·毛泽东军事思想》，中国大百科全书出版社 2007 年版，第 37 页。

和非正义的两类。我们是拥护正义战争反对非正义战争的”[①]。在《论持久战》一文中，毛泽东再一次指出："我们共产党人反对一切阻碍进步的非正义的战争，但是不反对进步的正义的战争。对于后一类战争，我们共产党人不但不反对，而且积极地参加。前一类战争，例如第一次世界大战，双方都是为着帝国主义利益而战，所以全世界的共产党人坚决地反对那一次战争。反对的方法，在战争未爆发前，极力阻止其爆发；既爆发后，只要有可能，就用战争反对战争，用正义战争反对非正义战争。”[②] 共产党是无产阶级政党，代表广大人民群众的根本利益。正义战争符合广大人民群众的根本利益和意愿，要坚决拥护，积极参加；非正义战争违背广大人民群众的根本利益和意愿，要极力反对，坚决抵制。这是中国共产党一贯坚持的原则和立场。毛泽东号召共产党人要以实际行动拥护正义战争，反对非正义战争。对于涉及维护祖国安全和统一的正义战争，一定要振奋精神、英勇作战，直至取得最后的胜利。不但求一国的和平，更要求全世界的和平；不但求一时的和平，更要求永远的和平。对于非正义战争，当然要坚决反对，并通过正义战争加以制止。“无论是在中国人民革命战争中，还是在中华人民共和国建立以后，中国共产党人始终站在正义的立场上，领导广大人民群众进行正义的战争，挫败了国内外敌人的非正义战争，保卫了中国人民的根本利益。”[③]

毛泽东关于拥护正义战争、反对非正义战争的观点，是对马克思主义战争正义观的继承和运用，对于确立与塑造我军“正义之师”形象，不断提高能打仗、打胜仗的能力，仍然具有重要指导意义。

---

① 《毛泽东选集》第 1 卷，人民出版社 1991 年版，第 174 页。

② 《毛泽东选集》第 2 卷，人民出版社 1991 年版，第 476 页。

③ 范震江主编：《中国军事百科全书 · 毛泽东军事思想》，中国大百科全书出版社 2007 年版，第 38 页。

第五章

战争与和平

“至少从新石器时代开始，有组织的暴力行为就是人类的灾难。”[①]战争作为人类历史发展由量变到质变的枢纽，既对文明的演进和社会的发展起着某种程度的催化与助推作用，又严重威胁着人类自身的生存。尼采曾经这样评价战争，“可以这样说反对战争的话：战争让胜者变得愚蠢，让败者变得恶毒。可以这样说赞成战争的话：战争在上述两种作用中都使人变得野蛮，从而变得更为自然；对文化而言，战争是睡眠或者冬季，人们走出战争后会更有力地走向善或走向恶”[②]。时至今日，战争仍然在人类社会生活中扮演重要角色，并与政治、经济、文化等方面相互交织，共同构成了人类社会历史的完整面貌。“战争形态成为社会形态的‘折射镜’。”[③]

习近平主席深刻指出：“战争是一面镜子，能够让人更好认识和平的珍贵。今天，和平与发展已经成为时代主题，但世界仍很不太平，战争的达摩克利斯之剑依然悬在人类头上。我们要以史为鉴，坚定维护和

① ［美］理查德·内德·勒博：《国家为何而战？——过去与未来的战争动机》，陈定定等译，上海人民出版社 2014 年版，第 3 页。

② ［德］尼采：《人性的，太人性的：一本献给自由精神的书（上卷）》，华东师范大学出版社 2008 年版，第 305 页。

③ 黄迎旭：《当代战争论》，解放军出版社 2009 年版，第 67 页。

平的决心。”[①] 战争与和平问题，由于关涉民族兴衰和国家存亡，又与文明发展和人类命运息息相关，因而历来为人们所关注和重视，几乎在各大研究领域都占有一定的地位，相关成果可谓汗牛充栋。两次世界大战的空前浩劫，尤其是战后热核武器的发展，表明人类的战争能力早就达到了足以毁灭地球的程度，战争与和平更加成为关系人类前途命运的永恒话题。在学术领域，它被作为一个综合性的专门课题提出，成为众多学科交叉研究的聚焦点。其中，从军事学、历史学、政治学、社会学、国际关系学等角度开展的探讨最为普遍，而从哲学、伦理学、文化学角度对这一问题的分析也引起了持续的关注。总体而言，目前的研究重点在于实现和平的方式和内容，研究目的已经从“防止战争”转向“建设和平”，主张和平不仅仅是战争的消亡，更意味着良好的社会结构和生存环境，强调只有和平本身才是通向和平的唯一道路。

当今世界，伴随着经济全球化和信息化的迅猛发展，和平与发展的时代主题日益彰显。在这样的大背景下，战争的伦理目的在于重塑和平。在军事上击垮对手却不能赢得和平的战争无疑是失败的，需要承受巨大的政治代价甚至导致政治破产。就此而言，“当不得不动用战争手段来为政治开辟道路时，必须争取用目标有限、手段有限、地域有限的局部战争来解决矛盾争端，全力避免战争对国家政治目的的颠覆，造成政治上的破产。”[②] 简言之，战争必须被有效控制在国家政治目的允许的范围之内。

① 习近平：《在纪念中国人民抗日战争暨世界反法西斯战争胜利70周年系列活动上的讲话》，《人民日报》2015年9月4日。

② 黄迎旭：《当代战争论》，解放军出版社2009年版，第67页。

第一节　永久和平的人类理想

尽管人们对于何谓和平只有一种模糊和含混的概念，和平在每个时代仍然具有绝对价值。在人类社会沧海桑田的历史变迁中，面对连绵不断的战争和其他暴力的冲击，和平始终是人类追求的愿望。各个时代、各个民族都有学者哲人提出种种建立“永久和平”的设想，都有社会精英致力于探求实现和平的愿望。“在长达数千年的大众社会生活中，我们学到了许多，也改变了许多。现在我们已经不会像聚居狩猎者那样掉进马尔萨斯困境中了，所以我们其实没有必要为了生存而战。很明显，人类血统中有很深的战争根基，但是这并不能决定我们永远都不能完全制止战争……在我们的思想中，战争是不可避免的，是会永远延续下去的，我们无法打破旧的模式，我们也为此成立了许多机构。但是自身的利益，甚至可能是互相理解，使得我们远离了战争，而趋向于做出一些相对更合作些的行为。”[①] 随着人类文明的演进，到了资本主义的近代，人类对和平的追求，首先在西方国家逐渐形成一种社会思潮——“和平主义”，以及一种具有实际政治影响的社会运动——“和平运动”。至于“和平研究”，则是第二次世界大战之后才发展起来的。和平研究的出现和发展，促使人们重新探求和认识何谓和平。总的来说，是赋予和平以多层次和多元价值的丰富内涵，包括积极的和平、公正的和平、广泛的和平、民主的和平、理性的和平。[②]

一、中国传统和平思想

中华民族在漫长的历史发展进程中，一直倡导和平文化，主张“协

---

① ［加］格温·戴尔：《战争》，李霄垅、吕志娟译，江苏人民出版社2007年版，第62—63页。
② 李巨廉：《战争与和平——时代主旋律的变动》，学林出版社1999年版，第322—324页。

和万邦、万国咸宁”。早在两千多年前就提出“强不执弱”“以和为贵”等带有强烈的和平主义色彩的思想命题。“中国文化自古就认为世界应是一个和谐整体，这个观念深深影响了中华民族的思想和行为，成为中国人处理人与人、人与自然乃至国与国关系的重要价值观。”[①]历史上，中国的综合国力长期居于世界前列，军事力量也堪称一流，但从不恃强凌弱，往往实行“和亲”“纳贡”等怀柔政策。“这充分反映了古代中国人民渴望和平的诚意，其精神已经深深根植于中华民族文化的土壤，铸就了中华民族与人为善的性格。特别是自 1840 年鸦片战争以后的 100 多年里，中国作为一个经受近百年战乱的国家，受尽了列强的欺辱，比其他国家的人民对战争有着更深的切肤之痛。清除战争，实现和平，一直是中华民族孜孜以求的奋斗目标。”[②]由此可见，维护和平、反对战争历来都是中华民族的价值追求，和平主义是中国传统文化的重要理念之一。

中国具有悠久的文明史，是和平文化的发祥地之一，中国传统文化中蕴含着丰富的和平伦理资源，对人类的进步和世界的发展作出过巨大贡献。“中华民族历来是爱好和平的民族。在五千多年的文明发展中，中华民族一直追求和传承着和平、和睦、和谐的坚定理念，中华民族的血液中没有侵略他人、称霸世界的基因。中国人民对战争带来的苦难有着刻骨铭心的记忆，对和平有着孜孜不倦的追求，十分珍惜和平安定的生活。”[③]早在春秋战国时代，朴素的和平主义思想就扎根于华夏文明，其核心是“和”，强调天、地、人的和谐，注重社会的秩序性，试图追求“大同”的理想世界，具体表现在当时的诸家学说之中。儒家文

① 国务院新闻办公室:《中国的和平发展》,《解放军报》2011 年 9 月 7 日。

② 王建伟、潘日轩:《新世纪新阶段我军历史使命》，国防大学出版社 2007 年版，第 124 页。

③ 中共中央宣传部:《习近平新时代中国特色社会主义思想学习纲要》，学习出版社、人民出版社 2019 年版，第 210—211 页。

化可被视为一种关于秩序的和平主义学说，提倡中庸论、仁爱论和大同论。墨家的和平主义更为明确，墨子提出“兼爱”“非攻”，强调兵器是罪恶之物，战争是凶险之事，主张消除战乱、制止战争，并执着地推行和平文化，谱写了践行和平主义的光辉篇章。道家的无为、无争和“贵柔”“守雌”，表现出一种超越的情怀，是非常典型的和平主义。即便是以战争为主要研究对象的兵家，也认为战争仅是手段，和平才是目的，向往“不战而屈人之兵”的理想境界。就“历史、文化、传统”而言，“中华文明的基本原则从来就不是什么霸权主义，而毋宁说恰好是霸权主义的反面，即和平主义。这种和平主义的传统是如此地清晰、独特、有力和贯彻始终，以至几乎每一位稍有识见的观察家、评论家和哲学家都异口同声并毫不犹豫地声称，中华民族的传统是确定无疑的和平主义。虽说对此的评价和褒贬可以相当不同，但作为一个基本事实却得到高度一致的认可”[①]。总之，中华民族历来崇尚“和而不同”“天人合一”“以和为贵”的理念，以和谐精神凝聚家庭、敦睦邻里、善待他人。和谐文化培育了中华民族热爱和平的民族禀性。[②]正如林语堂所说，中国人的所有品质中最主要的是和平主义与豁达大度，标志着老成温厚的文化。“依照中国人的观点，和平主义并非什么‘高贵’品德，它只是一般的‘善’行和常识而已。……宽容是中国文化最伟大的品质，它也将成为成熟后的世界文化的最伟大的品质。”[③]美国学者古德诺也认为，“中国文化具有恒定性的特点，这是毋庸置疑的，它的恒定性自然会产生出一种和平主义的倾向”[④]。英国大哲学家罗素则在其《中国问题》一

---

① 吴晓明：《论中国的和平主义发展道路及其世界历史意义》，《中国社会科学》2009 年第 5 期，第 48 页。

② 国务院新闻办公室：《中国的和平发展》，《解放军报》2011 年 9 月 7 日。

③ 林语堂：《中国人》，浙江人民出版社 1988 年版，第 43 页。

④ [美] 古德诺：《解析中国》，蔡向阳等译，国际文化出版公司 1998 年版，第 15 页。

书中将“和气”视为中国人的第一品质，并高度评价了中华民族以公理为基础而不是以武力去解决争端的和平主义精神。“中国人天生宽容而友爱、以礼待人，希望别人也投桃报李。只要中国人愿意，他们可以成为天下最强大的国家。但是，他们所追求的只是自由，而不是支配。中国如果受其他民族逼迫，去为自由而战，这也不是不可能。那样，中国会失去自己的美德，一尝成为帝国的滋味。但现在，中国人虽是两千年帝国的后裔，对帝国的热衷却已极其淡泊了。中国历史上虽然征战连绵，但老百姓天性是喜好和平的。”[①]

总的来说，中国的和平主义文化相当厚重，在世界文明史上谱写了光辉的篇章，一直为中外学者津津乐道。令人感到惋惜的是，这种具有鲜明东方特色的和平主义理念，并没有发展成为近现代意义上的和平主义与和平运动。将古老的和平愿望与理念，率先发展为近代世界一种具有实际政治影响的社会思潮和社会运动的，是最先进入资本主义社会的西方国家。

二、西方传统和平思想

早在18世纪，孟德斯鸠就提出，和平是贸易带来的必然结果。1795年，康德写下了对后世影响深远的《永久和平论》，虽然这部著作引发了无数的争议，但人们不能不对其怀有崇高的敬意。康德目睹当时欧洲的所谓“文明国家”针对异国和异族的征服、压迫以及战争挑拨，有感于现实中惊人的不正义对于和平的威胁和破坏，试图通过“一种哲学的规划”[②]，来论证合乎理性的共和国、自由国家的联盟、世界公民体制等，以便使人类社会能够不断地趋近于“永久和平”。1848年，约

---

① ［英］罗素：《中国问题》，田瑞雪译，学林出版社1996年版，第154页。

② ［德］康德：《历史理性批判文集》，何兆武译，商务印书馆1990年版，第97页。

翰・密尔指出，“正是商业使得战争变得过时”。而凡勃伦、熊彼特等人在20世纪初期也提出过类似观点。[①]

直到20世纪之前，除了少数关注和平问题的学者之外，西方的和平主义大多局限于基督教的一些派别内，其思想来自“登山宝训”，特别是“和平者受祝福”的箴言。实际上，对暴力的合理性的否认深深地植根于许多宗教和文化传统之中，宗教和平主义有不同的种类。尽管它们的道义基准各有不同，但都基于某些普世的原则而要求个人避免使用武力。在这些原则中非常显著的，是每个人呈现的那种内在的灵性、博爱、理智及每个人最初对先验世界的开放性。

与宗教和平运动不同，世俗的和平运动只有不到200年的历史。在19世纪，和平运动组织大量涌现出来。1815年，美国纽约州和马萨诸塞州的和平协会同时成立。此后不久，其他的一些组织纷纷在大西洋两岸建立起来，其中包括于1866年成立的“美国和平协会”和“世界和平联盟”。在19世纪中期召开了许多国际和平会议，其中有1843年的伦敦会议、1848年的布鲁塞尔会议、1849年的巴黎会议，以及1850年的法兰克福会议。这些和平努力得到了各国政府的一定关注，但仍主要属于政治边缘性事件。在实现和平概念的合法化并在会议上扩展和平希望之外，和平运动并没有取得实质性和具体的政治胜利。后来，海牙和平会议对各国政府产生了更大的影响，也同样在各国人民中产生了积极的反响。尽管只取得了极其有限的成功，但维护世界和平的“维和”概念一直贯穿于世界性会议议程。国际和平会议为建立第一次世界大战后的国联和第二次世界大战后的联合国起到了推动作用。国际和平会议也有助于营造这样一种国际氛围：战争是不文明的，诉诸战争的行动越来

① ［美］理查德・内德・勒博：《国家为何而战？——过去与未来的战争动机》，陈定定等译，上海人民出版社2014年版，第141页。

越不受欢迎。[①]

经过两次世界大战的磨难，痛定思痛，世界人民越来越清醒地认识到，战争并非实现发展的有效途径，即使通过战争在某种程度上达成了国家的战略目标，也要付出远远超出人们承受能力的代价，而且后患无穷，战争创伤十几年甚至几十年都难以完全治愈。“即使是最保守、最民族主义的政治家提及战争的时候，也只是说战争代价昂贵而又可怕、是捍卫国家利益的最后手段。”[②]第二次世界大战之后，世界上大多数国家致力于国内经济建设，求和平、促发展、谋合作已经成为世界各国人民的共同心愿和不可阻挡的历史潮流。尤其是经济全球化和政治多极化的深入发展，给世界范围内和平主义的推广与普及带来了新的机遇。到了 20 世纪 60 年代，随着民权运动和反对越战运动的风起云涌，和平主义运动迎来了春天。此后，不论是作为一种运动还是作为一种思想，和平主义都逐渐在世界各地传播开来，成为影响人们的思想和行为、制约民族国家的外交政策的一个非常重要的因素。

三、现代和平观

现代世界和平主义的代表人物是印度“圣雄”甘地和美国黑人民权领袖马丁·路德·金，甘地为争取印度独立进行的斗争和马丁·路德·金在美国为争取民权采取的行动都属于“非暴力抵抗”（“非暴力不合作”）的范畴。“他们领导的政治运动都坚持对不公正进行抵制的必要，但这是不使用军事力量，或更广泛地说，是不使用针对他人的暴力的抵制。继甘地之后，那些支持非暴力抵抗的人都使用‘对手’而不

① ［美］大卫·巴拉什、查尔斯·韦伯：《积极和平——和平与冲突研究》，刘成等译，南京出版社 2007 年版，第 36 页。

② ［美］理查德·内德·勒博：《国家为何而战？——过去与未来的战争动机》，陈定定等译，上海人民出版社 2014 年版，第 142 页。

是敌人一词来指涉攻击者。他们更进一步强调同他们的‘对手’保持对话的必要。”[①] 这就说明和平主义完全可以根据世俗的道德原则产生。当代和平主义者受甘地非暴力哲学的影响，趋于强调“非暴力抵抗”，而不是“不抵抗”，认为非暴力行为起着与战争同样的作用，它可以作为军事防御和武装解放斗争的一种替代方法使用。他们信奉甘地的“非暴力革命”思想，认为和平地变革所有的社会关系和个人生活方式，是通往全球无暴力社会的必由之路。[②]比如，爱因斯坦就曾说，“对于一切能够理性解决的困难，我赞成诚实地合作。如果这在目前情况下不可能做到，那么，就要用甘地的和平方法抵抗邪恶。”[③]

一方面，现代科技的迅猛发展，推动了世界范围内诸传统文化的交流互动，各大文明之间的相互依存与影响日渐加深。同时，国家之间、族群之间的联系日益密切，共同面对的问题和挑战也越来越多，过去那种相对封闭、孤立的“一国社会”早已不复存在。当前，西方社会学界悄然兴起了“全球社会学”的研究，对各种全球性现象的探讨和解读层出不穷。这些都在表明，“人类的进化，在一切生活层面上，似乎将创造出一个跨大陆、跨文化的‘全球一统’，其中，族裔差别和每个个人的自我身份并不被模糊乃至被抹杀，只是其表现形式必定要改变。这个目标，一言以蔽之，就是动态的、创造性的世界和平。”[④] 另一方面，随着全球化的深刻发展，过去那种单纯以主权国家间关系为主的国际体系结构面临严峻挑战，权力正在全球范围内重新分配，全球规模人类社会的共同意识也正在形成，新的世界体系初露端倪。所有主体的行为及其

---

① ［美］布鲁诺·考彼尔特斯等：《战争的道德制约：冷战后局部战争的哲学思考》，邹琳等译，法律出版社 2003 年版，第 15 页。

② 庞元正、丁冬红：《当代西方社会发展理论新词典》，吉林人民出版社 2001 年版，第 146 页。

③ ［美］艾斯·卡拉普赖斯：《爱因斯坦语录》，李绍明译，杭州出版社 2001 年版，第 101 页。

④ 海因里希·贝克、吉塞拉·希密尔贝尔主编：《文明：从“冲突”走向和平》，中国社会科学出版社 1998 年版，第 6 页。

造成的后果都会通过特定的方式，程度不同地结合在一起，形成相互影响的全球政治、经济、文化甚至生态环境的关系网络。当然，这一网络由理想的统一、协调、稳定的“和平状态”与丑陋的分裂、对抗、无序的“非和平状态”组成。特别是人类必须面对前所未有的分散化与多元化，以及各种不断变化的情况和难以预料的威胁，整个世界的安全保障均处于一种不透明的状态之中。难以否认，在此背景下，多元化与复杂化就成为和平问题的主要倾向。以往谈及“和平”往往意味着战争等暴力冲突的缺失，但随着“冲突”渐趋多元化，和平的价值日益具有多样性的特点。而且，这些多元性冲突与和平价值也日趋紧密地联系在一起，逐渐形成了某种常态互动关系。

随着和平学研究的兴起，对于“和平观”及其相关问题的理论探讨也在不断深化拓展。“和平”的内涵已由传统的“消极和平”向“积极和平”过渡，看待和平的视角进一步完善。积极和平不只是战争或国家间暴力的缺失，更重要的是一种社会状态，即剥削被最小化或完全消除，既没有明显暴力，又没有潜伏在“结构暴力”之下的更多难以察觉的压迫现象。[①] 这样一来，和平并不仅仅意味着消除战争，而且要清除饥饿、贫困、暴力等现实社会中的破坏性因素，以及其他对于人类富足且有意义生活的威胁。换言之，“和平不仅仅是没有战争的状态，同时也意味着不存在不平等的价值分配结构和结构性的暴力。”[②] 这就意味着，“和平”由单一的政治性概念逐步变为关涉“个人—群体—社会”的复合概念。作为人类生存延续的基本条件，和平不仅是暴力、冲突、战争的消除，还应包含积极的生活价值和社会结构的确立。对人格健全、群体团结、社会和谐的追求，已成为和平研究的新论题。形象

① ［美］大卫·巴拉什、查尔斯·韦伯：《积极和平——和平与冲突研究》，刘成等译，南京出版社 2007 年版，第 7 页。

② ［日］星野昭吉：《全球社会和平学》，刘小林译，北京师范大学出版社 2007 年版，第 11 页。

地说，“和平 = 直接和平 + 结构和平 + 文化和平”[①]，即和平是安全、公平和宽容的有机统一。需要关注的是，学者普遍将和平视为“一个体制的特征”，这种体制可能是一个家庭、团体，还可能是一个社会。总之，“和平是一个能够使破坏性的暴力冲突通过非暴力手段沿着建设性和创造性轨道转化的东西”[②]。和平不但是“所有形式的暴力的缺失或减少”，更象征着“非暴力的和创造性的冲突转化”，而后者显然比前者更有活力。

信息革命之后，人类社会进入了几百年来未曾有过的新天地，多种多样的媒体服务使人们能够越来越便捷地看到“他者”的生存方式和生活需求，并与之进行比较。相比于传统社会的单一与封闭，这无疑是一场触及人类生存与发展之根本性问题的变革，自然会在社会各个领域掀起波澜。最为显著的就是政治方面出现的重大变化：前现代社会及其社会结构所形成的政治边缘化或者说政治上的漠不关心，已成为“明日黄花”，代之而起的是政治民主的广泛普及，政治参与的高度发展，以及政治诉求的日益多元，当然，同时还出现了社会普遍政治化的趋势。这是因为变革进行得越持久、越深入，社会也就越难以掩饰裂痕，在转型过程中所产生的不同利益诉求和价值认同，特别是对公义和真理的不同理解，在某种程度上使得“所有的社会问题都变成了政治问题，所有的政治问题也变成了社会问题”。这样的“社会具有一个孕育冲突和暴力的社会基础。正因如此，和平共处就成为这个社会的一个根本性问题，即这个社会应如何学会自我和平相处，从而使内战不再是一种常见的现象？换句话说，如何才能学会文明地对待由于利益和社会认同的多元化

① ［挪威］约翰·加尔通：《和平论》，陈祖洲译，南京出版社 2006 年版，第 381 页。

② 安德鲁·瑞格比：《和平、暴力与正义：和平研究的核心概念》，《学海》2004 年第 3 期，第 19 页。

而产生的冲突？”[①]这是全球化条件下所有国家和民族面临的共同问题，也是和平研究必须关注的重要现象。

当今时代，随着现代化、全球化以及多元化的深入发展，人类在赢得机遇的同时也面临着前所未有的挑战，既感到兴奋鼓舞又不免畏惧退缩。现实生活中弥漫着浮躁的情绪与焦虑的气息，在某种程度上诱发了个体失衡、群体失和、社会失控等失范现象，成为暴力与冲突的根源之一。“现在我们怎么会生活在一个如此失去了控制的世界上，它几乎与启蒙思想家们的期望南辕北辙？为什么‘甜蜜理性’的普及并没有创造出一个我们能够预期和控制的世界？”[②]毫无疑问，和平的实现显然需要依靠人类的理性，虽然理性主义的发展部分地依赖于理性的技术和理性的制度，但与此同时，采取某些特定类型的实际理性行为很大程度上取决于人的能力和气质。如果理性行为受到精神方面的阻碍，那么理性的发展势必遭到严重的内在阻滞。倘若精神世界发生动摇，人们转而依靠外在势力来建立秩序，这等于把自己交由强权的独裁者去统治。这不但是对人性的损害，而且难免会使社会陷入专制的泥沼，“和平”将无从谈起。有鉴于此，“和平学之父”约翰·加尔通认为，构建和平的关键在于确立结构和平与文化和平，必须具备识别存在于整个社会中的并不明显的结构暴力的能力。不是一定要解决所有的问题，而是努力认清它们，这是迈向积极和平的重要一步。[③]

毫无疑问，和平是当今世界人类共同追求的目标，所有的个人和群体都在采取多重手段以谋求和平与安全的内外环境。“现代科学、知识和社会技术的进步，要求用一种更加理性的方式来解决国际问题，而

① ［德］迪特·森格哈斯：《文明内部的冲突与世界秩序》，张文武等译，新华出版社 2004 年版，第 6—7 页。

② ［英］安东尼·吉登斯：《现代性的后果》，田禾译，译林出版社 2000 年版，第 133 页。

③ ［挪威］约翰·加尔通：《和平论》，陈祖洲译，南京出版社 2006 年版，第 390 页。

不是用冲突和争斗的方式。全球性的现代化努力和使所有人都过更好的生活的努力，使各民族具有了一系列共同的关注和追求。总之，这些价值观和利益把人类统一起来了，并正在取代那些历来分裂人类的因素，这些因素曾是战争和暴力变革的根本原因。”[①]与此相应，和平研究正在不断扩展，几乎涵盖所有领域，包括人自身以及人与人之间的和平，并且通过触及个体与集体无意识而得以深入到群体乃至社会层面。长久以来，军事和政治被视为影响国际和平与国家安全的关键因素，从而使战争在和平研究中占有重要地位。当前，人类的和平议程大多仍局限于军事和政治领域，同时，大量在经济社会发展过程中产生的现象或问题亦被纳入广义和平研究的框架。“总之，积极和平不仅是战争的不在场，而且包括一个良好社会结构和环境的建立。积极和平意味着一种合作体系，人类能在其中向着一种和谐社会的美好方向持续发展，从而超越了‘消极与和平的共存’。”[②]然而，应该承认的是，目前的和平研究，在有效应对各种围绕冲突与和平的问题方面，仍显得有些力不从心。此外，现代社会中的战争与和平问题，日益表现出个殊化与多元化的交融嬗变，这看似矛盾的两面各自占有什么样的地位？又是如何联系在一起的？坦白而言，依然不是很清楚。所以说，由于对遏制战争与实现和平理解的过于肤浅，以至于没有对和平价值的存在方式予以充分的探讨，也就更谈不上在变革战争产生的结构原因基础上去建构和平了。因此，构筑能够适应全球化时代的全球性“战争与和平体系”，把个别问题置于社会体系中予以理解，并树立勇于变革以求和平的志向，将是非常重要的工作。当然，必须明确一点，无论怎样精致，“理论建构并不是目标，减少暴力与推动和平的行动才是

① ［美］罗伯特·吉尔平：《世界政治中的战争与变革》，宋新宁、杜建平译，上海人民出版社2007年版，第226页。

② 刘成：《和平学》，南京出版社2006年版，第29页。

目标。不过，为了诊断和预后的准确性，以及治疗的充分性，我们同时需要广泛和深入的理论”[①]。简言之，为了确保作为价值的和平与作为手段的和平能够兼得，“头脑的现实主义，内心的理想主义”将是人类在追求和平的征途上必须坚守的基本原则。

人类目前正处于某种不可逆转的变革过程之中，新的大众传播科技使其成为可能并得以持久深入地进行。在这个过程中，人类正在重新找回那些久违的道德传统。尤其让人振奋的是，用非暴力的方式化解矛盾、平息纠纷经常能够取得成功，战争和暴力难以像过去那样轻易得到“合理化”论证。“有一种说法认为，人类之间永远不可能存在全民友爱，因此任何试图超越现有民族国家体系的尝试都注定会失败：当然最终我们并不会无差别地互相友爱，而且这也没有必要。在民族国家里也不存在普遍的爱和兄弟情谊。当人们的权利或利益发生冲突时，如果能够相互尊重对方的权利，接受更高权力机构的仲裁，而不互相厮杀的话，所有人都将受益”。[②]关于从“排斥”到“共存”、从“冲突”到“对话”的倡议已经得到了世界各国不同程度的响应，虽然不能指望在短时期内就会产生明显的效果，但也绝对不要因为难度的存在而放弃努力。毕竟，对于和平这一迫切需要实现的价值而言，任何借口和托词都显得过于荒唐和苍白，唯有真诚的信念和执着的行动才能开启人类值得为之期盼与付出的未来。

① ［挪威］约翰·加尔通：《和平论》，陈祖洲译，南京出版社2006年版，第380页。

② ［加］格温·戴尔：《战争》，李霄垅、吕志娟译，江苏人民出版社2007年版，第260页。

第二节　和平主义战争伦理观述评

人类历史充满了战争和冲突，这一点也许并不令人惊讶，让人感到费解的是，暴力之举反而往往为了创造和平。当前，世界范围内的和平与发展仍然面临严重的威胁和挑战，人类固然在解决诸多社会矛盾和冲突方面取得了巨大成就，但笼罩在局部地区的战争阴云始终难以驱散，暴力和恐怖仍在不断袭扰着人类社会，霸权主义和强权政治依然构成冲突与战争的主要根源。特别是有的西方大国依仗其军事实力，执意推行单边主义，强化对地区政治和军事事务的干预，使用武力或以武力相威胁的倾向明显加强。另外，当今世界由民族矛盾、领土纠纷和宗教争端引发的战争和冲突持续不断，已成为破坏人类和平的重要因素。据不完全统计，近 20 年来，全球发生各种规模的武装冲突与局部战争达 400 余次，超过了冷战时期。尤其是进入新世纪以来，某些西方国家以“反恐”为借口，先后在阿富汗和伊拉克发动了两场规模较大的战争。中东则因阿以问题不断爆发新的冲突，加之少数西方大国插手，逐渐趋于错综复杂，更加难以解决。可以说，在 21 世纪，战争与暴力冲突依然是困扰人类社会的重大现实问题。

一、和平主义战争伦理的内涵及分类

一般而言，战争直接关涉国家或民族之生死存亡的根本利益，属于破坏力极强的社会罪恶。但是，古往今来，人们习惯于为特定的战争打上“正义”或“非正义”的道德标签。因此，对战争之道德判断非常复杂，在战争与伦理的关系问题上，一直存在着相互矛盾甚至对立的观点和见解。[①] 当前争论的焦点是，在以和平与发展为时代主题的 21 世纪，

---

① 左高山：《战争镜像与伦理话语》，湖南大学出版社 2008 年版，第 28 页。

战争还能得到伦理的合法性辩护吗？不管怎样，世界上大多数人已经认识到，如果仅从结局来看，即使是最为正义的战争也不能确保和平的最终实现。毕竟，“武力是结束争议的最后一张王牌，一旦诉诸武力，仅有的有效回应就是更强大的武力。战争的内在逻辑往往使战事扩大，其规模远远超出原来争执问题的重要性所需要的程度。在我们的时代，战争可能带来的后果的严重性已经急剧增长，而且不可逆转，其中包括摧毁整个人类赖以生存的家园”①。毫无疑问，从社会发展的角度看，无论出于何种理由，最好都不要发生战争。毕竟，战争作为处理人类公共事务的一种政治手段，并不是唯一的，更不是明智的选择。在全球化变革持续深入的今天，人类需要通过和平的方式来实现和平。

简单地说，和平主义就是指争取实现各民族之间的持久和平乃至永久和平的一切主张和努力。和平主义在原则上反对各种形式的战争，宗旨在于消灭战争，并以宣传、教育、裁军、谈判、加强国际法和国际组织等手段，力求创造和维护世界和平。“和平主义”（Pacifism）一词源自拉丁文 pacificare（意指“使……处于和平状态”），是一种反对把战争作为达到国家的目的或解决争端的手段的主张。“更广义地讲，它反对任何形式的杀害和暴力。它甚至认为用武力反对武力是错误的，没有特别的、压倒一切的正当理由任何人都不能使用武力。和平主义提倡合作和协商，并积极鼓励促进和平的活动。绝对的和平主义认为战争和暴力从本质上就是错误的，是不可能为之辩护的。”② 和平主义作为一般描述性的概念，用来涵盖所有不同的取消战争的企图。严格意义上的和平主义包含的反对战争不仅是基于实用主义的理由，更主要的是一种道德判断和个人信仰。③

① ［加］格温·戴尔：《战争》，李霄垅、吕志娟译，江苏人民出版社 2007 年版，第 2 页。

② 尼古拉斯·布宁、余纪元：《西方哲学英汉对照辞典》，人民出版社 2001 年版，第 721 页。

③ Jenny Teichman，*Pacifism and the Just War*，Basil Blackwell，1986，p.3.

由于坚持鲜明的反战立场，和平主义又被人们称为“非战主义”，主张通过和平与非暴力的方式来解决现实中的冲突和对抗。和平主义代表了对战争的恐怖进行回应的一种思路，是一种认为战争在道义上是完全错误的学说，鼓励每个人立即摒弃各种有关战争、军国主义和暴力的观念。大体上看，和平主义又可以分为激进的和平主义与温和的和平主义。激进的和平主义通常反对一切形式和种类的战争，往往不区别战争的性质，也不探究战争的社会根源，认为通过和平谈判和协商就能解决问题。温和的和平主义强调以平和而非极端的手段来处理国内政治和国际关系，但并不寻求完全消除暴力。

还有的学者将和平主义区分为广义的和平主义和狭义的和平主义。一般情况下，和平主义都被运用在一种更为广泛的意义上。广义的和平主义是一种已经拥有几个世纪历史的意识形态趋势，它完全建立在那种认为战争是一种应该最终被消灭的人类历史现象的信念的基础上。这种消灭战争的愿望可追溯到哲学家伊拉斯谟和康德，国际法的发展以及国际联盟和联合国的创建也正是这种愿望的实际体现。但这样一种对和平主义的定义可能过于宽泛而无法对武力使用提出任何有实质性的看法。没有任何一个体面的国家的领导人可以公然否认人类应该为建立一个永远禁止战争的和平世界而努力奋斗。众多有责任心的公民将同样会认为战争是一种绝对的罪恶，人类应该像废除奴隶制那样去努力废除战争。但与此同时，这些公民中的多数人还是会认为他们的政府应该建立起有效的军事防务，并且他们甚至可能会支持他们的政府介入军事行动。

如果只使用狭义的和平主义，即反对使用某种特定类型的武器，同样会出现类似的问题。这一问题是伴随着“核和平主义”这一术语而出现的。第二次世界大战后美国和西欧的许多反对核军备升级的大众动员运动在新闻媒体和学术研究中通常被称为和平主义。但这种类型的反战运动主要是反对核威慑政策，按照抗议者的看法，这种政策将不可避免地导致核战争以及整个世界的毁灭。这些动员活动并不是直接针对这类军事防务本身的合法性，参加者不一定就是为以和平主义为本质的道德考量所激励，其他各种因素也起到一定作用。①

必须承认，各种形式的和平主义并不是完全同质的，其观点及目标经常随着时间而发生大的波动，它们周期性地表现在反对那些特别残暴的战争或武器问题上，只有当战争停止或特别刺激性的行为消除时才开始消退。②尽管内部充满了分歧和争论，但基本上所有形式的和平主义都宣称战争缺乏道德基础，因而是不合理的，没有资格充当解决国际纠纷的合法手段。“如果说，正义战争论是把秩序和以契约为基础的正义视为压倒一切的价值，那么，和平主义则把生命、和平与非暴力视为最重要的价值。”③在和平主义看来，人的生命不但是世界上最重要的价值，而且是其他一切人文价值的支撑点。如果人的生命被毁灭了，其他的价值都将变得毫无意义。从某种意义上说，人的生命是神圣的，绝不能把人的生命当作实现其他价值的工具。战争构成道德的最大障碍，它的存在意味着人性的沦丧和道德的衰退。战争不仅浪费了巨大的社会资源，还剥夺了人类的自由。就此而言，“理性从其最高的道德立法权威的宝座上，又要断然谴责战争之作为一种权利过程，相反地还要使和平状态成为一种直接的义务”④。战争只不过是人类在自然状态之下的一种可悲的、以武力来肯定自己的权利的手段。任何人都不应该通过战争的方法

① ［美］布鲁诺·考彼尔特斯等:《战争的道德制约：冷战后局部战争的哲学思考》，邹琳译，法律出版社 2003 年版，第 12 页。

② ［美］大卫·巴拉什、查尔斯·韦伯:《积极和平——和平与冲突研究》，刘成等译，南京出版社 2007 年版，第 52 页。

③ 杨通进:《战争、和平与道德——兼论和平主义的可能性》,《中国人民大学学报》2004 年第 3 期。

④ ［德］康德:《历史理性批判文集》，何兆武译，商务印书馆 1990 年版，第 112 页。

谋求自身的利益而损害他人的权益。人类应当逐步地使战争人道化，进而使战争逐渐减少，直至最后彻底消除战争。因此，大多数的和平主义者都反对使用或威胁使用暴力，希望建立一个没有战争、免除暴力威胁的世界。

在大多数和平主义者看来，和平主义不应仅仅被视为一种态度和观念，更应是一种关于如何处理国家间关系的制度安排。和平主义反对那种把暴力视为国家间关系的有机组成部分而加以制度化的做法。因此，作为一种社会政治运动，和平主义的显著特征就是拒斥战争体制，致力于和平体制的建立。和平主义力图确立的和平，不仅是战争的消除，更是战争制度的彻底瓦解。和平主义者指出，军备竞赛是战争制度的必然结果。现实已经表明，增加军备的方法不仅没有使人们获得更多的安全，反而削弱了国家间的信任，增加了冲突的可能性，而采取和平主义立场，至少可以避免对方以受到军事挑衅为由发动战争。即使不卷入战争，支撑军事制度的费用也是巨大的。军备竞赛往往会使有关各国走上相互较劲、逐渐升级的恶性循环之路，世界上越来越多的生产性资源被用来生产各种武器。同时，为了给战争提供必要的物质支撑，政府不得不提高税收，甚至强行征兵。而在一种和平主义的制度安排中，这些费用都是不需要或很少的。[①]

二、和平主义战争伦理观的形变及评价

值得关注的是，出于对长期以来人类活动所导致的严重生态环境问题，以及由此产生的负面效应的回应，更基于强权国家的霸权主义外交政策对世界和平构成的严重威胁，20 世纪 70 年代以来，西方发达资本

---

① 杨通进：《战争、和平与道德——兼论和平主义的可能性》，《中国人民大学学报》2004 年第 3 期。

主义国家兴起了被称为“绿色和平主义”的思想意识形态和政治运动。在国际政治领域，绿色和平主义提出绿色和平政治思想，主张以非暴力的方式协调全球范围内人类与自然之间的关系，重构国际社会政治经济秩序，以实现世界上的永久和平与生态和谐。[①]绿色和平主义的政治思想主要包括建立平等的国际经济新秩序、以整体和系统的方法解决全球问题、非国家行为体是构建和平世界的主导力量、坚持非暴力原则，具有全球性、大众性、理想性等特点。

从历史的角度看，若要全面论述和平主义的基本理念，就不能不提及非暴力思想。“在争取和平的斗争中，非暴力无论是作为目标还是作为一种实际策略，它所达到的高度都使得它理应被单独考察。”[②]非暴力的价值往往体现在赞成自我克制而不是主动伤害他人，因而是积极的和自信的，需要人们付出极大的活力和勇气。在甘地看来，非暴力是坚持真理的基石，要求人们尊重对手的人性。“这是一种要求人们用同情和仁慈来对待他人的主张，也是一种要求人们用绝对的、毫不犹豫的坚定之心来对待他人的主张。……它暗示每个人都应该完全自愿地负起自己所承担的改造地球的责任，而且在这个过程中不可避免地要遭受痛苦。”[③]甘地所主张的“非暴力不合作”的目标在于解决冲突的根源，而不是打败或消灭对手；并不把对手当作要征服的敌人，而是将其看作共同寻求解决目前现实问题的公正办法的参与者。非暴力作为和平主义的基本理念，力求使所有人相信在和谐的行为中所得到的收益要比顽固坚持纷争和暴力多得多，也更为长久。

---

① 张丽君:《绿色和平主义的和平政治思想述评》,《华东师范大学学报》2007 年第 5 期。

② [美]大卫·巴拉什、查尔斯·韦伯:《积极和平——和平与冲突研究》，刘成等译，南京出版社 2007 年版，第 521 页。

③ [美]大卫·巴拉什、查尔斯·韦伯:《积极和平——和平与冲突研究》，刘成等译，南京出版社 2007 年版，第 525 页。

和平主义是人类厌战、反战情绪的产物，其目的就是阻止战争的发生。然而，和平主义及其社会实践的现实效能似乎并不十分令人满意。战争已经造成的损失无法估量，不但让越来越多的无辜平民失去生命，而且对国家经济和人民生活的负面影响也越来越大。这种情况不能不引起人们的重视和反思，究竟和平主义的价值何在？和平主义的主张中固然包含着一些宝贵的思想，但是和平主义也存在许多局限性。正是因为这些局限性，在大部分国家里，和平主义只能得到少数人的支持。

对和平主义常见的一种批评是，和平主义不能阻止敌人的进攻，不能有效地保护自己的祖国和人民。面对内部和外部的武力威胁，和平主义会使一个共同体或国家变得更加脆弱。因为与和平主义者的愿望相反，这些武力组织并不会承诺放弃暴力。面对他国的进攻或者占领，防卫不牢的弱小国家在事实上会增加大国之间互相发动战争的可能性。特别是在当今时代非常关键的三个问题上，和平主义思想几乎没有什么说服力：对某些使用武力的行为形成威慑；国际维和行动中要使用必要的武力；武力的“战略强制”作用以及真正使用武力可以对保障遵守一系列国际规则发挥作用。所以，人们基本上可以认定，如果奉行和平主义政策，即使初衷良好，事实上却可能加剧国际关系中的紧张局势，为不稳定因素和干涉行为创造条件。总之，即使忠实地恪守和平承诺，也必须超越继承下来的和平主义传统。[①]

关于这一点，很多为和平主义辩护的人认为，和平主义并不意味着不抵抗，而是选择了有组织的非暴力抵抗。非暴力作为和平主义的重要理念，也是和平主义者倡导的实现和平的重要手段。在人类历史上，人们解决暴力问题的方式通常有两种：一种是采取正义暴力或发动正义战

① ［法］吉尔·安德雷阿尼、皮埃尔·哈斯内：《为战争辩护——从人道主义到反恐怖主义》，齐建华译，中央编译出版社 2008 年版，第 24—25 页。

争，另一种是站在正义一边进行干涉。这两种方式本身难以与暴力划清界限。和平主义强调，维护和平不一定要使用暴力手段，非暴力也可以是一种有效方式。实际上，只要经过必要的非暴力抵抗的训练，并在侵略者面前采取一致的行动，对方要想实现有效的统治是非常困难的。历史上也的确曾发生过许多通过非暴力抵抗获得成功的事例。然而，尽管所有的和平主义者都主张采取非暴力手段实现和平，但绝对的和平主义者依然是少数。尤其是在当今世界，和平主义者更多时候被当作空想家。相当多的人认为除了反对暴力手段之外，和平主义找不出任何维护正义与公理的替代方法。因此，反对一切战争的绝对和平主义更多的是一种信仰而不是政治策略。更为重要的是，尽管许多人主张和平主义，但和平计划与军事参谋机构的战争计划相比，几乎总是存在问题，在明确性、详尽性、代表性和可操作性等方面存在缺陷。而且，不少的反战举措很少超出善意劝告的范畴。更为重要的是，在现实当中，和平运动即使有最好的组织和最广泛的资助，也很难同最小的或局部战争背后的组织和资助相比。[①] 另外，和平主义相信经济制裁可以作为战争的一种替代方式，却很难在现实中取得令人满意的效果。虽然国际制裁可以产生重大影响，但是并不能被作为代替战争的一种可信方式。在许多情况下，经济制裁都成为动用武力的先兆，而不是真正的替代。更有甚者，在某些情况下，比如 1990—2003 年间的伊拉克，经济制裁带来了和战争一样严重的后果，却不能产生战争所能带来的巨变。如此，许多人反而认为战争和制裁在道义上不相上下。[②]

对和平主义的另一个常见的批评是，和平主义更多的是建立在特定

① ［美］大卫·巴拉什、查尔斯·韦伯：《积极和平——和平与冲突研究》，刘成等译，南京出版社 2007 年版，第 33 页。

② ［法］吉尔·安德雷阿尼、皮埃尔·哈斯内：《为战争辩护——从人道主义到反恐怖主义》，齐建华译，中央编译出版社 2008 年版，第 25 页。

的信仰之上，即所有人基本上都是善良的，人们拥有以正义与和平的方式解决相互之间分歧的能力。但在反对和平主义的人看来，和平主义的这种信念只能算得上是一种危险的“幻想”，没有认识到人之攻击本能的强烈和人类之罪恶的深重。在这一点上，客观地讲，和平主义并非认识不到人性中的阴暗面，只是认为应当消除那种使得这种阴暗面得以大面积扩散的战争体制，建立一套能够使人性中的光明面得到最大限度实现的和平制度。和平主义者相信，人类完全能够通过不断地学习，逐渐变得更明智、更理性、更具有正义感和同情心。[①] 这与其说是对和平制度的渴望和呼唤，不如说是对人性之光明面的信任和期待。

无可否认，和平主义面临着许多难以解决的困惑和难题，而其所遇到的来自制度层面的阻力在短期内也将难以克服。但是，作为一种源远流长的价值理念，和平主义也包含着诸多合理的价值诉求。正如罗尔斯所说，“人们普遍地厌恶战争和武力的使用，而且相信人们作为道德人具有平等的地位。假设国家、特别是强权国家，有进行不正义战争和动用国家机器来压制反对者的倾向，那么对于和平主义的尊重就有助于提醒公民注意政府容易以他们的名义而犯错误。即使一个和平主义者的观点不是完全正确的，但是他希望表达的警告和抗议可能导致在总体上使正义原则更有保障而非相反。和平主义作为从正确理论的一种自然偏离，可以看成弥补了人们在实行他们的表白方面的弱点”[②]。尽管和平主义的主张存在局限，然而这并不等于说人类应该完全摒弃这一主张。至少，在国内关系中采取非暴力的斗争和压制方法，还有一定的借鉴意义。虽然人们并不总是把采用非暴力的方法归功于和平主义者，但是，

---

① 杨通进：《战争、和平与道德——兼论和平主义的可能性》，《中国人民大学学报》2004 年第 3 期，第 97 页。

② ［美］约翰·罗尔斯：《正义论》，何怀宏、何包钢、廖申白译，中国社会科学出版社 1988 年版，第 359 页。

在实践这些方法的过程中，一些和平主义者却从它的潜在力量中找到并看到了一种克服传统和平主义主张局限性的途径。19世纪和20世纪的非暴力斗争经验，其中包括反殖民运动和反对独裁政权的斗争，虽然不能真正代替暴力，但是也显示了这种和平的斗争方式在特定形势下可能发挥的作用。同时，和平主义对于生命的关怀和重视也顺应了时代的发展和历史的潮流，启示人们个体的生命神圣不可侵犯，不能为了追求某些价值而牺牲人的生命。

第三节　经典马克思主义的战争与和平观

在看待战争的价值和对待战争的态度上，马克思和恩格斯坚持辩证唯物主义和历史唯物主义的立场、观点和方法，强调战争并不是人类社会始终存在的正常现象，最终要被消灭。鉴于战争带来的无尽灾难，从人民群众的根本利益和根本愿望出发，马克思主义在战争与和平问题上的基本价值取向是拥护和平、反对战争，尤其反对反革命、非正义的战争。历史表明，共产党人从不热衷战争，并尽力遏制战争。可以说，制止战争、争取和平是马克思主义一贯的价值追求。

一、马克思恩格斯的战争与和平观

马克思和恩格斯认为，战争源于私有制和阶级，只有消灭阶级才能消灭战争。在《共产党宣言》中，他们明确指出，“人对人的剥削一消灭，民族对民族的剥削就会随之消灭。民族内部的阶级对立一消失，民族之间的敌对关系就会随之消失”[①]。同时，马克思和恩格斯也预见到了

① 《马克思恩格斯选集》第1卷，人民出版社2012年版，第419页。

战争阴云笼罩下的和平曙光，虽然只要有利益相互对立、相互冲突和社会地位不同的阶级存在，阶级之间的战争就不会熄灭，但各国的无产阶级完全有能力将前途命运掌握在自己手中，通过革命促成社会变革，进而实现长久和平。在国际工人协会总委员会针对"普法战争"发表的第一篇宣言中，马克思通过分析这场战争性质的转化，深刻阐明了战争终将在全世界无产阶级的联合下趋于消亡的观点。英国的工人向德法两国工人伸出了援助之手，这足以证明，不管战况将会如何发展，全世界工人阶级的大联合终将使所有的战争根绝。德法两国统治当局出于私利挑起战争，使两国人民陷入手足相残的争斗，而德法两国工人却用行动展示了无产阶级的和平与友谊。"单是这一件史无前例的伟大事实，就向人们展示出更加光明的未来。这个事实表明，同那个经济贫困和政治昏聩的旧社会相对立，正在诞生一个新社会，而这个新社会的国际原则将是和平，因为每一个民族都将有同一个统治者——劳动！"[①]马克思和恩格斯将促进世界和平的希望寄托于无产阶级，而无产阶级只需完成自身的历史使命，就会迎来人类社会的持久和平。

"在无产阶级争取自身和全人类解放的斗争中，始终存在着暴力的与和平的两种实现方式的可能性。马克思主义认为实现社会变革，绝不能排斥和平方式。战争的最终目的也是为了实现和平。这同一切剥削阶级企图利用战争来牟取暴利的动机是截然不同的。"[②]那种将马克思主义革命理论简单概括为"鼓吹暴力万能""宣扬不惜任何代价达到目的"的做法，完全是歪曲的、错误的。马克思和恩格斯不止一次地提到，在有些国家人们可以通过不流血的斗争，和平实现社会制度的变革。他们在指导欧洲各国工人运动的过程中，也不断探索通过和平方式去实现无

---

① 《马克思恩格斯选集》第3卷，人民出版社1995年版，第19页。

② 赵小芒:《军事哲学专题研究》，国防大学出版社2010年版，第176页。

产阶级所担负的历史使命。19世纪40年代，恩格斯在分析运用和平手段实现社会变革的可能性时指出，共产主义者是最不反对这种办法的人。19世纪70年代，马克思多次明确表示，凡是在那些利用和平宣传可以更快更好地达到目的的地方举行起义都是不明智的。恩格斯在晚年，根据世界局势的变化，专门耗费大量时间精力去研究战争与和平问题，并提出一系列主张。为了有效防范大战爆发，维护世界和平和无产阶级的利益，需要重点抓好四个环节：不断揭露战争阴谋、积极宣传和平理念、尽力消除战争隐患、制定相关国际政策。这充分展现了无产阶级渴望和平、珍视和平、争取和平的强烈愿望和实际行动。

虽然马克思主义在战争与和平问题上的基本价值取向是拥护和平、反对战争，以消灭战争为价值追求，但是从唯物史观的宏大视野出发，马克思和恩格斯也对战争在人类历史发展进程中的作用进行了客观的分析，指出不同性质的战争对于社会进步和历史发展具有不同的价值。在看到战争给人类带来巨大损失和苦难的同时，应该承认战争确实也起着推动不同地域经济、政治、文化交往，促进社会发展进步的动力作用。正因如此，马克思曾将战争视作人类重要的社会交往方式。从某种意义上看，战争作为一种客观存在，是无法回避的。生产力和生产关系之间的矛盾，每一次都不免要爆发为革命。在《德意志意识形态》中，马克思和恩格斯提出，“按照我们的观点，一切历史冲突都根源于生产力和交往形式之间的矛盾”[①]。因而必须认清战争的本质，区分不同性质的战争，并采取不同的态度。凡是阻碍经济与社会发展的战争，就是反动的暴力和战争，必须坚决抵制；凡是推动经济与社会发展的战争，就是革命的暴力和战争，应当积极拥护。马克思和恩格斯“从革命与反革命的意义上区分战争的性质，这与以往从正义与非正义上区分战争性质的

① 《马克思恩格斯选集》第1卷，人民出版社2012年版，第196页。

最大区别在于，前者将唯物史观的社会革命理论引入了对战争性质的认识，即从社会革命的意义上来认识和区分战争的性质，从而将对战争本质、规律的认识同对战争价值的认识统一起来”[①]。在此基础上，他们充分阐发了革命战争的价值，其中的重要方面就是通过消灭反动的战争来实现消灭所有战争的最终目标。可以说，无产阶级完成消灭阶级与私有制这一历史任务的过程，也必然是战争最终消亡的过程。一切正义的、进步的战争，都包含着为争取人类社会永久和平而战的性质。

二、列宁的战争与和平观

在继承马克思和恩格斯相关思想的基础上，列宁着重阐发了帝国主义时期的战争与和平问题，进一步发展了马克思主义的战争和平观。列宁认为，“战争并不是偶然的事情，也不像基督教牧师（他们宣扬爱国主义、博爱与和平并不比机会主义者差）所认为的那样是‘罪恶’，而是资本主义的不可避免的阶段，它与和平一样，也是资本主义生活的合乎规律的形式”[②]。因此，要测定资本主义国家的真正实力，战争可能是唯一的办法。战争与私有制基础并不矛盾，而是这些基础直接的和必然的发展。“在资本主义制度下，各个经济部门和各个国家在经济上是不可能平衡发展的。在资本主义制度下，除工业中的危机和政治中的战争以外，没有别的办法可以恢复经常遭到破坏的均势。”[③] 这就意味着，只要生产资料私有制还存在，帝国主义战争是无法避免的。资本主义制度使世界范围内的财富被少数国家所把持，如果想要增加这种财富，就只能依靠损害他人，而这个问题只有通过武力才能解决。因此，在侵略战争和殖民战争之后，掠夺者、殖民者之间的战争也就难以避免了。“帝

① 赵小芒:《军事哲学专题研究》，国防大学出版社 2010 年版，第 177—178 页。

② 《列宁军事文集》，战士出版社 1981 年版，第 162—163 页。

③ 《列宁选集》第 2 卷，人民出版社 2012 年版，第 553 页。

国主义战争又在酝酿着而无法制止。所以无法制止，倒不是因为资本家作为单个的人都很凶恶（每个资本家作为单个的人也是一般的人），而是因为他们不能用其他方法挣脱金融关系的束缚；是因为全世界都负了债，都无力自拔；是因为私有制引起了战争，并且永远会引起战争。”[①]从这个意义上看，人类要想彻底摆脱战争苦难，就必须消灭以私有制为基础的阶级统治。这是无产阶级的历史使命，也是无产阶级为人类和平所作的最大贡献。而无产阶级自身也应确立起认识战争、评价战争、对待战争的科学的观点、方法、态度，只有这样才能确保和平的真正实现。“无产阶级无论现在和将来都要始终不懈地反对战争，但它一分钟也没有忘记：只有完全消灭社会划分为阶级的现象，才可能消灭战争；在存在阶级统治的情况下，不能单从民主主义的感伤的观点来评价战争；在剥削者国家之间发生战争时，必须区别各国的进步资产阶级和反动资产阶级的作用。”[②]列宁认为，无产阶级对待战争的态度，同那些盲目鼓吹和平却根本不了解和平的资产阶级有本质的区别。在《社会主义与战争》一文中，列宁明确指出，“我们和资产阶级和平主义者不同的是，我们懂得战争和国内阶级斗争有必然的联系，懂得不消灭阶级，不建立社会主义，就不可能消灭战争，再就是我们完全承认国内战争即被压迫阶级反对压迫阶级——奴隶反对奴隶主、农奴反对地主、雇佣工人反对资产阶级——的战争是合理的、进步的和必要的”[③]。

作为人类历史上第一个社会主义国家的缔造者，列宁尤其注重从政治的角度来看待战争与和平问题。德国军事理论家克劳塞维茨提出，战争是政治通过暴力手段的继续。这一观点得到了马克思和恩格斯的高度赞赏，并将其视作考察任何一场战争之意义的理论基础。在列宁看来，

① 《列宁军事文集》，战士出版社 1981 年版，第 621—622 页。

② 《列宁军事文集》，战士出版社 1981 年版，第 25 页。

③ 《列宁选集》第 2 卷，人民出版社 2012 年版，第 510 页。

这一观点对于人们正确理解帝国主义时代的战争同样有着重要的指导意义。在看到战争所具有的阶级属性的同时，不能忽略其政治目的。虽然战争的形式和手段发生了变化，但归根结底都是有关列强（及其内部各阶级）政治纷争的继续。列宁提醒取得革命胜利的无产阶级，虽然人们热切期盼和平，但在当时的历史条件下，战争是不可避免的。任何关于和平的肤浅认识和错误理解，对工人阶级来说都是有害的。“根据防御和进攻的‘简单’概念来谈论对这一战争的估价，以及根据对永久的、民主的、光荣的和平所抱的‘简单的’虔诚愿望来谈论对未来和平的估价，从理论上、从社会主义学说上来看是最荒唐愚蠢的，而在实践上是对工人阶级最大的欺骗。”①

三、毛泽东的战争与和平观

通过长期的革命实践，毛泽东在战争与和平问题上形成了很多具有前瞻性和创见性的思想，丰富并发展了马克思主义战争和平观。依据唯物主义辩证法，毛泽东将战争视作两个和平之间的现象，阐明了人类社会这两种相互对立的基本社会现象之间的本质联系。毛泽东认为，战争是政治的继续，而和平就是政治，也就意味着战争也是和平的继续。在他看来，战争与和平无疑是相互对立的，但又是相互联系的。从本质上说，战争与和平都是政治的不同表现形态，都与政治有着直接的联系，属于政治在不同的发展阶段必然出现的社会现象。“‘战争是政治的继续’，在这点上说，战争就是政治，战争本身就是政治性质的行动，从古以来没有不带政治性的战争。……一句话，战争一刻也离不了政治。……如有轻视政治的倾向，把战争孤立起来，变为战争绝对主义者，那是错误的，应加纠正。但是战争有其特殊性，在这点上说，战争不即

① 《列宁军事文集》，战士出版社 1981 年版，第 259—260 页。

等于一般的政治。'战争是政治的特殊手段的继续'。政治发展到一定的阶段，再也不能照旧前进，于是爆发了战争，用以扫除政治道路上的障碍。……因此可以说，政治是不流血的战争，战争是流血的政治。"①由此可见，战争的因素在和平时期就存在，战争时期也包含着和平的因素，战争与和平是可以相互转化的。当然，这种转化需要一定的条件，缺乏必要的条件则不可能实现转化。毛泽东主张用辩证的观点认识这种转化，强调社会现象并不是僵化的、凝固的，而是生动的、变化的。"这种情形反映在人们的思想里，就是要用唯物主义辩证法的矛盾同一性观点认识战争与和平之间的对立和统一，树立矛盾转化的辩证观念。在和平的局面下不放松战争警惕，充分做好应付战争爆发的准备；在战争的环境里树立为和平而战的观念，领导军队和人民勇敢地进行革命战争，用正义的革命战争消灭非正义的反革命战争，努力争取实现和平的前景。"②在全面抗战爆发后不久，毛泽东在《矛盾论》一文中提出，"战争与和平是互相转化的"③，并基于当时的国际形势，预见"现在的世界和平局面也可能转化为第二次世界大战"④。事实证明了毛泽东这一预见的正确性，也充分说明了掌握唯物主义辩证法，认清战争与和平之间的关系，对于在复杂条件下保持清醒头脑，准确认识和把握战争规律，具有重要的意义。

毛泽东认为，战争与和平的政治本质决定了人们不能依靠抽象的人性或道德标准来确定对待战争或和平的态度，而应当通过深入分析和具体考察战争与和平背后的政治内容，来决定采取何种态度。毛泽东主

---

① 《毛泽东选集》第 2 卷，人民出版社 1991 年版，第 479—480 页。

② 范震江：《中国军事百科全书・毛泽东军事思想》，中国大百科全书出版社 2007 年版，第 33 页。

③ 《毛泽东选集》第 1 卷，人民出版社 1991 年版，第 329 页。

④ 《毛泽东选集》第 1 卷，人民出版社 1991 年版，第 330 页。

张，不能仅仅研究战争，对于和平也要进行具体分析。表面上看都是和平，但其后的政治内容却大相径庭。有的和平建立在大多数人忍受剥削和压迫的痛苦之上，属于暂时的和平；也有通过革命摆脱压迫和剥削而赢得的和平，属于长久的和平。既有促进人类进步的和平，又有阻碍社会变革的和平。总之，对于不同的和平，人们需要采取不同的态度。

在分析战争与和平的形势时，毛泽东始终坚持辩证唯物主义的基本观点。一方面，在某一历史时期或一定条件下，战争并非无法避免；另一方面，不论世界形势如何变化，只要有霸权主义和强权政治，战争的危险始终存在。因此，尽管无产阶级力求促成人类社会的永久和平，但和平一旦离开了必要的武力支撑将无法真正实现。

第六章

战争与人道

第一节　人道主义

一、人道主义概念

在人类精神史上，人道主义（Humanitarianism）作为一种重要的价值学说，其历史源远流长，并深刻地影响着人类社会尤其是思想文化的发展。然而，与对其久远历史和厚重地位的确认相比，人们对“人道主义”这一概念的界定却歧见纷呈。

《美国哲学百科》认为，“人道主义于 14 世纪后半期发端于意大利，随即扩展到欧洲其他国家，成为近代文化的重要因素之一。凡是承认人的价值或尊严，以人为万物尺度，或以人性、人的限度、人的利益为主题的所有哲学，都被称作人道主义”[①]。1974 年版的《新大英百科全书》将“人道主义”界定为“一种把人和人的价值置于首位的观念，常被视为文艺复兴的主题”。1972 年版的《苏联大百科全书》将“人道主义”

---

① *The Encyclopedia of Philosophy.*vol4.Macmillan and Free Press，1972, pp.69–70.

界定为“随着历史的发展而不断变化着的一种思想体系。这个体系承认人本身的价值，承认人有自由、幸福以及发挥和表现自己才能的权利”。德国的《迈耶尔百科词典》认为，人道主义一般指为人性而尽力，即按照人的尊严和自由的个性发展，通过培养和教育，为建设生活和社会，以及为创造在这方面所必要的生活条件和环境条件本身而尽力。中国出版的《社会问题词典》将“人道主义”界定为“以人格平等、人类继往开来为前提，提高人类全体的幸福，维持确实的和平，弃去个人的自我和欲望，并且脱离既成宗教的教权及其他一切束缚因素等。以平等的眼光看一切人们之意，即人道主义”[①]。《中国大百科全书》将“人道主义”界定为“关于人的本质、使命、地位、价值和个性发展等的思潮和理论”。1996年版的《现代汉语词典》将“人道主义”界定为“起源于欧洲文艺复兴时期的一种思想体系。提倡关怀人、尊重人、以人为中心的世界观。法国资产阶级革命时期，把它具体化为‘自由’、‘平等’、‘博爱’等口号”。凡此种种，不再赘述。

从上述界定不难看出，尽管人们基于不同的认识和立场对人道主义的理解或多或少存在着一些差异，但在一些基本原则上是一致的，即对人、人性、人的价值的关注。正如海德格尔所言：“一切种类的人道主义在一点上是一致的，即人道的人的人性或人道，总是从一种已经确定了的对自然、对历史、对世界、对世界根据，也就是说对存在者整体的讲法的角度来规定的。”[②]具体而言，这种一致性主要体现在以下三个基本命题中：（1）“人是人的最高本质”；（2）“人是人的最高价值”；（3）“人是人的最高目的”。换言之，无论人们从何种视阈或基于何种立场来理解人道主义，都必须始终以“人”作为研究的出发点和最终归宿，

① 陈绶荪：《社会问题词典》，上海民智书局1929年版，第9页。

② ［德］海德格尔：《海德格尔选集》（上），孙周兴译，生活·读书·新知三联书店1996年版，第365—366页。

关心人和重视人是人道主义议题的应有之义，或者进一步说，凡是涉及上述三个基本命题的学说，在广义上人们都可以称之为人道主义。

正是出于这个原因，人道主义、人文主义、人本主义这三个相近的概念[①]在某种程度上可以相互通用，它们在内涵上并不存在着严格的区分，而仅仅是外延上的差异。如有的学者认为人文主义的外延要比人道主义广泛，“在西方，人道主义只是人文主义的内涵之一，与之相对立的是基督教的上帝中心论。‘人道主义’的译法取自文艺复兴时期的humanism，以此与预定论及否定人性的正面内容的思潮相对抗，但不足以涵盖人文主义的全部外延和旨趣”[②]。有的学者认为，人道主义的外延比人文主义要广泛，“所谓Humanismus，是用humanus［人的］加上-ismus［主义］构成，以示与‘神的主义’［theismus］相对立。……而‘人的主义’也不成词，只好垫一个字译为‘人主义’。由于文艺复兴时期着重复兴古代语言文学，就垫上一个‘文’字译为‘人文主义’。这个译法显然不太理想，因为‘人的’不限于‘人的文学’，‘人文’的外延太窄了。补救的方法是把‘文’换成‘道’，写成‘人道主义’。‘道’字比较抽象，足以救外延太窄的不足”[③]。

二、西方人道主义思想的历史演变

（一）古希腊罗马时期

作为一种社会思潮或学说，现代意义上的人道主义始于文艺复兴，但其核心思想即关于人的本质、人的本性、人的价值、人的自由等却可

① 在我国学界，因具体语境的不同，humanism常被翻译为人文主义、人道主义、人本主义这三个概念。此外，这三个概念也常被用来指称人道主义在不同历史发展阶段的具体形态。

② 石敏敏：《希腊人文主义》，上海人民出版社2003年版，第4页。

③ ［美］戴维·埃伦费尔德：《人道主义的僭妄》，李云龙译，国际文化出版公司1988年版，第2页。

以一直追溯到古希腊时期。从荷马史诗中自我意识逐步觉醒的“人”的隆重出场，到智者普罗泰格拉的“人是万物的尺度，是存在者存在的尺度，也是不存在者不存在的尺度”[①]的命题的提出；从苏格拉底的“知识即美德”，到亚里士多德的“人是天生的政治动物”，无不可以清晰地看到人道主义的光辉。正如瑞士古典文化学者安·邦纳所言：“全部希腊文明的出发点和对象是人。它从人的需要出发，它注意的是人的利益和进步，为了求得人的利益和进步，它同时既探索世界也探索人，通过一方探索另一方，在希腊文明的观念中，人和世界都是一方对另一方的反映，即都是彼此摆在对立面的，相互映照的镜子。”[②]

尔后漫长的中世纪，虽然常被人们冠以黑暗、愚昧，甚至反人道之名，但从观念史的角度来看，依然可以窥视到人道主义的踪影，或者说古希腊时期的人道主义思想在这一时期以一种极其特殊的形态呈现出来——宗教人道主义。譬如，基督教特别突出了“爱”的意义，爱上帝、爱邻人、爱敌人、爱动物、爱上帝创造的一切的博爱思想；又如，基督教产生的“人人平等”的思想，即任何一个人无论富人还是穷人，奴隶还是奴隶主，在上帝面前都是有罪的，唯有得到上帝的恩宠才能获得拯救，等等。这些思想无疑都奠基于基督教基础之上，但不可否认的是，它们在古希腊人道主义与文艺复兴时期的人道主义之间起到了一定的承前启后作用。“在广义之下，只要按照基督教教义看来，一切都是为了人的灵魂的得救，而人类的历史是在救世的框子之内显露出来的话，

---

① 北京大学外国哲学教研室：《西方哲学原著选读》（上），商务印书馆 1981 年版，第 54 页。古希腊智者对于人道主义思想的萌发具有极其关键的作用，正是他们的活动将真理的尺度从外部世界转移到了人的主观世界，从而凸显出了人的重要性，并且完成了从古典神话到理性逻各斯的过渡，对后来的苏格拉底、柏拉图等人产生了重要的影响。参见梯利：《西方哲学史》，商务印书馆 2005 年版，第 48 页。

② 转引自［苏］鲍·季·格里戈里扬：《关于人的本质的哲学》，汤侠声、李昭时译，生活·读书·新知三联书店 1984 年版，第 29 页。

那么基督教也是一种人道主义”。[①]

（二）文艺复兴时期

就观念史的角度而言，人道主义虽可追溯至古希腊的“荷马史诗”，但作为一种影响深远的社会思潮，现代意义上的人道主义则开始于14世纪的文艺复兴，在这一点上学界达成共识，并无太多分歧。在这个被雅各布·布克哈特称为“人的发现”的伟大时代，伴随着资本主义生产方式的出现和发展，一大批人道主义者，如意大利的但丁、彼得拉克、薄伽丘、瓦拉、达·芬奇、米开朗琪罗，法国的蒙田、拉伯雷，英国的托马斯·莫尔、莎士比亚等人，针对中世纪以神为中心的基督教神学，以复兴古希腊古罗马文化艺术的形式，倡导以世俗的人为中心，以人性取代神性，以人道反对神道，从而将人从宗教神学的蒙昧主义禁锢中解放出来。

尽管这一时期的人道主义者对“人”的阐释有所差异，但在他们的表述中却存在着以下几个共同之处：（1）确立人的主体性，肯定人在世界中的主体地位和价值，反对抬高神和贬低人的宗教愚昧主义，以人为中心的世界观取代以神为中心的世界观。莎士比亚的名言“人是宇宙的精华，万物的灵长”，以及在《哈姆雷特》中那段著名的独白，便典型地反映了这一思想：“人是多么了不起的杰作一桩！理性有多么高尚！才能是浑厚雄壮！姿态和风度是多么爽朗而值得夸奖！行动像天使一样，悟性似神明从天而降！世界上数你漂亮，您是动物的好榜样！”但丁甚至认为，“人的高贵，就其许多成果而言，超过了天使的高贵”[②]。这些言论无疑对宗教神学产生了巨大的冲击。（2）肯定人的自然欲求和俗世生活，反对宗教禁欲主义和来世观念。这一时期的人道主义者普遍认

① ［德］海德格尔：《海德格尔选集》（上），孙周兴译，上海三联书店1996年版，第365页。

② ［意］但丁：《论世界帝国》，朱虹译，商务印书馆1985年版，第4页。

为，生活的意义不在天国而在现世，不在遥远的将来而在当下，对当下俗世幸福的追求恰恰是对天国向往的最好表达。在《秘密》一文中，彼得拉克理直气壮地喊出："我不想变成上帝，或者居住在永恒中，或者把天地抱在怀抱里。属于人的那种光荣对于我就够了，这是我所祈求的一切。我自己是凡人，我只要求凡人的幸福。"在《论享乐是真正幸福》一书中，瓦拉则认为："和整个宇宙比较，我的生命，对于我来说，是更大的幸福。"①（3）主张自由平等和个性解放，反对宗教和封建等级制度，即人不仅天生具有意志自由，而且天然平等。但丁第一个肯定"人类是自由的"，"人类一旦获得充分自由，就能处于最佳状态"②。在《自由意志论》一书中，瓦拉认为，每一个人都有自己的思想自由，只有独立的个性自由，才能创造出人间的奇迹，造福于人；而那些禁欲，神秘的虚幻只会导致人类的灭亡。伊拉斯谟在《愚人颂》中提出，自由意志是属于人专用的名词，只有自由、快乐、知识和理性是组成道德与良心的重要因素。意大利人文主义先驱薄伽丘认为，人的贵贱不取决于等级，而取决于人的品德高低，我们人类是天生一律平等的，只有品德才是区分人的标准，发挥大才大德的人才当得起一个"贵"，否则就只能是"贱"。

总体而言，文艺复兴时期的人道主义虽然存在着一定的历史局限性，并且在理论论证上几乎全部从个人的主观欲望和现实需求出发，忽视人的社会性和历史性，却开辟了现代人道主义的先河；这一时期集中提出的一些关于"人"的基本观点及原则，不但构成了以后各种不同形式的人道主义学说的理论源泉，而且深刻地影响了以后西方整个思想文化和社会的发展。

---

① 转引自苗力田、李毓章：《西方哲学史新编》，人民出版社 1990 年版，第 213 页。

② ［意］但丁：《论世界帝国》，朱虹译，商务印书馆 1985 年版，第 16 页。

（三）启蒙运动时期

如果说人道主义在文艺复兴时期已具雏形的话，那么17、18世纪的欧洲启蒙运动则为人道主义的发展开辟了一片更为广阔的天地。伴随着资本主义生产方式的进一步发展，以及资产阶级力量的不断壮大，启蒙运动时期的思想家，如斯宾诺莎、孟德斯鸠、伏尔泰、卢梭、狄德罗、爱尔维修、霍尔巴赫、霍布斯、洛克等人，在批判继承文艺复兴时期人道主义的基础上，依据革命实践的需要，重新阐释了“人”的问题，并且在政治上以“人权宣言”的形式对人道主义予以充分的肯定，从而使其直接成为资产阶级反对封建主义的思想武器和革命意识形态。

与文艺复兴时期将人性理解为自然性不同，启蒙运动时期人道主义最大的特征在于它不仅从人与动物相区别的角度来理解人，而且还将理性视为人与动物相区别的根本依据，而且理性不仅构成了人的根本特性，也构成了衡量和审视世界一切存在的根本尺度。正如恩格斯所言，18世纪的世界是用“头”立地的世界。在这个世界里，任何事物都可以被怀疑，任何东西都可以被批判，万事万物都需要接受理性的裁决，人们只有相信理性的力量，依靠理性的判断，才能摆脱封建专制主义和宗教蒙昧主义的禁锢，从而最终建立一个自由、平等、博爱的理想社会。对此，孔多赛在《人类精神进步史表纲要》一书结尾处的一段话最能体现这一时期人们对于自身理性的信任，“这个时刻将会到来，那时候太阳在大地之上将只照耀着自由的人们，他们除了自己的理性而外就不承认有任何其他的主人；那时候暴君和奴隶、教士及其愚蠢而虚伪的工具，除了在历史之中和舞台之上而外就将不再存在；那时候除了惋惜他们的那些受难者和受骗者而外，除了由于恐惧他们的为所欲为而使自己保持着一种有益的警惕而外，人们就将不再关怀它们；并且在理性的压力之下人们就学会了识别和扼止迷信和暴政的最初的萌芽，假如它们胆敢一旦卷土重来的话”[①]。就此而言，如果将文艺复兴时期的人道主义称为自然主义的人道主义的话，那么启蒙运动时期的人道主义则可以称为理性主义的人道主义。

除此之外，理论和实践上所具有的鲜明政治色彩构成了这一时期人道主义的一个基本特征。与文艺复兴时期的人道主义将对封建等级制度的批判寓于对宗教蒙昧主义的批判之中不同，启蒙运动时期的思想家除了将矛头指向宗教神学外，在一开始就直接将矛头指向了封建等级制度。在他们提出的诸如“天赋人权”“生而平等”“自由平等博爱”“主权在民”等一些抽象人道主义口号之下，隐藏的却是具体而现实的政治诉求，那就是要打破封建专制，限制君主的权力，建立英国式的君主立宪制度，主张国家的一切都要按照法律来治理，从而为资产阶级寻求应有的政治地位。事实证明，这种政治批判不仅为资产阶级革命准备了理论前提，而且在实践中也确实对资产阶级最终推翻封建专制起到了巨大的推动作用。正因如此，较之文艺复兴时期的人道主义，这一时期的人道主义已走出了少数思想家的书斋，走向了社会大众，进而成为那个时代占统治地位的思想。

（四）德国古典哲学时期

受法国人的影响，在19世纪的德国古典哲学将理性引向极端和绝对的背景下（以黑格尔为代表），人道主义以一种特殊的形态展现在了人们面前，那就是费尔巴哈的人本主义哲学。与机械唯物主义者将人视为机器（拉美特利），以及绝对理性主义者将人视为虚无缥缈的精神实体（黑格尔）不同，费尔巴哈从人的自然属性出发主张将人的本质还原于人自身。

---

① ［法］孔多塞：《人类精神进步史表纲要》，何兆武等译，生活·读书·新知三联书店1998年版，第182页。

在费尔巴哈看来，真正的哲学唯一的、普遍的、最高的对象应当是人以及作为人的基础的自然界。“我的学说或观点可以用两个词来概括，这就是自然界和人。”[①]作为自然界不可分割的一部分，人不是抽象的理性存在而是有血有肉的感性存在，不是“我思故我在”而是“我感故我在”，人的本质只能从“感性的人”“现实的人”来界定。“我所吃所喝的东西是我的‘第二个自我’，是我的另一半，我的本质，而反过来说，我也是它的本质。因此，可喝的水，即能够成为血的组成部分的水是带有人的性质的水，是人的本质，正是因为人本身至少有一部分是具有含水的血和本质的含水的生物。”[②]将“感性的人”视为自身学说的出发点，并不意味着费尔巴哈否定理性在人的本质规定性中的地位。事实上，在费尔巴哈看来理性同样构成了人的本质的基本规定，“一个完善的人，必定具备思维力、意志力和心力。思维力是认识之光，意志力是品性之能量，心力是爱。理性、爱、意志力，这就是完善性，这就是最高的力，这就是作为人的绝对本质，就是人生存的目的”[③]。他所反对的只是抽象的理性，而非基于人的现实生存需要的具体理性。当然，费尔巴哈人本主义变革更重要的意义在于，他还从人的角度批判了宗教神学，以人学取代神学，以对人的崇拜取代对神的崇拜。在他看来，不是神创造了人，而是人创造了神，“人怎样思维，怎样主张，他的上帝也就怎样思维和主张；人有多大的价值，他的上帝也就有这么大的价值，决不会再多一些”[④]。可见，神学的秘密在于人学，神的本质在于人的本质，对神

① ［德］路德维希·费尔巴哈：《费尔巴哈哲学著作选集》下卷，中共中央马克思恩格斯列宁斯大林著作编译局译，商务印书馆 1984 年版，第 523 页。

② ［德］路德维希·费尔巴哈：《费尔巴哈哲学著作选集》上卷，商务印书馆 1984 年版，第 530 页。

③ ［德］路德维希·费尔巴哈：《费尔巴哈哲学著作选集》下卷，中共中央马克思恩格斯列宁斯大林著作编译局译，商务印书馆 1984 年版，第 27—28 页。

④ ［德］路德维希·费尔巴哈：《费尔巴哈哲学著作选集》下卷，中共中央马克思恩格斯列宁斯大林著作编译局译，商务印书馆 1984 年版，第 38 页。

的崇拜其实就是对人自己的崇拜，对神的爱其实就是对人自己的爱。由此，费尔巴哈提出要建立一种“爱的宗教”以替代“神的宗教”。因为爱是人类一切感情中最根本的感情，只有爱能证明人的感情存在，区别和维系“我”和“你”的关系，并使个体意识到自己是人类的一分子。

总而言之，与以往人们更多地从文化、价值、情感层面对人道主义作出阐述不同，费尔巴哈第一次把“人”从外部世界中独立出来作为一个自存的实体加以研究，并在哲学上对人道主义的本质、思维方式、内容结构等作了系统性的论证，从而使人道主义具有了较为完备的理论形态。这一切使费尔巴哈的人本主义哲学在人道主义发展史上具有了特殊的历史地位和重要影响。

（五）西方人道主义在当代

与近代人们多从理性主义的角度去阐释人道主义不同，在科学技术与人文精神、技术理性与价值理性日益成为现代西方工业社会最为突出的一对矛盾的背景下，20 世纪以来人道主义的发展更多地是在非理性主义思潮的框架中完成的，如意志主义、生命哲学、精神分析、存在主义、法兰克福学派等，由此产生了形态各异的人道主义。其中，影响较大的则是存在主义和法兰克福学派。

在《存在主义是一种人道主义》这本小册子中，萨特开宗明义地指出存在主义是一种人道主义，并对人道主义作出了两种类型的划分。第一种，“人们可以把人道主义理解为一种学说，主张人本身就是目的，而且是最高价值”[①]。在这种人道主义中，人有着先验的本质，是一个完成了的人。对人的这一理解，在萨特看来是荒谬的，因为存在主义者永远不会把人当作目的，人永远在形成当中，把人当作目的就有可能把人当作崇拜的对象。第二种，“人始终处于自身之外，人靠把自己投出并

① ［法］萨特：《存在主义是一种人道主义》，周煦良译，上海译文出版社 1988 年版，第 29 页。

消失在自身之外而使人存在；另一方面，人是靠追求超越的目的才得以存在”[①]。在这种人道主义中，人的本质不是先验给定的，从其出生开始，其本质就在不断地创造之中，人的一生就是一个通过自我选择不断超越自己和重新定义自己本质的过程。“人，不外是自己造成的东西，这就是存在主义的第一原理，这原理，也即所谓主观性。”“我们提醒人除了他自己外，别无立法者；由于听任他怎样做，他就必须为自己做出决定；还有，由于我们指出人不能返求诸己，而必须始终在自身之外寻求一个解放的或者体现某种特殊的目标，人才能体现自己是真正的人。”[②]这便是萨特所谓的真正的人道主义。不难看出，萨特对于“人”的理解是在颠覆以往先验人性论的基础上作出的，作为一种面向未来无限可能性的存在，人的本质并不能被任何东西先验地定义，而只能在对实际生存状况的体验中，通过不断地自我选择得到定义。简言之，不是“本质先于存在”，而是“存在先于本质”，一个人不可能是“他一开始就是什么”，而只能是“他将来会是什么”。由此，萨特为人的自由和超越在本体论上提供了一种有别于以往的全新论证，从而形成了一种新的人道主义理论，即存在主义的人道主义。

法兰克福学派作为20世纪西方思想舞台上的活跃分子，因其对资本主义制度尤其是资本主义文化和意识形态以及科学技术的批判而备受瞩目。由于其一方面研究马克思主义并以马克思主义的观点对西方工业社会出现的新情况和新问题作出新的阐释，另一方面在批判精神和批判方法上与马克思主义多有契合，也使其成为西方马克思主义最为重要的一支。其代表人物有霍克海默、马尔库塞、阿多诺、弗洛姆、哈贝马斯等。他们以人的自由和解放为目标，以异化概念为切入点，深入地批判

① ［法］萨特：《存在主义是一种人道主义》，周煦良译，上海译文出版社1988年版，第29页。

② ［法］萨特：《存在主义是一种人道主义》，周煦良译，上海译文出版社1988年版，第30页。

了西方工业文明社会中存在的种种不合理的现象，认为只有消除资本主义社会普遍存在的异化现象，才能还人以本真的生活，最终实现人的自由和尊严。“不健全的社会”（弗洛姆）、“单向度的人”（马尔库塞）、“总体异化的社会”（列斐弗尔）等概念，以及对消费主义、大众文化、生产方式、工具理性、异化劳动、技术暴力等的批判，无不反映法兰克福学派对于当代人类命运所倾注的关切，有着鲜明的人道主义色彩。某种程度上甚至可以说，在当代西方哲学流派中没有一个像法兰克福学派那样，将自身学说与现实社会的发展以及人的自由和解放紧密联系在一起的。

当然，除了存在主义和法兰克福学派之外，其他学说也对人道主义作了各自不同的阐述和发展。但无论人道主义在当代以何种理论形态表现出来，它们都有着如下一些共同的特点：首先，强调人、人性、人的本能和人的自在存在，把人的感性、欲望、意志放在第一位，以反理性主义取代古典哲学中的理性主义；其次，在看到科技发展和科技成果的同时，突出了科技发展对人及人性的抑制作用，针对科学主义提出了人本主义，要求消除人的异化；最后，实践层面，在对资本主义制度以及资本主义社会一切反人性的非人道主义行为进行无情揭露和批判的同时，也存在着对社会主义和马克思主义的曲解。

三、中国传统的人道主义思想

与西方人道主义所具有的悠久历史和丰富形态相比，人道主义思想在中国历史上的确显得相对贫瘠，但不能因此就说中国传统没有人道主义。事实上，在中国几千年的传统文化，尤其是儒家文化中蕴含着诸多人道主义的观点。

就思想内容来看，先秦时期孔子的“仁学”就十分重视“人”，尽管在《论语》中孔子对“仁”的定义很多，如“仁者爱人”“己欲立而立人，已欲达而达人”“己所不欲，勿施于人”等，但不论哪一种说法，“人”一直都是孔子“仁学”的立足点，抬高人的地位、肯定人的价值可以说是孔子学说的基本特征。同样，孟子的人性论和仁政说也都以“人”为对象和最终归宿，其人性论的核心是“人皆有不忍人之心”，仁政论的核心则是“有不忍人之心，斯有不忍人之政矣”[①]。先秦之后，儒家基本上多遵循着孔孟的思路，凡是立论，多不离人，即使在汉代董仲舒的“天人感应”说中，仍把人视为超然万物之上而最为天下贵者。至宋代，儒家虽大讲天道，如“存天理，灭人欲”“宇宙便是吾心，吾心便是宇宙”等，但最终目的还是说明人道，其出发点和落脚点依然是“人”。明末之后，儒家宣扬人的自然本性，肯定人的感性欲望和物质私利，提出了“穿衣吃饭，即是人伦物理”“天理寓于人欲”“人欲当处，即是人理”[②]等新观念。总而言之，儒家学说在相当程度上就是一门关于“人”的学说，其所蕴含的人道主义思想自不待言。

20 世纪初爆发新文化运动，可谓中国的启蒙运动。在这场举着道德革命和文学革命的旗帜，高扬民主、科学、自由之口号以反对封建礼教和专制的思想大解放运动中，拥有“自主自由之人格”的“现代人”的观念得以确立。新中国成立后，受“文化大革命”“政治挂帅”的影响，有关人道主义的讨论在阶级斗争中几乎被完全遮蔽，人道主义一度被简单地等同于资产阶级文化而遭到全盘否定，直至 1978 年后，随着改革开放序幕的开启以及 80 年代有关“人道主义和异化问题”大讨论的兴起，人道主义才由中国思想界的边缘逐步走向了前台。在这场大讨论中，王若水 1980 年发表的《人是马克思主义的出发点》一文起到了开路先锋的作用，之后有关人道主义的各种观点在思想界不断争鸣交

---

① 《孟子·公孙丑章句上》。

② 袁谷芳:《小仓山房诗文集》，上海古籍出版社 1988 年版，第 1573 页。

锋[1]，并最终以1983年胡乔木在纪念马克思逝世100周年大会上的《关于人道主义和异化问题》的讲话而告一段落。这次大讨论虽多指向过去，即主要从价值观的角度对我国历史上尤其是“文化大革命”中的非人道现象作出评判，却客观地使人们重新认识到了一度被忽略的“人的问题”的重要性，从而激发了后来直至今日中国学界进一步深入研究人道主义的热情。在某种程度上可以说，当代人们所熟知的“以人为本”便是人道主义在中国特色社会主义道路实践中的一种具体表现。

四、马克思主义的人道主义思想

自1932年马克思的《1844年经济学哲学手稿》公开发表以来，马克思主义与人道主义的关系以及马克思主义是否是一种人道主义的问题，就成为中外学界聚讼纷纭的一个热点问题。对此，萨特直言马克思主义存在一个“人学空场”，而这个空场有待西方人道主义来填补。迈耶尔、德曼等人认为人道主义是早期马克思主义最本质的特征，但到了晚期则有所退化，从而关闭了通向新人道主义的道路。持同样观点的还有阿尔都塞，在他看来，青年马克思和晚年马克思二者之间是断裂的，甚至在严格意义上马克思主义与人道主义是相反的。卢卡奇则认为不存在“两个马克思”，无论是青年马克思还是晚年马克思，其思想都是一致的，即人道主义的马克思，并在《历史和阶级意识》一书中第一次提出了“马克思的人道主义”概念，以区别于以往的资产阶级人道主义学说。“正是在这里马克思的人道主义彻底地同以往所有的人道主义分道扬镳了，尽管乍一看二者是极其相似的。”[2]与卢卡奇相似，弗洛姆

---

① 20世纪80年代初有关“人道主义与异化问题”大讨论的各方观点，可参阅人民出版社1981年出版的《人是马克思主义的出发点——人性、人道主义问题论集》以及1982年出版的《关于人的学说的哲学探讨》。

② 卢卡奇：《历史和阶级意识》，重庆出版社1989年版，第216页。

也认为马克思主义的实质是人道主义，“《资本论》和马克思的其他的著作（如《黑格尔法哲学批判》，1844 年版）已经提供了看清马克思的人本主义思想的充分基础”[①]。除此之外，马尔库塞、梅洛·庞蒂、加罗蒂、塞夫等人也都认为马克思主义是一种人道主义。那么，马克思主义究竟是不是人道主义？如果是，马克思主义的人道主义与以往的人道主义又有哪些不同呢？要回答这些问题，还得回到马克思主义本身。

通常人们将《1844 年经济学哲学手稿》（以下简称《手稿》）中的这段话视为马克思对人道主义的经典表述，即“共产主义是私有财产即人的自我异化的积极扬弃，因而是通过人并且是为了人而对人的本质的真正占有；因此，它是向人自身、向社会的（即人的）人的复归，这种复归是完全的、自觉的而且保存了以往发展的全部财富的。这种共产主义，作为完成了的自然主义，等于人道主义，它是人与自然界之间、人与人之间的矛盾的真正解决，是存在和本质、对象化和自我确证、自由与必然、个体和类之间的斗争的真正解决”[②]。在很多西方学者看来，《手稿》对人道主义的阐释甚至构成了整个马克思主义学说的最高峰。这种认识虽失之偏颇但不无道理，因为贯穿《手稿》始终的“异化劳动”概念，从根本上说就是关注人的命运，探究人受奴役的根源，从而寻求人自由解放的道路。然而，就此断定只有早期马克思主义才是人道主义不免武断。事实上，正是在《手稿》之后的著作中，马克思对人道主义作出了系统的论述，并完成了对费尔巴哈人本主义的超越。如在《神圣家族》中，马克思已经意识到正是人的劳动实践创造了历史，提出了“现实的人”的概念，认为只有从人对物质生活资料的社会需求出发才能理解人的本质。作为“新世界观的天才萌芽的第一个文件”，《关

① 弗洛姆：《马克思关于人的概念》，载《西方学者论〈一八四四年经济学—哲学手稿〉》，复旦大学出版社 1983 年版，第 80 页。

② 马克思：《1844 年经济学哲学手稿》，人民出版社 2000 年版，第 81 页。

于费尔巴哈的提纲》(以下简称《提纲》)不仅标志着马克思主义的真正诞生，而且“第一次自觉地、有策略地真正打破旧有的人本主义异化史观逻辑……正是它，导致了马克思思想的第二次重大转变——马克思主义哲学新视界最初地平之呈现”[①]。在《提纲》中，马克思将人的本质界定为“不是单个人所固有的抽象物，在其现实性上它是一切社会关系的总和”[②]。这一界定区别于其他任何试图以实体的方式对人的本质的理解，不仅使马克思在人的本质观上同费尔巴哈划清了界限，而且以一种全新的哲学思维方式取代了费尔巴哈人本主义的思维方式。在创作《德意志意识形态》期间，马克思则全面地批判了费尔巴哈的人本主义，并由此揭露了费尔巴哈旧唯物主义背后隐藏的唯心主义历史观。在马克思看来，从那种与社会历史毫无关系的单纯的“自然人”抽象出来的人的类本质只能是一种空洞的抽象，人的本质只能在其生存的具体历史境遇中得到界定，即“个人不是他们自己或别人想象中的那种个人，而是现实中的个人，也就是，这些个人是从事活动的，进行物质生产的，因而是在一定的物质的、不受他们任意支配的界限、前提和条件下活动着的”[③]。《德意志意识形态》后，马克思“现实的人”的形象日益丰满，至《共产党宣言》时期，马克思提出了“人的全面发展”的概念，并进一步指出了实现这一目标的具体路径——无产阶级革命。在某种程度上可以说，通过无产阶级革命推翻资本主义剥削制度，进而摆脱异化最终实现人的自由全面发展，是马克思主义的人道主义同其他一切人道主义相区分的基本原则，也是马克思主义的人道主义的最本质特征。

由此可见，马克思主义对以往人道主义的超越，并非从原则上否定传统人道主义关于人之自由、解放、价值、尊严等的设想，其所否定的

---

① 张一兵:《回到马克思》，江苏人民出版社 2005 年版，第 353 页。

② 《马克思恩格斯选集》(第 1 卷)，人民出版社 1995 年版，第 60 页。

③ 《马克思恩格斯选集》(第 1 卷)，人民出版社 1995 年版，第 71 页。

是以往人道主义不切实际的幻想，它不再纠缠于一般人道主义的阐述而单独构建所谓的人的本体论和价值论，而是脚踏实地地以科学的态度探索实现人道主义的现实途径。就此而言，马克思主义的人道主义是最彻底的人道主义。

第二节　军事人道主义

一、军事人道主义的历史考察

军事人道主义是人道主义在特殊境遇下的表现形式，是人类社会发展到阶级社会、战争伊始的伦理要求，是人道主义在军事、战争中的具体体现，既体现了人道主义在人类活动中的不断深入，又体现了战争作为当今社会的一种暴力形式而具备了更符合文明的发展形态。可以说，军事人道主义是人类文明发展的产物，梳理分析中西方两大文化传统中所孕育的军事人道主义的精神，对于当今军事活动的实践与发展、马克思主义的人道主义深入贯彻等都有积极的启示。

（一）西方文化传统中的军事人道主义

从军事人道主义的内容特质来看，西方文化传统中的军事人道主义主要分为萌芽、发展与成熟三个阶段。萌芽阶段主要体现在古希腊古罗马时期。这一时期随着希波战争、伯罗奔尼撒战争、底比斯对抗斯巴达的战争等陆续地展开，人道主义伴随着军事思想也一同进入了先哲们的思考之中。在修昔底德的《伯罗奔尼撒战争史》中，记载了大量的有关军事人道主义的论述，其中一个典型的战例就是底比斯人对普拉底亚人在战争中的非人道行为的谴责。书中记载："我们当中的一些人，在交战中被你们杀害了，对此我们没有那么伤心，因为这样做还有一定的正义性，但是对于其他的人——他们已经伸出手来，向你们乞怜，随后你们也承诺不杀害他们，你们还是非法地把他们屠杀了。这难道不能算做十恶不赦的罪刑吗？”[①] 同样，古希腊思想家西塞罗也曾经说过：“至于战争，涉及战争的各种人道的法律，在宗教的全面保障下，明载于罗马人的关于宣战和缔结合约的法典中。”[②] 这一时期由于战争的不断发展，关于军事人道主义的论述非常多，以至于格劳秀斯甚至用赞赏的口吻说：“在历史，尤其是罗马史中，符合人道的事例俯拾皆是；只要降服进贡，土地就归还给被征服者。”[③]

西方军事人道主义的发展与成熟出现在文艺复兴时期，伴随着宗教改革和激烈的宗教战争，人道主义思想也进一步丰富与发展起来。当时的一些思想家继承了古希腊古罗马时期的军事人道主义思想，并对此作出了更为深入的阐发。其中以格劳秀斯与卢梭为代表，二者分别从自然法理论与社会契约论角度对西方军事人道主义进行了系统的思考。格劳秀斯在其著作《战争与和平法》中运用大量的篇幅阐明了交战双方应该遵守的战争原则，强调军事人道主义应是在战争中的一种“容忍”。他说：“这种在战争中的容忍不仅是对正义的献礼，也是对人道的献礼，对节制的献礼，对灵魂之伟大的献礼。”[④] 卢梭则在《社会契约论》中指出：“战争绝不是人与人之间的关系，而是国与国之间的关系；在战争中，个人与个人绝不是以人的资格，甚至也不是以公民的资格，而只是以兵士的资格，才偶然成为仇敌的；他们绝不是作为国家的成员，而只是作为国家的保卫者。”[⑤] 格劳秀斯与卢梭都是将军事人道主义建立在理

---

① ［古希腊］修昔底德：《伯罗奔尼撒战争史》，广西师范大学出版社 2004 年版，第 172 页。

② ［古希腊］西塞罗：《论老年论友谊论责任》，商务印书馆 1998 年版，第 106 页。

③ ［荷］格劳秀斯：《战争与和平法》，何勤华译，上海人民出版社 2005 年版，第 446 页。

④ ［荷］格劳秀斯：《战争与和平法》，何勤华译，上海人民出版社 2005 年版，第 435 页。

⑤ ［法］卢梭：《社会契约论》，何兆武译，商务印书馆 2003 年版，第 14 页。

性主义的基础上，对其进行分析，这为其后国际法体系对军事人道主义的约定奠定了理论基础。

1864 年在日内瓦外交会议上通过的《改善战地武装部队伤者境遇公约》，1906 年制定的《改善战地伤者病者境遇的日内瓦公约》，1907 年第二次海牙和平会议颁发的《海牙陆战法规和惯例公约》，1925 年在国际联盟的倡议下和红十字国际委员会的鼓动下缔结的《日内瓦毒气议定书》，1929 年红十字国际委员会召开外交会议制定的《关于战俘待遇的日内瓦公约》，1948 年联合国通过的《种族灭绝公约》等，都体现了国际法体系中对军事人道主义的发扬与遵守。正是由于这些国际法的约束，当今任何战争形式都不得不顾忌人道主义的约束。比如，在海湾战争中，西方联军的空军部队特别要求作战人员必须仔细甄别准备攻击的目标，不仅要避免民用设施和平民的损失，还要更加小心地避免破坏清真寺、宗教圣地、古迹等。为此，对军民两用设施的攻击常在夜间实施，因为夜间在该设施内的执勤人员和外面的行人较少。

（二）中国传统文化中的军事人道主义

中国传统文化本身就是注重“道”与“德”的文化，因此在中国传统文化中自古就不乏对军事人道主义的论述与见解。其中关于“义战”“仁战”“以和为贵”的思想，为中国乃至世界军事人道主义的发展都提供了值得借鉴的智慧与价值。

提倡义兵。《吕氏春秋》中主张：“兵苟义，攻伐亦可，救守亦可；兵不义，攻伐不可，救守不可。”[①] 意思是说，如果战争出于道义，就既可以进攻又可以防守，否则既不可以进攻，又很难防守。据此，吕不韦在组织人编写此书的时候，将“义兵”比作“良药”，称其：“夫有以食噎死者，欲禁天下之食，悖；有以乘舟死者，欲禁天下之船，悖；有

① 《吕氏春秋·禁塞》。

以用兵丧其国者，欲偃天下之兵，悖。夫兵不可偃也，譬之若水火然，善用之则福，不能用之则为祸。若用药者然，得良药则活人，得恶药则杀人。义兵之为天下良药也亦大矣。”[①]可见在古人看来，既然战争不可避免，就要将战争的危害降到最低，这样既可以以暴制暴，又能达到利于人类福祉的目的。

提倡义战。义战是我国古代军事人道主义的具体表现形式之一。既然战争不可避免，就要最大限度地降低危害，因此义战首先就要慎战。《论语·述而》记载：“子之所慎，齐，战，疾。”在孔子看来，战争和斋戒、疾病一样，都是要慎重对待的，不可轻举妄动，草率应备。孔子认为，战争关系到国家的存亡、百姓的生死，因此要精心谋划准备，全面布局思考，不能凭借一时冲动，草率出兵，否则就是陷国君于不义，陷百姓于危难。《论语·述而》记载了孔子和子路的一段对话，子路曰：“子行三军，其谁与？”子曰：“暴虎冯河，死而无憾者，吾不与也。必也临事而惧，好谋而成者。”这句话就充分表明了孔子对待战争的慎重态度。义战思想还体现在“军旅有礼，武功成也”[②]的“以礼治军”的思想。在孔子看来，对待战争要慎重，对待治军也要慎重，不能一味提倡军不怕死的思想，而是要合乎礼节、讲究信义、以义为上。孔子认为：“君子以义为上，君子有勇而无义为乱，小人有勇而无义为盗”，如果不用有一定约束的礼义来治军，还没有打仗，军队就乱了，打起仗来也会是暴军滥杀。因此，义战还强调官兵的德行修养，主张武将必须将暴力与道德相结合，一方面以德治军，另一方面以德指战。《周易》师卦就主张：“师，贞丈人，吉，无咎。”意思就是主张军队必须由有德行的长者来指挥。有德行的武将，能指挥一场收获民心的战争；无德行的武

① 《吕氏春秋·荡兵》。

② 《礼记·仲尼燕居》。

将，却只能导致“至今野火野昏黑，天阴鬼哭声嘈嘈”的人间惨剧。中国传统文化中不提倡悍将、枭雄，而推崇“儒将”就是基于此。从这一方面来看，“义战”就是将道德融入战争，战争的主体也不仅要“执干戈以卫社稷”，还要具备“杀身成仁”“舍身取义”“明辨是非”的道德修养。这恰恰是中国传统文化中的军事人道主义。

提倡爱卒爱民。民本思想是中国传统文化中的重要组成部分，因此受民本思想的影响，在战争中爱惜兵士、体恤百姓也是中国古代军事人道主义的重要组成部分。《史记》中就记载战国时期吴起为将时，“与士卒最下者同衣食，卧不设席，行不骑乘，亲裹赢粮与士卒分劳苦”的故事。孙子更是认为战争中将帅者不应该将士卒当作战争的工具，而是应该当作自己的孩子来看待。《孙子兵法·地形篇》直言：“视卒如婴儿，故可与之赴深溪谷；视卒如爱子，故可与之俱死。”孙子还认为在战争中应该珍惜民力和民财，重民、信民。在孔子看来，以民为本才能得到百姓的拥护，通过战争来保障基本生活权利，也恰恰是最大的以民为本，这样的战争就体现出对百姓的“义”，战争也能得到百姓的支持，因此，在先秦儒家看来，义战还必须是民心一致的战争。人民自愿参与的战争一定能够获胜。孔子提倡“教民以战”“以生道使民”“虽死而不怨杀者”，就是要百姓具备战争的能力和本领，让百姓可以通过战争保护自己的利益，所以“以不教民战，是谓弃之”[①]。孔子主张的“善人教民七年，亦可以即戎矣”，一方面是从爱民保民的立场出发，另一方面也是以百姓意愿作为考量，能否获得民心的要件。荀子主张：“凡用兵，攻战之本，在乎一民。”[②]因为在荀子看来，“水火有气而无生，草木有生而无知，禽兽有知而无义。人有气，有生，有知，亦且有义，故为天下

① 《论语·子路》。

② 《荀子·议兵》

贵也”。所以荀子主张“善附民”，荀子说：“善附民者，是乃善用兵也。故兵要在乎附民而已。”[①]并以汤灭桀、武王灭纣之例说明汤武系因获得人民支持而获胜。荀子说：“士民不亲附，则汤武不能以必胜。”所以在古代先哲们来看，战争必须以爱民、仁义为本，否则即便胜了，民心也不会拥护，统治地位也不牢固。

（三）军事人道主义的现实境遇

近年来，局部战争不断，以较近爆发的美英对伊拉克的战争、阿富汗的战争为代表，“注重人道主义保护，防止人道主义灾难的发生”成为联合国乃至国际社会普遍关注的重点。军事人道主义在现代战争中迅速发展，又反作用于战争，制约着交战双方的行为，影响着现代战争发展的方向。

如前文所述，军事人道主义可以追溯至远古，当时只是作为一种道德上的约束，并没有上升到法律意志。军事人道主义上升到法律意志是在 19 世纪五六十年代，伴随着两次世界大战的战争实践得以迅速发展。《日内瓦公约》和两个“议定书”的确定标志着军事人道主义上升为法律意志，进而成为国际人道主义的重要内容。《日内瓦公约》即 1864 年的《改善战地武装部队伤者境遇公约》，两个“议定书”即作为《日内瓦公约》补充的《第一附加议定书》《第二附加议定书》，其保护对象只限于战争中的伤者和病者，但是随着第一次世界大战中国际社会对战俘境遇的关注，在 1929 年日内瓦会议上又重新制定了《关于战俘待遇的日内瓦公约》。第二次世界大战期间，随着战争范围的空前扩大与战争危害的进一步显现，原有的《日内瓦公约》已经无法满足现实的发展而需要进一步完善。于是在 1949 年 4 月至 8 月召开的日内瓦会议上，各参战国针对第二次世界大战中存在的实际问题，又进一步完善并制定了

① 《荀子·议兵》。

《1949年日内瓦四公约》，即《改善战地武装部队伤者病者境遇的日内瓦公约》（第一公约）、《改善海上武装部队伤者及遇船难者境遇的日内瓦公约》（第二公约）、《关于战俘待遇的日内瓦公约》（第三公约）、《关于战时保护平民的日内瓦公约》（第四公约）。这四个公约的订立，把国际人道主义保护对象从陆战中的伤病员、海战中的伤病员和遇船难者、战俘一直推及战争中受到威胁与危害的平民。

1949年以后区域战争取代了世界战争，一直到现在成为军事战争的主要表现。与以往战争相比，区域战争主要有两个变化：一是制约战争发起的约束增强。在现代国际社会中，联合国的地位日益加强，因此在联合国框架内行使国家权力成了现代国际社会的主要特征之一。就战争而论，禁止战争、禁止使用武力和以武力相威胁已成为联合国组织及其会员国的行动原则之一，战争从以往以国为主体的随意发动，成了受制于联合国的一种权利。根据联合国的规定，允许进行战争的情形只有三种，即联合国安理会授权采取的军事行动、个别或集体地行使自卫权的战争和民族解放战争。《联合国宪章》对战争的合法性制定了评判标准，战争是有条件存在的，如果一个国家发动战争，不符合上述三种情况，将受到世界各国的谴责和制裁。因此，为了避免在国际舆论中不利的局面，现代战争多以局部战争、国内（外）武装冲突的形式出现。而国际人道主义法是针对传统国际法中战争所制定的，在国内武装冲突中是否适用、如何适用等成为问题。二是随着科学技术的发展，先进的武器装备大量地运用于现代战争中。不同于以往的热兵器，新型武器毁伤威力超常，导致了更大规模的平民伤亡及财物的毁坏，尤其是一些生化武器的使用，使战争的危害不仅呈现在短期的交战中，而且危害持续时间更长，破坏性更大。

在这种形势下，1974—1977年召开的关于《重申和发展适用于战争与武装冲突的国际人道主义法》的外交会议，一致通过了《1949年日内瓦四公约附加议定书》、《1949年8月12日日内瓦公约关于保护国际性战争与武装冲突受难者的附加议定书》（日内瓦第一议定书）、《1949年8月12日日内瓦四公约关于保护非国际性战争与武装冲突受难者的附加议定书》（日内瓦第二议定书）。两个议定书为了有效地保护战争与武装冲突中的受难者，根据现代战争的需要，对国际人道主义法进行了相应的调整、补充和发展，尽可能地扩大公约的适用范围，形成了完整的日内瓦公约体系。日内瓦公约体系的签订，突破了以往传统国际法意义上的战争，将任何其他形式的战争或武装冲突，纳入到公约约束的范围之中，从而避免了任何一方以未经宣战和战争状态不存在为借口而拒绝遵守公约规定的义务；同时打破了国际公约中所谓的“普遍参加条款”限制，防止了未参加公约的交战一方由于不需要承担公约规定的义务，从而做出破坏公约的行为。同时，日内瓦公约体系还对战争时间作了最大限度的约定，一般国际公约适用于和平时期，国际人道主义法则主要适用于战争和武装冲突期间。在和平时期，一般国际公约在其履行方面的迫切性不太突出，非缔约国如果愿意受公约的拘束，可以经过正常的缔结条约的程序，与其他缔约国建立条约关系。然而，战争与武装冲突一发生，马上就出现保护战争受难者的问题，因此，有关国际人道主义法的公约特别作出例外的规定。同时，日内瓦公约体系还对战争性质作了补充，认为只要存在着内战和普遍敌对行为，只要交战团体占领并在某种程度上有秩序地管理和控制着相当大的一部分国家领土，只要一个负责当局指挥之下的作战团体遵守作战规则，则第三国就有明确对待这种内战的实际需要，所以国际法有承认交战团体的地位及其权利和义务的原则和规则。对于内战，在反政府武装团体被承认为交战团体的情况下，于一定的限度内，战争与武装冲突规则是应该适用的。1949年的日内瓦公约的共同第3条第一次明文规定了《日内瓦公约》对内战或非国际性战争与武装冲突的适用。1977年两个附加议定书扩大了《1949年日内瓦四公约》共同第3条规定的适用范围。第一附加议定书第1条规定，在对殖民统治和外国占领以及对种族主义政权进行作战的战争与武装冲突中，也适用国际人道主义法，第二附加议定书则是唯一专门保护非国际性战争与武装冲突受难者的国际法律文件，它发展和补充了《1949年日内瓦四公约》共同第3条规定的内容。

日内瓦公约体系适用于以联合国名义部署在世界各地的维持和平部队的行为。20世纪90年代，在索马里、卢旺达和波黑执行维和任务的部队多次卷入了当地的战争或武装冲突之中，他们不仅动用武力进行自卫，而且做出了一些超出其权力范围的行为，如侵犯当地居民和战俘的人权。而联合国是一个国际组织而不是一个主权国家，无法在日内瓦公约体系的法律文件上签字。为了使国际人道主义法无一例外地适用，1999年8月10日联合国秘书长安南签署了一项于当月12日生效的行政命令，规定日内瓦公约体系的所有规定同样适用于以联合国名义部署在世界各地维和部队的行为，使得军事人道主义不仅约束了国家之间的行为，而且对执行人道干预的国际维和部队也进行了进一步的约束。

20世纪90年代以来，作为军事人道主义在国际军事活动中的主要约束，国际人道主义法成为战争中世界各国评判交战双方军事行动性质的主要依据，在现代战争中发挥着越来越重要的作用。具体来看，国际人道主义法主要有以下两个要求：

一是强调在战争中要区分战斗员与非战斗员，区分民用目标和军事目标，攻击应直接针对军事目标。被攻击的属于民用目标，如平民、平民居住区、教堂、红十字救助及设备或受保护文物等，则破坏了区分原则。

战争是暴力行为，是国家之间为了彼此制服而进行的武力争斗。根据军事必要原则的要求，取得军事效益是战争的首要目的，所以战争中应集中一切优势兵力打击对方的军事目标。而对民用目标的袭击，不仅浪费昂贵的武器弹药、贻误战机、对军事效益无益，而且会不利于本国的国际形象，遭到国际社会的谴责与反对，使交战方处于非议与非义的境遇。因此对战争目标的界定，不仅有利于交战国的军事双方，而且有利于交战国的平民。国际人道主义法关于战争目标的区分原则，促使在现代战争中，交战各方都十分重视军事目标的选定，在战前都会花费相当长的时间进行军事目标的侦察、选定，严格将攻击目标限制在敌方的政府首脑、军事指挥控制系统、信息系统及作战人员之中，客观上起到了控制战争范围，缩小战争危害性的作用。同时，国际人道主义法对于民用目标、人类文化遗产的保护，以及关于附带伤亡比例的限制，与武器精确度的要求，也促进了科学技术的迅速发展。可以说在这一点上，国际人道主义法为世界和平与发展作出了贡献。

二是国际人道主义法对作战手段和方法进一步作出了人道主义规定。战争的最直接目的在于消灭敌人的有生力量，“应满足于使最大限度数量的敌人失去战斗力”的要求。根据军事必要原则，交战方有权利集中一切优势兵力摧毁敌方的军事目标。国际人道主义法承认军事必要的要求，但强调“禁止过度伤害，禁止造成不必要的痛苦”。国际人道主义法认为，既然战争的最直接目的是消灭敌人的军事力量，那么在战场上只要以正常的手段能将敌人杀伤，使其减少到不能再继续进行战争或武装冲突的状态即可；如果使用某种武装，致使受战双方在战争停止之后，仍长期持续性地遭受痛苦，则是已超出作战目标，因而是不必要的，应予以避免和禁止。1977 年对《1949 年日内瓦公约》的第一附加议定书第 35 条规定：“一、在任何武装冲突中，冲突各方选择作战方法和手段的权利，不是无限制的。二、禁止使用属于引起过分伤害和不必要痛苦的性质的武器、投射体和物质及作战方法。三、禁止使用旨在或可能对自然环境引起广泛、长期而严重损害的作战方法或手段。”“禁止不必要的痛苦”原则有两个方面的要求：一是对于军事目标可以进行打击，但是在打击的同时，应对用什么武器打、采取什么方法打、在什么时间打等方面进行选择。禁止使用不能进行目标识别的大规模杀伤性武器和禁止使用滥杀滥伤性武器，禁止使用达姆弹（进入人体后会引起爆炸的子弹）和任何其主要作用在于以碎片伤人而其碎片在进入人体后无法用 X 射线检测的武器。二是禁止对已经脱离战斗、不具有战斗力的作战人员进行伤害，而应当接受他们的投降，并进行救助。因为这些人已脱离战斗，不具有战斗力，对他们继续打击已经不具有军事价值。正如卢梭在《社会契约论》中所说的，由于战争的目的是使敌国屈服，士兵有权消灭该敌国武装的保卫者；然而只要敌国的武装人员放下武器并且投降，就不再是敌对人员或敌国政策的工具，他们就又回到原来意义上的人（即平民百姓）。在这种情况下，任何其他人再没有杀死他们的权力。

第二次世界大战以后，限制作战手段和方法的法规相继订立：1972 年 4 月 10 日《禁止细菌（生物）及毒素武器的发展、生产及储存以及销毁这类武器的公约》，1980 年 10 月 10 日《联合国禁止或限制使用某些可被认为具有过分伤害力或滥杀滥伤作用的常规武器会议最后文件》，1992 年《关于禁止发展、生产、储存和使用化学武器及销毁此种武器的公约》等，这些法规在世界和平力量的支持下，在世界格局的影响下，在一定范围内限制了大规模杀伤性武器在现代战争中的使用。

综上所述，尽管东西方由于历史传承、文化背景的差异，对军事人道主义有着各自不同的诠释，但有一点是相通的，那就是在对战争进行道德评判时都将“人”（人的本性、生命、价值、自由、权利等）作为一个重要的因素纳入了考量范围。或许正是因为这一点，人们才能够在错综复杂的国际政治环境中对人道主义作出一个较为直观的判断，从而伴随着人道主义在军事战争中的运用进而愈加完善。军事人道主义将会越来越影响着现代战争交战双方的交战意念及作战方式，影响着世界各国对交战双方行为的评价及对应措施。坚信在不久的将来，军事人道主义必然会更加改进现代战争的表现形态与发展方向，成为现代战争在国际法中运用最受约束的一项。

二、军事人道主义的伦理要求

就现实角度而言，由于战争所带来的厮杀和破坏无可避免，绝对的人道主义不可能完全适用于所有战争。因此与通常人们所理解的人道主义不同，战争中的人道主义有其自身特殊的规定性，即为了最大限度地减轻战争给人类社会带来的灾难而不得不采取的一种最低限度的人道主义原则。简单来说，所谓战争中的人道主义就是一种在战争这种无可避免的“恶”中求得最大“善”的基本原则。在此需要强调的是，人道主义作为评判战争是否正义的一条基本准则，决定了军事人道主义一般只存在于正义战争中，在非正义战争中一般不存在所谓的战争人道主义。

从有关军事人道主义的梳理中可知，作为规范具体战争行为以及评判战争正义性的一条基本原则，军事人道主义有着久远的历史，但现代意义上的军事人道主义则兴起于19世纪中叶，在两次世界大战后得到了迅速的发展。总体来说，现代军事人道主义最核心的思想就是“保护”①，即在战争中，冲突各方均应对“不参与冲突的平民（无论其种族、国籍、信仰如何）”和“国家”以及“那些受到或可能受到武装冲突影响的人员和物体”给予切实保护。具体而言，这一思想主要体现在以下三个方面：

第一，保护平民和民用物体。作为非参战人员的平民，其生命和财产并不构成战争的有机组成部分，战争的实质目标是打击对方参战人员

---

① 邱美荣、周清：《“保护的责任”：冷战后西方人道主义介入的理论研究》，载《欧洲研究》2012年第2期。

和军事设施，“杀害无辜非战斗员是非法的，因为进行正义战争的依据是遭到侵害，既然无辜者未做出侵害行为，军事行动就不得以他们为目标”①。如日内瓦第四公约《关于战时保护平民之日内瓦公约》约定：处于冲突一方权力下的敌方平民应受到保护和人道待遇，包括准予安全离境，保障未被遣返的平民的基本权利等；禁止破坏不设防的城镇、乡村；禁止杀害、胁迫、虐待和驱逐和平居民；禁止体罚和酷刑；和平居民的人身、家庭、荣誉、财产、宗教信仰和风俗习惯，应受到尊重；禁止集体惩罚和扣押人质等。②

第二，保护伤病者和遇难者。伤病者虽是参战人员，但由于肉体或精神上的创伤或疾病需要医疗救助，实际上已经停止了作战行为不再构成威胁，因而应该享有普通人的人道待遇。如日内瓦第一公约《改善战地武装部队伤者病者境遇之日内瓦公约》约定：确认敌对双方伤病员在任何情况下应该无区别地予以人道待遇的原则；禁止对伤病员的生命和人身施加任何危害或暴行，特别是禁止谋杀、酷刑、供生物学实验或故意不给予医疗救助及照顾；医疗单位及其建筑物、器材和人员不受侵犯，但应有明显的白底红十字或红新月及红狮与日标志。日内瓦第二公约《改善海上武装部队伤者及遇船难者境遇之日内瓦公约》则结合海战特点，规定了海战中保护伤病员、医院船及其人员的特殊原则和规则。

第三，保护战俘。战俘虽为战争的有机构成部分，但其被俘期间实际已退出了战斗和放弃了抵抗，因而应该受到平民所享有的人道待遇。如日内瓦第三公约《关于战俘待遇之日内瓦公约》规定：战俘是处在敌国国家权力管辖之下，而不是处在俘获他的个人或军事单位的权力之下，因此拘留国应对战俘负责；战俘在任何时间均须受人道的待遇和保

---

① 朱之江：《现代战争伦理研究》，国防大学出版社 2002 年版，第 117 页。

② 有关《日内瓦公约》的相关内容和规定具体参见 http://news.xinhuanet.com/ziliao/2003-03/23/content_793664.htm。

护，不得对战俘加以肢体残伤或供任何医学或科学试验，不得使其遭受暴行或恫吓及侮辱和公众好奇心的烦扰，禁止对战俘施以报复措施；战俘的自用物品，除武器、马匹、军事装备和军事文件外，应仍归战俘保有；战俘的住宿、饮食及卫生医疗等应得到保障；对战俘可以拘禁，但除适用的刑事和纪律制裁外不得监禁；纪律性处罚不得非人道、残暴或危害战俘健康；不得命令战俘从事危险性和屈辱性的劳动；对战俘不得施以肉体或精神上的酷刑或以任何其他胁迫方式来获得任何情报；战事停止后，应立即释放或遣返战俘，不得迟延；在任何情况下，战俘均不得放弃公约所赋予的部分或全部权利等。

除了基于作战对象的区分原则而作出的上述规定外，基于“不必要的痛苦”的适度原则，正义战争理论在作战手段和方法上，也有着一系列的人道主义要求。概括起来就是：在战争无法避免的情况下，应本着对整个人类社会长远利益负责的精神，尽量使用常规武器，不使用生化武器、核武器等对人类社会和自然界造成巨大与持久伤害的武器。比如1977年的《日内瓦公约第一附加议定书》就对作战手段和方法提出了三项基本要求：一、在任何武装冲突中，冲突各方有选择作战方法和手段的权利，但不是无限的；二、禁止使用属于过分伤害和不必要痛苦性质的武器、投射物及作战方法；三、禁止使用旨在或可能对自然环境引起广泛、长期而严重损害的作战方法和手段。

上述军事人道主义原则在国际社会尽管已成为越来越多人的共识，但在现实战争尤其是现代战争中也面临着各种困境。以作战对象的区分为例，军事人道主义要求保护平民和民用设施，然而在现实的战争中不可避免地会伤及二者；同时由于科学技术和作战方式的不断进步，传统的前线与后方的界线变得越来越模糊，这也为准确识别作战对象，区分民用设施与军用设施带来了较大的困难。此外，强权政治和霸权主义的存在，也使人道主义往往成为某些国家为达到自身军事政治目的而干涉他国内政的借口，从而很难在人道主义与干涉内政之间找到一个恰当的平衡点。但无论如何，人道主义作为自古以来正义战争中的一条基本原则，促使人们去认真思考战争的最终目的是什么，即便在战争无法避免，永久和平难以实现的情况下，它依然可以引导人们努力实现一种对人类社会和自然界最低伤害和最长时间的和平状态。

第三节　以人民为中心与能打胜仗

一、以人民为中心

从经典马克思主义者的人道主义思想到以人民为中心思想的发展，本身就是马克思主义中国化的过程。在这一过程中，我们党将马克思主义的人道主义的内涵与中国社会主义现代化的实践相结合，进一步深化了对马克思主义的人道主义的认识与研究，告别了抽象的人的自由和解放的理念，形成了独具中国特色的以人民为中心理论。

习近平总书记指出："坚持以人民为中心的发展思想。维护人民根本利益，增进民生福祉，不断实现发展为了人民、发展依靠人民、发展成果由人民共享，让现代化建设成果更多更公平惠及全体人民。"[①] 正是由于我们深入贯彻以人民为中心的发展思想，在幼有所育、学有所教、劳有所得、病有所医、老有所养、住有所居、弱有所扶上持续用力，人民生活全方位改善。人均预期寿命增长到七十八点二岁。居民人均可支配收入从一万六千五百元增加到三万五千一百元。城镇新增就业年均一

① 习近平：《高举中国特色社会主义伟大旗帜　为全面建设社会主义现代化国家而团结奋斗：在中国共产党第二十次全国代表大会上的报告》，人民出版社 2022 年版，第 27 页。

千三百万人以上。建成世界上规模最大的教育体系、社会保障体系、医疗卫生体系，教育普及水平实现历史性跨越，基本养老保险覆盖十亿四千万人，基本医疗保险参保率稳定在百分之九十五。及时调整生育政策。改造棚户区住房四千二百多万套，改造农村危房二千四百多万户，城乡居民住房条件明显改善。互联网上网人数达十亿三千万人。人民群众获得感、幸福感、安全感更加充实、更有保障、更可持续，共同富裕取得新成效。①

西方也有关切人的思想。在西方思潮中，人本主义的思想最早起源于古希腊。当时的智者代表人物普罗泰戈拉提出“人是万物的尺度”，这是西方思想史上有记载以来最早对人自身的肯定。柏拉图继承了苏格拉底的人本主义思想，结合了毕达哥拉斯和埃利亚学派的思想，创立了客观唯心主义的“理念论”哲学，进一步将之前思想家对宇宙万物的关注转移到了人自身，开理性人本主义之先河。亚里士多德继承了柏拉图的思想，明确提出了“人是理性的动物”的著名命题，使古希腊理性人本主义得到进一步发展。在经历长时期的神学统治之后，人本主义思想伴随文艺复兴得到了极大的发展，尤其是在 14 世纪以意大利为中心的欧洲，伴随着以但丁、彼得拉克、塞万提斯、莎士比亚、米开朗琪罗、达·芬奇、拉斐尔等为代表的人文主义者通过不同的艺术表达形式，对人的发展、人的伟大和人的价值进行了热情的讴歌。人本主义思想在这一时期得到极大的发展。17 世纪，神与人的对立进一步突出，这在思想界主要以法国哲学家笛卡儿为代表，他提出“我思故我在”的命题，进一步对中世纪以神为本的思想进行了反思。17—18 世纪随着生产力的发展，新兴资产阶级与封建制度的矛盾日益凸显，为了抨击封建制度

① 习近平:《高举中国特色社会主义伟大旗帜 为全面建设社会主义现代化国家而团结奋斗:在中国共产党第二十次全国代表大会上的报告》，人民出版社 2022 年版，第 10—11 页。

的不合理，启蒙思想家们进一步以人自身为考量，打出“天赋人权”的大旗，提出了自由、平等、博爱的价值观，为资产阶级反对封建统治阶级提供了强有力的理论支持，从而也更进一步为以人为本的价值观注入了新的内涵；18 世纪到 19 世纪，哲学论证形成了这一时期以人为本思潮的主要特征，18 世纪的德国哲学家康德通过先验自我的哲学，进一步肯定了人的主体性；19 世纪德国哲学家费尔巴哈更是直接以人学批判黑格尔思辨理性哲学，主张以人学取代基督教神学，并将自己的哲学明确为“人本学”。

马克思继承了 19 世纪德国古典哲学、英国古典政治经济学和法国空想社会主义的优秀成果，以唯物史观为根本的世界观，为人本思想提供了科学的理论基础。马克思认为自由哲学的出发点是“现实的个人”，即有着各种需要的个人。一切人类生存的第一个前提也就是一切历史的第一个前提：人们为了能够“创造历史”，必须能够生活。但是为了生活，首先就需要衣、食、住以及其他东西。马克思主义关注人，将人从之前抽象的人的概念中解脱出来，把西方传统人本主义的人，理解为现实存在的人，从而避免了人本主义容易犯的抽象人性论的错误。

在中国传统文化中，关于以人民为中心的思想源远流长。在我国古书中最早明确提出“以人为本”的是春秋时期齐国名相管仲。在《管子・霸言》中有“夫霸王之所始也，以人为本。本理则国固，本乱则国危”。意思是说，成就霸业就要以人民为中心，这个中心把握好了，国家才能巩固；这个中心乱了，国家势必危亡。

在中国古籍中，以人民为中心常常是与以民为本互相印证的。因此除了管仲明确提出“以人为本”的概念之外，其他思想家多从“以民为本”的概念来阐释以人民为中心的价值观念。这也是中国传统文化的一个重要特征。用民来规定人，以人来阐释民，因此很多时候，人和民是互释的，如今“人民”这一概念就是这样来的。以人民为中心在一定意义上就是以民为本。这一思想在古籍中多有记载。在最古老的诗歌总集《诗经·大雅·抑》中即载："质尔人民，谨尔侯度，用戒不虞。"意为警戒大臣们要自警自律，善待人民，谨慎法度，防止意外。《尚书》则说："民为邦本，本固邦宁""天视自我民视，天听自我民听"。孟子强调"民为贵，社稷次之，君为轻"。《孟子·尽心》道："诸侯之宝三，土地、人民、政事。"《春秋穀梁传》多处提到"民为邦本""民为贵""民者，君之本也"等民本思想。贾谊《新书·大政上》中则有"闻之于政也，民无不为本也。国以为本，君以为本，吏以为本"。唐太宗李世民《民可畏论》则言："国以民为本""水能载舟，亦能覆舟"。

近代中国，由于受到西方人本主义思想和近代社会政治学的影响，传统民本思想的内涵与救亡图存、争取国家民族独立和自强紧密地联系在一起。继孙中山的新三民主义（"联俄、联共、扶助农工"等三大政策）之后，中国共产党将传统民本主义与马克思主义的人本主义思想联系在一起，继承和发展了马克思关于人本主义的思想与主张，提出了以人民为中心的思想。

在党的二十大报告中，习近平总书记指出："必须坚持人民至上。人民性是马克思主义的本质属性，党的理论是来自人民、为了人民、造福人民的理论，人民的创造性实践是理论创新的不竭源泉。一切脱离人民的理论都是苍白无力的，一切不为人民造福的理论都是没有生命力的。我们要站稳人民立场、把握人民愿望、尊重人民创造、集中人民智慧，形成为人民所喜爱、所认同、所拥有的理论，使之成为指导人民认识世界和改造世界的强大思想武器。"[①] 把坚持人民至上作为习近平新时代中国特色社会主义思想的一个重要的世界观和方法论，确立了以人民

---

① 习近平：《高举中国特色社会主义伟大旗帜　为全面建设社会主义现代化国家而团结奋斗：在中国共产党第二十次全国代表大会上的报告》，人民出版社 2022 年版，第 19 页。

为中心的基本立场和观点方法。具体地说：

在政治上，健全人民当家做主制度体系，扩大人民有序政治参与，保证人民依法实行民主选举、民主协商、民主决策、民主管理、民主监督，发挥人民群众积极性、主动性、创造性，巩固和发展生动活泼、安定团结的政治局面。

在经济上，实现全体人民共同富裕的中国式现代化。共同富裕是中国特色社会主义的本质要求，也是一个长期的历史过程。我们坚持把实现人民对美好生活的向往作为现代化建设的出发点和落脚点，着力维护和促进社会公平正义，着力促进全体人民共同富裕，坚决防止两极分化。

在教育上，坚持以人民为中心发展教育，加快建设高质量教育体系，发展素质教育，促进教育公平。加快义务教育优质均衡发展和城乡一体化，优化区域教育资源配置，强化学前教育、特殊教育普惠发展，坚持高中阶段学校多样化发展，完善覆盖全学段学生资助体系。统筹职业教育、高等教育、继续教育协同创新，推进职普融通、产教融合、科教融汇，优化职业教育类型定位。加强基础学科、新兴学科、交叉学科建设，加快建设中国特色、世界一流的大学和优势学科。引导规范民办教育发展。加大国家通用语言文字推广力度。深化教育领域综合改革，加强教材建设和管理，完善学校管理和教育评价体系，健全学校家庭社会育人机制。加强师德师风建设，培养高素质教师队伍，弘扬尊师重教社会风尚。推进教育数字化，建设全民终身学习的学习型社会、学习型大国。

在文化上，坚持以人民为中心的创作导向，推出更多增强人民精神力量的优秀作品，培育造就大批德艺双馨的文学艺术家和规模宏大的文化文艺人才队伍。坚持把社会效益放在首位、社会效益和经济效益相统一，深化文化体制改革，完善文化经济政策。实施国家文化数字化战略，健全现代公共文化服务体系，创新实施文化惠民工程。健全现代文化产业体系和市场体系，实施重大文化产业项目带动战略。加大文物和文化遗产保护力度，加强城乡建设中历史文化保护传承，建好用好国家文化公园。坚持以文塑旅、以旅彰文，推进文化和旅游深度融合发展。广泛开展全民健身活动，加强青少年体育工作，促进群众体育和竞技体育全面发展，加快建设体育强国，等等。

在理解"以人为本"这一概念的时候需要注意以下两个方面。首先需要对以人为本的"本"有一个正确的认识。"以人为本"中的"本"在哲学上可以有两种理解：一种是世界的"本原"，另一种是事物的"根本"。以人为本的本，不是"本原"的本，是"根本"的本，它与"末"相对。以人为本，是哲学价值论概念，不是哲学本体论概念。提出以人为本，不是要回答什么是世界的本原，人、神、物之间，谁产生谁，谁是第一性、谁是第二性的问题，而是要回答在我们生活的这个世界上，什么最重要、什么最根本、什么最值得我们关注。以人为本，就是说，与神、与物相比，人更重要、更根本，不能本末倒置，不能舍本逐末。

其次需要对以人为本的"人"有一个正确的认识。以人为本的人是整体的人和个体的人的统一，整体的人指的是广大人民群众，我们说以人为本的实质是以人民群众为本，人民群众是历史的创造者，因此人民群众作为一个历史概念，在社会发展的各个不同阶段有着不同的主导成分和范围，人民群众是指占人口最大多数、为社会创造着物质与精神财富的劳动者，因此作为社会全体成员的人，是以人为本必须考量的对象。但是肯定整体的人并不代表否定个体的人，因为没有个体就不会有整体，因此作为对整体的人的考量离不开对个体，对每个拥有独立人格与个性的人的观照，因此"以人为本"不会且不能离开个体来论述。作为个体的人、社会中每一个成员的人、具有独立人格和个性的人，也是以人为本的关切对象。脱离整体来阐释个体的以人为本，和脱离个体只强调整体的以人为本都是片面的。

二、能打胜仗

战争的直接目的就在于保存自己、消灭敌人。作为战争主体的军人，就要能打仗，打胜仗。这是千古不变的真理，也是古今中外对军队、军人素养的基本要求。这一思想在中国传统军事思想中得到了全面的贯彻。

中国传统军事思想源远流长，异彩纷呈，形成了《孙子兵法》《吴子兵法》《六韬》《司马法》《三略》《尉缭子》《唐李问对》等一系列优秀的军事思想著作。除此之外，还有很多经典古籍中有对用兵、治兵观点的阐述与总结。它们不仅是中华民族的精神财富，也是世界人民共同的精神财富，奠定了中国古代军事思想的基础，对中国和世界发展、近现代军事科学起到了积极的作用。但是不论哪一本、哪一篇关于军事、关于战争的论述，都是秉着能打胜仗的主旨而展开的，且不论这一胜仗是“暴力征服”，或是“不战而屈人之兵”，总之就是要胜。离开了“胜”这一主旨，所有的兵书、军事思想将无从谈起。

为了实现胜仗，中国传统兵学主要是从重战、慎战、备战、善战四个方面来展开阐述。对战争的胜利也分为“善”与“不善”。《孙子兵法·谋攻篇》中指出：“故百战百胜，非善之善者；不战而屈人之兵，善之善者也。”因此，“善用兵者，屈人之兵而非战也，拔人之城而非攻也，毁人之国而非久也，必以全争于天下。故兵不顿而利可全，此谋攻之法也”。也就是说，战争并不能追求单纯的胜利的结果，还必须把过程与结果综合起来考量一个战争的胜态。百战百胜固然是胜，但是劳民伤财、死伤多，并不具备“善”胜的标准；不战而屈人之兵，大道不动干戈，才会使胜赋予善的价值判断。因此，在中国传统军事思想中，胜仗是需要过程与结果综合考量的，固然结果的胜是胜仗，但是脱离了善的手段的胜同样是不被我们的古人推崇的。

新中国建立之后，能打胜仗与我军建设紧密结合在一起。这不仅是战斗力的要求，也是我军性质与宗旨的要求。在各个历史时期，我们党都根据形势任务的变化，及时提出明确的目标要求，引领我军建设不断向前发展、战斗力不断得到提升。毛泽东同志领导制定了建设优良的现代化革命军队的总方针，邓小平同志提出了建设一支强大的现代化正规化革命军队的总目标，江泽民同志提出了政治合格、军事过硬、作风优良、纪律严明、保障有力的总要求，胡锦涛同志提出了按照革命化现代化正规化相统一的原则加强军队全面建设的思想。党的十八大后，习近平主席鲜明提出党在新形势下的强军目标。2013 年 3 月，在十二届全国人大一次会议解放军代表团全体会议上，习近平同志明确指出，建设一支听党指挥、能打胜仗、作风优良的人民军队，是党在新形势下的强军目标；并强调“全军要准确把握这一强军目标，用以统领军队建设、改革和军事斗争准备，努力把国防和军队建设提高到一个新水平”。这一目标，回答了为什么要强军、强军目标是什么、怎样走中国特色强军之路的重大课题，体现了新的形势和任务对军队建设的新要求，是我们党在新形势下建军治军的总方略。

邓小平同志讲过，“军队要像军队的样子”。总结我军历史和现实需要，“军队的样子”就是要坚决听党指挥，要能打仗、打胜仗，要保持光荣传统和优良作风。听党指挥是灵魂，决定军队建设的政治方向；能打胜仗是核心，反映军队的根本职能和军队建设的根本指向；作风优良是保证，关系军队的性质、宗旨、本色。这三条决定着军队发展方向，也决定着我军战斗力的标准，决定着军队生死存亡。可以说，脱离了任何一点，能打胜仗都是自吹自擂。

能打胜仗，听党指挥是灵魂。我军的军魂就是听党指挥。这是由我军的性质与宗旨决定的，也是由历史决定的。我军从建立之初起就代表着最广大人民的根本利益，一诞生便与党紧紧地联系在一起，始终在党的绝对领导下行动和战斗。我们党是马克思主义政党，是全心全意为人民服务的政党，只有坚持党对军队的绝对领导，才能从根本上保证人民军队的性质。80多年来，我军之所以能始终保持强大的凝聚力、向心力、战斗力，经受住各种考验，不断从胜利走向胜利，最根本的就是靠党的坚强领导。

能打胜仗是强军之要。习近平同志指出，军队首先是一个战斗队，是为打仗而存在的。新形势下我军职能使命不断拓展，但作为战斗队的根本职能始终没有变。文无第一，武无第二。战场打不赢，一切等于零。中华民族是爱好和平的民族，我们坚持走和平发展道路，但如果有人要把战争强加到我们头上，军队必须能决战决胜。历史经验表明，能战方能止战，准备打才可能不必打，越不能打越可能挨打，这就是战争与和平的辩证法。因此，强军必须能打胜仗，打胜仗就必须强军，脱离能打胜仗来强军无疑是舍本逐末，是荒诞的。

能打胜仗，作风优良是保证。作风优良是我军的鲜明特色和政治优势。作风优良才能塑造英雄部队，作风松散可以搞垮常胜之师。在长期实践中，我军培育和形成了一整套光荣传统和优良作风，把这些宝贵精神财富一代代传下去，关系军队建设全局，关系军队形象和战斗力建设。要继承和发扬我军光荣传统和优良作风。要自觉践行人民军队的根本宗旨，牢记和落实与人民心心相印、与人民同甘共苦、与人民团结奋斗的要求。同时要夯实依法治军、从严治军这个强军之基，坚持以纪律建设为核心，下大气力整肃军纪，培养官兵自觉而又严格的组织纪律观念，坚决克服管理松懈、作风松散、纪律松弛现象。加强作风建设也必须同心协力做好军民融合，不仅有利于促进地方经济发展方式转变和经济结构调整，而且有利于增强国家战争潜力和国防实力。

三、中国梦与强军梦

2012 年 11 月 29 日，习近平同志参观《复兴之路》展览时指出，“每个人都有理想和追求，都有自己的梦想。现在，大家都在讨论中国梦，我认为，实现中华民族伟大复兴，就是中华民族近代以来最伟大的梦想。这个梦想，凝聚了几代中国人的夙愿，体现了中华民族和中国人民的整体利益，是每一个中华儿女的共同期盼。历史告诉我们，每个人的前途命运都与国家和民族的前途命运紧密相连。国家好、民族好，大家才会好”①。从这段论述中我们可以看出，中国梦的最大特点，就是把国家、民族和个人作为一个命运共同体；把国家利益、民族利益和每个人的具体利益紧紧联系在一起。中国梦的出发点、落脚点都是人民，体现了以人为本、执政为民的根本价值。可以说，中国梦的实现就是以人为本的实现，以人为本的落实就是中国梦的落实。中国梦最终落到老百姓的生活上，落实到解决老百姓关心的一件一件具体事情上。老百姓是天，老百姓是地。人民对美好生活的向往，老百姓对幸福生活的追求，构成了中国梦最坚实的基础。所以说，中国梦既是国家和民族的大义，又是老百姓实实在在的利益，说到底就是真正的以民为本、以人为本。

实现中国梦，就是实现国家富强、民族振兴、人民幸福，进而实现中华民族伟大复兴。因此，强军目标是实现中国梦的必然要求。实现中国梦对军队来说就是要实现强军梦，二者是辩证统一的。富国与强军，是坚持和发展中国特色社会主义、实现中华民族伟大复兴中国梦的两大基石。中国梦包含强军梦，强军梦支撑中国梦。历史经验表明，任何一个国家要真正强大起来，没有坚强的军事实力作后盾是决然不行的。当前，我们正沿着中国特色社会主义道路顺利前进，国家正处在全面深化改革开放、加快转变经济发展方式的攻坚时期。这一时期，我们前所未

---

①　转引自齐声：《习近平总书记提出并阐述中国梦》，新华社北京 2019 年 11 月 23 日电。

有地靠近世界舞台中心，前所未有地接近实现中华民族伟大复兴的目标，前所未有地具有实现这个目标的能力和信心。但中华民族伟大复兴绝不是轻轻松松、顺顺当当就能实现的。我们越是发展壮大，面临的阻力和压力就会越大，遇到的风险和挑战就会越多。没有一个巩固的国防，没有一支强大的军队，中华民族伟大复兴就没有安全保障。强军目标顺应了我国由大向强迈进关键阶段的时代呼唤，昭示了我们党着眼实现中国梦建设强大国防和军队的决心意志，进一步阐明了国防和军队建设在党和国家事业全局中的重要战略地位，要求我们把国防和军队建设放在实现中华民族伟大复兴这个大目标下来认识和推进，为实现中国梦提供坚强力量保证。

第七章

当代美英军队道德建设

美国伦理学家 R.T. 诺兰说过："道德的力量并不能创造奇迹，但它却驱使人们去行动，正是人们的行动才创造了奇迹。"[①] 道德作为人们行为的内驱力，对人的外在行动产生直接而深远的影响。伴随着全球化进程，道德在当代军事活动、军事斗争中的意义越来越重要，影响也正在变得越来越明显。随着软实力理论在政治领域的风靡，在军事领域，重视以军队道德为重点的"软力量"建设也正成为各国军队的共识。美军和英军对此都有着清醒的认识。在美军提出的"全维作战理论"中，道义就被高度强调，建设与"数字化战场"相适应的"道德场"成为该理论的重要内容。英军则明确提出，对于军队作战来说，军人良好的道德品质，"也是重要的战斗力"。正是基于对军队道德建设重要性的充分认识，英美高度重视包括军事伦理和军队道德建设在内的军队软实力建设，建立起涵纳政府、社会、社区、学校，内容包罗万象、方法渠道多样的军队道德建设体系，为军人道德素质养成和军队战斗力生成提供了重要支撑。他山之石，可以攻玉。习近平主席要求我们准确把握世界军事发展新趋势，对英美军队道德建设的研究，正是把握世界军事发展新趋势的题中应有之义。它为我们应对世界新军事革命挑战、推进我军道

① ［美］R.T 诺兰：《伦理学与现实生活》，姚新中译，华夏出版社 1988 年版，第 486 页。

德建设提供重要的理论资源。

第一节　当代美军的道德建设

美国作为当今世界第一军事强国，不仅表现为武器装备、作战训练等硬件的先进，在军事伦理和军队道德等软实力建设上也表现出前瞻性和超前性。冷战结束后，美国自诩世界秩序的建设者和维护者，这一自我定位和对外扩张的现实需求，从理论和实践上对美国军事伦理建设提出了新的迫切要求。要获取世界霸权、巩固其大国地位，不仅需要对其发动的若干场战争进行正义性的论证，也需要国民特别是军队的道德观念为其提供必要的支撑。为了达到这一目的，美国十分注重军事伦理和军队道德研究，重视向国人尤其是军人灌输以"美国最优论""美国在全球负有特殊使命"等霸权思想为核心的一整套军事价值观念，并为此制订了一套从军内到军外的多层次道德建设体系和教育计划。

一、美军道德建设的主要内容

美国从建国以来就一直重视软实力的塑造，"推广美国的观念和价值"一直是美国的重要战略。尼克松说："我们的影响并不是来源于我们的军事或经济实力，而是来源于我们的理想，以及这些理想在世界其他地方获得成功而形成的巨大魅力。在历史上，我们是唯一不依靠军队的力量而凭借理想的力量登上世界舞台的大国。"[①] 这一战略延展至军事领域，就体现为对"军事伦理""战争和平关系""正义性"等问题的关

① ［美］理查德·尼克松：《1999：不战而胜》，杨鲁军等译，上海三联书店1989年版，第309页。

注。战略理论家约翰·柯林斯反复告诫：许多军人至今仍然相信，如果不受人为的约束，单凭武力就能打赢战争。事实上，如果没有深谋远虑的政治战、经济战、社会战和心理战相配合，军队是不能取胜的。如何弥合战争与和平正义之间的冲突，为战争赢取理解和支持，如何粉饰军事扩张行径，给军事霸权披上“合法”外衣，成为美国军队道德建设需要解决的核心问题。

（一）以“两大理念”为基石的霸权思想

美军道德建设以政治上的霸权主义为核心，强调通过“两大理念”的灌输来强化其霸权思想，即“美国生活方式的优越性”和“美国在全球负有特殊使命”。美国是一个历史不足三百年、以移民为主的多民族的国家，美国的爱国主义教育并不特别强调历史教育，而是侧重与社会生活密切相关的思想体系。“祖国”“故土”“故乡”“美国民族”的概念是非常淡薄甚至没有的，取而代之的是“美国”“美国的生活”“美国人的生命”等人情味很重的理念以加强美国人的认同感和凝聚力。因此，美国的道德教育体系在一系列关于国家、社会哲学和政治方面的理念基础上，首先强调“美国生活方式的优越性”这一理念。这一理念能令美国国民对美国、对美国成就产生自豪感，加上经济方面的原因，它将美国通行的道德标准及民族特性、评价方式看成“最先进的”。在这种教育之下，美军对国家的威望非常敏感，对美国非常忠心，特别表现在与他国冲突中，他们不关心是非对错，只忠于美国国家利益。美国人、美国舆论在美国侦察机撞毁我战斗机并侵犯我领空之后将这种情感表现得淋漓尽致。第二种理念是为美国谋求世界霸权、主宰世界的霸权心态提供依据的，即强加于世界各国人民的所谓“美国在全球负有特殊使命”的霸权理念。它把美国人视为优于全世界的“优等人”，认为世界应在美国的“正确领导”下，完成“上帝”交给他们的通往“天堂之路”的“责任”。在这一理念的指导下，美国对世界各国颐指气使，任意使用武力来保障自己的利益，如越南战争、朝鲜战争、伊拉克战争、科索沃战争及其武装干涉我对台湾的统一，均是这种霸权理念的体现。

（二）崇尚国家利益的爱国主义

美军要求军官具有“国家观念”或“爱国主义精神”，并把“爱国主义”作为对军官最重要的道德要求。美军将军队看作“执行国家政策的工具”，军官则是“为国家服役的官员”。《美国法典》明确规定，美军的职能是“维护和平与安全，保卫国家、领土与全体国民”，“保障国家政策的贯彻落实”，“实现国家的目标”，“战胜任何对危及美国和平与安全的侵略行为负有责任的国家”。在军人誓词中，“拥护和捍卫美国宪法”，“为捍卫美国无比珍贵的传统与自由而勇于接受一切考验”是重要内容。自觉维护美国的国家利益、社会制度和生活方式，渗透到美军思想教育的方方面面，成为美国军事伦理的核心内容。美军在军人教育中，经常鼓吹美国的社会制度最“优越”，生活方式最“自由”，政治制度最“民主”，民族精神最“完美”，国家实力最“强大”，其目的就是激发军人的爱国主义情绪。

美军认为，爱国主义最直接的现实表现就是保卫国家利益，这是官兵参军打仗的根本目的。思想道德教育的首要任务就是向官兵灌输国家利益意识。美军通过各种途径向军人灌输“国家利益高于一切”的理念，以此促进官兵树立为国家服务和献身的意识。《美军行为守则》要求军人“为了国家利益乐于严守纪律，勇于牺牲一切”。西点军校则要求学员“为了美国国家利益和军队的荣誉，尽义务、做贡献”。美军所谓“保卫国家利益”包括两个侧重点：一是美国国家利益全球化。美军从霸权主义出发，长期向军人灌输美国国家利益全球化的思想，让官兵形成美国是世界当然的领导者和利益的维护者的观念，这样的灌输为美军全球化扩张披上了保卫国家利益的外衣，美国军人自然而然地把维护美国霸权等同于保卫国家的正当行为。二是保卫国家制度。美军所谓的国家利益内涵十分丰富，包括美国的生存、主权、领土、领海、领空、社会制度、社会准则、生活方式，以及其他政治、经济、军事、科技、文化等利益。而美国国家制度被看作国家利益的核心。为了提高官兵保卫美国制度的自觉性，美军力求让官兵树立美国民主制度、美国生活方式是最理想的制度，是社会发展的顶点，保卫这种制度是美国最重要的全民利益所在的意识。同时，美军还注意向官兵灌输“共产党国家”等对抗性政体是美国制度的威胁等内容，让官兵对共产主义思想和制度产生恐惧和邪恶的心理。美军认为，通过不同制度的对比，让官兵产生“即使美国政体是不完善的，也是人类迄今为止设计出来的最好的政府类型，是值得为之献身”的观念。

（三）以忠诚为核心的职业道德

职业道德素养是军人素质的灵魂，为其职业活动提供价值规范和行动指导。美军特别重视官兵的职业道德素养，将其归结为忠诚、责任感、荣誉感、民族感、勇敢、正直、自制。要求全体军人必须具备以忠诚为核心的职业道德素养，并结合美国的民族文化和军队特点，形成了一套独具特色的培养军人忠诚品质的方法和制度。

美军对军人忠诚度非常重视。在所有军事院校中，忠诚都是作为首要的品质要求被纳入军人职业教育体系当中。军校学员一入校，就要进行宣誓，要求学员树立“忠于国家利益”“把国家利益放在首位”“个人服从国家”的国家观念，和“拥护和捍卫美国宪法”“为捍卫美国珍贵无比的传统与自由而勇于接受一切考验”的军人职责意识。在任命前阶段，要进行品格塑造，旨在完善学员人格，培养学员的高尚品格，主要内容就是内化正直忠诚、恪守职责、尊重上司、无私奉献、珍惜荣誉和勇敢果断的道德品格。在任职教育阶段，更为强化忠诚的道德品质，陆军 21 世纪“多能领导者”需要具备的素质之一就是要成为“诚实和品格的表率”。

忠诚品质作为军官的基本素质之一，被列为军队的传统，要求每一位军官都必须具备。美军军官在就职时必须宣誓："支持和捍卫美国宪法，反对一切国内外敌人"，"保证对美国宪法忠贞不渝"，并"彻底而忠实地履行我将担任的职责"。[①]《美国陆军军官指南》也明确规定，军人必须"忠于祖国"，要为"保卫美国的利益和生活方式做出牺牲"。"忠诚是对陆军军官的要求。各级指挥官，直至担任武装部队总司令的总统都要忠诚；对你的下属，包括新入伍的列兵要忠诚；对你的同事也要忠诚。"在内容上，美军将忠诚与爱国主义联系在一起，将忠诚等同于在政治上拥护美国的社会制度和美国政府，维护美国的民主和生活方式。美军《作战条令》强调，必须对官兵进行"美国公民的责任感""向国家奉献个人的一切""捍卫我们的传统民主、自由原则"等教育。在这种思想的灌输和渗透下，美军官兵更强化了对美国社会制度、价值观体系和生活方式的优越感，更自觉地将忠于制度、国家内化为自己的责任和义务。

（四）重视官兵个体的人本意识

美国国家和社会都建立在个体主义的理念基础之上，表现在军队道德建设上，极为重视官兵个体的权益和利益，彰显出强烈的突出个人本位的人本意识。主要体现在两个方面：一是美军"零伤亡"理论的提出与实施。"零伤亡"概念是美军在冷战结束后提出来的。所谓"零伤亡"，并不是指绝对的毫无损伤，而是指在与敌军交战过程中，充分发挥武器装备的优势，尽力避免己方的伤亡，使伤亡近乎为零。越战期间，美军士兵大量伤亡，战争久拖不决，激起美国民众巨大的反战浪潮。这促使美军在越战结束后开始将"避免过多的人员伤亡"视为战争的首要原则，从而催生了"零伤亡"理论。"零伤亡"作为一种理想的

① Headquarters, *Department of the Army*. Army leadership. *Department of the Army*, 2006, p10.

作战目标，集中反映了美军对武器的崇尚和对技术的迷恋。其实质，与其说是用于指导战争，不如说是为政治需要服务。当然，从对军人个体生命的保护和重视来讲，“零伤亡”理论确实展现出一种以人为本的指向。二是美军战俘生存训练和对待战俘的有关规定。美军要求军人必须注意保持军人气节，在有抵抗能力的情况下决不能自愿投降。如果被俘应尽一切手段反抗，抵制审讯，并想方设法逃跑。既不能向敌人告密，又不背叛国家，不逃避、不发表有悖信仰和有损国家利益的任何言论。此外，美军在苦练军事技能的同时，还苦练“当俘虏”，为了加强军纪教育，同时增强士兵自救自保的能力，美军进行了“一旦深入敌后与友军联系被切断后，怎样才能生存下去，怎样才能躲过敌人的搜捕，万一被俘在惨遭敌人拷打时既不泄密又能保命”等内容的针对性训练。另外，美军一般要为归国战俘登报扬名和举行隆重的欢迎仪式，并邀请战俘亲人出席。美军还专门设立“战俘勋章”，以授予“所有在 1917 年 4 月 6 日以后在武装冲突中被俘，且在被俘期间表现坚贞不屈的美军人员”。这种宽容的战俘政策，坚定了官兵被俘后进行反俘斗争的信念，既极大安慰、鼓励了战俘，免除了战俘的后顾之忧，更激发了愈加强烈的爱国热情。这种“不以为耻，反以为荣”的务实态度，也体现了美军特色的“以人为本”的道德建设理念。

（五）实用主义的价值取向

实用主义是美国基本的行为准则，追逐利益是美国的基本价值取向，这一价值原则体现在军队领域，就表现出物质为主、利益至上的工作作风，靠金钱调动官兵的积极性是他们的基本途径和方法。美军认为，“单单用爱国心不足以引起以军队为职业的动力，只有官兵对生活质量满意，他们才愿意在军队服役”，“军人家庭决不能生活在贫困之中”，“爱国主义本身可能激励人心，使人们行动起来，忍受艰辛痛苦。

但是如果不以利益相辅，则不能持久”。[①] 美国兰德公司作过的一项调查表明，物质福利是保持部队稳定的“最有效措施”。军人加薪10%，新兵入伍率一般可提高39%。[②] 美军研究还发现，军人是否愿意服役主要取决于四个因素：物质报酬多少，即工资、津贴、奖金和退休待遇等；对自己从事的专业是否满意，是否感兴趣，是否认为这是自己最好的归宿；是否适应和喜欢军队生活；家庭特别是妻子的态度。因此，美军大多以立法形式明确规定军人的高工资、高补贴和高福利。一是保证军人较高或不低于地方同类人员的正式报酬。美国有《联邦政府工资对比法案》，军人工资与联邦政府雇员工资与私企雇员工资相比每年都有增长，而事实上，军人由于有多种补贴，实际收入比一般政府雇员要高。二是利用多种津贴对军人实施激励。美军的津贴有生活基本津贴、房租基本津贴、浮动住房津贴、家属住房津贴、交通津贴、分居补助、海外驻扎补助，此外还有一些诸如海上津贴、飞行津贴、医务津贴、科技军官津贴、外语熟练奖金、军法官津贴等，这些津贴数量也很可观。如1984年国会通过的《蒙哥马利士兵法案》规定，服役期没有不良表现的士兵可获得高达3000美元的教育补助；再如，从1999年10月1日起精通外语的军官每月可得到奖金300美元，对鼓励军官学习和掌握一门外语起到了很好的导向作用。三是解决官兵的家庭困难，免除军人后顾之忧。美军有较为完善的军人家庭援助计划。军人家属可在军人服务社购买特价商品，并享受公费医疗。美军在一些大基地都办有专供军人子女就读的小学和中学，军人子女可免费在这里读书。当军营附近没有军人子女学校时，军人子女去费用昂贵的私立学校，由政府出资。美军的这些物质激励措施对激励官兵安心服役、爱军习武起到了很好的导向

① ［美］乔治·华盛顿：《华盛顿选集》，聂崇信等译，商务印书馆1989年版，第135页。

② 王保存、王安：《外军管理与领导》，军事科学出版社2001年版，第122页。

作用。美军形成趋利性的思想工作特点，具有其特定的原因。一是美军实行全志愿兵役制。美军认为，从军是一种特殊的社会职业，既要失去一定的自由，又面临一定的危险，特别是战时还可能献出生命。因此，从军打仗理所当然地要有较多的工资、较好的福利待遇，得到优于地方的学习、生活和工作条件。二是美国社会奉行“个人为中心”的价值观，人们无休止地追求物质享受和物质利益在整个社会具有合法性和认同性。没有物质利益谁也不会去卖命。三是市场经济普遍适用的“等价交换”的原则，要求“自由劳动力市场”环境。待遇优厚的企业和事业单位无疑具有很强的吸引力，军人没有丰厚的待遇，军队就吸引不了人才，军心就很难稳定。

（六）面向未来的“核心价值观”

把目光瞄向未来，是指导美军军事理论创新和军队建设的核心理念。今天的战争是昨天战争理论指导的结果，明天的战争则是今天作战理论设计的样品。1982 年，美国陆军首次正式提出空地一体作战理论，1991 年的海湾战争几乎完全是该理论的设计产品。海湾战争的决策人之一迪克·切尼说，海湾战争反映了 15 年、20 年甚至 25 年前的军事理论和我们的成就。而当人们津津乐道于海湾战争的经验时，美军又已经将目光瞄向了未来，认为未来战争不可能是海湾战争的翻版，信息时代的战争将是一种全新的战争，并很快提出了 21 世纪新型陆军计划、数字化部队、数字化战场等新概念。始终面向未来，是美军引领新军事变革、走在各国军队前列的根本保障。

在军队建设中，美军着重塑造官兵面向 21 世纪的“核心价值观”。《2010 年联合构想》提出，美军未来联合作战的两大优势是“高素质的人员”和“信息时代的技术进步”，而且“人是最基本的力量源泉”。在各类人员中，军官在军队建设与作战中发挥着核心作用，必须加强军官队伍的建设，特别是军官的思想品德建设。为此，美陆、海、空各军种纷纷提出了面向21世纪的“核心价值观”。美陆军《2010年陆军构想》指出，陆军的核心价值观是“荣誉”、“正直”、“无私”、“勇敢”、“忠诚”、“敬业”和“尊严”，各级军官必须“亲身实践这些价值观”。美空军《21世纪空军构想》提出，空军的“核心价值观”是“诚实正直”“无私奉献”“敬业求精”，这些道德标准应成为军官普遍遵循的行为准则。此外，美空军还把这些价值观纳入军官培训课程，使军官在价值观、作战理论、军事技术等方面受到全面训练。

二、美军道德建设机制

美军的道德建设机制比较完备，建构起一个确保教育得以顺利实施的保障系统：在军中有负责道德教育的“三大机构”（人事处、随军牧师处、社会联络处），均由国防部负责协调；在院校有制度化、法规化的道德教育保证体系；在军外有“童子军”“预备役军官训练团”等多层次的军外道德心理培训，由美国总统任名誉主席，各级行政长官亲自抓落实。在军中、院校、军外相互协调下，美军道德教育计划能够得到有效的系统保障，顺利完成其教育任务。

（一）三大机构、两大计划（《指挥信息》和《平等的权利和机会》）统领的军队道德教育体制

美军没有像我军这样的政治工作系统，而是由不同的部门和机构分管各类思想工作。美军这些部门和机构一般设置在各级军事系统内，与军事指挥、管理体制融为一体。首先，这种融合表现为指挥官层面的统一领导。美军规定，指挥官作为军事指挥官统一领导施行思想道德教育，各个思想道德教育机构，就像其他军事机构一样，是作为支援部门或参谋部门而开展工作。美军认为，“对人的领导是领导者都应具备的基本技能”，“政治训练在很大程度上要靠主要军事领导人”，需要由指

挥官出面。[①]美陆军前参谋长麦克斯韦尔·泰勒认为："仅次于完成其任务，军官的职责就是提高士兵的士气，增强他们的体质，提高他们的智能。"因此，美军部队中各级指挥官都是"一身兼二职"，既负责军事训练，又负责政治训练。其次，基层思想道德教育由专业军士及基层指挥官共同负责。美军认为，牧师是做感化工作，而军士是做训导工作，这是从两个不同的角度展开道德教育工作。

美军思想道德教育机构虽然融合在军事体制中，但其本身又有脉络清晰的纵向渠道，上下对口，职责明确，实行分类管理。美军相对较为专业的思想道德教育体系主要由三大机构、两大计划组成：

"三大机构"，强抓军中品德教育。在美国军队中专门设立了三个机构，负责将美国军人培养成"优秀的美国公民和高水平的职业军人"。这三大机构是人事处、随军牧师处、社会联络处。在人事处有一位国防部副部长专门负责人事和战备，保证军人的社会经济权利，同时负责按照美国的指标要求，保证军队的心理道德氛围符合要求。随军牧师处作为军中机构，在军队中有5000多名各种教派的牧师，是由国防部长助理担任负责人，保证军人的宗教信仰自由，以达到军人"不受到社会及心理异动的影响"。而社会联络处则是国防部确立思想取向、形成军人心理道德的重要部门，同样由国防部长助理负责。它既是信息联络的保证，又是在军队进行"美国优先、美国至上"的宣传教育工作的中坚力量。

实施两大教育计划，培养爱国意识。两大教育计划是指《指挥信息》和《平等的权利和机会》。《指挥信息》计划名为指挥信息，却名不副实。它实质上是为各级指挥官在士兵中开展社会政治（思想道德理

---

① ［美］摩里斯·贾诺威茨：《军人的政治教育》，郭有等译，解放军出版社1987年版，第66页。

论）以及心理教育提供帮助的一整套的社会政治及心理方面的观点及原则，根据不同的教育对象开展工作，帮助官兵确立国家及军队所需要的思想、价值和道德规范。此计划在美军中得到了广泛的推广和实施，进而塑造了美军的军事历史传统和习惯，为培养官兵尊重美国历史、增强爱国意识起了重要的作用。在实施这一计划过程中，美国的大众媒体扮演了重要的角色。有关军方的新闻由军方相关机构直接控制，它们向媒体提供具有鲜明针对性的新闻材料，以此对民众产生直接的影响。如海湾战争期间的新闻监控就是很好的例证——凡是不符合军事行动和美国利益的新闻不发。《平等的权利和机会》计划是对美国国民心理特性进行分析后制订出来的专门针对军人教育的计划，它强调不分种族、出身，不论男女，建立平等的人际关系，主要在于提高军人内在的心理稳定性，改善集体的道德气氛。

（二）院校基础教育体系

院校教育是资本主义国家军队培养和提高军官精神心理素养的重要途径。美国军校肩负着为美军输送优秀人才的重要职责，道德教育被视作优秀军事人才培养不可或缺的重要内容。美军学员一入校，就要进行宣誓教育，要求学员树立“忠于国家利益”“把国家利益放在首位”“个人服从国家”的国家观念，强化“拥护和捍卫美国宪法”“为捍卫美国珍贵无比的传统与自由而勇于接受一切考验”的军人职责意识。针对不同军种、不同类别、不同层级，美国在初中高级军校中设置了系统完备、衔接顺畅的道德教育体系。美军十分重视道德教育在军校尤其是初级院校中的实施。美军认为，尽管初中高级院校的培养目标不尽相同，但它们都是军事人才成长的摇篮，而且一个人的道德水准和内心信念往往就是在初级院校这一时期定型的。美国初级军事指挥院校的骨干是三军军官学校，即陆军军官学校（西点军校）、安纳波利斯海军军官学校和科罗拉多斯普林斯空军军官学校。三所院校都把道德品质教育和良好个性的培养作为学校首要的指导思想，并开设了专门的伦理学课程，还有丰富的辅助教学活动以及严格的奖惩考核机制。

西点军校为了使学员认识到道德问题、考虑实际的道德因素和作出合宜的反应，组织了一支专业的师资队伍，以专门的教材为蓝本讲评道德问题。布置的作业包括切实的道德观念分析，训练学员作出合情合理的决策。在培养模式上，西点军校的道德意识的全面教育包括三个方面：认知——确认、描述和对道德问题的分析，态度和见解——合乎道德的选择、反驳和正确性，在决策上的应用——对遇到的道德问题处理要切题、一致。学校还为学员举行有见地的关于道德方面的演讲，必要时与每个系的相关教官讨论道德问题。问题可以出自任一专业，一些主修课、选修课也经常引发对道德问题的密切关注。学校开设了许多主修课以培养和完善学员的道德意识，如：注意和理解自己和他人的行为、美国政府宪法基础和国务活动研究、对焦点问题的思考、道德理论研究、道德问题分析、战争中的道德问题、自己和他人在战争中的角色、领导者对个人影响的研究、国家行为分析，以及法律在社会中的应用、局限和角色等。

海军军官学校认为校方对学员的道德培养负有长期义务。从入学直到毕业，学校的道德培养计划贯穿始终。课程的考核十分严格，直接影响学员毕业后的舰种选择以及研究生培养计划的实施。综合个性培养课程包括：新生之夏训练、四年道德教育计划、道德补救课程、道德培养研讨会、人文教育军官培养课程、人际关系职业训练、核心伦理课程、个性培养讲座课程和必修课中的伦理教育等九项内容，考评采取素质分等级表达法。

空军军官学校教育的四大支柱包括：职业军事训练、学业知识、体育运动以及品德教育。培养良好的品德，是学校教育的第四根支柱，也是至关重要的支柱。它的基础内容就是学校的“荣誉准则”和空军的三条核心价值。“荣誉准则”是学院建立学员职业道德观念和起码人格标准的基础。坚持这一原则，可以培养一种互敬互信的情感，充满校园内外而又经久不衰。其核心价值是诚实为本、先公后私、精益求精。这些核心价值构成了一个学员的道德标准核心，而且这些良好行为的特殊标准与军人职业的特殊要求不可分割地联系在一起：军人必须律己、坚韧、富有勇气、精忠报国。

空军军官学校最为独特之处在于设立了专门的品德培养中心，目的是培养这样的军官：他们直言不讳、诚实正直、自己决定要做正确的事情；他们无私服务于国家、空军和下属；他们对个人的责任心和职业道德总是精益求精；他们尊重人的尊严；他们即使面临高度危险也坚决果断；他们对自己的决定承担全部责任；在艰巨和漫长的服务国家的事业中，他们廉洁自律、精力旺盛、勇气十足；他们崇尚精神价值和信念对于他们个人性格的发展和群体精神发展的重要性。为了完成这些任务，该中心分为三个部：荣誉部提供荣誉教育和法规管理，人际关系部强调培养尊重别人自尊心的环境和计划，品德部组织专题研讨会。被称为中队职业道德顾问的军官在整个课堂教育中随时给予帮助。

除了在初级教育中贯穿道德教育，在任职教育阶段，美军也十分重视官兵道德素养的培育。《切尼报告》（*The Cheney Report*）指出，虽然军种官校进行了卓有成效的职业道德基础教育，但是任职教育中的相关教育缺乏统一指导，因此该报告建议制定职业道德伦理教育的指导方针，增强教学内容的针对性，“在职业军事教育各个层次建立全面的，循序渐进的道德伦理必修课”。在陆军 21 世纪“多能领导者”必须具备的素质中，做“诚实和品格的表率”成为首要的核心内容。为此，美陆军在其兵种院校中确立了针对初级军官的“勇士气质原则”（使命第一、永不接受失败、永不放弃、永不抛弃任何一个倒下的战友），以及“军人品格”（灵活性、适应性、自信和多能）[①]，作为初级军官非智力因素培养的阶段性重点目标。美军还强调通过荣誉制度来进行品格塑造。荣誉制度旨在完善学员人格，培养学员的高尚品格，与此同时内化军种价值观——正直忠诚、恪守职责、尊重上司、无私奉献、珍惜荣誉和勇敢果断。西点军校的荣誉制度是学院道德教育的核心，历经两百多年的发展与完善，已经被其他军种官校借鉴，成为军官任命前教育中职业道德教育的中心内容。

（三）社会化的军事道德教育系统

西方军队重视军队与外部关系，实行的是开放式管理。军内的大量社会性事务都由社会承担。军内不仅有从地方直接雇用的大量的文职人员，而且各行各业的服务人员都有。比如，美军允许军官或士兵自己购房或租房住在营区外，军人外出控制也不是太严，这就使军人与社会联系十分密切。因而，美军更强调军队全面开放性，青睐借助社会力量进行思想道德教育。

一是利用社会组织和机构展开思想道德教育。从 1965 年起，美军就开始建立“军人家庭支援中心”，并逐步将其发展为健全的美军家庭支援（Family Support）体系。目前，美军各军种都设社区家庭支援中心。其主要职责是动员军内外专业和志愿人员以及社会力量，为军人及其家庭提供咨询和服务，以解除军人后顾之忧。这种支援服务中心遍及美国本土和海外基地。美军的家庭支援中心和服务中心共有 370 个，基本上每个军事基地一个。他们的口号是“让我们为你跑腿”。美军善于充分利用民间组织机构的力量开展思想政治教育，如红十字会、基督教青年会、联合服务组织（USO）、退伍军人组织、宗教团体和慈善机构

① 《美国防空兵军官教育体系》，2006 年 6 月中国人民解放军陆军兵种院校长代表团访问美国布利斯堡防空兵学校时，美方提供的资料。

等，都协助军方做好军人家属子女的工作，免费为他们提供多种服务。美军还注重借助民间的一些历史名胜或博物馆进行军事教育或设立教育基地。美国的建国历史不长，但国立的、州立的和私人捐建的大大小小的博物馆却星罗棋布。许多博物馆中陈列着开拓美洲的先驱们用过的铁锚、缆绳、破碗片等器具，记述了他们的创业史。有些发生过重大历史事件的地方，还有演员“重现”当年历史事件的过程，描述当年的苦难和激烈战斗的场面，以警示后人。这些地方有很多都成了美军军人的教育基地。美军还常常邀请总统、议员、地方的专家学者讲授国家的历史、传统、国内外形势，让军人了解社会，增强职能意识；美军还鼓励官兵“走出营区”，参加一些诸如救灾、民事服务等活动，与民间组织联欢等，以增强官兵的群众意识。

二是发挥大众传媒的思想道德教育功能。广泛利用大众传播媒体进行宣传，是美军思想道德教育的基本形式之一。美军经常利用地方大众传媒做广告，宣传军队的成就和军人的形象，既增强了群众对军队的了解和热爱，又激发了军人服役的荣誉感和责任感，起到一箭双雕的作用。美国防部专门设有公共关系处，负责向国会和社会各界提供军队建设和军人生活方面的信息，创造有利于美军的社会舆论环境。美军还动员社会媒体广泛参与军队思想政治教育，如邀请地方专家、直播大型政治活动的电视实况、电影等进行思想政治教育。美军为了扩大社会对军人的影响力，还建立了“新闻发布卡”制度。每年军方同地方有关媒体签订合同，当士兵有什么突出成绩或受到表彰奖励时，军方填好“新闻发布卡”寄给有关士兵家乡媒体，不仅增强了士兵家属的荣誉感，而且激励了士兵，有效地强化了思想道德教育效果。

三是发挥军人家庭的道德教育功能。美军要求连队的军官要与士兵家庭保持不间断的联系。士兵受到各种奖励或提升要发贺信让其家人知道；士兵生病住院要向家里通报情况，让士兵家人放心，并反过来通过家人做士兵的思想工作。美国《陆军军官手册》还专门推荐了两封给士兵亲属的标准信，让军官效仿。美军还建立了邀请士兵家属参加士兵毕业典礼的制度，美军认为它“可以增强士兵的自信心和荣誉感”。仅杰克逊堡一个训练基地，每年就有 83000 名士兵家属成为毕业典礼的特邀来宾。可以想象，这对新兵来说是一股多么大的激励力量。美军非常重视让士兵保持与家人的通信联系。美军认为，战时前线士兵心目中最关心的是自己的家庭、妻子和孩子。家里的一个电话、一封信能使士兵情绪饱满好几天。为此，美军创造各种条件来确保这种联系的顺畅。海湾战争中，美军在前线架设了直拨电话，让士兵随时与家人保持联系。目前，美军还在试验航母与家庭之间的“信息高速公路”通信设施，力争使海外值勤的水兵与家人联系更加快捷方便。

三、美军道德教育方法途径

美军重视道德建设，致力于探索灵活多样的道德教育方法途径，形成了颇具美军特色的德育方法，具体表现为：

（一）重视“法规制约”

美军以条令条例为治军基础。他们认为，完善的法律法规是搞好军队管理的先决条件，是军队管理规范化、正规化、标准化的重要保证。通过制定和执行法规，可以克服管理中的主观随意性，可以规范管理人员的管理行为，可以提高思想政治教育的权威性，从而更好地规范军人的思想和行为。[①] 因而，他们重视法纪约束的“硬教育”，违反法纪不是着眼于帮教，而是着眼于处置，让官兵由于惧怕惩办而转变思想和态度。美军认为，法纪制约可以在四个方面产生导向作用：全面控制、行为塑造、赋予责任、给予特权。只有通过法纪制约，军人才能逐步完成

① 刘刚、翟吉华、花永庆：《外军政治工作概论》，海洋出版社 1988 年版，第 179 页。

"没纪律—受纪律约束—自我约束"的转变，"自由个体—团体成员—团队战斗"的转变，"不情愿—服从—献身"的转变。美军思想道德教育的法纪约束体现在两个方面：一是思想道德教育本身的法制化。思想道德教育的内容、方式、方法、运行机制都有条令、条例作出明确的规定。这样使思想道德教育有章可循、有法可依，工作如果落实得不好，必然受到法制的制裁。如美军新兵基本战斗训练"红、白、蓝"三个阶段训练规范中，都明确规定了"价值观训练"在各阶段所占的比重。在"红段"中叫作"基础价值观训练"，在"白段"中叫作"价值观训练"，在"蓝段"中叫作"价值观教育"，体现出随着新兵的不断成熟，教育内容不断深化，教育要求不断提高。这样的教育比较规范、科学，规定军人有义务接受这样的教育，有义务在言行中体现出来。二是思想灌输内容与军队条令、条例内容高度一致性。美军涉及军事、政治、后勤、装备方面的法规条令多如牛毛，名目繁多，涵盖面广，应有尽有。仅美陆军部制定的法规条令就有900多种，陆军各部队的野战条令也有300多种，美参联会颁发的有关各军种联合作战的条令就多达100多种。美军这些条令条例中或多或少渗透有道德教育的内容。有关军人职责、权利义务、道德标准、言行举止、处事方式都有专门条令、条例加以规定，内容十分具体、明确，人人皆知。条令条例本身既是美军思想道德教育的内容，又是军人的行为准则，具有很强的约束作用。通过思想工作的自觉和条令条例的强制相互结合，增强了美军思想道德教育的效果。

（二）注重军政融为一体

美军思想道德教育与军事指挥管理紧密结合，融为一体。不仅表现在管理机构和人事设置上，由军事指挥官统一领导施行这些工作；更重要的是，思想道德教育工作始终紧密结合现行任务展开。结合部队所担负的任务，有针对性地进行教育与诱导，保证各项任务的顺利完成，是美军开展精神教育工作普遍采用的一个重要方式。美军专门安排时间有组织、有计划进行的纯粹的思想道德教育工作并不多，而是将该工作内容全方位渗透到军队的各项工作和活动中，渗透于征兵广告、入伍宣誓、部队新闻宣传工作、军官院校培训、士兵基地培训、军队行政管理、军队文体活动、军队宗教仪式等方方面面。如美军新兵训练中很注重集体协同的内容，很多科目都是集体操作，两三人或四五人一组，互相帮助，互相支援，旨在训练培养团队精神。美军的思想道德教育大都体现在条令条例和规章制度中，或者给官兵发一些小册子阅读，不一定利用大块时间专门进行，而是结合遂行任务进行教育。如美海军军舰来我驻青岛海军访问时，就给每个官兵发一本专门介绍中国风土人情、地理状况、学习内容、注意事项的小册子，既达到了解情况的目的，又起到学习教育的作用，还起到规范言行的作用。1986 年 11 月，美军三艘军舰访问青岛。外电报道，这次美国水兵访问青岛期间表现之好是前所未有的，其原因应“归功于人手一册的《水兵导游指南》”，它表面上是导游指南，实际上是一本专门的教育材料。在指南中，以聊天式的教育方式、朋友式的告诫方法、导游式的纪律要求实施教育，使美军水兵在津津有味地阅读时，便不知不觉地受到一次道德教育，将访问中应该做的和不应该做的事情铭记在心。指南中没有提到对访问目的、意义的认识和道德要求等词句，而是把这些融合在朋友聊天告诫式的气氛之中了。美军中酗酒、吸毒、斗殴、性乱等问题相当严重，关于酗酒问题，指南中说：“饮酒要适量，这好像是要告诉你在撒哈拉沙漠不能乱饮水，要切记，当地的啤酒是‘青岛啤酒’，是所有旅游者都认为不错的。但要注意‘茅台’，那是粮食酿制的烈性酒”，“不要饮酒过量，中国人非常鄙视醉汉”。对于性乱问题，指南中特别提道：“中华人民共和国是共产党国家，因此青岛就不像世界上其他港口那样”，“中国的文化和你以前熟悉的文化差别很大”，“对待姑娘要像对待体面的女人一样”，否则什么样的麻烦都会发生，并要求通知美国大使馆。可以想象，该指南对水兵潜移默化的教育效果将是训斥说教方法所难以达到的。

（三）发挥宗教作用

美国是一个多民族、多宗教国家，大多数国民都不同程度地信仰某种宗教。美国军人也不例外，信仰宗教的官兵占 95% 以上。因此，宗教教育成为美军军官思想道德教育的一项重要内容，其目的是利用军官的宗教信仰，塑造军官的思想品德，解决军官的思想问题。与其他方面的思想品德教育不同的一点是，美军的宗教教育设有专门机构和专职人员。这是美军独具特色的随军牧师制度，其历史与美国国家和军队的历史一样悠久。独立战争期间，美国在第二届大陆会议上决定建立大陆陆军，同时决定任命随军牧师。第二次世界大战期间，随军牧师的数量达到近 9000 人。海湾战争期间，美军派出大量随军牧师，为官兵及其家属提供各种宗教服务，甚至在战区建立临时野外教堂。目前，美军共有 3000 余名随军牧师，被称为“传播上帝旨意的精神队伍”。为此，美军建立了庞大的随军牧师机构。国防部设“武装力量牧师委员会”，主任为少将。陆、海、空各军种设牧师部长，为少将军衔。陆军军设牧师处，师设牧师科，牧师军官配备到营。海军舰队设牧师处，分舰队设牧师科，牧师军官配备到大型舰艇。空军航空队设牧师处，师设牧师科，牧师军官配备到航空联队。[①] 随军牧师享受相当于军官的有关待遇，授军衔，穿军装。为了提高牧师军官的素质，美军注重他们的培养教育，并规定牧师军官必须拥有大学以上学历或具有民间传教的经验。随军牧师的工作范围很广，最主要的职责是为官兵提供宗教咨询与服务，官兵在家庭、婚姻、人际关系等方面遇到问题时，经常找牧师谈心。随军牧师在军官的思想道德教育方面发挥着独特而重要的作用。

美军十分重视利用宗教信仰将各项道德与精神教育内容灌输到官兵

① 严兴军:《外军政治性工作评介》，海潮出版社 2007 年版，第 140 页。

心灵深处。在这方面，随军牧师发挥了巨大作用。以海军军官学校为例，学校每周都组织新教、天主教、犹太教、东正教和基督教学派的礼拜仪式，既有传统仪式，又有现代仪式。尽管参加宗教仪式完全取决于个人意愿，但长期以来，海军军官学校一致认为，未来的军官必须从自己和下属之间的不断接触中加深对领导艺术中道德伦理因素的理解，因此鼓励学员充分地利用宗教礼拜作为道德培养机会。牧师始终按照学员旅的需要提供服务和履行宗教职责，他们存在于学员旅日常生活的方方面面。牧师主持或参加《圣经》学习活动、祷告小组活动和宗教指导课程。他们去各连队走访，参加大量学员旅的活动。设计这类活动的目的是分享和建立一种终极精神源泉，保持个人与上帝的密切关系并培养和发展从这种关系中获得的力量与灵感。空军军官学校的许多学员也经常参加与提高道德素质有关的宗教活动以便有机会提高自己的精神境界。他们定期参加祈祷活动，轮流领导并提供各种服务。这些活动包括星期天或安息日的祈祷、每日早晚祈祷、各个教派的祈祷、唱诗班、《圣经》班、宗教讨论组、道德标准教育班和周末静修。在美军中，所有的宗教活动都由随军牧师负责实施，这一制度在引导军人个人完善、确立信仰、调适心理方面起到了积极作用。①

（四）重视大众传媒

随着科学技术的不断发展，书报、广播、电视、互联网等传媒工具成为美军进行道德教育的主要手段。在利用媒体这一点上，美军的征兵广告堪称典范。军方专门网罗了一大批国内外的艺术专家，对征兵广告的内容、形式和方法进行研究，今天，美军征兵广告已经成为受众广泛、影响深远的特殊艺术形式，成为向年青一代灌输军队的战斗历史和行为准则的特殊思想道德教育途径。有些征兵广告是以宣传画的形式在

① 尹东升：《外军基层建设探析》，蓝天出版社 2004 年版，第 100 页。

报纸或杂志上发表的，内容多为鼓舞人心的战斗场面，具有很强的煽动性。有些以专题片的形式在电视上播放，一方面通过介绍美军历史上的著名战役和成功战例来展示美军的先进武器装备，宣传美军的强大实力，激发人们的爱国热情；另一方面通过向公众介绍美军的高工资、高福利以及完善的社会保障制度，鼓励年轻人抛弃将兵役看作一种负担的传统思想，把当兵作为一个可以赚大钱、获得升迁的职业。事实证明，这套办法是十分有效的。据兰德公司分析，仅军队的优厚待遇这一项宣传就可以打动看重金钱的年轻人，为军方多募集 20% 的士兵。

美国军方认识到，军事领域的宣传必须面向世界。因而，互联网成了美军进行对外军事宣传、展示军事实力、树立国家形象的窗口。一打开美国军方主页，人们就可以清晰地看到对美军整体形象的宣传："一个团结的整体，装备着美国最精良的武器，随时服从国家的需要，不断前进，不断发展，迎接今天、明天和 21 世纪的挑战。"通过此主页，还可以查到许多文字、图片和动画，它们从不同的侧面展示美军的形象，以此扩大美军在世界的影响，形成威慑力量。

如果说各种媒体对和平时期美军的正面宣传发挥了重要作用，那么，战争期间媒体的战斗力功能更加受到美军的重视。我国古代著名的政治家和军事家诸葛亮认为："用兵之道，攻心为上，攻城为下，心战为上，兵战为下。"美军也同样认识到心理战作为一种特殊的作战方式，可以达到"不战而屈人之兵"的目的。心理战主要是敌对双方为赢得战争而进行的心理搏击，双方都力图通过各种手段改变人的感情、心理、意志进而影响人的行为和战争的进程，达到战胜敌人的目的。而军队的士气作为士兵心理的一种外在表现，在战争中显得尤为重要。现代社会中，新闻媒体与军队士气的关系是十分密切的，处理不好可能影响战争的全局。美军在这方面有惨痛的教训。新闻界传播错误消息和对于战争情况的误导曾使美军在越南战争中自乱阵脚，也招致了国内的强烈谴责。越南战争以后，凡是有美军参加的战争，军方都非常注意对媒体加以严格控制，加强正面宣传，夸大战果，以便鼓舞士气和赢得国民对战争政策的支持与理解。例如，在海湾战争中，美国国防部专门颁布了战地新闻记者采访规定：严禁媒体报道海湾美军作战部队的规模、番号和武器的型号；禁止媒体在伤亡士兵亲属接到伤亡通知书之前，报道他们的名字，刊登他们的照片；记者到战地采访，必须服从军队的命令，签订协议，并由军方人员陪同前往，采访内容必须经过军方严格审查方能发表。另外，驻扎在海湾的军方领导人还加强了军队内部的新闻控制，要求军内电台和报刊严格遵守各项规定，严禁渲染战争恐怖和传播无根据的谣言蛊惑人心。媒体除了能在心理战中鼓舞己方士气，还可以起到涣散敌人斗志的作用，通过散布假消息，歪曲事实真相，破坏敌方军民的士气，使敌方军民产生紧张、恐惧、厌战、犹豫等不良心理。在海湾战争中，美军就曾耗费大量的财力和物力，把许多小型短波收音机秘密送入伊拉克，利用美国之音阿语节目进行招降性的心战广播，并配合发放反萨达姆的心战传单、录音带，进行长达半年的“心战喊话”。许多伊方士兵正是由于美军的这种攻心战术而倒戈投降的。媒体心战成为美军赢得这场战争胜利的重要手段之一。

第二节　当代英军的道德建设

作为曾经的日不落帝国，英国对于自身昔日的辉煌和荣誉有着深切的眷恋，对于维护和保卫日不落帝国的武装力量——英军，也就有着特殊的要求。英国极为重视军队的道德建设，通过多种途径宣扬英国的辉煌和军队的功绩，目的在于通过道德建设使军队服从国家意志，从而更好地为英国谋求霸权，维护资产阶级利益服务。当代英军道德建设既强调继承传统，又力求适应世界新军事变革的时代要求，形成了富有英国特色的道德建设内容、体系和方式。

一、英军道德建设的主要内容

英国的政治家们喜欢强调英联邦不是由武力，而是由感情和挚爱联系在一起的。这种感情和挚爱，无疑同伦理特别是军事伦理有着密不可分的联系。在英联邦意象下，英国军队道德建设既努力契合古老的英国历史传统，又力求适应新军事变革的时代要求，渗透着根深蒂固的殖民主义、霸权主义思想。

（一）灵魂深处的日不落情结

英国过去缔造的日不落帝国给英国人留下了永不磨灭的“帝国情结”。在殖民地纷纷独立后，英国为了与阿根廷争夺马尔维纳斯群岛的主权大动干戈，不惜以花费 7 亿英镑、伤亡 200 余人的代价来维持对远离英国本土的一个小岛的主权。一个重要原因就在于英国人难以割舍的“帝国情结”。撒切尔夫人说：“当我们开始动手的时候，有些迟疑不决和懦弱的人认为，我们真的干了，也干不成什么大事，他们认为我们的衰落已经不可挽回了，我们已不再是从前的那样了，英国不再是曾经建立起一个帝国并且统治 1/4 的世界的民族了。他们错了！”英国首相卡梅伦则宣称：英国不甘心做一个狭隘的岛国，要重拾旧日的“日不落”辉煌。

16 世纪，英国打败了西班牙的无敌舰队，击溃了海上马车夫荷兰，牢固确立了海上的霸权。自此，英国依仗强大的军事力量，在全世界所向披靡，建立起一个强大的日不落帝国。然而随着 19 世纪末 20 世纪初全球民族解放运动的风起云涌，反殖反帝斗争的展开，大英帝国的殖民体系土崩瓦解，昔日辉煌的日不落帝国已经成为明日黄花。日益衰落的政治军事实力在精神上留给英国人对往昔的无限怅惘和深刻的帝国情结，在现实政治中则推动了“大英帝国殖民体系”向“英联邦体系”的转变。

在英国对帝国的组织形式进行重新探讨时，英国人深刻认识到新型的政治体系必须建立在充分的道德基础之上：“一个国家要变得伟大，不仅可以通过把地图绘成红色，或把贸易扩大到前所未有的地步，而且也可以通过作为正义的先锋、被压迫者的救星、自由的老根据地，使国家变得伟大。”[①] 在英联邦体系内部，它们之间有近似的文化背景和政治制度，由独立主权国家组成，内部关系是平等的。只有以相应的道德思想为依据，增进英联邦国家之间的道德情感，才能保障旧殖民体系的顺利转型及增强英联邦的内聚力。只有建立以英国传统的“自由与正义”原则为基础，各成员国相互信任和积极合作的自愿、自由的共同体，才能长久地维护英联邦的完整；只有强调共同的道德基础，对内部的道德冲突进行反省和挑战，才能使各成员国信任英国并持久地忠于它。正是在这样的背景下，英国尤为重视道德、伦理，尤其是军事伦理，认为这些纽带，尽管轻如空气，却坚如钢铁。

（二）强烈的民族优越感

英国是一个岛国，距离欧洲大陆最狭窄的一道英吉利海峡只有 30 多公里，但就是这道窄窄的英吉利海峡成了英国远离欧洲大陆战火的重要屏障，同时也成就了英国征服大海、征服大陆，进而征服世界的野心。

随着 19 世纪日不落帝国在全球建立的统治，英吉利民族的优越感达到顶峰，一种以王权为中心，共同荣辱的情感和共同利益、共同防卫和扩张的需求把他们联系在一起。英吉利民族的民族优越感奠基于英国历次战争的胜利，以及由此而生成的英国军事伦理。英国人击溃无敌舰

① ［英］霍布金斯：《自由主义》，朱曾汶译，商务印书馆 2009 年版，第 52 页。

队，摆脱西班牙人的威胁，是民族国家的胜利，更是英吉利民族精神的胜利。那一时期，在对外扩张中，在环球航行中，英国对世界的探索胜过任何国家和民族。历次战争不仅保障了英国的民族独立，更为英国获得一种强烈的民族自豪感。特别是在各国军队技能训练水平相差无几的情况下，军队所具有的民族自信心和优越感成为赢得战争的巨大动力。在第二次世界大战期间，在法国败降和苏美参战前，英国是当时唯一坚持与法西斯作战的欧洲大国，英国政府鲜明、坚决的反法西斯立场和临危不惧、不屈不挠的斗争精神，是英吉利民族自信心的彰显。正是这种民族精神，帮助人们克服了最初的悲观失望情绪，增强了抵抗法西斯侵略者的强烈愿望、勇气和必胜信心。英国军民正是凭借英勇顽强的民族精神顶住了德国法西斯的狂轰滥炸，赢得了英伦之战的胜利。

今天的英国利用其独特的历史、地理和语言优势，利用与美国、欧盟、英联邦成员国的特殊联系，利用在北约、联合国的特殊地位，仍在国际舞台上发挥积极的轴心作用，仍力图向世界表明英国是一个“世界性大国”，这些行为中蕴含着强烈的民族优越感，这种爱国情怀在促进本国发展，维护国家安全、发展利益上起到了巨大的推动作用。

（三）自我中心主义的军事价值观

英国始终坚持国家利己主义，但英国善于将本国利益与世界利益联系在一起，宣称其所代表的是人类文明的终极价值，赋予其国家利益追求以伪善的道德和价值观意义。在当代国际交往中，英国把正义等道德目标作为幌子，将国家利益置于道德原则之上，否认伦理道德具有绝对的和普世的有效性，认为道德价值标准应该反映某一国家的国家利益观，应从国家利益来判断战争的正义性。因此英国在国际均势舞台上，总是打着人道主义幌子，实质却在追求国家利益的最大化。英国始终遵循帕麦斯顿的名言：“英国没有永久的朋友，也没有永久的敌人，而只有永久的和不变的利益。”20 世纪 30 年代初，纳粹德国退出侵略性的外交政策，对欧洲乃至世界和平构成严重威胁，英国却采取“绥靖政策”，姑息纵容法西斯主义的侵略行径，不惜一切代价避免战争，企图以牺牲弱小国家为代价，最大程度保全本国利益。即便参战后，英国也充分体现出本国利益至上的理念，战争初期竭力阻止中国远征军进入缅甸，反攻阶段遏制殖民地人民的武装起义……这些军事行动充分体现了英国一脉相承的自我中心主义的军事价值观。

（四）视荣誉为生命的军人荣誉观

英军对提升军人荣誉意识、强化荣誉制度十分重视。英军是最早确立现代意义上勋章授予制度的军队。在1642—1651年内战期间，英国就设立了勋章奖章授予制度，分别表彰“作战勇敢”及“忠诚服役”的英军官兵。此外，为了调动官兵积极性，英军还在军营中设立名目繁多的奖励，也制定了一套较为完善的奖励制度：军官奖励由各军种参谋部主管人事的部门承办，士兵奖励及战役、服役奖章由军务部门承办，任何人均可提出授奖建议，授勋者可以在姓名后加写勋章缩写字母以示荣誉。不仅在战场上，英军在日常生活、训练中也制定荣誉制度，对军人良好的军事行为、作风进行表彰和奖励。英国著名的桑赫斯特皇家军事学院设立了众多奖项，其中包括“荣誉剑”和“女王奖章”，这两个奖项由英国女王和政府要人亲自颁发，获此殊荣的学员名字将永远铭刻在学员博物馆里的荣誉墙上；学院还用著名将领的名字来命名房屋、道路以及学员连队，这些对于军人行为的肯定性评价，使军人明白什么样的行为是被提倡的，什么样的行为会受到非议，从而促进军人良好道德品质的形成。

军人荣誉受到社会价值评价的深刻影响。军人的价值需要得到国家和社会的认可。国家和社会给予军人崇高的荣誉，是激励官兵为国效忠、激发军人战斗精神的重要因素。2003年，伊拉克战争期间，英国女王曾多次向参加对伊作战的英军官兵发去问候信，并颁发奖章，褒奖他们“对国家的忠诚”以及在战场上表现出来的“英勇、机智和顽强不屈”的崇高行为，英国皇室还将王室成员到军队服役视为必备的责任和荣誉，先后将多位王子送往军队服役甚至参加对伊作战，这些鼓励献身、褒奖忠诚的做法极大地促进了英军道德荣誉感的养成。

（五）保障军人权益的军事人本主义

英军认为，基本利益保障是军人生活、履行职责的必要基础，也是弥补军人损失、解除军人后顾之忧、稳定军心、提高军队凝聚力的重要措施，更是强化军人战斗意志、提高战斗力的重要保证。英军极为重视维护官兵各项权益，落实各种细致周到的福利措施，充分体现了军人正当权益与军人职业特色的统一。英国军队为现役军人规定了相当高的工资和福利待遇，使军人在社会各阶层中保持较高的生活水准。同时，英军随着时代变化不断调整军人保障的具体措施，比如和平时期，社会竞争压力使官兵自我发展的需要更为迫切，英军就适时建立了就业培训制度，支持官兵谋求自身成长发展，在政府及军队各部门设立专门机构负责对退役军人进行职业教育，为和平时期稳定军心提供了有力的措施。此外，英军在重视军人权益保障的同时，还极为重视军人家庭及亲属的正当权益维护，从而为稳定军心、增强部队的凝聚力发挥了重要作用。

二、英军道德建设机制

英军道德建设机制比较健全，并且与训练机构有机融合，形成了富有特色的军队道德教育内容和方法，取得了明显的效果。

（一）与军事体制有机融合的军队道德建设体系

英军道德建设很少单独进行，大多结合在军事训练、行政管理、技术工作、业务工作和文化娱乐活动之中，在工作和生活中潜移默化增强官兵爱国主义和责任感、使命感。与之相一致，英军道德建设也无专门的机构，而是同训练机构融为一体，由陆军军务部的训练局，海、空军人事部训练部分别负责本军种的道德建设工作。英军也没有相对独立的思想道德工作体制，而是同军事体制紧密融合在一起。

早在16世纪60年代，克伦威尔就在当时的英国军队中宣传资产阶级政治，宣扬清教徒精神，并第一次设置了随军牧师团，配备了相当数量的牧师和鼓动员。到了第二次世界大战期间，英军对精神因素的重要性更加重视，成立了各级宣传机构激发官兵作战热情，英国外交部设立军事宣传局，军队设立精神处，逐步建立和完善道德建设的机构。比如，英军从入伍、职业教育、训练、就业培训等各个环节入手，强化对官兵全程的道德教育。募兵宣传机构是英军道德教育的起点。英军认为，军队招募公民入伍，就是向公民推销并出售军事职业。因此，募兵工作必须重视宣传工作，通过宣传让更多青年人深刻了解军队而投身军队。因此募兵处每年都拿出一定数量的经费在报刊、电视、广播等大众传媒上做广告、搞宣传，还组织宣讲队、军营参观、武器装备展览等各种活动吸引青年到军队中感受军队生活，强化军队在公民中的良好印象。英军还在中学、大学建立“青年响应者俱乐部”，通过俱乐部活动，发放免费的军事杂志、军营纪念品等形式加强军地联谊活动，扩大军队在社会上的影响力，塑造军队的良好形象。

文化教育训练机构是英军进行道德建设的重要载体。英军一贯重视官兵的文化教育训练。三军均设立专职的文化教育部门，并配备大批专职教育军官，负责部队的文化教育。英国各军事院校也会在教学内容和过程中通过各种形式强化军人道德教育。到英国各地特别是部队和战场的实地参观，是英军进行爱国主义和军队传统教育的特色方式，这种方式对于强化军人对祖国主权和领土的使命感和责任感，增强军人对军队的情感认同和职业自豪有着重要作用。英军认为和平时期就业培训是部队建设的重要内容，也是稳定官兵服役、加强道德建设的有力措施。政府设有专门机构负责对退役军人进行职业道德教育。英军规定，凡是有

5年以上军龄的军人在退伍前均有资格参加为期4周的就业培训，或其他形式的地方培训。参训军人可以利用这一次机会进行调整性学习或学习一门新技能，为退役后工作打下基础。相关机构每年会列出年度开设的学科种类，思想道德教育则被列入必修的课程内容。

（二）军事院校道德教育体系

英国军事院校教育中道德教育是一项非常重要的内容。在英国军校中，时事、历史、英国文学、音乐欣赏、摄影等人文素养课程占了相当比重。英军认为，人文教育能够促进协作精神的养成，可以形成领导者与被领导者之间所需要的共同基础和目标，有利于增强部队凝聚力。这一做法可以抵制对军队情感冷淡的社会思潮，稳定部队和扭转官兵“把自己看成是领工资的雇员”和“义务感下降”的倾向。院校还对军人教官进行军人价值观教育，培塑他们树立“为国家献身”的人生观。在三军综合性院校和军种院校中，针对中高级军官开办各种“公民意识训练班”，通常采取外请讲课、参观访问等开放的形式进行教育，目的在于使官兵对公民责任这一基本价值形成共同的理解并承担共同的义务。

（三）军队道德建设与社会的融合

第二次世界大战结束后，英军逐渐意识到，治理军队不能脱离社会，沟通军队与社会、部队与军人家庭之间的联系，有助于激励官兵安心部队工作。英军针对军营生活与社会联系日益密切的特点，实行开放式、社会化道德建设，借用社会的各种力量对官兵进行精神激励。英军会利用国庆、建军节、第一次和第二次世界大战胜利日、重大战役纪念日等开展道德教育活动。同时，还经常对官兵进行不定期的形势教育，对世界上重大事件及时进行评述，使官兵了解国家的主要对外政策，了解世界局势的演化和发展趋势，密切关注热点或敏感地区的动向。通过开放式的社会教育培养军人的责任心，增强军队的凝聚力及官兵危机意识、忧患意识和紧迫感，以唤起官兵为维护和平、保卫民主自由、捍卫国家安全自觉奉献的意识。

三、英军道德教育方法途径

英军道德教育的方法多样，善于采取各种灵活多样的方式，其包罗万象的内容和丰富多样的形式不仅获得了官兵的认可和接受，对于英军软实力增强和军队形象提升也起到了积极作用。

（一）法规保障

道德的生成离不开良好的法规环境。世界上许多国家都建立起与国家宪法相一致的军事法规，使军事领域各方面都有章可循、有法可依。英军在道德建设中尤其重视法规保障。17 世纪，英国海军统帅罗伯特·布莱克制定了英国海军第一个纪律条例，明确规定："每一名舰长和军官都应该以身作则，并按其职位激发、鼓励水手和兵员英勇作战，不得表现出懦弱、临阵脱逃、祈求饶命，如有违犯者应判处死刑或类似的其他惩罚。""在任何作战的情况下，或脱逃、或后退、或不投入战斗、以及不尽力俘敌、射击、斯杀或致伤敌人的判处死刑。"英国又于 1935 年和 1940 年分别颁布了《煽动叛乱法》和《叛国法》，用法律的形式确定官兵对国家、君主的忠诚，进一步明确了凡怂恿军队成员背弃义务和职务者、用煽动性书籍使军职人员逃避执行任务或动摇对国王忠诚者都应受到刑罚；与人共谋或自己图谋、完成帮助敌人海陆空军从事活动的人，应处死刑；以任何方式妨害王国军事活动者亦处死刑。英军通过制定完善的法规、严格的执法，运用法律自身的规范、教育、惩戒等社会功能，促进官兵道德规范行为的养成、道德意识的觉醒，最终达到道德理想的实现，这对于维护道德环境无疑是有力的保障。当代英国军队也建立并执行着严格的司法制度，保障官兵道德教育的顺利进行。英军政府司法部设有陆、空军军事法律办公室，由 12 名地方法官组成，负责协助陆、空军处理法律事务；陆军部设有法律处，海、空军设有军法署，分别负责各自军法工作。另外，英国军法也有着较为完善的法律制度，服现役的英国陆军和皇家空军成员，在英联邦管辖之外不管何时何地，都受《军事纪律法》的约束。2005 年年初，位于德国的一个英军基地对 3 名虐待伊拉克囚犯的英军士兵进行了长达 7 星期的军事法庭审判，判定 3 人的虐囚罪名成立，分别被判 5 个月到两年的监禁，且均被开除军籍。陆军总参谋长迈克尔·杰克逊将军在英国首都伦敦就英军士兵虐待伊拉克囚犯事件向伊拉克人道歉，并就虐囚相关照片表示“震惊和失望”，指明虐囚照片上描述的事件直接违背英国陆军的准则。英军完善而严格的法规，有效地保障了官兵道德建设的顺利进行。当官兵不能选择正确的价值方向，尤其是不能将自己的行为控制在道德所允许的范围时，法律就起到了不可替代的规范和强制作用。

英军十分重视对部队进行经常性的军事法规教育，使官兵形成浓厚的法规意识，养成依法办事的良好习惯。英军军事法规作为日常道德教育训练的一项重要内容，设有专职或临时的机构和人员从事法规教学，在各军事院校都设置了法规课程，并规定军法课为学员必修课；在部队则是由普法服务宣传队承担法规宣传任务，目的在于使官兵懂得法律知识，增强法制观念。在社会上，则通过国家和军队的报纸、杂志、电台、电视台等大众传播媒体进行军法的普及宣传和教育。英军还重视从新兵入伍、学员入校、军官任命开始，养成官兵的遵守法规意识，对遵守和维护法规表现突出者给予相应的物质奖励和精神荣誉。一旦违反军纪法规就要给予相应的纪律处分，违背合同的给予经济制裁，触犯刑律的要受到法律的追究，从而使部队的一切活动都按照法规制度办事。英军奖惩制度中一个重要特点就是以奖励为主、惩罚为辅。通常奖励的面都比较宽，而在采取惩处措施时则较为慎重。如英军对于表现不好、工作成绩不良者，先由其直属上级军官向其提出警告，如以后仍无改进，才被处以降级、减薪等处罚。英军允许被惩处者进行申诉，明确规定在给予处分时，必须听取本人申诉，一定要征求咨询委员会的意见。认为即使是给予禁闭等程度较轻的处分时，也会影响被处分者的职业发展。奖励为主、惩处为辅的做法是在赏罚分明的原则基础上执行的，对于严重违纪者和屡犯者，英军强调要给予严肃处理，以维护法纪的严肃性。这对英军法纪意识的形成起到了重要的推动作用。

（二）宗教辅助

宗教教育是英军进行道德教育的重要手段。在英国军队中随处可见神职人员的身影，英国军方保障官兵的宗教信仰权利，巩固军人宗教信仰自由，官兵可以合法、自愿、不受阻碍地信仰宗教，接受神职人员的服务。神职人员还可以充当心理医生或伦理道德咨询守护者的角色，英军中宗教教育已经成为其进行军事道德建设不可或缺的一个重要环节。

基督教在英国有着 1400 多年的历史，对英国社会产生深远影响，大部分英国官兵信奉基督教，英军也很注重利用宗教信仰和宗教活动来稳定军心、激发士气。早在 17 世纪，英军为了宣扬清教徒精神，设置了随军牧师团，配备了相当数量的牧师和鼓动员，要求教会最大限度服务于军事斗争，取得了很好的效果，基督教被视为军队“最可爱的伴侣”。当代英军也把宗教作为稳定军心的精神支柱，各军种部门设有牧师部，总牧师相当于少将，营一级建制均配有牧师。英军官兵不管在学习、工作、训练上遇到困难，还是家庭、爱情遭受挫折，都会主动找牧师谈心忏悔，牧师则致力于帮助官兵纾解心理压力、激励士气，在部队中营造良好的小气候。在英国军队中，牧师们被誉为“传播上帝旨意”的精神部队，他们以“上帝的代表”的身份出现，平时在营房、医院和训练场上，利用其特殊身份对官兵进行劝导，做调节抚慰、维系人心的工作；战时则深入前线，利用战斗间隙作礼拜、祷告或散发各种慰问品，用“上帝的意志”劝导官兵为国效力，以“上帝保佑”唤起官兵斗志，增强官兵必胜信念。

（三）注重利用网络媒体

英军官兵文化素质普遍较高，加之崇尚思想自由的社会价值观念，因而英军普遍重视运用影视、广播、报刊、网络等新闻媒体教育形式，形象直观地潜移默化进行教育，寓教于乐。在对外战争中，英国媒体也善于利用自身强大的影响力和传播力，与英军密切配合，成为凝聚士气、瓦解敌军的重要武器。1984 年，当阿根廷军队万余名官兵被困之际，英军白天从海上不停地轰炸阿军阵地，晚上则从四面八方用高音喇叭向阿军播放流行歌曲和劝降口号。当英军发起总攻时，阿军很快便投降了。借助网络宣传，强化信息心理作战，更成为英军近些年来普遍采取的举措。北约利用其技术优势，通过在国际互联网上开设主页和常用链接等方式，对南联盟进行了规模空前的在线宣传，大量发布反南联盟政府的材料和信息。英国还专门建立一个英语塞尔维亚语双语网站。英国声称，这个网站就是为了抵消米洛舍维奇对南联盟人民的宣传，从而从内部消解南联盟的抵抗意志。借助网络媒体的思想宣传方式，英军大大增强了官兵的战斗精神，将资本主义国家意志深植于官兵心中。

第三节　美英军队道德建设的价值审视

美英军队由于其先天政治缺陷导致了其道德建设上不可避免的一系列问题：比如，其对军队非政治化、军队非党化、军队国家化的鼓吹，鲜明展现了资产阶级军队在意识形态上的虚伪性；再比如，实用性和功利性导致的军队趋利化和责任感淡化，以及借助宗教对官兵思想的控制和欺骗，等等，展现出美英军队道德建设的虚伪性、功利性和欺骗性，需要我们加以抵制和警惕。但是，美英军队道德建设中也有许多具有普遍性、规律性的道德建设原则，以及富有时代特色和创新价值的做法，这就需要我们对其进行认真的研究、批判性的扬弃。

一、鲜明的意识形态内容与通俗化的教育方式相结合

美英军队在道德建设上虽然没有“指导思想”这一提法，但有明确的建设原则和要求，那就是把资产阶级的“民主、自由、人权”作为旗帜，灌输国家利益高于一切的思想，把为民主制度服务作为军队的宗旨。《美国陆军军官手册》写道：“我们美国被推到世界领袖地位，我们要承担这一责任。”《美国空军军官手册》写道：“美国空军是美利坚合众国实现共同防卫和追求全球利益的工具。”其核心精神是美国要做“自由世界堡垒、自由世界希望”，美国军人要“积极献身于民主政治的基本思想和基本原则”。虽然美英军队都宣称军队非党化、非政治化，军人也普遍厌烦政治说教，但是献身于民主制度的思想却成为美英职业军人的基本原则。美英军队都反对政治教育，也没有道德教育的说法，而是把思想道德教育称为公民教育、社会教育，公民教育的内容则涉及社会伦理、道德规范、民族情感、人性修养以及政治信念等，通过这些看似中立的、去意识形态化的包装，实际达到潜移默化渗透政治理念的目的。比如美军的国家意识教育，虽然也在条令条例中写了爱国主义的条款，并大张旗鼓地宣传要爱国、要对国家忠诚，但主要是通过各种活动让官兵了解美国政治体制、法律制度和国家决策过程以及比较美国与其他类型国家差别，让官兵在各种活动中，了解美国国情，“自觉”形成爱国意识。美国电影《珍珠港》中，执行轰炸东京秘密任务的队长中校与下属有一段对白，就很能体现美军思想道德建设的这一特点。下属问：“长官，如果我们飞机油不够怎么办？”中校说：“你可以自己作出选择！如果是我的话，我就冲向敌人机群，与他们同归于尽，绝不作俘虏。”实际上他已经给了下属一个明确而极富感染力的回答。以去意识形态化的方式进行意识形态教育，根据受教育者的利益需要、情感满足

和个人发展要求，采用知识性、艺术性、趣味性、愉悦性和暗示性的教育内容，引导官兵在轻松愉快的氛围中潜移默化地、心甘情愿地接受教育，这是美英军队道德建设的重要特点，也给我军道德建设、意识形态工作提供了重要启示。

二、“硬管理”与“软渗透”相结合

美英军队历来重视“硬管理”，即对官兵进行法纪教育，强调军人必须遵纪守法，按照法律法规办事，巩固军队纪律。越南战争失败以后，美军在进行“硬管理”的同时，开始强调“软渗透”，重视包括伦理道德在内的部队软实力建设，更强调通过营造良好的德育环境，在潜移默化中开展对士兵的道德教育。

美军善于以潜移默化的方式培养士兵忠于国家、勇于献身的精神。军方经常采用各种生动活泼的方式对官兵进行美国历史教育、部队光荣传统教育和军人荣誉教育。其教育方式灵活多样，利用各种适当的机会和场合，融入军队的管理、训练、作战等各项工作中，渗透到军官的学习、工作、生活等各个领域里。比如，美军经常邀请一些经验丰富的退休军官到院校和部队给学员、军官、士兵讲课，内容涉及国际形势、国家政策、军事历史、军队传统、军人道德等。麦克阿瑟上将在著名的西点军校发表演讲，将美军对军官的思想品德要求概括为“责任、荣誉、国家”，已成为西点军校的校训。新军官到部队任职时，要给他们介绍部队情况，讲部队的传统和习惯，讲士兵对军官的要求和期望，讲如何处理官兵之间的关系等。五角大楼每条走廊的两侧墙壁上，挂满了美军高级将领的照片和画像、各个时期的军旗和军徽、历次战争中的著名战例和“英雄人物”。人们一迈入五角大楼，就能感受到一种强烈的宣传和教育气氛，仿佛置身于一个小型军事历史博物馆。在五角大楼领导人的办公室，悬挂着历任领导人的照片、简历、“座右铭”。美军条令规定，各级部队要整理和利用好自己的历史，发挥其对官兵的教育作用。连一级要建立本单位的历史档案，团一级部队应设立“军史室”。在美国各地特别是美军战斗、工作、生活过的地方，建有大量纪念性雕塑或标志，记录美军的作战历程、“英模人物”、名人格言、部队警句等。仅在首都华盛顿特区，就有大量军事相关的纪念性建筑，如越南战争纪念墙、朝鲜战争纪念墙等。在黑色的越南战争纪念墙上，刻有美军在越战中所有阵亡者的名字。在灰色的朝鲜战争纪念墙上，画有反映美军作战情况的各种场面。每逢国家和军队的重大节日或事件，美国政府和军队要举行各种大型纪念活动，并请政府和军队高级领导人到场讲话。在一年一度的“退伍军人节”，总统都要到位于华盛顿特区的阿灵顿国家公墓发表演讲。为了纪念朝鲜战争爆发 60 周年，美国举办了 100 多场活动，时间长达 3 年多。为了使对军官的思想品德要求有法可依，美军颁发了各种有关的条令条例，如《军人行动指南》《军人行为规则》《品格指导纲要》等。美军各军种院校经常举行各种专项教育活动，如把某些年份定为“军人价值观年”等。西点军校甚至举办“学雷锋活动”，把雷锋作为学员效仿的楷模。另外，英军美军还通过开展走出军营、面向社会的各种丰富多样的活动，消除军人对道德教育的反感和抵制情绪，通过潜移默化、寓教于乐的形式提高军队道德建设的有效性。

三、军队内部教育与外部社会教育相结合

军队系统是整个社会大系统中的一个子系统，军人来自社会，与社会有着千丝万缕的联系，军人的思想状况和军队思想工作的效果无不受社会的影响。特别是随着信息社会的到来，信息网络连接千家万户，官兵与社会和家庭的联系更为经常。要发挥德育的作用，就必须重视发挥社会的教育功能。

美军重视军队与外部关系，青睐借助社会力量进行道德教育工作。

在教育资源上，美军充分发掘民间教育资源，使其为军队思想教育服务，如借助民间的历史名胜古迹或博物馆进行教育，或设立教育基地。在教育途径上，美军善于利用各种社会化教育机构和组织开展活动，如红十字会、基督教青年会、联合服务组织（USO）、退伍军人组织、宗教团体和慈善机构等，都是美军道德教育的重要途径。在教育形式上，广泛利用大众传播媒体进行宣传，成为美军思想政治教育的基本形式。另外，美军还积极探索官兵乐于接受的社会化教育方式，如举办各种文艺演出、娱乐晚会和军事旅行等。美军还设立了各种节日、假日，开展军地庆祝活动，提升军人地位，扩大军队影响。1985 年，美国国会通过一项联合决议，规定每年 11 月最后一周为“全国家庭周”。1987 年 7 月，时任美国总统里根亲自签署公告，把每年的 5 月 23 日作为“军人配偶节”。在这两个节日里，军地双方要开展庆祝活动。① 美军向各部队提出了六项要求：一是向军人家庭发贺信或号外专刊；二是为军人家庭提供家庭与家庭之间、家庭与领导之间相互了解和支持的开放日；三是让军人家庭成员参观工作区；四是基地俱乐部为军人家庭提供特别饭菜；五是军人服务社和自动售货站向军人家庭供应特供商品；六是制定保障军人家庭生活的计划和措施。其目的是要社会承认军人和军人家庭对军队建设和国家安全所承担的牺牲和作出的贡献，鼓励军人家庭进一步支持军队建设。

英国军队也十分注重借助社会力量提高道德建设的有效性，特别是其爱国主义教育，主要是通过社会性的开放教育来实现的。英军会利用广播、电视、报刊大肆宣扬英国的强盛和英军的历史功绩，组织官兵参观瞻仰军事博物馆、军事纪念馆，开展向烈士、英雄纪念碑献花圈等活动，激励官兵为国献身。各部队还会建立自己的团队中心，宣传本团队

① 尹东升:《外军基层建设探析》，蓝天出版社 2004 年版，第 103 页。

所有立过功的官兵，以激励官兵的荣誉感等。通过军地教育的结合，大大提高了道德教育的针对性和有效性。

四、物质激励和精神鼓励相结合

美英军队的道德建设既注重荣誉激励，更强调物质刺激，通过精神与物质两方面的结合强化道德建设的效果。美军在对官兵进行道德教育的同时，每年都进行优秀士兵的评选活动。美军认为，奖章是军人佩戴在胸前的荣誉，奖章能够产生士气、自豪感和集体精神。美军的奖章种类繁多，每年获奖章的人数比例也较高。美军和平时期的奖章主要有五种：特殊勋章、功绩勋章、立功勋章、嘉奖奖章和优秀奖章。除了奖章外，美军还有名目繁多的荣誉奖励和称号。获荣誉奖励者有更多机会入学深造和晋升。美国军方领导人充分地认识到，要使官兵保持高昂的斗志和战斗的热情，必须进行精神鼓励。在军队中，各种勋章和奖章被官兵视为巨大的荣耀。功勋奖章不仅代表着国家对军人所作贡献的认可，还可以激励官兵奋勇当先、英勇杀敌。因此，向有功人员或集体颁发功勋奖章以表彰他们的伟大功绩，成为军方对士兵进行精神激励的有效途径。在美军内部有一条不成文的规定，全体军人不论军衔高低，都要向获得荣誉勋章的人致敬，其至高无上的荣誉可见一斑。另外，获得荣誉勋章的人，在物质方面还享有许多特殊的待遇。例如：他们有送子女进入安纳波利斯海军军官学校、西点军校或空军军官学院学习的特权，不需像其他美国公民那样必须经过总统、副总统或国会议员的推荐；每月有 200 美元的特别津贴，并可以终生享受军营服务社优先购物及免费乘坐美国军用飞机旅行的优待。

与此同时，美英军队还注意解决军人的实际问题，改善军人待遇，提高军人地位，为军队开展道德建设提供强有力的物质保证。美军非常注意依靠改善官兵的待遇、提供各种福利政策来提高军人的社会地位，并以此稳定军心、振奋士气。美军采取人性化和实用主义的做法，把个人发展与为国家奉献有机地结合起来，具有很强的吸引力和感染力。首先，军方游说政府大量增加军队经费，用以改善官兵的武器装备和生活条件。充足的经费能使士兵拥有先进的武器，更好地保卫国家，因此争取较多的军费也是增加士兵自豪感的方式。其次，军方为士兵提供优厚的教育条件，建立了较为完善的业余文化教育体系。美军在 750 人以上的基地或营以上单位驻地都设有文化教育中心并配有专职的管理人员和教师，以加强对士兵的专业技术训练，同时设法为他们获得地方统一颁发的技术证书或文凭，以便他们退伍后能被地方直接聘用。最后，加大退役军人社会保障力度，解除军人服役的后顾之忧。美军认为，对军人的保障程度直接影响到整个军队的素质，完善的保障制度有助于军人地位和荣誉感的提升，稳定军心士气。英军也认为，要最大限度地调动军人的奉献热情，只靠爱国心是不够的。英国军队待遇丰厚，军人薪金普遍高于地方同级人员的 20%，再加上名目繁多的津贴与补助，总收入要高于地方同级人员 30%—50%。英军还为退伍人员提供了丰厚的退役金和养老金，从物质和精神的结合上提高部队吸引力，强化军人献身国防的内在精神动力。这些做法使物质利益原则得到切实的贯彻执行，无疑有助于将道德建设落到实处，同时也为我国优化军人待遇保障制度、构建完善军人荣誉体系提供了可资的镜鉴。

第八章

当代法德军队道德建设

因地缘和历史的关系，法国与德国的价值观念相对接近，二者的军事伦理思想包括军队道德建设思想也有许多共通之处，但又各有特色。研究当代法德军队道德建设，对于加强我军思想政治工作、培养“四有”新时代革命军人等都有积极的启示。

第一节　当代法国军队道德建设

作为一个传统军事大国，法国在两次世界大战后陷入了颓势，但它的精神并未沉沦。第二次世界大战结束后对重建法国大国地位有着强烈使命感的戴高乐将军就曾说过这样的话：“法兰西如果不伟大，就不成其为法兰西。”[①] 战后半个多世纪以来，法国试图通过重建欧洲和世界新秩序来恢复昔日的“荣耀”，并以建设一支强大的国防和军事力量作为恢复大国地位的重要基础。基于第二次世界大战初期惨败的记忆，战后法国政府、民众及其军队开始反思精神力量和物质力量的关系，日益关注精神力量建设，重视军队道德建设，着力提升民众的国防精神和军队

① ［法］夏尔·戴高乐：《战争回忆录》，陈焕章译，中国人民大学出版社 2005 年版，第 1 页。

的战斗精神。

一、当代法国军队道德建设的基本内容

当代法国军队道德建设的内容有很多，至少表现在三个方面。首先是充满民族优越感的爱国主义精神。法国军队具有强烈的法兰西民族自豪感。在拉丁语中，“法兰西”的意思是“自由、勇敢”。早在中世纪，法国人就认为法兰西是圣地，是一块显示圣灵的地方，上帝对她格外恩惠，基督也对她特别关照。圣女贞德的传说以及人们对她的崇拜集中表现了上帝与法兰西的神奇联系和法国人的民族优越感。18 世纪末，包括法国在内的欧洲各国统治集团开始鼓吹民族国家意识，使民众接受单一的价值观，以此谋求内部团结，对付外敌。尤其在大革命时期，沙文主义（Chauvinism）作为民族自大和民族侵略的代名词是法国的“特产”。尼古拉·沙文是拿破仑军队的一名军官，他狂热鼓吹法兰西民族是世界上最优秀的民族，宣扬法兰西民族的利益高于一切，主张征服和奴役其他民族，用暴力建立大法兰西帝国，沙文主义的产生附和了当时欧洲日渐凸显的“民族国家”概念。拿破仑军事帝国的辉煌强化了法兰西民族自豪感，也成为当代法国人和法国军人引以为自豪的资本。在很多法国人的观念中，除犹太民族外，没有其他民族像法国人那样如此坚信自己是上帝的选民。法国作家孚梅在第二次世界大战中曾经写道：“法兰西民族的命运里蕴涵着历史唯物主义难以解释的某种神秘……世界不能没有法国，没有了法国，世界必将灭亡。”[①] 法国人不仅对自己的民族有着强烈的优越感，而且对自己的国家也有着强烈的优越感。戴高乐在《战争回忆录》中表示：上天创造法国，如果不是让她完成圆满的功业，就会让她遭受惩戒性的遭难。他还确信：除非站在最前列，否

① S.Fumet，*La France du monde*，Les Cahiers du Rhone，Neuchatel，No.5，November 1942.

则法国就不能成为法国；法兰西如果不伟大，就不成其为法兰西。在当代，忠于法兰西成为法国军人的最高道德准则。法国人强烈的民族自豪感作为一种社会伦理资源自然地影响到法国军人的爱国热情。当代法国把忠于法兰西国家和民族作为军人最高道德准则，正如戴高乐所说："国家和民族一旦选定了自己的道路，军人的职责也就从此确定了。军人如果离开了自己的职责，就只有迷失方向。相反地，军人履行了自己的职责，全国人民就有了依靠和学习的榜样。"①"为国家服务以及服从才是军人的职责、荣誉和存在的理由。"②当代法国把忠于法兰西作为军人的最高道德准则，在一定程度上模糊了军队的阶级属性，使军队在处理国内、国际问题上与政府决策保持高度一致。2005 年 11 月法国巴黎郊区发生严重骚乱的过程中，政府实施了紧急状态。一名指挥人员告诉记者，虽然在郊区骚乱过程中，政府没有要求军队出动，但军队一直在观察事态的发展。法国军队就实施组织、通信联络、信息交流以及人员调动作好了准备，一旦政府要求军队参与处理类似危机，就能顺利完成任务。③"忠于法兰西"这一道德准则的内化，使军队在面对民众骚乱时似乎没有了面对"五月风暴"时的痛苦和不安。于是，"保卫法兰西"就成为当代法国军人的神圣职责。《法国军事战略》把法国的利益划分为重要利益、战略利益和权力利益。即"领土及领海、领空的完整，自由行使主权和保卫法国公民，当然还包括其在外的侨民，是法国重要利益的主要组成部分；维持欧洲大陆及其周边地区的和平，保护对于经济活动、取得资源和进行自由贸易至关重要的空间，构成了法国战略利益的

① ［法］夏尔·戴高乐：《战争回忆录》，陈焕章译，中国人民大学出版社 2005 年版，第 110 页。

② ［法］夏尔·戴高乐：《战争回忆录》，陈焕章译，中国人民大学出版社 2005 年版，第 95 页。

③ 廖先旺：《应对重大危机：法国军队在行动——记巴黎大区陆军司令部电脑演习》，《人民日报》2005 年 12 月 22 日。

核心；法国的权力利益是与法国在世界上的责任相联系的，而这种责任是联合国安理会常任理事国及核大国的地位所赋予的”。①

其次是顽强坚韧的尚武精神。形成于法兰西民族军事历史变迁中的尚武好战之民族性格不可避免地影响到当代法国政府和军人的行为取向。“高卢雄鸡”作为法国人的象征，它的倔强、勇敢、傲慢、自负和好斗的特点在法国人身上都有体现。有人形容中世纪的法兰克骑士时说：“一个骑在马上的法兰克人能把巴比伦城墙冲个窟窿。”法国前女国防部长阿利奥－马里可以说是法国军队勇武精神的象征符号，她留着短平头，身着青色长裤和西装，展露出强悍的个性，她一直坚持自己被称为法语中代表阳性的“Le Ministre”，而不是代表阴性的“La Ministre”，为了证明自己是合格的国防部长，她和军队一道跳伞，前往战云不散的阿富汗和黎巴嫩视察军队，此举令法国将军们也深为震撼。法国历代军事思想家对于军人的勇气和尚武精神都有着深刻的论述，法国著名军事家福煦写道：“胜利的愿望，这是打胜仗的首要条件，因而也是每个士兵的首要天职。百折不挠的坚定性也具有重要的意义，必要时指挥人员应向士兵灌输这种精神。”②顽强的意志、尚武精神、勇敢品质是当代法国军人道德的重要内涵，正如戴高乐所言：“实际上，尚武精神，士兵的战斗艺术，他们的英勇刚毅，都是人类财富的组成部分。”③在戴高乐看来，只有尚武精神建立起来还是不够的，还需要通过一定的手段进行保养，他认为，“一旦尚武精神建立起来，还要不断地磨砺它，体育运动中的竞争精神必须被引进到各个团体的竞争中去。部队要时常组织起来进行演习，要进行准确公正的裁决和必要的奖赏。这样，竞争的热情

① ［法］国防部：《法国军事战略》，《世界军事参考》（内部材料）2003年11月7日。

② 许保林、刘子强选编：《中外军事名言录》，军事科学出版社1986年版，第258页。

③ 转引自琴星：《走向21世纪的法国》，中原农民出版社1999年版，第7页。

和协作的精神就会在这种激励下培养起来”[①]。法军为提升外籍军团士兵忘我的牺牲精神，增强军队战斗力，做到“作战时摒弃七情六欲”，规定外籍军团新兵入伍 5 年内不许娶妻生子，也不许有银行账户。[②]

再次是同舟共济的团队精神。团队精神的载体是军人群体和个体。军人总是在一定集体内生活和战斗的，集体内部成员之间必然存在着相互“心理感染”和“心理牵动”现象，因而军队作为一个集体既需要团队精神，也有助于营造强烈的团队精神。军队无比强大的凝聚力、战斗力的获得离不开军人的团队精神。当代法国军队尤其是法国外籍军团特别强调团队精神，因为法军中的外籍军团是由非法国国籍的外国志愿者经过录用而组成的陆军战斗部队。不仅如此，在以法德两军为主的欧洲军团中也面临着各国军人的融合问题，因此当代法国军事道德建设内生着对军人团队精神的需求。戴高乐将军指出：“技术革命的成果更需要团体精神。在分散战斗所带来的离心力下，如果没有长久以来形成的团体精神——共同的理解、共同的习惯、同舟共济的精神，没有哪支部队会结成一个整体。”[③] 对于团队精神的重视被运用到部队精神建设的实践中，并取得了明显的效果。被法国人称为“法兰西之子”的法国外籍军团是一支非常有战斗力的军队，在联合国的维和部队中，在非洲、阿富汗都有他们的身影。第二次世界大战结束以来，外籍军团先后参加了阿尔及利亚、印度、朝鲜、苏伊士、扎伊尔、乍得、海湾战争等地区的纷争。和我国的人民解放军不同的是，他们不是本民族的精英和骨干，法国的外籍军团大多数是没有法国国籍的外国移民。[④] 这些主要由非法国人组

---

① ［法］夏尔·戴高乐：《向职业军队发展》，转引自彭光谦、沈方吾主编：《外国军事名著选粹》，军事科学出版社 2000 年版，第 509—510 页。

② 罗山爱：《卡玫农之战——外籍军团一战成名》，《世界新闻报》2006 年 6 月 9 日。

③ 转引自彭光谦、沈方吾主编：《外国军事名著选粹》，军事科学出版社 2000 年版，第 509 页。

④ 薛长永编译：《法国军队中的外籍军团》，《国际展望》1997 年第 5 期，第 21 页。

成的兵团，因为他们加入外籍军团以后被赋予了强烈的团队精神，看起来就像是非常专业的欧洲军人，宁愿为兵团而战，也不愿仅在自己国家的军队站岗放哨。当代法军的团队精神还体现在欧洲军团中。1992 年组建的欧洲军团在后冷战初期由于受诸多因素的制约并没有多少参与军事行动的机会，这令大多军团官兵这样想：每天只是擦擦枪绝对不行，至少应该有真枪实弹干一场的可能性存在。军团多民族部队存在的真正意义或许不仅仅在战场上。在欧洲军团司令部驻地斯特拉斯堡和德法混成旅司令部驻地米尔海姆，由于欧洲军团中许多种根本不同的军事文化在那里相互碰撞，这里正出现这样一种进程，与其说它有利于在武力的基础上缔造和平，不如说它更利于各民族之间的和解。比如德国联邦国防军作为战后德国民主的一种设计，其军队中的思想教育是把士兵教育成穿军装的公民；而法国军队则在向士兵灌输帝国和殖民的传统。[①] 如何实现这支超国家部队的融合与团结，当代法国军队道德建设中所高扬的团队精神成为解决语言不通、习惯不同的军人融合的必要举措，团队精神的存在使得欧洲军团能够更好地结合为一个整体。

最后是强烈的军人荣誉观念。荣誉在法国社会和西方军队的价值系统中有着重要的地位和作用，在当代法国军人的价值坐标中，荣誉也是其不懈追求和悉心呵护的伦理准则。在封建等级社会中，贵族的使命是以利剑保卫王权，其所遵循的就是荣誉、忠诚、勇敢的道德伦理。军功是军人荣誉的重要来源，在中世纪，对军功的渴望不仅影响男人，也使女人激动不已，据说年轻的贵族女子只向军人送上欢心。在当时，战争被视为一种本身是善的东西受到追逐[②]。法兰西国王路易十四曾用令人信服的理由为荣誉辩护，他宣扬国王永远无须为追逐荣誉而羞愧，而是

---

① http://service2.xinhuanet.com/mil/htm/20000630/6227.htm，新华网。

② ［美］威廉森·默里等编：《缔造战略：统治者、国家与战争》，时殷红等译，世界知识出版社 2004 年版，第 194 页。

要坚持不懈和劲头十足地予以追逐，因为声望往往比强大的军队更有效，对荣誉的追逐比任何其他东西更能保证目的的实现。追逐荣誉观念的骑士精神在法国繁多的战争中得到了继承和发扬，特别是大革命时期，诸多战争的胜利给法国增添了"国威""军威"，给法国军人带来了巨大的"荣誉"。自古以来法国人对军人职业推崇备至，在多数人看来，军人是国家的栋梁、社会的精华、家庭的骄傲、大众的偶像，军人更是荣誉的象征。法国历史上的战争造就了查理大帝、圣女贞德、路易十四、拿破仑、戴高乐等一批代表法兰西民族的伟人，这些历史人物以他们的丰功伟绩和个性品质为法国军队道德建设增添了丰富的内涵，成为当代法国军人的楷模。于是，胜利和军功成为当代法国军人对荣誉的不懈追求。拿破仑曾说过："给我足够的勋章，我可以征服全世界！"法国名将狄龙在其回忆录中讲到这样一件事。第一次世界大战期间，他带领一个步兵团进攻敌堡垒，遇到顽强抵抗，情急之中他对部下说"谁炸毁敌堡垒，可以获得1000法郎"，结果没有一个士兵为赏金而冲出掩蔽物。这时，他身边的一位军士长建议道"长官，要是你不提悬赏，全体士兵都会发起冲锋"，于是狄龙发出了另一道命令："全体士兵，为了法兰西，前进！"结果，整个步兵团跳出掩体冲向敌人。可见，荣誉对于法军来说比金钱更重要，当代法国军队和军人在重视继承骑士精神、军事传统的基础上，依然把崇尚战争、获取胜利和军功作为自身荣誉的来源，以增进自我的道德财富。

二、当代法国军队道德建设的基本途径

当代法国军队道德建设既有与其他西方国家共性的一面，同时由于受自身民族文化、军事文化及军事传统的影响，又独具特色。首先是充分利用传统道德资源。法国是一个历史悠久的民族，十分重视自己的民族传统。法军在其历史上形成了富有爱国主义和民族光荣感的传统。早

在拿破仑时代，拿破仑就曾用爱国情怀对官兵进行演讲："士兵们，今天是 7 月 14 日纪念节。你们看到在你们面前的我们部队的伙伴们的名字，他们是为了祖国的自由而牺牲在战场上的。他们为你们树立了榜样，你们应该为共和国贡献一切，你们应该为三千万法兰西人的幸福贡献一切，你们应该为法兰西人这个名称的光荣贡献一切，这个名称已经由于你们的那些胜利而增添了光彩。"[①]马克思有一句名言："法国人在从事于革命的时候，总不能摆脱对拿破仑的追念。"[②]当代法国军队道德建设也非常重视利用其其他历史及传统道德资源。比如法军经常利用国庆节、两次世界大战胜利日、诺曼底登陆日等重要纪念日组织各种纪念活动，采用检阅部队、向无名烈士献花圈等形式，宣扬法军的历史功绩和英雄人物，对官兵进行爱国主义教育，使军人了解法国的历史、文化和法军的光辉业绩，以增强军人的民族自豪感和使命感，培养他们为国捐躯的精神。法国国庆阅兵可追溯到 1880 年，至今已有 100 多年的历史，除两次世界大战等少数年份外，法国国庆阅兵从未中断过，法国国庆阅兵的传统成为当代法军进行爱国主义教育和提升军人荣誉感的重要途径。法军在军队道德培育的过程中，充分利用其历史悠久的特点，各部队、院校做足了宣传历史的文章，法军通过印发大量有关军史、战例介绍的学习材料，举行各种形式的报告会和建立荣誉室等方式，向官兵介绍部队的优良传统。如法军在新兵入伍和军校学员入学时，要先进行法国的历史和文化教育，介绍法国建设情况，宣扬法国的历史功绩和英雄人物，以此增强军人的民族自豪感和为国防献身的精神。在法国军营，各部队的宣传教育机构利用各种机会向官兵宣传和渗透英雄主义传统，宣传当兵尚武自豪和为国牺牲光荣，战争遗迹、英雄塑像、战利品、指

① 刘树德等编著：《外军政治工作研究》，解放军出版社 2002 年版，第 192 页。

② 转引自张芝联：《从高卢到戴高乐》，生活 · 读书 · 新知三联书店 1998 年版，第 177 页。

挥官照片、战例文字说明和照片等比比皆是。空军的每个中队都有荣誉室，里面陈列着照片、勋章、纪念章、功勋飞行员使用过的武器和衣物等。在法国空军的一个中队，他们保存着从1959年到现在的飞行计划；在一所空军学院的墙上铭刻着历年牺牲的飞行人员名单；[①]法国陆军索密耳装甲骑兵学校（EAABC）中的大多数教室都是以法军历史上的一些著名军官命名；[②]法国圣西尔陆军军官学校的校庆有着自己独特的传统，比如重现奥斯特里茨战役。1905年12月2日，为纪念拿破仑在奥斯特里茨战役中大获全胜，圣西尔军官学校的学员们穿上先辈的服装，拿起老式火枪，按当年的布阵、列队演练，再现往日的战斗情景，从此形成传统，每年的12月2日都要举行这种纪念活动。[③]这一切都在无形中增强了军人的爱国主义热情。

其次是突出军官的表率作用。在法军中，人是军队战斗力的最终决定因素，高素质的军官是军队最宝贵的财富，因此始终把培养高素质人才作为军队建设的首要任务。[④]军官作为军队的领导者、启迪者和凝聚者，其能力与道德素质的高低直接影响到部队战斗力的高低和军事人员在战争中的行为选择。拿破仑曾说过："好的将领，好的军官，好的组织，好的训练，好的纪律，可以形成一个好的部队……这与为何而战无关。"[⑤]正如古希腊人所认为的"狮子领导的鹿群比鹿领导的狮群更可怕"。军官是拥有支配和使用武力这一权力的特殊群体，为了提升军官的领导能力和综合素质，当代法军对军官有着更高标准的道德要求。军校学员作为军队未来的指挥官，法军不仅重视其军事知识与技能的培

① 陈洪根：《走进法国意大利军营》，《解放军报》2005年3月2日。

② 刘航：《法国军校训练的主要特点》，《炮兵学院学报》2002年第1期。

③ 总参谋部军训部编译：《法国陆、海、空军军官学校》2002年7月版。

④ 纪明周：《走进拿破仑的母校——法国三军防务学院见闻》，《环球军事》2005年第8期。

⑤ 转引自彭光谦、沈方吾主编：《外国军事名著选粹》，军事科学出版社2000年版，第139页。

养，更加重视其道德修养及军人品质的塑造。法军的院校教育以培养学员具有为人师表的自豪感和为国家效劳的自觉意识为宗旨，要求学员不仅具备优良的军事素质，还要掌握渊博的知识，要求学员以成为有理想、有个性、有文化、有爱心、有服务意识、懂教育、善管理、出类拔萃的国家栋梁为发展目标。[①] 军校教育特别强调正直、勇敢、牺牲、纪律的军人品格，重视以身作则、相互信任、关心部属等领导能力的训练，以造就在困难和危险环境中，能够采取坚决果断的行动完成任务的指挥军官。各院校都有校训、校旗和校歌，如圣西尔陆军军官学校的校训是 1805 年拿破仑亲自题写的“为打胜仗而受训”，时刻提醒学员不要忘记自己肩负的使命和责任；校旗一面绣着“荣誉与祖国”，一面绣着校训，这些激励措施对培养军官的军人意识和国家观念起到了潜移默化的作用。法军不仅在部队院校教育中强调对准军官的品格塑造和道德灌输，在战斗部队教育中，法军也非常重视军官道德建设。法军要求军官“身先士卒”，“知道的最多、做的最好”，“以实际行动影响部属”，以及“关心、尊重和了解部属”。法军《纪律条令》明文规定：“军官应公正、严肃、不谋私利、不以个人好恶和感情行事”，“反对独断专行”。该条令指出：“不了解部属的个性、需要和表现是军官的最大失职”，“军官应了解部属的个人、家庭情况，以及他们的爱好和需要解决的问题”，“特别要注意年轻战士的特点，要尊重爱护士兵”。[②] 此外，在法军的一些特种作战部队，还设有专门的政治军官，如法国海军水下破坏分队——“尤贝尔特遣队”规定，队里必须有负责思想工作的政治组长职务，需由曾在海军特种部队工作多年的军官担任，政治组长是队里所有士兵和军士的长官，负责维护分队内正常的道德心理氛围，保持队里

① 亢进忠：《走进法军军事教育》，《解放军报》2002 年 11 月 13 日。

② 李保忠：《中外军事制度比较》，商务印书馆 2003 年版，第 175 页。

的传统，做老兵的思想工作，保持与舆论界的联系。[①]政治军官要以自身的模范作用，引领全体人员保持高昂的斗志，使之在思想上始终做好执行特种任务的准备。

最后是注重民众的国防道德教育。爱国防是现代公民的道德表现，国防教育本身包含着军队道德建设的重要内容，当代法国把培养公民的国防意识作为一项战略任务，着力提升国民的国防道德观念。自从现代军事制度建立以来，军人大都源于本国国民（雇佣兵除外），因此，国民的素质直接影响到军人的素质。军人在服兵役之前一直在社会环境中成长，国民道德培育的优劣直接关系到军人道德水平的高低。同样，军队的道德教育同样会影响到国民的道德素质。军人服役期满之后回归社会，退役军人个体道德水平的高低又直接关系到国民整体素质。军人道德和国民道德构成相互影响、相互制约的关系，但总体看来，国民道德更具基础性，军人道德更具引导性。[②]在戴高乐时代，法国人通过对历史的反思，为振奋民族精神和强化国防意识作过艰苦的努力，并取得了较好的社会效果。如今，法国国防教育的最大特点是实行政府领导下的全民国防教育。法国前总理皮埃尔·莫鲁瓦指出，防务思想不只是穿制服的军人才能涉足的禁区，也不是在人们被迫拿起武器时才想起的。它与公民在家庭、初级学校和大学中所受的全部培训是分不开的。防卫思想，在国家处于非常时期就叫爱国主义，它基于公民的爱国心和责任感，反映了全体一致的觉悟，表现了法国属于一个超越一切特殊利益的整体。他引用让·若雷斯的话说，只有当民族不仅全心地而且有意识地参加进去时，才可能有国防。[③]法国为了让法兰西人民铭记历史，

① 法正：《欧盟海军的水下尖兵——尤贝尔特遣队》，《军事文摘》2004年第8期。

② 杨永：《日本军国主义战争行为伦理探源及军事伦理思考》，《解放军理工大学学报》2005年第3期，第34—37页。

③ 军事科学院外国军事研究部编《外军资料》，1986年第36期。

把第一次世界大战法德停战协议签订日定为"国防教育日"，规定每年11月11日所有16至18周岁的适龄青年，必须参加"国防教育日"活动，接受以履行兵役义务为主要内容的国防教育，并由国家设在军队的国防义务办公室颁发证书，作为今后考学、择业必备的资格凭证。法国于20世纪末通过了关于"组织军事储备和国防服务"的法律，确定设立一个战斗员储备和一个公民储备。战斗员储备（10万名男子），完全纳入军事系统，可以作为军队和国家宪兵部队完成使命时所需人员的补充。军事后备力量随着法国国防机器的变革进行革新，通过由怀着同样忠诚、为促进国防精神服务的男女青年组成的"公民储备"，加强民族与军队和国防之间的关系。军队作为军事道德主体，其扮演着重要的道德角色。在军队与国家和国民的关系上，固然法律的契约在一定程度上不可或缺，但在具体的军事实践中，要实现军队与国家和国民关系的良好互动，军队自身的道德人格和伦理取向发挥着重要作用。当代法国军队非常重视树立军队在民众中的防卫形象和防卫精神，增强民众对军事职业的认同和尊重。

三、正确认识当代法国军队道德建设

在欧美诸国中，法国在历史上与中国有着更多的共同点，以至于有人将之称为"欧洲的中国"，研究和剖析当代法国军队道德建设对于当代中国军队道德建设有着重要启示。

首先是当代法国军队道德建设的开放性品格。1991年年底，在《马斯特里赫特条约》签署之际，法国前总统密特朗曾说过："法国是我们的祖国，欧洲是我们的未来。"[①] 第二次世界大战后法国一直努力在欧共体及后来的欧盟内建立由法国领导的以法德合作为核心的"欧洲人的

① 滕藤主编：《光荣与梦想的实现》，黑龙江人民出版社1998年版，第288页。

欧洲”。冷战结束后，欧美关系不断发生变化，欧洲不再需要美国的军事保护，美国也无须借重欧洲对付俄罗斯。与此同时，欧美关系中竞争的一面日益突出，科索沃战争中，欧洲因军事力量不足而求助于美国，美国却对欧洲颐指气使，且趁机排挤欧盟在巴尔干的影响。鉴于欧美关系的变化以及受自身地缘政治现实的影响，作为传统经济联盟的欧盟开始积极向军事力量变形。冷战时期的1986年，法德两国就组建了第一支欧洲联合部队——法德混合旅，昔日不共戴天的仇敌成了一家人。1992年，在法德混合旅的基础上扩建成一支欧洲多国部队——欧洲军团。目前“欧洲军”已有法、德、比利时、西班牙和卢森堡等国军队加入，并于1995年5月15日至6月1日在法、西交界的比利牛斯山脚下举行了大规模的军事演习。1998年12月，法英《圣马洛宣言》为欧盟建设自主军事力量开辟了道路。法国作为欧盟中推动欧盟军事化的主导力量，其军队道德建设作为战后欧洲政治文化的一部分彰显着开放性品格。欧洲一体化进程的发展以及欧盟自主军事力量的建设促进了法国军队道德建设的这一开放性取向，作为欧洲军团组成部分的法国军人其伦理观念也需要从对法国人身份的认同到对欧盟人身份的认同，从而实现其从爱法国到爱欧盟之道德观念的拓展。在民族身份和国家利益这个现实范畴内，军队道德建设规范要上升为超国家集团的道德诉求不是一蹴而就的，因为由不同国籍人员组成的混合军队中存在着许多种根本不同的军事文化，实现文化的融合和军事伦理的认同还需要一个过程。

其次是当代法国军队道德建设的实用主义取向。当代法国不论是国家军事政策的价值取向、战争中的作战手段的道德规约，还是军人道德规范的诉求，都带有典型的实用主义痕迹，“对我有利即道德”，把维护和拓展法国国家利益作为衡量军事行为道德与否的根本标准。关于战略层面的核战争伦理，著名军事伦理学家迈克尔·沃尔泽说：“核战争现在和将来在伦理上都是不可接受的，现在没有它复发的情况。因为它是不可接受的，我们必须找出阻止它的方法，而且因为威慑是一种坏的方法，我们必须找出其他的方法。”[①] 法国在《法国的防务政策——1984—1988 年军事规划纲要》中利用教皇的道德权威为其核战略作支撑，纲要指出："以弱制强”的战略（指核战略）是打击城市目标的威慑战略……法国拒绝使自己受制于“不首先使用核武器”的协议，因为这会削弱核武器的威慑作用。事实上，威慑力量是用于维护和平的，而不是为核冲突作准备的，这与法国公认的道德权威——教皇约翰·保尔二世的观点相似。因为教皇于 1982 年 6 月在联合国大会第二次特别会议讨论裁军问题时说，在道德术语中应允许使用威慑一词。[②] 武器贸易作为国家的一项重要外交政策使法国社会党面临着一个基本的道德问题。20 世纪 80 年代初期，法国总统密特朗曾含糊地提出要使武器贸易“道德化”。1981 年 6 月，密特朗参观了布尔热的飞机展览，参展的法国飞机都拆除了武器，但新的政府指出，他们有尊重已签署的所有武器贸易协定的义务。不久，重商主义便战胜了道德方面的考虑。1983 年 5 月，在参观巴黎飞机展览时，密特朗指出，法国依赖自己军队的力量来维护独立。这支军队要有维护法国独立的手段，根本的是它的武器要打入国际市场。[③] 特别是法国在 1991—1992 年作出对台重大军售的历史性决定，更加凸显其置伦理道义于不顾，把商业利益放在首位。法国对军购国几乎不加选择，出售决定不用道德标准衡量，对争端双方采取不介入立场。法国出售武器的对象，尤其是长期大客户，常是残害人权、镇压平民的专制政权，如安哥拉、阿富汗。[④] 在战争行为领域，战后面

① ［美］布鲁诺·考比尔特斯等：《战争的道德制约：冷战后局部战争的哲学思考》，邹琳译，法律出版社 2003 年版，第 149 页。

② 军事科学院外国军事研究部编：《外军资料》，1986 年 10 月 23 日。

③ ［英］布鲁斯·乔治：《法国防务政策的变化及连续性》，《皇家联合军种协会》杂志译，1984 年 6 月号。

④ 刘再起：《冷战后法俄两国与台海两岸的军售关系》，《法国研究》2004 年第 1 期。

对法属殖民地阿尔及利亚的民族解放运动，法国政府坚决不承认阿尔及利亚民族解放阵线是一个合法权威的做法，对这场战争进行的方式产生了直接影响。法国基于西方正义战争理论[①]，拒绝承认游击队的战士们具有交战者的地位，因而他们不能享受日内瓦公约规定的待遇。法国政府宣称，这场战争是一场由恐怖主义力量领导的内部反叛行为的结果，因而必须以一切必要手段消灭这些恐怖分子。正如一位比利时学者对战后法国的阿尔及利亚战争所言："法国当局对'开战正义'的考量造成了他们对'交战正义'原则的忽视。法国在阿尔及利亚的当局在强制实施一项违反基本的人道主义规范的政策时宣称它所进行的是一项文明的使命。"[②]即使面对法国提出的人道主义干预原则，很多法国人自己也认为，法国提出人道主义干预原则的动机主要是为了维护其自身在欧洲国家共同体中的地位，而不是为了履行其在世界范围内维护民主和保护人权的责任。法国在其对外军事行动中总是努力维护其"正义之师"的形象。从军队道德建设来看，法国军队把"荣誉与祖国"置于军人的核心伦理观念，通过丰富多样的道德教育，尤其是加强军校学员和现役军官的道德教育和灌输，达到加强对军队控制的目的，理顺资产阶级军队与国家的关系。马克思主义认为，军事是为政治服务的，军队是有阶级性的，法国的军队道德培育试图消弭国家利益与阶级利益的差别，也是实用主义的重要表现。总之，实用主义是渗入法国军事领域并成为法国军事行为和军事教育的行动哲学，它极力在军事领域发挥伦理道德的实用价值。尽管实用主义不能算是法国军队道德建设的主流，法国的海外拓

---

① 西方正义战争理论两层结构包括八个标准或原则，开战正义包括六个原则：(1) 正当理由，(2) 合法权威，(3) 正当意图，(4) 成功的可能性，(5) 成本与收益相称，(6) 最后手段；交战正义包括两个原则：(1) 手段与目的相称，(2) 区别性。

② [美] 布鲁诺·考比尔特斯等：《战争的道德制约：冷战后局部战争的哲学思考》，邹琳译，法律出版社 2003 年版，第 64 页。

展多是出于政治目的和文化使命感而不是像美英那样仅仅着眼于经济利益，但是法国种种以维护人权等道德原则为名的军事价值取向既是其政治文化和社会伦理的反映，又是服务于国家利益的需要。

当代法国军队道德建设植根于法国的政治、经济、军事、文化、外交、地理等诸多传统和现实因素之中，内容丰富、意蕴深刻。综观当代法国军队道德建设，可以感受到其价值目标和道德体系的建构及调整都有着明确的指向性，那就是国家、民族和军队的利益、尊严及精神。法国是西方资本主义大国，而其军队是资产阶级性质的军队，但其近现代军事历史的变迁及军队道德建设中的开放性品格、为重振法兰西的不懈追求精神等，对于实现中华民族伟大复兴的中国梦，加强我军道德建设也有着借鉴作用。军队道德建设关乎国家（政府）、军队和军人个体的价值判断、行为选择以及国格、军人武德人格的培养；军事道德培育既是军事道德内化的重要途径，又是将内化层次的军事道德养成外化为行为模式，将道德的实践问题具体化的重要举措。对于一支军队来说，其道德建设不是封闭在军队这个小系统之内，社会环境的影响、国际战略的取向、历史文化的传承、民族性格的外化等都是构成军人道德重要的外部要素。对于一个军人来说，他首先是个人，道德的存在也是人的存在方式之一，是理性和非理性的统一，军人道德意识的强化和道德情感的升华也就成为基于人性之上的长期性建设。对当代法国军队道德建设的研究，对于我们全方位地理解战争、军事，丰富我们的军事伦理思想，实现灵活有效的军队道德培育有着重要的借鉴意义。对当代法国军队道德建设的研究还给了我们以下思考与启示：传统观点认为军队的功能和军人的任务在于从事战争，而当代军队的主要角色不仅是准备和从事战争，而且包括保卫和维护国家的合法利益，促进世界和平。国家利益是一个国家赖以生存与发展的客观物质需求和精神需求的总和，时代的进步与发展，极大地拓展了国家利益的战略空间和内涵。《法国军事战略》中对于法国自身的国家利益有着清晰的界定，比如本国文化、地区和平、海外侨民的合法利益等也纳入其国家利益的范围之中。我军理应为维护国家利益提供重要的战略支撑，这有助于提升我军官兵对自我道德责任的认知。此外，虽然中国没有像法国那样组建跨国军队，但因参加联合国维和行动、海外护航等国际事务而逐渐走出国门的中国军队和军人同样面临着与他国军人相处共事的多元文化环境，实现有效沟通以协调行动，也需要促进新时代中国军队道德建设的开放性品格。

第二节　当代德国军队道德建设

两次世界大战使得始作俑者德国在给其他国家造成严重灾难的同时，也给自身带来了巨大的破坏。当代德国军民吸取历史教训，重建伦理道德的精神家园。

一、当代德国军队道德建设的基本内容

当代德国军队道德建设建立在对过去历史的反思和现在局势的认识基础上，其内容不可避免地既有对过去道德建设的继承，又有对过去的变革，更加适应了德国的国情和世界现代形势的需要。

首先是爱国主义精神。德意志长期分裂、倍受欺凌的历史使得民众更加重视国家利益，一切都以国家利益为重，正如德国国歌中所唱的那样，“德意志高于一切”，“更高尚的爱国主义的熊熊烈火，这种爱国精神把民族视为永恒之物的表征。为了它，高尚的人应该愉快地牺牲自己，而只为别人活着的卑贱的人也必须牺牲自己”。对于德国军人来说，国家的安全是第一位的，决不能以此为代价去追求其他道德目标。整个德意志社会，不论哪个阶层，都把国家利益放在第一位，一切以国家利

益为重。德国军人认为，自己首先是个“德国人”，其次才是“军人”，最后才是“其他人”。这种为了国家利益而不惜牺牲一切的爱国主义情感，在第二次世界大战期间，被希特勒纳粹发挥到极致，纳粹分子到处极力宣扬德国的国家利益受到了外界的侵害，历史上的种种弱者挨打的情形立即浮现在德意志人的头脑中，整个德意志民族“群情激昂”，德国人的爱国主义情感成为纳粹鼓动人民走上战争、走上侵略道路的有力催化剂，爱国主义走上了反面，出现了大国沙文主义。第二次世界大战后，德国人多年来一直致力于培植的民族优越感随着战争的失败而显得苍白无力了，曾经在他们心中激起巨大冲动的第三帝国的光辉和梦想也化作了消散的烟云。在死去的亲友尸体前，在成为废墟的建筑前，在西方盟国的强制教育下以及自身的反省基础上，他们痛定思痛，反省和思考往日的所作所为，特别是战争的残暴行为，大部分德国人对自己过去违背伦理道德的行为感到异常的羞愧，德国人和德国社会那种传统的思辨性此时开始发挥其正面而强大的作用。用卡尔·雅斯贝斯的话说就是“在沉思中重新发现自己”。战后的德国虽然处于盟国的占领之下，但整个德国社会并没有再相信第一次世界大战之后出现的那种自我安慰的“匕首刺背”的流言，也没有了魏玛共和国时期那种急切的复仇心理。德国人包括德国军人在爱国主义民族情感上开始日益成熟和理智。雅斯贝斯主张德国人要通过正确地把握自己的未来，努力争取民族的荣誉，以此展现自己的爱国主义情怀。曾经在反抗纳粹暴政中表现突出的思想家恩斯特·维歇特在《致德国青年》中提出了相同的见解：“别相信千年古老的谎言，耻辱可用鲜血洗刷掉；要相信新的真理，耻辱能用荣誉洗刷掉……我曾经犯过罪，今后将不再犯罪。”这些实际上表达了德国人要用争取民族和国家进步而非通过民族沙文主义的扩张来展示德意志民族的优越感的思想，是德国人爱国主义情感深化的表现。也正是因为德国人包括德国军队爱国主义情感的成熟和理智化，所以 1990 年 10 月

3 日，分裂达 45 年之久的德意志民族重新统一时，采取了与德国历史上的统一方式完全不同的道路。没有“铁和血”的影子，没有“德意志至高无上”的民族狂热主义的鼓动，更没有民族复仇主义的呐喊，而是在一种和平、平稳甚至是悄无声息的氛围中进行的，虽然它产生的后果无异于在世界范围内投下了一颗重磅炸弹，为世人所瞩目。德国统一事业的最大功臣科尔指出，德国的统一“没有战争，没有使用暴力，没有流一滴血，而是在同邻国和伙伴完全协调一致的情况下”实现的，这是德国人在战后的长期深刻反思的结果。爱国主义情愫在当今德国民众的思想中更多的是倾向于建立一个统一的欧洲，德国民众传统的那种国家自我意识在经历了战争的伤痛之后发生了很大的变化。定期调查发现，70% 以上的德国人赞成欧洲国家趋于融合，这表明德国人已经摒弃了曾在两次世界大战中将他们推向侵略者位置的情绪，以欧洲一体化作为自己的奋斗目标和未来的发展宏图。“我们要欧洲式的德国，不要德国式的欧洲。”统一后的德国军队为了国家外交的需要，各项军事活动都立足于欧共体之内，时任德国国防部长吕厄说道：“联邦国防军要在北约的任务和欧盟行动能力的框架内作为德国外交和安全政策的工具，要对其使命、规模和结构进行改革。”① 德国人世世代代被视为反复无常、难以相处，而德国人对其欧洲邻国也同样持有微词，什么难以对付、深沉莫测、好争吵等，不一而足。德国人现在下定决心，摒弃一切前嫌，竭尽全力，参与共同构筑欧洲大厦。如同前德国联邦总统罗曼·赫尔佐克所说，这座属于欧洲人的大厦，应当是：“一个和平共同体，一个自由共同体，一个民主国家共同体，一个经济共同体，一个稳定共同体，一个安全共同体。”

其次是忠诚和服从意识。亨廷顿指出：“忠诚和服从是最高的军人

① 孙秀民：《统一后的德国对欧洲及世界的影响》，外语教育出版社 1999 年版，第 135 页。

品质，没有它们，军事职业就不可能存在。”[①] 亨廷顿的这句话指出了军人应该具有的最基本也是最重要的职业道德，但是对于德国军队来说，忠诚和服从的程度和历史渊源很可能甚于其他国家的军队。整个德意志民族都具有这种忠诚和服从的特质，这种传统在军人身上表现得尤为突出，更是当代德国军队道德建设的重要理念。德意志民族的服从传统历史悠久。日耳曼民族早期的流浪、战争、生活的无保障，德国各邦属下的居民形成了听从权威的习惯，这些习惯在外国人看来有些过分。它们也许有古老的根源，可是战争的破坏性后果无疑促成了它们的增长。天天有人死亡，经常像格里菲厄斯在他诗中所讲的，焦虑不安使幸存者心甘情愿去服从任何权威，只要这个权威看来强大得足以制止他们受过的恐怖，使之不再重现。他们毫无批判地接受他们的王侯的骄傲自大和狂妄的主张，并怀着遗传性的恐惧，生怕现存的社会关系一旦解体可能会带来后果；久而久之，这种甘心接受的态度似乎是正常的并起到了传统的作用。对同胞的缺点和弱点毫不留情地加以批评的符藤堡出版商卡尔·弗里德里希·莫泽尔在1758年写道：“每个民族具有它的主要动因。在德国是服从，在英国是自由，在荷兰是贸易，在法国是尊君。”[②] 战争的胜利和军事利益的获得尤其是俾斯麦用武力统一德国之后，民众对部落首领、军人对军事首领产生无限的崇拜和至死不渝的忠贞并逐渐神圣化。这也同时形成了德意志民族特性中一个自相矛盾的东西：强大的争取独立的倾向与一种同样强大的服从于一种奉为神圣的权威的需要相结合。德意志的历史是以这两种动力相互作用为特点的。也正是出于这个原因，德国军队那种忠诚领袖和服从上级命令时毫不犹豫的坚决让世人瞩目和敬畏。德国的军队最早诞生于普鲁士的骑士团，当时的骑士团有

---

① Samuels Huntington, *The slider and the State*. Belnap Press of Harvard University Press, 1957, p.73.

② ［美］戈登·A. 克雷格：《德国人》，杨立义译，上海译文出版社 1998 年版，第 21 页。

着严格的规定和法规，直到今天我们还可以从德国军队中看到它们的影子。一个士兵在发过安贫、守贞和服从这三项誓言之后，就可以成为骑士团的一员了。他可以从团里领得一把剑、一块面包和一件旧袍，不能佩戴自己家族的纹章，不能与凡俗之人同住，不能常去奢华的城市，也不能单独骑马外出、读信或写信……在这种可怕的纪律中，在一个骑士团显得光荣、崇高而个人则渺小可怜的世界中，培养出了军人无私的忠诚和服从理念。

宗教改革家路德和社会哲学家马克斯·韦伯在德意志民族服从性格的形成过程中发挥重要影响。路德是德意志民族的“顺民心态”（Untertanengeist）的始作俑者，韦伯则从理论上论证了服从权威统治的合法性问题。路德的宗教改革使人民从罗马教会的统治下解放出来，使德意志民族的服从对象从神圣的“上帝”转到世俗的“君主”，在某种程度上把德意志民族从“上帝”的束缚中解脱出来。路德的宗教在某种程度上有利于把人从神的控制之下解脱出来，却把他拱手交给世俗权力去完成，服从世俗权威，这同时也带来了两种新的形式的服从：一方面，他那种叛逆的冲动和对自由的渴望，使得他提倡在精神上只服从上帝，这种服从，就是在个人领域内的绝对自由，因为它不从属于任何种类的人的控制和监督。另一方面，他对权威的需要以及征服本人和他人身上邪恶力量的愿望，又使他主张在政治领域中服从世俗权威。在其特定的范围内，这一世俗权威对基督教徒的约束力，犹如宗教领域内《圣经》的权威的约束力一样。路德为他自己的困境找到的解决办法，也是对德意志特性中的基本困境的解决办法，但开了德意志民族忠诚和服从世俗权威的先河。韦伯不仅把统治定义为一种引起服从的命令结构，还把它定义为乐于给予的服从，统治意味着对命令的服从，“就好像被统治者已经出于自身的理由把命令的内容当成了他们行动的格言”。也就是说，子民对他们所服从的权威的积极赞成，乃是统治的一个基本特点。这就是韦伯眼里的统治者与被统治者的关系。当然，韦伯所说的那种意义上的统治不仅仅是被统治者的简单服从。“服从所受命令这个单纯的外部事实并不是以在我们的意义上来表明统治；我们不能忽视命令是被作为一种‘正当的’形式而被接受这一事实的意义。”强调出于一种畏惧的感情，或者纯然出于私人的利害来服从是不够的，还必须给予合乎规范的认可。因此，就韦伯而言，统治实际上是“合法权威”的另一种说法。因为他认为，任何一种统治的持续行使，总是需要某种合法性的成功要求。没有实现这种要求的政权，就会被扫进历史的垃圾堆。所以政权不能仅仅靠强制而存在，来自下层的某种程度的道德支持，对于任何权力制度的长期存在都是必要的。这一点在后来的纳粹掌握德国政权的过程中得到广大德国人民群众的大力支持中得到了充分的体现。德国人民愿意服从于纳粹权威并且对于纳粹的残忍灭绝犹太人的命令不打折扣地去执行，因为他们已经对纳粹所要求于他们的那种毫无疑问的服从有了准备。我们在日耳曼部落里看到的那种心理需要，即既需要独立又需要服从，在希特勒上台时仍然在德意志特性中起着作用。

经过路德和韦伯充分发展的忠诚和服从的品质逐渐积淀为德意志民族的特性，深入整个德国社会的骨髓和精神之中，为整个社会所接受，成为整个德国社会的一种道德价值观。因此也就不难理解德国军队那种在外人看来是盲目的忠诚和毫无道理的服从。军人的忠诚与责任，可能出于誓言的要求或者来自行为准则甚至法律规定，但最根本的要求是必须与其服役的伦理基础以及社会普遍接受的道德价值观保持一致。[①]德意志民族的忠诚和服从特性经过几个世纪的发展，已经在社会上形成了广泛的基础，成为人们日常生活中不可或缺的一种伦理道德规范了，德

① Paul-Bolko Mertz, *A Controversy: Moral and Legal Limitations on Military Obedience Versus the Demands of Combat*. South African Defence Review No.4, 1992.

国军人已经真正从道德情感上接受了这样一种忠诚和服从的传统和特性，内化为自觉的行动。两次世界大战中，德国军队从数量和装备上和盟国相比，并不具备优势，以德国一国之力也是无法对抗西方传统的强国的，但是德国军队总是能创造奇迹，闪电战、坦克战等总让对手望而生畏、闻而生畏。原因何在？除了先进的战斗理念和战术指导思想外，关键的因素还是在于人，在于德国军队那种服从和忠诚的特性，以及这种特性所形成的战斗精神和战斗力，无论是高级军官还是基层士兵，都训练有素、纪律森严，以玩忽职守为耻，以绝对顺从为荣，宁愿战死，也不临阵脱逃。德国军队的行动始终是高度一致的，严格执行上级的命令和指示，不打丝毫折扣地完成。如同历史上的情况一样，直至今天这种忠诚和服从意识在军事行动中仍然一如既往地发挥着巨大的作用，领袖仍然是“道德权威”，军人个体只是领袖们的“臣仆”，军人能够随着上级的一声令下，一往无前，勇不可当。前德陆军总参谋长贝克的一句话准确地概括了德国军人的这种特性，他说“叛变和革命这样的词语在德国军人的词典中是没有位置的”，“荣誉、忠诚、顺从和勇敢贯穿于从军官到年轻新兵的整个队伍”。从历史到今天，基本上没有德国军队叛变的情况出现，甚至没有出现过军队要求自己正当利益的情形，并不是说德国军队的民主程度不高，而是因为忠诚和服从已经深深地渗入军人的灵魂深处。这种忠诚和服从的特质在某些方面和某些时候受到世界其他国家青睐，比如在阿富汗、伊拉克这些危险的地区，德国职业军人是非常受欢迎的，虽然他们的雇佣金比其他国家的职业军人要高得多，却仍然有着广泛的需求。雇主看中的就是德国军人身上那种忠诚的品质。但是随着时代的发展，德国军队也认识到自身这种服从的特性在某些时候是不合乎世界形势发展需要的，也容易使德意志民族走上极端，两次世界大战就是最好也是最惨痛的教训。因此，当代德国军队道德建设开始注重对军人这种忠诚和服从特性进行改革，更加注重军人作为行为个体的自觉性，以适应时代和军队发展的要求。

再次是开放胸怀。随着德国经济的飞速发展，德国成了欧洲最富裕的国家之一，各种福利保障措施走在了欧洲各国的前列。人们在丰富的物质生活面前更是失去了对战争的兴趣，希特勒提出的“生存空间”论等也失去了它存在的现实和理论基础。因此，20 世纪 80 年代初，西德甚至出现了建国以来最大的和平示威运动，包括诺贝尔文学奖得主海因里希·伯尔在内的数十万民众走上街头，抗议北约扩充军备。1990 年东、西德国统一之后，德国人更觉得没有必要保持一支庞大的武装力量了。于是军队人数一减再减，军费一降再降。根据有关改革计划，联邦国防军的人数在 2001 年以后从 35 万人减少到 25 万人，普通服役期也从 10 个月缩短到 9 个月。年轻人则厌恶服兵役。一位德国军队宣传官在谈到青年学生对待服兵役的态度时曾讲了这样一段话：“对于大多数学生来说，他们的目的是完成学业，找份好工作，挣很多钱，然后享受生活。他们可不想体会战争的艰苦和残酷。”其实，这也是大部分德国人的想法。现在的德国人有一句格言：“战争永远不会在德国的土地上燃起了！”当然，德国人也知道，他们还生活在现实世界中。70%—80% 的德国人仍然认为，由于国际局势时有动荡，德国还需要保持一支武装力量。此外，德国政府也想改变一下过去长期在外人眼中的那种经济巨人和政治侏儒的形象，希望德国能在国际事务中发挥积极作用，以自己的实际行动来争取世界各国的认同，接受德国作为一个和平大国的形象而不是过去那种侵略大国的形象。因此，从 20 世纪 90 年代开始，德国人对参与国际事务的兴趣日益增长。时任德国总理施罗德曾在 2000 年的联合国峰会上明确表示：“德国对联合国安理会常任理事国的席位很感兴趣，如果安理会增加常任理事国，德国愿意承担相应的责任。”[①] 现在

① 邢来顺：《德国文化解读》，济南出版社 2005 年版，第 25 页。

的德国军队开始逐渐走出国门，只是军队的任务与以前相比是截然不同的。他们不是去征服和侵略别国，不是去炫耀武力，而是去执行维护和平的使命，去改变自己的国际形象，争取世界的真正认同。德国前总理施罗德宣称："我们愿意为国际安全承担更多的责任，特别是参加为保卫自由和人权、建立稳定和安全而采取的军事行动。""我们的军事介入将突破欧洲范围，这对德国在世界上扮演的角色来说是一个质的飞跃。"于是，人们在科索沃、阿富汗等地区开始看到久违了的、戴着联合国徽章的德国维和军人。在科索沃，德国人米夏埃尔·施泰纳成了联合国驻前科索沃临时行政当局特派团的团长。在阿富汗，德国军人也成为国际安全部队中的最大队伍之一。这是第二次世界大战结束以来德国第一次在欧洲以外地区采取军事行动。他们除了维持社会治安外，还参与阿富汗的重建工作，帮助培训警察、修建学校和妇幼保健门诊部等。按照一位德国军官的话说："我们要确保和平，并且赢得好感和认同。"据统计，目前德国在国外部署了 8700 人的部队，是除美国之外在国外部署军队最多的国家之一。

二、当代德国军队道德培育

当代德国军队逐渐发展壮大，在世界范围内开始履行越来越广泛的国际责任。德军和其他国家的军队一样，都认识到，道德的力量并不能创造奇迹，但它却驱使人们去行动，而正是人们的行为创造了奇迹。为了使军队更好地从道义上接受军事活动，形成对军事职业的自豪感，德国军队非常注重对军人的道德教育，主要方法有六个。一是领导表率。联邦国防军要求领导者应具备的基本技能是：在领导一个集体完成任务时，能够充分考虑每个成员的个性、感情和愿望，发挥每个人的积极性；在制订和实施计划时，善于集思广益，利用每个人的经验和特长，能够正确评估每个成员的成绩和不足；能够及时发现和妥善处理个人与个人、个人与集体之间的矛盾和冲突；善于区别和利用集体中各种复杂的关系（感情上的依赖关系、行政关系、协同关系、竞争关系）；正确运用惩处手段，防止集体中的越轨行为；能够控制集中出现的恐惧心理，驾驭由此而引起的混乱局面；正确处理与其他集体的关系，保持内部和外部的团结。

二是福利关怀。德国《军人供给法》详尽规定了军人的各种福利待遇。虽然军官的基本工资与地方同级官员相同，但由于享有各种补贴，其实际收入一般要比地方同级官员高出20%。提高军人的福利待遇，对军人实行福利关怀的主要目的是解决军人安心服役的后顾之忧，从物质利益满足的角度出发来激发军人服役的热情和激情，激发军人个体的积极性，同时也是预防、缩小或消除上下级矛盾，保持部队战斗力的重要手段。其内容除保持正常的生活供给和尽量减轻勤务负担外，主要包括：对军人及其家庭成员提供各种社会咨询；为重病号、因公致伤致残者、个人建房购房者、入学深造者、生活困难或多子女者提供补助；为休假探亲者支付旅费；提供生活、军车驾驶等保险；采取技术操作安全和环境保护措施；设立军人俱乐部、业余爱好活动室、体育馆、军人影院等。其目的是做到物质关怀与精神关怀相结合。

三是理论灌输。德国军队道德的教育灌输根据不同对象分层次进行，不同对象不同层次赋有不同的道德灌输内容。应征士兵、士官和军官被灌输不同的道德思想。军官教育灌输的内容主要包括：军人的权利和义务，德国的议会民主制度，德军在国家和社会中的地位，形势教育等。要求军官具备的素质主要有“团结、诚实、勇敢、奋发”，忠实宪法，热爱国家，安心服役，忠于职守，不参加任何政治派别活动，自觉履行保卫国家的义务，并要求军官对士兵友善、关心、谅解、信任、团结，做士兵的表率。士兵在15个月的服役期中，至少要有60小时的精神教育。陆军军官精神教育课程不能少于114小时。道德灌输方法灵活多样，官兵除了按要求听课，还要组织集体讨论。德军在实施道德灌输过程中还注意把教育同日常管理、完成任务、年轻官兵的兴趣爱好和他们的一些物质利益结合起来进行，利用严格的管理加深对条例的认识，用毫不动摇坚决完成任务来巩固信念，用报纸杂志、电影电视、参观浏览等形式，对官兵进行潜移默化的教育。通过这些形式多样的教育，使军人有能力去认识政策、社会和武装部队之间的关系，明白自己的职业道德责任，防止“精神颓废”和“对政治持疏远态度”。

四是法纪约束。法纪课是所有德军的必修课。德军认为“部队的精神面貌——团结、信赖、勇敢、奋发——是纪律严明的结果”[①]。法律课的内容因对象不同而有所侧重，其共同内容为：战时国际法、基本法、军人法、刑法、惩戒法和军事诉讼法。德军的法律教育时间占全部教育时间的 40%。德军军官的法律课由上一级机构专门聘请的文职法律教师执教，士兵的军法课由所在部队的主官主讲。除了规定的法制课外，德军还经常以举办法律培训班、法律知识问答晚会、现身说法座谈会等形式开展遵纪守法教育。宣传和教育的目的，在于逐步培养官兵良好的行为规范和道德品质，从思想和道德情感上打牢“军法必须服从”的基础。与此同时，德军也注重从惩罚的角度来保证法纪教育的实效性。规定军人违反法纪可依情节分别给予警告、严重警告、罚款、禁止外出、禁闭、减薪、停止晋级、降职、开除现役、减少或取消退休金直至判刑等处罚。同时还规定，出色完成任务或有突出表现者，视情况可受到连队奖励或国防部通报表彰，获得 5 至 10 天休假或奖章、书籍等形式的奖励。

五是传统激励。传统对于个人或者集体来说都是非常重要的，它在某种程度上起到了一种承上启下的过渡作用，传统教育中那种不割断过

① 刘树德等编著：《外军政治工作研究》，解放军出版社 2002 年版，第 220 页。

去的连续性的感觉能对部队的士气产生非常大的影响。德国《布罗克豪斯百科全书》把传统定义为“培养一个人成为真正一个人的决定性特征。他在先辈的经验、知识和见解中学会生活”。没有这项赐予，一个人就缺少远见和方向，而且如果他是一个军人，他的专业成长的境界就会缩小而吃亏。正如《世界报》的记者说：“一支军队如果没有传统感，将降低为一种工具，其目的只是杀人，在杀人中他的自我牺牲也将同样地贬低为技术上的废品而已。”① 传统教育对于德国军队来说是必需的，但同时又是尴尬的。第二次世界大战后的德国军官的义务和纪律的专业道德标准在整个社会里并没有得到什么认同，同时他们又由于 1945 年在德国历史上造成的急剧的中止而被剥夺了任何传统的连续性熏陶。这是一种痛苦的熏陶。一支军队的道义基础与物质基础同等重要。军人必须具有一个他们可以为之自豪的传统。“任何国家民族的发展都有其文化的基因的遗传性、继承性和连续性。即使是最彻底的无产阶级，也难免受不良历史传统的影响。”② 既然德国有一个黑暗的过去，那么在什么传统上可以建立起一支新的军队呢？经过上一次战争恐怖以后，从德国人民那里又能期望得到什么样的支持呢？德国军队在面对这样的难题时，找到了一条正确而行之有效的道路。德军立足于得到世界人民的谅解和情感上的接受，并没有回避历史的黑暗。德军在传统教育中，国防军遵循下列基本原则：必须贯穿《基本法》的精神；必须有利于各国尤其是北约成员之间的谅解；教育内容应以军队为主，但又不应该局限于军队，毕竟历史上的罪行，整个德国民族都应该承担责任；对德国历史上的黑暗时刻不应一概排斥，应当作为教材，时刻提醒人们清除纳粹遗毒，为保卫和平、权利和自由而斗争；教育内容不应是公式化的和静止

① ［美］戈登·A. 克雷格：《德国人》，杨立义译，上海译文出版社 1998 年版，第 342 页。

② ［美］戈登·A. 克雷格：《德国人》，杨立义译，上海译文出版社 1998 年版，第 342 页。

不动的，而应是不断发展的；聘请地方人员参加。用本民族的光荣历史和传统，用爱国主义和革命英雄主义思想，用国家的法律、法规和军队的规章制度教育官兵。

六是宗教熏陶。如果说福利关怀解决了部队官兵物质上的忧虑，那么宗教关怀则是注重对官兵的精神和道德上的引导和规范。德国宗教信仰自由。从路德的宗教改革之后，宗教信仰在德国社会的日常生活中扮演着不可或缺的角色。军队也如此，军队中信仰宗教的人数甚多。以现代化程度较高的德国海军为例，1990 年以前，在德国海军中约 96% 是天主教和基督教的信徒。现在由于原民主德国的非教徒士兵的编入，教徒比例虽然减少，但仍占官兵总人数的 85% 以上。宗教活动在军队中不仅合法，而且被用来为宣传资本主义制度和稳定部队士兵服务，以一种“天定命运”的姿态来引导部队官兵的服从意识和献身精神，提高道德教育灌输的实际效果。德军针对军队里军人教徒多的实际情况，利用宗教对军队政治精神教育工作发挥作用，他们为每 1500 名军人设立一名随军牧师。宗教教育在德军中占有重要的地位，随军牧师享有广泛的权力，对官兵的政治态度和思想倾向有着直接的影响，对官兵精神和部队士气影响很大，因而被称为军人的“精神顾问”。牧师经常和官兵在一起，了解官兵在训练、作战、生活、家庭、人际关系等方面的思想和实际问题，利用祷告、座谈、谈心及时解答和抚慰官兵在思想、心理、情绪等方面的矛盾和障碍，在利益、品行、欲望等方面进行诱导，以稳定官兵情绪、调解矛盾、维系军心、鼓舞士气。

三、正确认识当代德国军队道德建设

德意志民族在经过战后的阵痛之后，重构了自己的军队道德思想，对历史上一直坚持的军队道德思想进行了扬弃，更加适应新时代的要求，得到了世界各国的高度赞扬和认同。对此我们要有清醒的认识，取

其精华的同时，更要警惕其糟粕之处。首先是积极进取精神。德意志民族对于自己过去的黑暗历史，并没有回避，也没有始终难以释怀。在对过去历史进行深刻的反思和弥补的同时，也确立了新时代的军队道德建设思想。这种敢于承担过去的罪责、面向未来的进取精神是值得我们学习的。对于德国为遏制新纳粹主义所作的努力，世人有目共睹。1994年，德国正式立法禁止法西斯活动，将否认纳粹屠杀犹太人的言论、煽动种族仇恨、涂写纳粹标志、行纳粹礼定为犯罪行为。立法不久，德国民族民主党主席德克特就因否定纳粹大屠杀被判刑。美国人劳克步德克特后尘，在德国散发纳粹宣传品，煽动种族仇恨，也被德国法庭判处4年徒刑，落得个身陷囹圄的下场。战后的德国政府坚决与纳粹德国划清界限，敢于直面历史，勇于承担责任。前西德总理勃兰特在华沙犹太人殉难者纪念碑前双膝下跪的一幕，令人为之动容。如今的德国领导人，也多次公开承认纳粹所犯下的“可怕罪行”，并为此一再谢罪道歉。经过多年的努力，德国政府和国家的形象大为改观，得到世界人民的认同，被接纳为世界上为维护和平而努力的国家之一，卸下历史包袱的德意志民族，在国家建设和发展的道路上大步前进，取得国家经济建设和政治建设的一个又一个伟大成就，为世人所赞叹。当年同为战争发起国的日本和德国在战后走过了两种不同的发展路径，德国政府能够勇于直面历史、正视现实，勇敢地承担道义上的责任，并以反对战争、维护世界和平为己任，因而得到了国际社会的认同及好评，也重塑了自己的大国形象。欧洲和世界人民并没有忘记德国法西斯的历史，但对希特勒法西斯的仇恨并没有转移到对现在德国的仇恨，没有人将过去的法西斯德国与现在的德国相提并论，也没有人担心德国纳粹复活。而日本却始终以狭隘的“独己胸怀”回避历史，并怂恿国内军国主义势力死灰复燃，成为亚洲乃至世界不稳定之源。这种“放不下历史包袱”的国家，整个民族都普遍缺乏对战争罪行的反思，拒不认错，永远只能成为道德觉悟上的“侏儒”。在这一问题上，德国永远是日本的一面镜子。

其次是开放包容性格。重新统一后的德国军队在更多的国际事务上开始发挥越来越重要的作用，其军队道德建设眼光不仅立足于本国、本民族，更多地立足于欧洲乃至世界。作为其军队道德建设思想中的一个重要环节——爱国主义情怀，也不再是历史上局限于德国本土这样一个相对狭隘的范围内，而是立足于整个欧洲，以欧洲的整体安全和发展作为军队建设的目标，其做法和目标固然有“不得已而为之”的成分包含于其中，但是从中我们也可以看到德国军队和其军队道德建设思想的那种极强的适应性和开放性的道德情怀。无论是历史上的德国军队还是现在的德国军队，它的各方面建设在世界各国中都是走在前列的，其开放程度和现代化程度都是非常高的，其军事道德教育灌输极大地激发了士兵的服役热情和积极性。新时期的德国军队道德建设思想能够紧紧跟上时代和新军事变革的浪潮，迅速而彻底地融入世界军事的发展趋势，是与这种开放性的道德胸怀分不开的。德国军队道德建设眼光给予了我军新时代道德建设很大的启示，是值得我们学习的。在新军事变革的今天，各个国家都在你追我赶，力争走在世界的前列，无论是军队的装备设施还是对部队官兵的道德教育都呈现出一种世界性趋势，实践也证明了只有站在一个高起点和高层次，才能有更大的发展。在这种激烈的竞争条件下，我们应该学习德国军队那种开放性的道德胸怀和远见，立足本国、放眼世界，与时俱进，紧跟时代步伐，在新军事变革的浪潮中立于不败之地。

再次是侵略扩张的暗流。德意志民族一直是个具有无穷野心的国度，从早期妄图用诡计征服恺撒反而被恺撒征服的条顿首领，一直到纳粹元首希特勒，德国的历代统治者都是野心勃勃的，正如歌德在《浮士德》中发现的德意志民族独具的“浮士德”特征，“他野心勃勃，老是驰骛远方"[1]。"浮士德文化的人和其他任何文化人的区别，也在于他的不可抑制的向远方发展的冲动。"[2]自古以来，德国人的任何邻居都不能相信德国会保持长久的和平，事实也证明了德意志民族的确如人们所担心的那样。"不管他们过得多么幸福，永无休止的渴望总是会促使他们提出更极端的要求。"德意志民族经过战后的反思，虽然基本上改变了军国主义的做法，不再以赤裸裸的武力手段来追求自己的国家利益和战略目标，但是追求自己的大国地位和利益的野心始终没有消失。自从1990年两德统一之后，德国军队力争走出国门，在世界范围内参加更多军事行动的努力就从未停止过。海湾战争，德国虽然没有直接派兵，但是并没有甘于寂寞，向其盟国土耳其派出18架"阿尔法"式战斗机和204名空军人员，开始了第二次世界大战后在德国境外的首次军事行动，这是一次尝试和突破。虽然国内存在着一些反对意见，但是并没有形成一定的气候，而且这些所谓的反对意见也主要是考虑到战争可能对德国带来的巨大损失，第二次世界大战失败的阴影并没有在人们的心目中抹去，而并不是德意志民族的军队道德建设反对这种新的军事行动，国家领导人和大部分的民众并没有直接出来阻止这种军事行为，说明了在德意志民族军队道德建设中存在着那种对外扩张的冲动并没有因为战争的失败而消失。这次军事行动之后，德国更是一发不可收，南斯拉夫内战后，德国派空军在波黑上空执行监督飞行。1992年7月，德国海军参加北约在亚德里亚海的巡逻，以实施对南斯拉夫的武器禁运计划。1996年德国更是直接派遣2400名士兵进驻南斯拉夫，1999年参与北约部队轰炸南联盟的事件，这一系列军事行动让人们看到当年的纳粹德国的魔影，勾起当地人民对往事痛苦的回忆。这是德意志民族自身需要注

---

① ［德］歌德:《浮士德》，董问樵译，复旦大学出版社1982年版，第16页。

② ［德］斯宾格勒:《西方的没落》上册，齐世荣译，商务印书馆1965年版，第141页。

意的问题，也是世界各国爱好和平的人们需要警惕的。

当代法德军队道德建设警示我们：既要研究外军军事，又要研究外军军队道德建设，发展我国军事伦理，将我军道德建设置于我军现代化建设的重要位置，使发展军事与军队道德建设相得益彰，才能适应新军事变革的要求。为此，我们必须确立对西方军事文化的开放心态，正确对待当前的世界新军事变革；运用马列主义、毛泽东思想、中国特色社会主义理论体系，特别是习近平新时代中国特色社会主义思想指导我军的道德建设工作。我军是党绝对领导下的人民军队，必须始终坚持“党对军队的绝对领导”，这是我军不变的军魂，是确保我军永不褪色的根本保证，在任何时代和任何条件之下都是不能变更的。新时代，我们必须以习近平新时代中国特色社会主义思想为指导，在坚持原则的前提下积极学习、吸取法德军队道德建设中的积极因素，继续弘扬爱国主义、集体主义和民族精神，培养“有灵魂、有本事、有血性、有品德”的新时代革命军人，完成党和人民赋予我军的实现强军目标、支撑强国伟业的时代重任。

第九章

当代俄日印军队道德建设

在一定意义上，俄罗斯、日本、印度都属于亚洲国家，其军队的道德建设既具有亚洲地区的性格，又具有本民族的精神气质；又由于它们的意识形态都具有西方性质，所以军队的道德建设又都有欧美军队的价值倾向。

第一节　当代俄罗斯军队的道德建设

历史上俄罗斯是一个具有浓厚军事传统的国家，频繁的战争不仅造就了俄罗斯辽阔的版图，更磨炼了俄罗斯人不屈不挠的战斗意志，形成了具有鲜明俄罗斯特色的军事伦理与军队道德建设。

一、俄军道德建设的价值根源

当代俄罗斯军队加强道德建设主要缘于苏联解体前军事伦理的弱化。苏军的易帜表明苏联军队长期蓄积的对苏联存在的“应该”感几近枯竭，这至少反映在两个方面。一是军队信仰的转移。信仰是一支军队的灵魂，失去了灵魂，军队就成为毫无战斗力的乌合之众；而信仰一旦转移，军队就有变质之虞。在推翻资产阶级统治建立苏维埃政权和保卫社会主义国家的过程中，马克思列宁主义逐渐为广大官兵所接受，成为凝聚军心的灵魂。苏联军队能在异常艰苦的条件下，使俄罗斯从帝国主义阵营中脱离出来，并擎起社会主义大旗，与他们对共产主义理想的追求以及对自身解放的向往密不可分。正如斯大林所说：“我们的红军战士……骄傲地称自己为革命战士，他们知道他们作战不是为了资本家的利润，而是为了俄国的解放，他们知道这一点，所以他们能自觉地勇敢地投入战斗。”[①] 共产主义是苏联的社会道德理想，也是苏联军人的道德理想，军队和民众是共同的信仰团体。由于这种理想的合理性更多是在现实社会生活中来确证的，当这种信仰在大众中失去吸引力的时候，军人对其也发生了怀疑。苏联成立之初，为了打败国内外敌人，实行军事共产主义，强调“一切为了战争”；在卫国战争期间，国家经济仍然完全为军事服务，这在当时情况下是不得已之举，也符合国家和人民的利益。但后来苏联出于意识形态考虑，夸大了战争发生的可能性，继续把发展的重心放在发展军事上。苏联拥有庞大的军队和领先世界的高科技，拥有发达的军工产业和重工业，国民生产总值居世界第二，但人民的实际生活水平相当低，甚至一度基本生活保障都成问题。有大国意识和爱国主义的俄罗斯人民，可以忍受一时艰难的生活，但难以忍受长期物质生活的匮乏。这种情况下，政府缺乏实地解决的策略，一味粉饰太平，人们的期待被日渐“磨损”，来自人民的军人对共产主义的信仰也逐渐弱化。

二是不正义的军事行动。总体上看，军队是阶级统治的工具，但军人个体却不是工具性的存在。军人不仅具有政治属性，还具有道德属性。政治上和纪律上的强力压制使他们不得不服从，但在道德上他们又有着高度主体性，有辨别、选择的自由和能力。道德意识在道德实践中

---

① 《斯大林军事文集》，人民出版社 1962 年版，第 52 页。

形成，军人参与军事活动的道德性质，对他们的道德观念都会产生一定的影响。与苏联的国家制度相适应，苏联军队本质上是无产阶级的军队。在国内，他们的职责是巩固苏维埃政权，保障劳动人民利益；在国际上，他们是伸张正义、保卫世界和平的重要力量。苏联军队曾经很好地发挥了这些职能，赢得了苏联和世界人民的尊敬。但后来，苏联军队在国内外逐渐背离了国家的政治道德和民族道德，1953 年 6 月 17 日，东德[①]爆发对共产党新政权的工人游行后，苏军实施了大规模的军事行动；1956 年武装干涉匈牙利，60 年代苏军与中国部队在边境地区的小规模冲突时有发生；1968 年武装干涉捷克斯洛伐克；1979 年悍然出兵阿富汗；1986 年镇压阿拉木图的“民族主义骚乱”，1989 年 4 月制造底比利斯大屠杀，1990 年 1 月军事干涉巴库，充当了镇压民族运动的刽子手……在国内外，苏联军队也由解放者或援助者蜕变为凌驾于国家政权之上的“太上皇”，沦为满足苏联扩张野心的强力工具。对第三世界的武力干涉和国内民族运动的血腥镇压，破坏了苏联军队的道德形象，违背了自己提倡的共产主义道德。不义地使用武力，不仅遭到道德谴责和现实困难，更为重要的是破坏了军队自身的道德正义感，潜移默化中，官兵的道德价值观发生了转移。面对民族主义骚乱中倒在血泊中的手无寸铁的同胞，面对第三世界国家人民风起云涌的反抗游行队伍，面对阿富汗战场上战友的尸体，军人不禁发出了疑问：我们为之流血牺牲的事业是道德的吗？这个党还值得我们忠诚吗？而一旦苏联军人

① 东德和西德的出现是由于第二次世界大战的胜负而造成的。在战争中，苏联、英国、法国和美国是胜利国，而德国是战败国。根据战后的占领协议，德国被分成了东部和西部两个区域，分别简称为东德和西德。苏联在东德实行了政治、经济和文化的控制，并将其改造成苏联式的社会主义国家。而英国、法国和美国则在西德实行了资本主义模式，使得西德的经济和文化得以快速发展。东德和西德的差异在冷战期间进一步加深，苏联和西方国家之间的矛盾使得两个德国国家的分歧进一步加剧。最终，东德和西德在 1990 年统一成为现在的德国。

最基本的道德认同和忠诚遭到破坏之后，他们不再认同自己和自己所属的军队，军人勇于牺牲的精神遭到腐蚀，军人应具备的职业道德也大打折扣。

这些情况首先导致了军队在苏联解体中扮演了不光彩的角色，之后又成为政治家争权夺利的工具。苏联解体后，俄罗斯军队士气低落，战斗力下降，在第一次车臣战争中一败涂地，在人们眼中早已不是战无不胜的钢铁队伍。军队事故频发，风气不正，士兵打架斗殴屡见不鲜，打架动枪时有发生；新兵在部队遭受非人待遇，除了填不饱肚子，普遍营养不良外，还要侍候老兵，小到给老兵打水洗脚，大到请老兵抽烟喝酒，违者要受骂挨打，官兵关系、士兵之间的关系十分紧张；军队因事故伤亡和自杀的事件越来越多。军队的犯罪、吸毒等现象，以及军队贩卖军火、走私毒品等事件，使军队成为罪恶的渊薮。

为此，俄罗斯社会从军队的重重危机中更深切地意识到，与经济危机、政治危机相比，精神危机最可怕，无论多么先进的武器，缺少有精神意志的人的操纵，是不能发挥任何效力的。1994 年 10 月 4 日至 7 日，俄罗斯在莫斯科承办了第一届军事伦理国际会议，各国专家学者就军事伦理的理论与实践问题进行了广泛交流。之后，军队和地方对军事伦理相关问题的研究逐步深入，并逐渐付诸实践。俄罗斯前国防部长，后任俄总参军事学院院长的罗季奥诺夫上将明确提出重振军事伦理的重要性，他撰文指出："应使新的国家防务和军事安全体系符合国家业已变化了的精神生活条件、新的意识形态和道德取向。"他认为新的军事意识形态，"其基础应当是爱国主义思想和保卫俄罗斯国体及其主权和领土完整的思想"。他还认为，"国家和社会积极展开活动以确保公民履行兵役义务和保卫祖国，提高服役的光荣感和武装力量及其他军队的威信”，是军事改革的当务之急。[①] 于是，在加强军队道德建设上俄罗斯全社会达成了共识。

二、当代俄军道德建设的思想基础

第一，精神上的东正教信仰。宗教信仰是当代俄罗斯军队道德建设的思想基础之一。尽管宗教在当代俄罗斯对人们世俗生活的直接约束大大削弱，宗教精神也失去了民族精神脊梁的地位，但东正教在民间有着根深蒂固的影响力，在填补“信仰真空”、慰藉军民精神、体现人文关怀等方面仍然具有重要意义，军队道德建设也离不开宗教道德与教会组织的保障。在宗教型文化中，神（在基督教中为上帝）是最高的道德权威，神的意志是道德秩序的原则，宗教教义、宗教仪式等对人们的道德意识、道德行为有直接而重大的影响。俄罗斯有句谚语说，英国人或美国人迟早会谈体育运动，法国人谈女人，而俄国人特别是老百姓则谈宗教和上帝的奥秘。俄国思想家别尔嘉耶夫也谈道：“俄罗斯民族——就其类型和就其精神结构而言是一个信仰宗教的民族。俄罗斯的无神论、虚无主义、唯物主义都带有宗教色彩。出身于贫民和劳动阶层的俄罗斯人甚至在他们脱离了东正教的时候也在继续寻找上帝和上帝的真理，探索生命的意义。”[②] 俄罗斯宗教种类繁多，以东正教影响最为深远。俄罗斯的民族思想、哲学、文艺、建筑等无不是依托于东正教。“如果没有东正教的信仰与文化，俄罗斯或许无法成为一个国家。”[③] 俄罗斯传统军队道德建设中的爱国主义精神、建立强大军队精神、自我牺牲精神等都

---

① ［俄］罗季奥诺夫：《俄罗斯军事改革的基本方向》，载军事科学院外国军事研究部编：《外军资料》1995 年 8 月第 60 期。

② ［俄］尼·亚·别尔嘉耶夫：《俄罗斯思想》，雷永生等译，生活·读书·新知三联书店 1995 年版，第 245—246 页。

③ 罗秉祥、万俊人：《宗教与道德之关系》，清华大学出版社 2003 年版，第 45 页。

能在宗教中找到精神根源。俄罗斯传统军人道德显示出明显的非理性特点。俄罗斯人能忍受沙皇的残忍、专制，愿意为迫害、压榨过他们的国家而奉献一切，就在于他们形成了对神化了的上帝代言人——沙皇和对强大国家的信仰。宗教给予了他们彼岸的希望，今世受苦，来世幸福。他们还形成了对战争的特殊信仰，也就是战神精神，这种信仰是如此之深，以致教会不仅号召民众参与战争，为战争服务，就连神职人员也直接参与战争。自彼得大帝开始，东正教被引入军队，在俄罗斯历史上，每遭外敌入侵，东正教会作为俄罗斯人信仰的载体在国民意识中就成为维系国家统一的重要纽带。①

第二，"不屑于扮演次要角色"的强国精神。战火中砧炼出来的俄罗斯帝国，几百年来军队道德建设的具体目标各不相同，但始终贯穿着强国精神。俄罗斯国家起源于 8 世纪以基辅为中心的罗斯，这里地处东欧平原，没有河流险川的屏障，四面都易受到攻击。从 13 世纪起，罗斯受到了鞑靼人、波兰人、土耳其人、蒙古人的侵扰，这种易受攻击的地缘位置形成了俄罗斯民族的"天然的不安全感"。为了在列强林立中生存，需要不断扩大俄罗斯的疆域，建立大面积的缓冲地带。正如沙皇时期一位大臣所讲的："只有当边界两旁都是俄国士兵站岗的时候，俄国的边界才是安全的。"②生存的本能造就了俄罗斯追求强大国家的共识，而随着其实力的增强，它已不满意维持被动的安全，而是把目标转移到建立自己的帝国。俄罗斯是一个内陆国，要想走出陆地，成为一个世界性帝国，就必须有自己的出海口。由此我们看到伊凡三世以后的历代沙皇，为打通通向世界的"天窗"，不遗余力地发起一场又一场战争。强大国家的追求还是其独特的社会文化塑造的结果。文化是伦理精神的

---

① 戴桂菊:《东正教与俄罗斯改革》,《东欧中亚研究》2001 年第 2 期。

② 王宇博等:《骁勇俄国人》，四川人民出版社 2001 年版，第 172 页。

渊源，俄罗斯的文化原型既不是西方的个人本位，又不同于东方的家族本位，而是独具特色的“群文化”。群文化伦理以地域为联系，军事道德责任来自对共同生活的地域——国家的维护，因此俄罗斯人的军事伦理冲动既不是出于个人英雄主义，又不遵循家国一体的血缘逻辑，集体、国家至上是俄罗斯伦理精神的基本原理。建立一个独一无二的俄罗斯帝国，成为俄罗斯人民的一种追求，渗入了民族的血液，成为俄罗斯发展壮大的巨大动力，同时也是挥之不去的痼疾。

第三，实践中的实用主义情怀。实用主义不仅是一种哲学理论，作为一种对军队道德建设有实际影响的精神因素，实用主义承认和容忍差异的合法性，反对空洞道德的观点，提倡效果重于理论、以人为本的理念等，在促进军事与国家社会全面发展的意义上，有充足的伦理意义和道德价值。当代俄罗斯军事伦理精神体现了强烈的务实性。冷战时期，靠着政治上的专制统治，以及被灌输的大国自豪感、普世的拯救意识带来的精神满足，俄罗斯官兵默认了物资匮乏，俄罗斯军事伦理得以延续，并焕发出勃勃生命力。但苏联解体也已证明，俄罗斯军事伦理中的强国精神、对国家军队的道德责任感以及自我牺牲精神等，都必须建立在国家富强和个人利益（包括物质利益和精神利益）得到保障和不断提高的基础之上。当代俄罗斯军队道德建设的实用主义倾向首先体现在对国家利益的合理厘定上。马克思指出：“暴力不能铸造金钱，它最多只能夺取已经铸造出来的金钱……归根到底，金钱还必须通过经济的生产才能取得，就是说，暴力还是由经济状况来决定，经济情况供给暴力已配备和保持暴力工具的手段。”[①] 军事是纯消费的领域，如果不能与经济发展保持适当的比例，就会阻碍国民经济的总体和长远发展，从而影响人们生活水平的提高，损害了国家利益。为此，在全球化背景下，必须

① 《马克思恩格斯选集》第 3 卷，人民出版社 1995 年版，第 206 页。

提高捍卫国家主权和民族经济的效力。其中，最为成功的是利用资源优势，开展资源外交。在俄罗斯领导人眼里，石油、天然气不仅是出口换汇的商品，同时，“它同核武器一道构成了俄罗斯谋取国际政治和经济影响的‘两个拳头’”[①]。俄罗斯利用“安大线”与“安纳线”牵制中国和日本，提高其地区影响力，实现其对外战略目标，取得了优于军事手段的效果。另外，军火市场一向被视为“死亡市场”，武器买卖从来都不是单纯的金钱关系，它是一种地缘政治，其意义和影响远远超出经济和技术领域。近年来，俄罗斯军火出口量超过美国位居世界第一。俄罗斯利用对外武器出口一方面帮助实现其军事战略目的，另一方面赚取了大量外汇，弥补了国民经济发展中的资金不足，推动了军事和经济的全面发展。

三、当代俄军道德建设的经验与评价

当代俄军道德建设的经验至少有三个。第一，宣扬宗教价值观，慰藉军人心灵。新成立的俄罗斯军队废除了共产党在军队中的组织，原有的政治工作体系也随之瓦解，军不可一日无魂，为填补军人精神的空虚，迅速恢复了宗教在军队中的影响。1994 年，俄罗斯国防部和韩国传教协会签订了《军队传教合作协定》，允许其在俄军内部进行各种传教活动。同年，俄罗斯前国防部长格拉乔夫与全俄大牧首阿列克谢二世签署联合声明，宣布将共同对军人的精神心理施加影响并进行爱国主义教育。1996 年，据《红星报》报道，信奉东正教的俄官兵人数占比已达到 70%，舆论界有评论称，在俄军实行非党化后，教会实际上起到军队中“政工机关”的作用。1997 年，俄军又一次与东正教会签订协定，进一步明确了合作的内容和规范，东正教向部队发放 300 万册《圣经》，

① 转引自吕岩松：《石油，俄罗斯的外交武器》，《环球时报》2003 年 12 月 17 日。

基本可以做到人手一册。2004 年，俄罗斯内务部长努尔加里耶夫同俄罗斯东正教会领导人、全俄及莫斯科大牧首阿列克谢二世举行会晤，并达成协议。根据协议，将组建一个警察和内卫部队精神道德教育组织，向那些在极端环境下执勤的人员提供心理康复治疗，教会方面还将定期到热点和冲突地区做礼拜。军人工作委员会里设立了宗教事务处，俄战略火箭军在所属的捷尔任斯基军事学院和谢尔普霍夫高级工程学院还建立了东正教文化系，设立宗教研究室，开设宗教历史课程。[①] 为了慰藉军人心灵，一些部队赴车臣参战前，还请牧师为士兵进行祈祷。在战争中，许多牧师冒着枪林弹雨深入部队临时驻地，为官兵举行洗礼，神职人员经常参加部队的升旗、悼念、庆典等活动，定期同官兵对话、谈心。“库尔斯克”号核潜艇失事后，俄军还在该部营区内建立了一座小教堂，以示纪念，大大缓解了事故对军人心理造成的影响。

第二，爱国主义教育。当代俄罗斯军事伦理避开“主义”之争，用爱国主义思想统率军队，以保卫和争取国家利益为根本目的，以保卫国家、忠于人民为军事道德原则，一切军事道德皆以此为圭臬。俄罗斯军队和政府通过发掘历史资源，弘扬传统爱国主义精神，激发军民建设强大国家的道德情感。俄罗斯还举行各种纪念活动，唤起人们的强国责任感。例如，他们每年都在 6 月 22 日举行隆重活动，纪念卫国战争胜利。俄军将爱国主义内容纳入部队的训练大纲，在部队教育计划中，各部队都把历史传统教育和形势教育作为爱国主义教育的重要内容，其主要内容包括“俄罗斯的光荣历史”“俄罗斯军人百年荣誉”“俄罗斯对车臣的政策”“军事改革是俄军发展的出路”“俄罗斯的民族政策”等。他们把车臣非法武装连续制造恐怖事件、滥杀无辜的血腥罪行作为教材广为宣传，使广大官兵区别了恐怖分子与车臣民众，进而极大激发了他们维护

① 彭训厚：《俄罗斯军队“宗教热”探析》，《俄罗斯研究》2001 年第 3 期。

国家完整的爱国热情以及向车臣匪徒讨还血债的激情。在第二次车臣战争中，俄军本不打算让新兵参战，但许多新兵向指挥员提出“我们是不是俄军士兵？我们是否有权保卫国家的统一？”，俄罗斯爱国主义教育初显成效。

第三，军人为本，确保军人权益。在日益向现代社会转型的俄罗斯，军事伦理必须反映社会的普遍利益需求，由社会确定军事伦理应成为什么样子，而不是相反。针对俄军中民主观念淡薄，军人权利、义务模糊的现状，自 1992 年开始，俄罗斯先后颁布了《军人地位法》《俄罗斯联邦军人及其家属退休金（抚恤金）保障法》《俄罗斯联邦纪念保卫祖国的烈士法》《俄罗斯联邦关于苏联英雄、俄罗斯联邦英雄和光荣勋章获得者地位法》《俄罗斯联邦关于在国外、紧急状态和武装冲突地区服役军人的补充保障法》等多部法律，对各类军事相关人员的权利、待遇给予制度化保障。普京上任以来，对提高军人待遇给予了充分关注。在他的督导下，俄罗斯政府制定了军人社会保障改革纲要，主要目标是“为建立符合军事劳动的意义、复杂性和强度的军人社会保障体系创造条件”。根据该纲要，军人的薪金制度将纳入政府公务员体系，军人工资将随着国家公务员加薪而自动增长。到 2010 年，军人的收入增加 60%—100%，军人权利状况大大改善。

俄罗斯军队道德建设为我军道德建设提供了有益的启示。一是必须树立理想信念旗帜，使官兵有所信。俄罗斯重建军队以后，传统的马克思主义教育被取缔，军队内部思想混乱，各种思潮进入部队，军人的信仰出现危机。车臣战争的教训再次证明军队加强理想信念教育、解决“为谁而战”这一问题的重要性。于是传统的宗教活动和爱国主义教育开始取代马克思主义传统教育而占据重要的位置。俄军的经验表明：只有坚定不移的理想信念，才能保证军队不会垮掉。我军是党领导的人民军队，马克思主义是我军的信仰。新时代我们要坚定这个信仰，继续高举中国特色社会主义的大旗，相信党，跟党走，听党话，坚持党对军队的绝对领导这一原则不动摇。多年来，我党领导的人民军队经历了风风雨雨，但是在关键时刻军队都能毫不动摇地坚持党对军队的绝对领导，使我党政权得以巩固。俄军重铸军魂的经验启示我们，我军必须继续加强官兵的理想信念教育，教育官兵树立正确的价值取向，以高昂的热情履行我军使命任务。

二是必须把物质激励放在重要位置，使官兵有所盼。军人地位下降、福利待遇不高是20世纪90年代俄罗斯广大青年不愿进军营、士兵不愿打仗的重要原因。为此，俄军出台了一系列旨在提升军人及其家庭社会保障水平的法律。到2008年9月1日，军人工资水平增长67%。为鼓励军人安心服役，俄政府出台政策规定：自2006年起，在俄罗斯军队中服役不少于3年的合同兵，退役后可获得免试入高等院校学习的机会。这些措施有效地消除了广大官兵及家属的后顾之忧，激发了军人“为祖国而战、为正义而战”的责任感和使命感。俄军加强军人物质待遇的实践证明，物质待遇水平直接决定着军人履行职责的态度，必须把物质激励放在重要位置。为此，我军必须着眼国家经济发展状况，适当制定合理的军人福利保障政策和定期增资政策，使军人物质待遇得到实实在在的改善。

三是必须挖掘历史传统的价值，使官兵有所传承。俄军非常重视历史传统教育，并取得了较好的效果。在军内外的公共场所，部队历史上的英模人物及功勋人物的照片、画像、塑像随处可见。这些传统教育成为凝聚军心、鼓舞士气的重要举措。历史传统是思想政治教育的一本好教材，既博大精深又耐人寻味，将历史传统作为思想政治教育的内容不失为良策。我军在抓好传统教育时必须注意把握好以下几个问题：一是把我国传统文化精华作为思想政治教育的重要内容。治军要有特色，但不能盲目学习外国而忘记本国的优良传统。儒家、道家等传统思想也不失为教育广大官兵的好教材，同样可以净化官兵的心灵。二是加强对国旗、军旗、国歌的重视和保护，维护其神圣权威。制定各种法律加强对军旗、军歌等的保护，教育官兵树立为军旗增光添彩的思想。三是重视军事历史的普及，对历史人物、英雄等要大力宣扬，发挥榜样的力量，在军营中竭力营造尚武精神，要求军人争做高尚之人，向英雄学习，做有灵魂、有本事、有血性、有品德的新时代革命军人。

第二节　当代日本军队的道德建设

日本在加强军事实力的同时，非常注重军队道德建设，认为如果自卫队的成员没有保卫自己国家的意志，国家无论花费多少资金发展武器装备，都不可能达到增强军事力量的目的。因此，加强自卫队的精神教育即道德建设，成为日军思想政治工作的核心。

一、日军道德建设溯源

日军道德建设萌芽于平安主从道德。公元 10 世纪，日本律令制国家体系瓦解，旧的权力结构和武装组织崩溃，官吏和庄官成了地方事实上的统治者。他们为了确保自己的利益，开始培植自己的武力，形成以在乡领主为核心的地区性军事集团——武士团，这种武装组织日益成为一种制度化的、公认的军事力量，平安主从道德也随之产生。平安主从道德的主要内容有忠诚至上、以武为本、重名轻死等。平安主从道德旨在维护和扩大主从间的现实利益，“主仆契约的缔结，只是为了维护和扩大彼此的社会利益，并不包含超出这一目的的广泛的社会意识”[①]。即

① ［日］家永三郎:《日本文化史》，刘绩生译，商务印书馆 1992 年版，第 88 页。

使主从契约与向天皇的侍奉发生矛盾，武士为了前者也会毫不犹豫地舍弃后者。主从道德的这种性质，使依存于主从道德而进行的战斗行为，缺乏公共的战争目标，不过是私斗而已。这一以自己的利益得失为是非标准，以生命侍奉主君从而保全家庭和子孙后代的生活方式，养成了武士强烈的使命感、责任感和献身精神，同时养成了武士冷漠、自私和嗜杀成性、穷兵黩武等非人性的性格特征。日本学者也说：武士的习性是杀人、劫财和强盗行径。[①]武士缺乏尊重人的生命的心情，不在乎残害生灵，具有强烈的非人性的一面。随着武士阶级在国家政治、经济和文化生活中主导地位的确立和强化，平安主从道德也逐渐成为社会伦理的支柱，“献身之道”和“战争之道”日渐成为日军伦理精神的基本内容。

日军道德建设形成于镰仓和室町时期。镰仓、室町和战国时代，平安主从道德也随着武士政治地位的上升和武家政治的制度强化，随着儒学、禅宗佛教和神道教的权威认证、宗教支持和感情依托，成为铭刻在武士心灵深处的法典。镰仓时代初期，以武家政权的建立为契机，武士的自信提高，武者之习虽然是实践的，但已在精神方面纯化而向武家道德升华。驱驰于矢石之间、出入于生死之门的社会生活与心理状态，要求精神世界具有与之相一致的麻醉剂，以期获得精神慰藉。禅宗所谓“生一时也、死亦一时也，亦如春而夏也，夏而秋也，秋而冬也”，这种死生如一的主张，对武士伦理大有补益。于是，禅宗几乎被看作有助于向自己的主君表达忠诚之行动的自我牺牲行为的一种修行体系，成了武士的宗教。镰仓时代后期，主从道德接受了“从者为主尽忠”这种儒教的忠的观念。武士阶层作为文化参与者、创造者，受尊重君臣关系的宋学的大义名分论影响，每个人都认为助君惠民的态度最为理想。神道教则从民族感情的角度直接将“忠诚”作为武士的道德规范。镰仓军事

① ［日］井上清：《日本历史》（上），天津人民出版社 1975 年版，第 227 页。

伦理继承和发展了平安主从道德，与高扬武艺精神并列的是尊重主从道德和名誉、知耻、只干不说等镰仓时代的主要德目，是从前代的武者之习继承下来的，但已看到了道德上的纯化。室町和战国时代军事伦理的主要内容有强调对主君的绝对忠诚和彻底的献身精神、崇尚武勇、名誉、开始出现美化死的倾向、正直和礼仪等。从镰仓幕府开始，随着武士地位的上升，军事伦理也日趋完善，形成了较完备的体系。

日军道德建设发展于德川时代。德川时代，武士的生活环境发生了重大变化。镰仓、室町和战国时代，武士的公务以军役为中心，在战场上建功立业。德川时代 200 多年间，实质性的战斗已经消失，武士作为战斗者的角色形式化、形骸化，主要公务转化为行政事务。于是，这一时期日军道德建设与宣扬修身、齐家、治国、平天下的儒教相结合，武士以父子、君臣、夫妇、长幼、朋友五伦的人伦之道的自觉为根本，进而将在天下实现这种人伦之道作为武士的思想。传统的以“死的坚决”“死的觉悟”为根本，向以“道的自觉”为核心的军事伦理过渡。推进并完成这一过渡的，是著名儒学家兼军事伦理思想家中江藤树、熊泽蕃山和山鹿素行等人，尤以山鹿素行贡献最大。山鹿素行以儒家思想为核心论述军事伦理的著作多达 600 余卷，其全集被喻为日本国民道德的权威、伦理精神的真谛。德川军事伦理的主要德目是忠诚、武勇、名誉、服从、义、俭朴、礼仪、勤学等，在这些德目中，“忠诚”是核心和灵魂，居统治地位，起统率作用。“在多么宝贵的生命都可为之牺牲的最贵重不过的事情中，就数忠义。它是把各种封建道德联结成一个匀称的拱门的拱心石。”[①] 统治阶级以忠诚为纽带和基础，运用利益机制开发家臣武士忠诚道德的精神资源，将社会建设成“忠的社会”和“忠的市场”。德川军事伦理的基本内容中，还增加了日益浓烈、盲目狭隘的

① ［日］新渡户稻造：《武士道》，张俊彦译，商务印书馆 2001 年版，第 50 页。

复仇主义。德川军事伦理思想家完成的儒学化军事伦理，继承、改造和发展了平安、镰仓和室町军事伦理，使之理论化、系统化和权威化，更为广泛地向其他社会阶级渗透，逐步成为社会的生活伦理与思想信仰。

日军道德建设在近现代出现异化。明治维新后，日军道德建设并未随着封建制度结束和封建武士退出历史舞台而产生质的变化，其军事伦理既是封建社会军事伦理的延续，又具有鲜明的时代性。首先，效忠对象由多元化转为一元化。“忠”这一日军道德建设的核心，在这一时期产生了异化，效忠的对象由各自的主君转为天皇个人。其次，道德教化与经济活动相结合。近现代日军道德建设打破德川军事伦理重义轻利、蔑视经济活动的传统观念，引入资本主义新因素，被称为“士魂商才”。“士魂”——武士精神，表现为近代军事伦理的核心“忠君爱国”观念；“商才”，即经营管理资本主义工商业的才能。再次，成为日本军国主义的精神支柱和战争工具。在德川时代，军事伦理主要用于武士的自我道德修养。明治政府选择了侵略、掠夺其他国家的现代化发展道路，传统军事伦理的战争之道被纳入近代军国主义轨道。《读法》《军人训诫》宣称：军队为“发扬皇威，保证国家而设置”，军人必须效忠天皇。《军人敕谕》鼓吹军人在天皇的统率下，使“日本之威烈大放光华于世界”。近代日军道德建设循着“与万国对峙”的路线，充满强烈的侵略扩张性质，成为军国主义的精神支柱和战争工具。

二、日军道德建设的主要观念

第二次世界大战后，日本社会发生了巨大变化，但日军伦理精神没有质的变化，其核心内容、思想渊源及社会地位与日本传统军事伦理相通，体现出了鲜明的继承性、共通性。同时，美国的“民主改革”，国力的变化，社会的各种思潮也都对日军道德建设产生着影响，主要有三个维度。忠于天皇。“忠”是日军道德建设的核心概念。“忠”是从中国传入的，来自儒家，但它在日本伦理价值体系中所占的位置与中国相比却有较大的不同。中国传统伦理之中，“忠”虽然重要，但它是基于“孝”的基础上实行的。而日本则长期以来“把天皇视为最高家长”，以对天皇的“忠”为其根本，“忠”是绝对的，其他伦理在与之发生冲突时必须被放弃。可以说，日本人的“忠”仅仅是借用了中国传统伦理中“忠”这一符号，而其实质内容和意义，则是建立在日本自身伦理系统之上的。儒家思想中的“忠”意味着“自己良心的诚实和真挚”，而日军道德建设中的“忠”意味着献身的程度和死的坚决意志。在日本传统军事伦理体系中，天皇就是国家，天皇是全体国民效忠的对象。只有绝对克制自己，无条件为天皇献身，才能称得上忠。“忠”的具体表现与内涵也随着时代的变迁而不断地发生着变化。日军道德建设中的“忠”，经历了由多元到一元再到多元的转变。当代日军道德建设中“忠”的对象是多元的，不再仅仅是天皇，天皇也不再是国家的唯一象征。自卫队要求官兵“以生命报答国家之托负”，明确提出：“自卫官的精神基础是爱祖国，爱民族”，“把对国家的忠诚作为根本的理性概念”，忠于国家成为自卫队员的神圣职责，并以立法形式作为建军原则确立下来。“忠”的对象已由“天皇”变为“国家”。同时也应看到，对天皇的崇拜在日本社会中仍然占有一席之地。如《自卫队法实施规则》第 13 条规定：“天皇享有接受自卫队最高礼仪的资格”，并重新开始实行军官向天皇跪拜的制度。

狭隘的民族主义。为了表达对国家对天皇的忠，为了报答国家的恩，大和民族的利益被视为最高利益，而人类的一切基本伦理原则不再是衡量是非善恶的标准。日军的道德建设呈现出利己性、排他性和极端性。当年日本军国主义之所以能煽动起整个民族的疯狂，战后日本现代化建设之所以能激发整个民族的热情，根源于此。狭隘的民族主义激发了日本人的民族情感，“大和民族的利益”成了最具吸引力的金字招牌。发展资本主义经济是为了大和民族的利益，加强军事力量向外扩张也是为了大和民族的利益，两者都能激发大和民族无限的忠诚与献身精神，都使国民自觉地将统治者的路线、方针和政策转化为现实的行动。第二次世界大战中日本疯狂地发动侵略战争，而国民的反战运动却远不能与其他国家相提并论。第二次世界大战后日本对战争的反省也远不如其他国家全面和深刻。日本军人的回忆录中不乏谴责战争的言论，然而，他们之所以谴责太平洋战争，往往只是出于战争也让日本付出了沉重代价，而不是战争给其他国家和民族造成的灾难。第二次世界大战后，日本的民族利己主义同样在对东南亚各国的赔偿中暴露无遗，日本人处处着眼于本国的经济利益，不顾自己在战争期间给东南亚各国造成的巨大损害，精心算计，不仅使自己因赔偿而造成的损失降到最低点，而且还利用这种不得已的赔偿达到日本商品输出结构、国内产业结构升级的目的。每年 8 月，日本政界要置世界人民的正义呼声于不顾，纷纷前去参拜战犯亡灵，国民前往参拜者更是络绎不绝，也正是因为神社中的“神”，是为日本民族的利益而“献身”的。日军道德建设中国家至高无上、国家的利益远远高于个人利益等源于日本武士的群体观念。在武家时代，武士是生死相搏的战斗职业，比任何游戏更富残酷性、竞争性，更强调整齐划一的行为方式，更能赋予个人对群体的依赖与热情。武家军人社会，各武士团都是建立在利益基础上的“生命共同体”，群体为武士提供安全保障和现实的物质利益，群体是个体体现自身价值的场所。当年在日本军国主义的鼓吹下，日本军人在对被侵略民族的大肆屠杀时没有丝毫的罪恶感，反而是杀人越多，手段越残忍，越会成为别人心目中的英雄。这时候，一个人的天性、良知等就会被集体无意识泯灭，集团认可的任何事情都干得出来。有人笑谈，在日本人当中，只要长官说一加一等于三，保证所有的下属都会毫不迟疑地说那确实等于三。因为是集团性行为，既有“上级命令”，又有大家彼此彼此的习惯，这就形成了一种“无责任集团”。干坏事的时候没有犯罪感，干完之后也无须负责。加藤周一在《日本社会文化的基本特征》一文中谈到了日本人的“战争责任”意识：在15年的侵略战争中，作为个人，日本人认为没有哪个人是战争责任者，即大家都有错。战争责任由全体日本国民承担，不是由领导人承担。所谓“一亿总忏悔”，就是说无论是香烟铺的老板娘还是东条首相，都有一亿分之一的责任。一亿分之一的责任，事实上就等于零，即变得没有责任。大家都有责任，几乎就等同于没有责任。这种“团体精神主义”，对日本社会特别是军队产生着不容忽视的影响。

崇尚武力。日本认同战争，以大和民族的利益为最高利益的善恶观，导致大和民族的思维方式、民族心态、行为方式都与其他民族不同，伦理标准也相去甚远。自古以来，日本人就流传着“日本岛沉没”“日本人沉溺太平洋”等恐怖预言，日本人常常都处在朝不保夕的状态。这种深重的危机感催生了日本民族强烈的危机意识，日本人只崇敬和服从强者，从不会怜悯弱者。同时，日本人也尊敬那些通过顽强的意志和不屈的奋斗，甚至不惜牺牲性命和其他一切而试图挑战强者的“弱者”，尊重和服从不服输、拼到底的“强者”。强者为王，强者就意味着主宰，强者就代表权威，强者就是虐待弱者的本钱。弱者服从强者，弱者无条件忍耐强者的横暴，弱者如果不能成为强者就意味着灭亡。在日本人眼中，世界上的人只分为两种——强者和弱者，强者生存，弱者淘汰，靠实力说话，凭强力生存。日本人理解的强者，不仅是指力量上的强者，也包括经济、文化等其他方面超过他的人。1853年，佩里将军率美国海军船队来到横须贺，用坚船利炮逼迫日本人打开了国门，其行径无疑具有殖民主义者的性质。然而，日本人却在当年佩里登陆的地方，为其建起高大的石碑，伊藤博文亲自手书：“北米合众国水师提督佩里上陆纪念碑”。东京市中心也有佩里的半身铜像。日本人不是将佩里视为侵略者，而是视之为恩人和文明传播者，因为他教给了日本人如何进行殖民侵略。美军占领了日本后，日本人大献殷勤，献上女子玉帛慰劳美军，日本人对曾是不共戴天的仇敌的美国占领军，态度之友好简直到了肉麻的程度。这种友好和殷勤又集中表现在对远东盟军最高统帅麦克阿瑟的恭维和崇拜上，日本人称麦克阿瑟为“新日本的生身父母”“恩人元帅”。日本各地相继出现以麦克阿瑟命名的街道和剧场，就连小学生也以戴“麦克阿瑟帽”为光荣，日本还认真地考虑要为他建立一座纪念馆。“崇尚武力，信奉强权”也表现为在国际社会中奉行崇尚武力、弱肉强食、损人利己的政策，以武力扩张满足其对土地与财富的贪婪欲望。日本发动的侵略扩张战争目的就是夺取他国的土地与财富。

三、当代日本自卫队的道德建设

当代日本军队的道德建设集中表现为当代日本自卫队的精神教育。为了使官兵完成保卫祖国和平与安全的使命，日本自卫队仍然十分重视精神因素，把道德建设列为教育训练之首，采取了一系列措施。

当代日本自卫队所以注重道德建设，原因主要有三：第一，由于日本实行的是募兵制，大部分人当兵的目的是学技术和谋生活，真正为保卫国家而当兵的人极少。自卫队士兵普遍把自己看作领工资的雇员，所以不少人入伍以后，如果学不到技术或拿不到更多的钱，便中途离开自卫队，造成目前自卫队缺员现象十分严重。最严重的是陆上自卫队，在编率只有 86.4%。另外，自卫队的士兵都是战后成长起来的青年，他们对军国主义表示厌恶，对所谓的“武士道精神”不感兴趣。他们强调“个人自由”和“民主权利”，要求“保障人权”，不肯盲目卖命和服从。他们向往美国的生活方式，床头挂着女明星和美人照片或裸体像，休息时以阅读黄色杂志、小说来消磨时间，摇摆舞曲和爵士音乐十分流行。他们贪图安逸生活，不愿在执勤以外的“自由时间”受到约束。第二，中下层军官绝大多数是在就业困难的情况下为谋出路而入伍的，在这方面，他们的思想状况与士兵有相似之处。又由于战后受美国的“民主”“自由”影响很深，自卫队的中下层军官和士兵均有强烈的资产阶级个人主义和自由主义情绪。自卫队中下层军官，都出身于学生，成长在战后，他们既对日本的过去有反感，又对日本的现在有优越感。同时，他们一般都具有较高的文化程度和军事理论水平，并经过干部候补生学校和其他军校的培养教育，思想较傲慢，有一定的特权思想和所谓“帝国军队新指挥军官的自负心”。第三，自卫队认为，现代战争破坏力大、战斗激烈复杂多变，特别是日本采取“专守防御”方针，在本土进行防御作战，战争必然十分艰苦。因此，只有具备“彻底的使命感”，才能在任何艰苦的场合，圆满地遂行各项战斗任务。

在自卫队的各部队中，当前进行道德建设的实际内容主要有四个方面。一是“爱国心”教育。根据自卫队道德建设的宗旨规定，“爱国心”教育是自卫队道德建设的基础，主要是为了提高官兵对自卫队使命感的认识，启发诱导他们养成以对国家忠诚为核心的坚强意志和必要品德，以及献身保国的“自卫官精神”。教育自卫队员以“爱国心”为基础，正确理解民主主义，认清国内外形势，提高对国防重要性的认识，克服人道主义与军人理性之间的矛盾，培养彻底的民族主义、“真正的军人作风”和对国家的自豪感、“把对国家忠诚作为根本的理性概念”等。要求每个士兵在指挥官和同事看不见的地方，在生命危险之时，仍然严守纪律，具有强烈的责任感和坚持到底的顽强精神。二是道德品质教育。主要是对自卫队队员的个人生活进行指导，培养他们所必备的道德品质，特别是责任感、纪律性、礼节、勇气、不屈不挠的意志。重视实践的精神以及讲究信义廉耻，以提高自卫队在国民心中的威信。三是传统教育。传统教育虽然不见之于条令、规定，但各个部队都在普遍进行。这是因为在重新组建日本自卫队时，旧日军中许多人被留用，且身居要职。这些人在第二次世界大战时大都为初级军官或在各级司令部任参谋，他们受过法西斯军队的正规训练和教育，参加过侵略战争，受军国主义影响较深，对自卫队现状不满。在他们的推动下，通过各种渠道向士兵灌输旧日军的精神传统，实际上已把它普及于各个部队。在社会上利用民间团体和自卫队外围组织大造舆论，组织集会，发表演讲，写回忆录，进行纪念活动，诸如“靖国神社祭”“阵亡将士纪念会”“大东亚圣战纪念会”等，鼓吹“武士道”“大和魂”。四是条令条例教育。自卫队颁发了很多具有法令性质的条令、训令和指示，给士兵规定了许多规则和义务，使之生活在条条框框的限制之中。比如，士兵除入伍时本人要在誓约上签名盖章外，还要宣誓。“自卫队法”规定，士兵必须履行六大义务，即在规定场所居住义务、履行职责义务、服从上级命令义务、保持自卫队名誉义务、保守秘密义务和专心供职义务。

日本自卫队的道德建设的基本方法主要有两个：一是制订教育计划。就是预先根据教育对象，规定好教育内容和方法，按步骤有计划地实施。比如士兵在入伍初期进行新兵训练时，在进行队列和基本技术训练的同时，集中时间进行服役指导，目的在于端正队员入伍动机，树立起对祖国和民族的热爱感情以及基本的军人品质与作风。二是丰富教育形式。就是经常利用各种机会实施道德教育，把它与计划教育结合起来，使教育贯彻、渗透到自卫队员训练和生活的全过程。日本自卫队还经常组织士兵参观“战史室”和“资料室”。在日本到处都修有各种“神庙”“神社”，各部队专门开辟“战史室”和“纪念馆”，陈列明治以来的“开国元勋”与“军神”的遗像遗物，特别是第二次世界大战时日军敢死队员的绝命书、照片、遗骨、血衣、特攻飞机、枪炮、人操鱼雷的残骸等，经常组织部队参观学习，然后座谈讨论。还请旧军官与退职军人讲演、作报告，宣传旧日军的“业绩”和“精神”，通过潜移默化的手段进行传统道德教育。另外，经常让士兵自己组织各种演讲会、辩论会，由团或基地根据教育计划事先拟好题目，发动全体士兵认真准备，然后各小单位选派代表发言，进行辩论，最后由士兵组成的评比组评比，选出优胜者，讲稿刊登在自卫队有关刊物上，并发给纪念品。讨论题目多是有关队员道德修养方面的问题，诸如“我的爱国心”“军人的品德”等。

第三节　当代印度军队的道德建设

道德建设在当代印度军队与社会生活中的地位日益凸显，有其客观必然性。它既反映了对印度历史的传承，又迎合了时代的发展潮流和印度的现实需要，并将在一定程度和范围内影响印度军队的未来。

一、印军道德建设溯源

印度军队道德建设可以说源远流长。战事频繁的古印度时期可以看作印度军队道德思想的萌芽阶段。当时的战争规模不大，也不是很激烈，朴素的军事伦理思想集中体现在《摩诃婆罗多》和《罗摩衍那》这两大史诗中，其主要思想是正义必将战胜邪恶、正义是善恶相报的结果、既主张和平又不放弃使用武力等。

公元前6世纪，印度开始进入列国时代，伴随着次大陆政治、经济、文化的发展，刹帝利和吠舍等阶层要求打破婆罗门教所维持的种姓特权的呼声日益高涨，于是耆那教和佛教应运而生。在这两种宗教的教义中，有不少关于战争、暴力等问题的伦理考量。耆那教从纯伦理的角度解释战争，其极力主张的“非暴力”思想不仅影响了当时人们对战争的态度，对后来的佛教、印度教的战争观也产生了不同程度的影响。孔雀王朝时期在吸收古印度军队道德思想的基础上，形成了较为系统的军事伦理思想，突出体现在《摩奴法论》中。在战争伦理观上，《摩奴法论》提出了“治安依靠军队”和“出兵讨伐最有利于国家繁荣昌盛”的观点，认为和平是以武力为后盾的，军事与外交应当并重。当和平手段不能达到目的时就必须使用武力。在军人道德意识上，《摩奴法论》认为致力于正义是国王履行职责的根本出发点，军人要有英勇的献身精神，在战争中，不论是被杀还是杀死敌人，死后都将升入天堂。在处理与战败国的关系上，认为强国与弱国或战败者结盟是为壮大本集团力量，为实现本国政治霸主地位服务；而弱国与强国结盟则多是为寻求安全保障，巩固统治以及维持自己的生存，有着突出的实用主义目的。《摩奴法论》中的军队道德思想尽管没有形成完整的体系，并带有浓厚的宗教色彩和种姓痕迹，然而其中所蕴含的和平与武力并用的战争道德观、军人尤其是军官在战斗中要英勇献身的军人道德意识和以自我利益为中心的实用主义军事结盟道德准则，在以后乃至今天的印度军事伦理思想及军事活动中都有突出体现。

中世纪的印度军队道德思想主要体现在印度教的教义之中。印度教的教义比较复杂，既主张多神崇拜，又主张主神崇拜；既主张苦行，又主张享乐；既主张不杀生，又主张勇于战斗。在印度教的经典中，有大量正义战胜邪恶、英雄战胜魔鬼、真理战胜谬误等歌颂暴力的词句。这种自相矛盾的思想，使其军队道德思想中也包含了自相矛盾的某些观念，并对当代印度军队道德建设产生了深刻的影响。

从 16 世纪初到 19 世纪中叶，伴随着西方殖民势力的不断侵入，特别是英国在印度殖民霸权的建立，以基督教文化为核心的西方文化对印度的输入、渗透和影响日益加深，印度的传统军事伦理渊源戛然而止，形成了这一时期印度军队道德思想的空白。马克思认为，不列颠对印度的侵略是一场灾难，“印度失掉了它的旧世界而没有获得一个新世界，这就使它的居民现在所遭受的灾难具有一种特殊悲惨的色彩，并且使不列颠统治下的印度斯坦同自己全部古代传统，同自己的全部历史，断绝了联系”[①]。在英国殖民者的大力推广下，英印殖民统治时期，英语成为印度不同民族之间交往的官方语言，印度学生对英国历史很熟悉，对印度历史却茫然无知，只从学校、家庭和社会中知道一些神话传统和经典。可以说，英语教育使印度的军队道德具有英国文化的性质。

当代印度军队道德建设一方面继承了英印殖民者的带有霸权主义倾向的军事伦理遗产，同时深受殖民之苦的印度在反对殖民统治的斗争中也形成了独具特色的民族军队道德思想。两者互相渗透，融汇于当代印度军队道德建设之中。第一次世界大战结束后，英国仍希望像战前那样统治印度。印度各界人民指责英国背信弃义，印度人民反英情绪前所未有地高涨。新的形势要求新的斗争策略。甘地就是在这个新高潮的时候，提出了适合印度国情的非暴力的斗争策略。在印度这个笃信宗教的国度里，非暴力和宽容的思想有着深厚的宗教、社会思想基础。圣雄甘地在领导民族独立运动的过程中，利用非暴力思想发动了大规模的抵制英国殖民统治的运动。印度的独立使得政治家们更加相信道义和非暴力的力量，尼赫鲁政府出于历史和现实的考虑，在其早期国防政策的选择上吸取了甘地非暴力思想。然而，印军在 1962 年我国对印自卫反击战中的失败，对印度政府领导层的思想产生了很大冲击，并直接导致了非暴力思想在政治和军事上的破产。此后，印度国内的军国主义思想迅速抬头，其军队道德思想也由推崇非暴力迅速向推崇武力转换。我国对印自卫反击战之后，印度又与巴基斯坦发生了两次战争。频繁的战争和国内暴力事件的增多，使印度走向了大力发展军事力量的道路。美国著名的南亚学者斯蒂芬·科亨认为，印度在我国对印自卫反击战中所遭到的“耻辱的失败”教训了整整一代印度人，从那时起，印度在心理上已经

① 《马克思恩格斯选集》第 2 卷，人民出版社 1995 年版，第 64 页。

成了军事化国家。[①] 尼赫鲁去世后的印度领导人尽管讲的是理想主义的语言，但实行的都是现实主义主导的军事战略。

二、当代印军道德建设的基本精神

印度政要和军队将领认为，在技术高度发展的新时期，在武器杀伤力空前提高的现代战争条件下，人的精神状态如何，将对作战发挥“不可替代的”作用。官兵的高昂士气“无异于力量倍增器”，武器装备和作战理论“永远代替不了部队的信仰和士气”。因此，当代印军道德建设的基本精神主要有三个方面。

一是“自始至终是印度人”的军事爱国主义。这是当代印度军队道德建设的核心精神，也是印军对官兵的最重要的道德要求。印军认为，要培养全体官兵的“全印度”国防观念，激发官兵争当“世界一等强国”的爱国主义精神，“要热爱印度的民主制度”，使他们感到自己“首先是印度人，最后是印度人，而且自始至终是印度人”，形成强烈的国家认同意识。历史上的印度始终处于外族入侵和列国纷争的分裂局面，它几乎没有实现过国家的完全统一，因此也从未建立过强大的中央集权统治。[②] 千百年来，民众只知道效忠所隶属的王国、种族部落和村落，几乎没有国家的观念。印度人民党政府前外交部长辛格在其著作《保卫印度》一书中指出：从文明上讲，印度是一个多样性的同一体，但是“在国家和政治上从来就不是一个整体”，与中国相比，“印度始终没有在国家（State）的状态下存在；而中国的存在则从未离开过国家”[③]。在印度历史上每一次帝国崩溃之时，几乎都伴随着众多大小独立王国的出

① ［美］斯蒂芬·科亨：《大象与孔雀——解读印度大战略》，刘满贵译，新华出版社 2002 年版，第 32 页。

② 陈峰君：《印度社会述论》，中国社会科学出版社 1991 年版，第 32 页。

③ Jaswant Singh, *Defending India*, Macmillan India LTD, 1999, p.10.

现，而后者中许多又努力寻找自己的部族特征以作为立国依据，强调自身久远的历史传统，发展势力，并寻机使各自的地区性帝国向外扩张。由于印度地方王国牢固的地域性意识，中央缺少一个协调一致、运作有效的官僚阶层，次大陆长期存在地缘方面的多样性，加上历史上有过长期的外来统治（先是穆斯林，后是英国殖民者），因此印度历史上不同的帝国相互间缺少政治、文化发展的连贯性，也造成了“统一国家”意识的缺乏。1947年独立之后，印度建立了真正现代意义上的民族国家。但这种历史传统如同一种经过千百年积淀形成的社会力量，直到现在仍然潜移默化地对印度的民族意识和军人意识产生着影响，这使印度很难在短短几十年内就成为民族凝聚力较强的国家。因此大力宣扬军人的“爱国情怀”，把各种族群认同整合为国家认同，是当代印度军事伦理的一个不变主题。印军认为，军人的“爱国情怀”具体体现在两个方面：对外，军人要担负捍卫其国家主权、领土完整和安全，防御外来侵略和颠覆，保卫人民和平劳动和生活的特殊使命；对内，则要积极维护社会稳定、支援国家建设。多年来，印军凭借被赋予的双重职能，频频进行各种对外作战和对内维稳平暴等一系列行动，在服务国家总体战略的同时，军队的综合凝聚力得到较大增强，一定程度上增强了印度军队道德教育效果。

二是“为本联队骄傲”的军事集体主义。印度独立后，为了继续对部队进行有效的管理，同时缓解部队中的宗教民族矛盾，印军部队编制保留了英印时期的联队制传统，多数老的联队仍按照种族编成，兼顾民族、宗教特点。由于印军的每个联队都有各自的独特传统，因此，印军十分重视加强对联队传统的抬升及引导，认为新形势下它仍然是树立集体主义精神的“最强有力的黏合剂”[①]，战时则是“一种鼓舞士兵不怕

① ［印］《作战中人的因素》，《印度防务评论》1989年第1期。

死的力量”，因此，“应不惜一切人力与财力”，采取各种措施，培养官兵“对本联队的骄傲感与荣誉感”[①]。印军认为“让士兵理解更远大的国家观念是困难的。他们把联队视为精神之家，在那里他们可以从其易于熟悉的祖先那里曾经表现过的战斗精神中汲取力量”[②]。所以印军各联队非常重视自己的队史。每个联队除了有本联队的队旗、队歌、队服、队徽，以及具有宗教特色的战斗口号外，还有与众不同的各种活动。各联队有自己的纪念室，各自的光辉历史都用实物的形式延续下来，置身其中无不强烈地感受到联队的荣誉和它对国家承担的责任，无不感到生活在一种追求荣誉、竭尽职责和为国献身的气氛之中。在这种精神的熏陶下，英雄观、献身观得以早早地扎根于联队成员心中。有的联队还建有专门的战争纪念碑。例如，印度陆军旁遮普联队就在位于北方邦拉姆加尔的联队中心建有一座战争纪念碑，纪念碑两侧刻有历史上该联队阵亡官兵的名字，大理石底座上刻有一位阵亡士兵的诗：“当你们返回家乡时，请告诉乡亲，为了他们的明天，我们愿意献出生命。”[③]印军各联队除有联队队长外，还聘有名誉联队队长，后者大都是曾在本联队担任过职务的最有影响的现役或退役将军。新兵在联队中心训练期间，要经常听联队队长介绍本联队的历史、战史，训练结束以后以营为建制编到野战部队后，营长和连长负责对部属进行联队传统教育。为增强联队的凝聚力和联队成员的归属感，各联队经常组织形式多样的活动，如建军周年纪念、阅兵、娱乐表演、体育比赛等。联队中心遇有重大活动和纪念节日，都要从全国邀请本联队的退役官兵参加。有的联队还经常请一些有实战经验的退役官兵作报告，上传统课，讲战史，以鼓励官兵为联队而战的士气。如马拉塔联队十分推崇本民族的民族英雄西瓦吉。该联

① ［印］《论未来印度领导成员问题》，《三军学会季刊》1983 年第 3 期。

② ［印］《军事传统》，《印度防务评论》1989 年第 1 期。

③ 成锡忠：《印度军事散记》，军事谊文出版社 1993 年版，第 6 页。

队的新兵入伍时要在西瓦吉像前宣誓，誓词内容包括“我们是西瓦吉的战士，我们要像西瓦吉那样战斗……胜利属于西瓦吉”等。作为历史产物的联队制度体现了印度政府和军方希望实现各民族官兵相互了解和信任、缓解民族矛盾的目的，自创立200多年来，已被证明是一种行之有效的军队管理体制，曾经获得国内外的好评。20世纪80年代美国军方曾派人到印军对联队制进行过专门考察，并将其管理思想吸收到美军的管理体制中。

三是“勇敢与智慧并重”的军事英雄主义。印军认为，在当今时代条件下，应该在部队中大力提倡“勇敢与智慧”并重的英雄主义品质，培养官兵“绝对服从”“团结协作”“自我牺牲”“勇敢献身”的军人道德品质，并认为这是当代军人素质的灵魂和核心，它能为业务素质提供价值导向和行为指导，是军人整个职业活动的“大脑”。印军要求官兵必须明确人生价值，始终遵守军队的各项法规，坚决服从军队的整体利益，维护部队的团结和荣誉，安心服役，“把个人愿望融合在集体利益之中”，“放弃时下所流行的对个人财产和幸福的追求”，并时刻准备“在必要时献出自己的生命”。印度军校的每个教室都悬挂着一条“勇敢与智慧并重”的横幅。这个信条是对军校学员的基本要求，因为未来军官不但要有不怕牺牲的勇敢精神，而且要掌握不断发展的现代军事科学技术知识。每一名军人都要为自己成为一名“勇敢与智慧并重”的代表感到自豪。印军认为军人的勇敢战斗精神和高昂士气不是与生俱来的，它需要长期磨炼和点滴养成。因此，印军高度重视在军事训练中培养军人的勇敢精神。印军认为，战斗力的决定因素不是尖端的武器装备，而是人的主观能动性和使用武器的能力，战争的胜负在相当大的程度上取决于军队的素质和训练水平。印度前陆军上校威尔克说，军队打胜仗的关键是多训练，训练有素的部队到了战场上就没问题。训练还可以增强士兵的勇气。[①] 为了培养官兵的勇敢精神，无论季节、气候和地理条件如何，每个印度军人都要接受军事训练。印军注重在艰苦的环境下搞针对性训练，在训练中针对山地、丛林和沙漠地区的特殊自然环境进行各项训练，尤其是根据印度自然条件复杂的情况，有组织、有计划地展开训练。“印度军队具有顽强的战斗意志，曾在一些最为多变、难以生存的地带展开军事行动，包括世界最高的战场希亚琴冰川。”[②] 正是靠着这种近乎残酷的魔鬼式训练，锻造了官兵钢铁般的意志和应对复杂艰难局面的良好心理品质。同时，印军在平时训练中，经常有意设计“判断失误”“遭敌重创”等情况，以锤炼官兵遇险不惊、遇扰不乱、遇变不惑的素质。印军每年都要进行旅以上规模的实兵演习数十次，通过这些近似实战条件下的军事演练，磨炼官兵的战斗意志，培养官兵牺牲奉献的职业精神和经受各种环境考验的坚韧品质。同时，印军注意开展各项体育运动增强官兵的坚强意志。

三、当代印军道德建设的经验与启示

印度当局对官兵进行道德教育的具体内容很多，主要有宣传印军“不过问政治”，“严守纪律、勇敢、不怕牺牲”的“光荣传统”，要求官兵忠于自己的国家、政府和军政领导人，官兵要增强对自己手中武器、对自己上级的信任感并自觉服从指挥，教育军人为保卫印度现行政治制度和生活方式而自觉献身。印军的道德建设经验主要有五：一是利用节日讲话、训话、部队纪念日作报告，对官兵进行道德教育。印军的节日比较多，各军兵种都有自己的节日，连医务、军械等专业勤务部队也有自己的节日，各部队还有自己的纪念日。印军要求，在节日和纪念日，

① 《世界新闻报》2005 年 3 月 30 日。

② 《印度——生机勃勃的民主国家，外交关系与防务部分》,《今日印度》2005 年第 7 期。

上级军官要亲自到所属部队作报告，宣传本部队的“光荣历史”“光荣传统”，介绍印度的建设成就和印度政府的各项政策，号召部队效忠印度当局。印军还规定，军官要经常对部属进行国防形势教育，渲染外来的威胁，特别是宣传来自巴基斯坦和中国的威胁，要求官兵随时做好保卫印度、“勇敢献身”的精神准备。二是利用广播、电视、电影等工具进行道德教育。印军营以上部队都设有有线广播站和电影放映室，连队配有半导体收音机，业余时间组织部队收听新闻、时事评述和部队生活节目，观看宣传印军“光荣历史”、作战传统的影片。三是运用宗教活动，对官兵进行宣传、说教。印度是一个普遍信仰宗教的国家，主要信奉印度教，其教徒约占全国人口的85%。印军十分重视运用宗教活动对官兵进行说教。印军《战时教育》中称，“一个印度士兵，必须是一个虔诚的教徒”。印军每个营都设有经堂，配有一名专职宗教教员。其宗教活动具有强烈的军队色彩。宗教节日，军队的主官都积极参加。新兵一入伍要举行宗教仪式，宣誓忠于神、忠于职守、忠于印度当局，“不怕牺牲自己”。平时，官兵每晚都要到经堂祈祷、诵经。印度当局和印军首脑的观点，很多是通过这种宗教活动灌输给官兵，以此来鼓动官兵为当局效劳。四是利用报纸、书刊宣传印度当局的观点。印军每个营都设有图书馆、阅览室，订有印度出版的各种报纸和刊物，官方还经常向军人推荐一些宣传印军历史传统的书籍，供军人阅读，借以宣传印度当局的观点。五是密切退伍军人与现役军人的感情，激励现役军人安心服役。各联队中心遇有重大活动和纪念节日，都要邀请部分退伍军人参加活动，共叙友情，既表示对退伍军人的尊重，又使现役军人感受到做一名军人的光荣，更加热爱军队，安心部队工作。

当代印度军队道德建设的启示主要在于充分利用传统道德资源，实现传统与现代的合理对接。军事主体在进行战略决策的过程中，总会有意识或无意识地受到传统军事道德观念的影响和制约。是崇尚穷兵黩武的军国主义还是秉承和平理念，是安邦定国还是对外扩张，是注重使用武力还是综合使用各种手段来实现战略目标，是为了防御和自卫还是为了进攻和侵略……都不可避免地带有传统伦理思想的烙印。印度作为一个历史悠久的国家，有着丰富的传统军事伦理资源。面对连绵不断的战争，印度历史上的军事家、军事思想家包括许多社会学家，都曾从道德角度对当时和历史上的军事斗争作过深刻思考，并形成了丰富的传统军事伦理资源，其思想大量体现在印度史诗、印度宗教教义及君王的铭文里。印度传统军队道德建设思想以自己特有的伦理观点和伦理视角，对战争的道德起源、战争与和平的关系、君主的军事道德观、军人道德意识和道德职责等作了详尽的阐释。同时，由于受到英国殖民者近 200 年的殖民统治，印度的军队道德建设也带有浓厚的殖民主义色彩。作为一个有着丰富传统军事伦理资源的国家，印度一方面可以从传统中汲取丰富的养料，另一方面也不可避免地受到传统伦理资源的局限。与另外一些民族相比，印度人遵从传统的意识更为浓厚。如果说西方的知识分子注重寻求发现光荣的未来，那么，印度的知识分子则注重寻求发现伟大的过去。印度人遵从传统的意识相当浓厚，因而表现出保守的倾向，使印度社会缺乏创新精神。印度军队在组织上大部分还在沿袭殖民时期英属印军的老一套，在思想上和理论上都跟不上世界的发展[①]，这在一定程度上阻碍了印度军队的发展。军队道德建设作为时代精神的反映和重要内容，必须与人们社会生活的大背景相适应。传统道德资源固然给当代印度军队道德的研究和建设提供了丰富的养料，但也存在固守传统、对军事伦理的时代性关注不够的问题，比如以什么样的规模及性质的物力准备对于战争来说是道德上允许的或必需的；国民应该具备什么样的

① ［美］斯蒂芬·科亨:《大象与孔雀——解读印度大战略》，刘满贵译，新华出版社 2002 年版，第 25 页。

战争与和平的道德心态，使之能够承受战争与和平赋予的使命；军人应当具备什么样的军事道德素质，才能以称职的军人身份在战争或和平的条件下大显其能；国家的经济建设与军事任务如何才能协调；军事力量本身的数量与质量问题；军事人员、普通国民与军事组织、国防建设的关系；等等。解决了这些问题就能为印度军事伦理的教育和实践奠定更加坚实的基础，提供更为广阔的发展空间。当代印度军事伦理唯有适应形势的变化，把握时代发展的脉搏，贴近现实，更加深入地发展与研究，才能更好地服务于印度的经济利益和政治追求。中国与印度一样是一个历史悠久的国家，有着丰富的传统伦理资源。我军道德建设要以此为鉴，在继承传统军事伦理文化精华的同时合理吸收世界军事伦理发展中的先进因子，尤其要结合时代发展的要求，不断创新，为军队的现代化建设提供强有力的道德保证和精神支撑。

第十章

我军道德建设的历史与现实

第一节　始终注重军魂建设

“魂”是一种精神、一种意念。在传统文化的语境中，“魂”包含三方面的含义：一是指古人认为人能离开身体而存在的精神；二是指物质的精灵，如花魂、鸟魂；三是指意念、心灵。[①]如今，我们经常用“魂”来比喻起关键和主导作用的核心因素，是一种意志，决定着事物本身存在的依据。如今，我们说一个人有灵魂，不是从封建迷信角度来说，而是从人的存在性来说。所以，“魂”就有了一种自我意识，就是一种道德品质。人是如此，军队亦然。军魂就是军队的灵魂，军魂就是军队存在的自我意识，同时也是认识自身存在依据的重要标准。简单地说，军队的“魂”就是“党性”，就是听党指挥。这一性质决定军队建设的政治方向。这个“魂”一旦丧失，政治方向就会模糊。武装再先进、人数再庞大、战斗力再强大，也会逢战必垮，甚至不战自垮。因此，作为执政党履行政治任务的武装集团，必须“听党指挥”，这是军队的魂。我

① 《辞海》，商务印书馆 2010 年版，第 3816 页。

们一直强调，必须把“听党指挥”作为军队建设的首要任务，我们每一位军人都必须秉持这条“魂”，丝毫不容马虎，丝毫不容懈怠，只有这样才能确保我们军队绝对忠诚、绝对纯洁、绝对可靠。

一、军魂就是党性，听党指挥就是灵魂

一个人的脊梁不是骨头而是精神，一支军队的脊梁不是武器而是军魂。一支没有军魂的军队，也就没了精神，没了脊梁，必然会垮塌失败。我军的军魂就是听党指挥。坚持党对军队的绝对领导，是人民军队的命脉所在，是我军诞生以来毫不动摇坚持的立军之本、建军之魂。我军历年都坚持军魂建设。

在我军创建初期，毛泽东同志就曾一针见血地指出，“我们的原则是党指挥枪，而决不容许枪指挥党”[①]。邓小平同志也曾明确指出，“我们的军队能够始终不渝地坚持自己的性质。这个性质是，党的军队，人民的军队，社会主义国家的军队”[②]。江泽民同志指出，“接受党的绝对领导，是我军的立军之本，是我军永远不变的军魂，关系我军的性质，关系党的兴衰成败，关系社会主义的前途命运，关系国家的长治久安”[③]。胡锦涛同志指出，“坚持党对军队的绝对领导，是我军建设和发展的首要问题。我们对这个问题要始终关注、抓住不放，任何时候任何情况下都不能有丝毫含糊和动摇”[④]。新形势下，习近平同志把坚持党对军队绝对领导根本原则和制度作为国防和军队建设的基本经验，把坚决听党指挥上升到强军之魂的高度加以强调，进一步升华了我军建军治军的根本

---

① 《毛泽东选集》第2卷，人民出版社1991年版，第547页。

② 《邓小平文选》第3卷，人民出版社1994年版，第334页。

③ 《江泽民文选》第3卷，人民出版社2006年版，第605页。

④ 《毛泽东、邓小平、江泽民、胡锦涛关于坚持党对军队绝对领导重要论述摘编》，解放军出版社2012年版，第156页。

原则，为坚持党对军队绝对领导赋予了新的时代内涵。作为军人，我们都应该牢记党的嘱托，铭记自己的职责，不辜负党和人民的信任。

2014 年 10 月 30 日全军政治工作会议在福建省上杭县古田镇召开，习近平同志出席会议并强调，要把理想信念在全军牢固树立起来，把坚定官兵理想信念作为固本培元、凝魂聚气的战略工程，把握新形势下铸魂育人的特点和规律，着力培养有灵魂、有本事、有血性、有品德的新一代革命军人。习近平同志指出，坚持党对军队绝对领导是强军之魂，铸牢军魂是我军政治工作的核心任务，任何时候都不能动摇。有灵魂就是坚持党对军队的绝对领导，听党指挥，绝对忠诚。这是新时代党和人民给予每一位军人的要求，我们要时刻听从命令，服从党的嘱托，这是我们身份所在、职责所在、义务所在，也是我们每一位军人的根本所在。

二、军魂的形成与发展

我们党对军队绝对领导的意识并不是一蹴而就的，它有一个随着革命实践而逐步形成的过程，可以说，我们的军队听党指挥、对党忠诚，这本身就是历史的选择、革命实践的选择、人民的选择。

近代中国内无民族独立，外受列强压迫，是一个半殖民地半封建的国家。这样的历史背景，决定了若想取得民族独立、人民解放，只能是通过组建军队，武装斗争，发动战争，领导革命的阶级及其政党必须掌握革命武装力量，也就是军队。但是在党的创立初期，我们党并没有对独立领导武装斗争和掌握军队的重要性有充分的认识，如党的一大提出："革命军队必须与无产阶级一起推翻资本家阶级的政权"，但在革命实践中则主要致力于领导和组织工农运动，而没有去创建独立领导的革命军队。随后在 1924 年第一次国共合作期间，我们党帮助国民党在国民党创建的国民革命军中建立政治工作制度，并担负着绝大部分的政治工作，有力推动了北伐战争的胜利进行。通过参与这些军事实践活动，我们党开始意识到军事斗争的重要性，并在很多地方开展了工农运动和武装起义，并在1925年10月首次设立了中央军事部，建立工人纠察队、农民自卫团等武装力量。但由于理论准备和斗争经验的不足，尤其是当时党的主要领导人放弃了党对武装斗争的领导权，并错误地认为共产党只能通过参加和帮助国民党来进行革命才能取得斗争的胜利，结果当国民党反动派背叛革命的时候，我们党惨遭失败。

八七会议的召开确立了“政权是由枪杆子中取得的”思想。1927年8月7日中共中央在湖北武汉汉口召开紧急会议，会议总结了大革命失败的教训，确立了实行土地革命和武装起义的方针。毛泽东同志在发言中批评党过去不做军事运动、专做民众运动的偏向，提出“以后要非常注意军事，须知政权是由枪杆子中取得的”的著名论断。党深刻认识到了武装斗争的重要性，至此我们党走上武装夺取政权的道路。中国革命也从此开始了由大革命失败转到土地革命战争兴起的历史性转变。

南昌起义是我们党独立领导战争的开始，随后发动的秋收起义、广州起义等多次武装起义标志着我们党创建人民军队、独立领导革命战争和武装夺取政权的开始。由于斗争经验的不足，与反动派势力的过于强大，初次的武装斗争都面临着严峻的挫折，在江西省永新县三湾村原本5000多人的队伍只剩下不到千人。但正是在这个小山村里，毛泽东同志领导并进行了著名的三湾改编。

三湾改编创造性地确立了“党指挥枪”“支部建在连上”“官兵平等”等一整套崭新的治军方略，从政治上、组织上保证了党对军队的绝对领导，是我党建设新型人民军队最早的一次成功探索和实践，标志着毛泽东建设人民军队思想的开始形成。三湾改编是中国共产党建设新型人民军队最早的一次成功探索和实践。三湾改编第一次实行了班、排建立党小组，两队建立党支部，营团建立党委的新制度，使得部队一切重大问题都要经过党组织集体讨论决定。这样，党在部队中的组织，从前委到支部自上而下地形成了一个完整的体系。“支部建在连上”，使党的领导延伸到了最基层、最前沿，直达每一个战士，党组织成为团结和领导士兵群众的核心。时任党支部书记，后来成为共和国元帅的罗荣桓说：“三湾改编，实际上是我军的新生，正是从这时开始，确立了党对军队的领导。当时，如果不是毛泽东同志英明地解决了这个根本性的问题，那么，这支部队便不会有政治灵魂，不会有明确的行动纲领。”[①]

1928 年 4 月，毛泽东和朱德领导的部队在井冈山会师，成立了工农革命军第四军。当时部队中农民和从旧军队起义过来的人员占了大多数，流寇思想、雇佣思想、散漫作风、享乐意识盛行，党的领导还不能绝对建立起来。1929 年 6 月毛泽东同志在一封信中写道：“一个子弹不问过党不能支配，他们是绝对的党的领导。”这是党对军队“绝对领导”概念的明确提出。

1929 年 12 月 28 日至 29 日第九次党的代表大会在福建上杭县古田召开。古田会议是中国共产党历史上的一次重要会议，会议认真总结了南昌起义以来我党我军建设的经验教训，确立了人民军队是党指挥枪，不是枪指挥党的建军原则，重申了党对红军实行绝对领导，规定了红军的性质、宗旨和任务等事关党的事业兴衰成败的根本性问题，会议确立的从思想上建党和从政治上建军的原则，为后来的农村包围城市、武装夺取政权道路思想的形成、发展和成功实践奠定了基础，为中国共产党领导下的人民军队的建设指明了方向。大会通过了毛泽东同志主持起草的中国共产党红军第四军第九次代表大会决议，决议中系统回答了党和军队建设的一系列根本问题，指出，红军是一个执行革命的政治任务的武装集团，军事只是达到政治任务的工具之一，党不仅要管党员、管政治工作，还要管军事、管打仗；重申除了在营团以上各级建立党的组织

① 罗荣桓：《秋收起义与我军初创时期》，《历史教学》1966 年第 3 期。

外，每连建设一个支部，每班建设一个小组，这是红军中党的组织的重要原则之一，“红军所以艰难奋战而不溃散，‘支部建在连上’是一个重要原因”[①]；要求各级党组织一定要厉行集中指导下的民主生活，开展党内的正确批评，党的领导机关要有正确的指导路线，遇事要拿出办法，以建立领导的中枢；规定对红军进行马克思列宁主义和党的正确路线的教育，明确了克服各种非无产阶级思想的原则和方法。古田会议在思想上确立了党的观念，在组织上确立了党的领导制度，奠定了党领导军队和军队听从党指挥的基础。古田会议确立的原则很快在其他各部分红军中得到落实，红军面貌焕然一新，得到了广大人民群众的拥护。

在长征、抗日和解放战争时期，我们党历经分裂主义、山头主义的一系列考验，就如何解决好党对军队的绝对领导给出了自己的选择。首先，在 1934 年 10 月中央红军第五次反“围剿”失败，被迫踏上了长征之路的途中发生了张国焘分裂党和红军的严重事件，致使红军遭受严重损失。毛泽东在总结这段历史教训时指出：“我们的原则是党指挥枪，而决不容许枪指挥党。”[②]其次，1937 年全面抗战爆发之后，国共二次合作，我们党从民族大义出发统一接受了国民党当局的领导，将我军编入国民革命军序列，红军主力改编为八路军，南方红军游击队改编为新四军。蒋介石坚持红军改编后不设统一的指挥机关，各师的参谋长由南京派遣，政治训练处只管联系，无权指挥等方式，企图通过改编红军，吞并人民革命军、瓦解共产党的领导，以便控制我们党领导的这支革命队伍。再次，我们党内部也出现了以王明为代表，主张一切通过统一战线、一切服从统一指挥的右倾错误观点。因此，要不要共产党，共产党怎样领导军队成为当时的焦点问题。为此，毛泽东反复告诫全党，一定

① 《毛泽东选集》第 1 卷，人民出版社 1991 年版，第 65—66 页。
② 《毛泽东选集》第 2 卷，人民出版社 1991 年版，第 547 页。

要吸收第一次国共合作不重视掌握武装斗争和军队领导权的教训，一定要坚持统一战线中的独立自主原则，共产党不争个人的兵权，但是要争党的兵权，要争人民的兵权，“在兵权问题上患幼稚病，必定得不到一点东西”[①]。

1937 年 8 月 22 日洛川会议的召开，深刻地分析了中国革命的形势，指出抗日战争将是艰苦的持久战，提出了共产党在抗日战争时期所采取的政治路线和基本方针。会议决定了组成中共中央革命军事委员会，以加强党对军事工作的领导。随后在八路军成立中央军委前方军分会，在新四军成立中央军委新四军分会，在各部队成立党的秘密组织军政委员会，指导全部军事和政治及党的工作。1937 年 10 月，中央决定把因受国民党干涉而取消的政治委员制度和改为政训处的政治部重新予以恢复，在团以上，将政训处改为政治部（处）；并且拒绝了国民党派人当八路军干部的要求。正是通过这些措施和政策，我们党才得以独立自主地发展人民武装，独立自主地开展游击战争，并大胆地向敌占区进军，建立抗日根据地，开辟了广大的敌后战场，为赢得全国抗日战争的胜利作出了重要贡献。

抗日战争胜利之后国民党先以政令军令统一为借口，要我们党交出军队和解放区，继而挑起内战，妄图用武力消灭党领导的人民武装和民主政权。我们党提出“人民的武装，一支枪，一粒子弹，都要保存，不能交出去”[②]，始终坚持了对人民军队的领导权，坚定贯彻和健全完善党对军队的绝对领导的根本原则和制度。1947 年 7 月人民解放军开始由战略防御转入战略进攻，也要求对我军长期分散的游击状态来一个大的转变，克服党内存在的某些无纪律、无政府状态和地方主义、游击主义

① 《毛泽东选集》第 2 卷，人民出版社 1991 年版，第 546 页。

② 《毛泽东选集》第 4 卷，人民出版社 1991 年版，第 1161 页。

的倾向，实现党中央、中央军委和各野战军、各地方武装的高度集中统一指挥，加强了各部队党的集体领导。1948 年 1 月中共中央发出《关于建立报告制度》的指示，要求“各野战军首长和军区首长，除作战方针必须随时报告和请示，并且照过去规定，每月作一次战绩报告、损耗报告和实力报告外，从今年起，每两个月要作一次政策性的综合报告和请示”[①]。此后又多次发出指示，批评某些单位和部队存在的事前不请示、事后不报告，各自为政，自成一个独立王国的现象，要求一切兵团及军区的负责同志严格执行及时的和完备的报告制度，并对各项工作中的决定权和请示备案等制度作了详细规定。同年 9 月，正式恢复和健全了军队中的党委制，强调党委员会是军队一切领导与团结的核心，党委制是保证集体领导，防止个人包办的党的重要制度。中央还特别强调党和军队的纪律，开展了以反对分散主义、本位主义、骄傲自大情绪为主要内容的纪律整顿。这些措施进一步强化了党对军队的绝对领导，保证了党的路线方针政策的有效落实与执行，对中国革命的胜利、新中国的成立发挥了巨大的作用。

新中国成立之后，如何将党缔造和领导的人民军队纳入国家体制，建立起与我国国体、政体相适应的基本军事制度，如何永葆人民军队的性质、宗旨和本色，服务于人民，服务于国家，是我们党需要解决好的现实课题。1949 年 9 月，中国人民政治协商会议第一届全体会议制定具有临时宪法作用的《共同纲领》，规定“中华人民共和国建立统一的军队，即人民解放军和人民公安部队，受中央人民政府人民革命军事委员会统率，实行统一的指挥，统一的制度，统一的编制，统一的纪律”。同时规定，在人民解放军和人民公安部队中“建立政治工作制度”，这实际上体现了党领导军队的制度。周恩来同志在中国人民政治协商会议

① 《毛泽东选集》第 4 卷，人民出版社 1991 年版，第 1265—1266 页。

第一届全体会议上作了《关于〈中国人民政治协商会议共同纲领〉草案的起草经过和特点》报告，在说明“军事制度”时明确指出，“政治工作制度是它的灵魂”。1950 年 5 月，他又在全军参谋会议上专门强调：“我们党在军队内的作用是清楚的、肯定的。任何其他党派在人民解放军是没有领导地位的。这是因为国民党反动派跟我们作对时，只有共产党走入农村，把军队组织起来。因此其他党派在人民革命运动中有若干地位，而在军队中是没有领导地位的，这是很清楚的。”①

新中国成立之后，1953 年 12 月至次年 1 月，在全军军事系统党的高级干部会议上，我们党明确提出“根据党委员会集体领导和首长个人负责相结合的原则，采取在党委统一领导下的首长分工负责制”。1954 年 4 月，中共中央、中央人民政府人民革命军事委员会颁布了《中国人民解放军政治工作条例（草案）》规定，“中国人民解放军是中华人民共和国的武装力量，是中国共产党领导的、保卫祖国、服务于人民革命斗争和国家建设的人民军队”，重申“巩固党对军队的绝对领导”，“确定党委统一的集体的领导下的首长分工负责制，为党对军队的领导制度”。1954 年 9 月，一届全国人大一次会议审议通过了新中国第一部宪法，指出：“我国人民在建立中华人民共和国的伟大斗争中已经结成以中国共产党为领导的各民主阶级、各民主党派、各人民团体的广泛的人民民主统一战线。今后在动员和团结全国人民完成国家过渡时期总任务和反对内外敌人的斗争中，我国的人民民主统一战线将继续发挥它的作用。”这一方面表明了中国共产党在国家政治生活中的领导核心地位，另一方面也表明了国家的武装力量属于人民，军队的任务是保卫人民革命和国家建设的成果，捍卫国家的主权、领土完整和安全。宪法还指出，“中华人民共和国主席统率全国武装力量，担任国防委员会主席”，

① 《周恩来军事文选》第 4 卷，人民出版社 1997 年版，第 19—21 页。

这进一步明确了军队在国家体制中的地位和作用。9 月 28 日，中华人民共和国国防委员会成立，毛泽东担任中国共产党中央委员会主席、中央军事委员会主席、中华人民共和国主席、国防委员会主席。这些体现了党领导军队与国家领导军队的高度统一。

在“文化大革命”期间，虽然发生了林彪反革命集团阴谋夺取最高权力、策划武装政变的事件，但党对军队绝对领导的一整套制度经受住了考验。林彪反革命集团的下场进一步表明党对军队绝对领导的根本原则和制度是管用的，对维护国家政治大局稳定、防止个人阴谋篡党具有制约作用。

历史告诉我们，党对军队的绝对领导不是凭空产生的，也不是哪个人头脑中固有的，而是根据革命斗争的实践，以我们党的鲜血为代价，历经千辛万苦得来的，是经受得住历史考验的。党对军队的绝对领导是中国共产党建设新型人民军队的伟大创造。

改革开放以来，我们党毫不动摇坚持党对军队的绝对领导。邓小平同志指出，“不管如何更新换代，我们这个军队永远是党领导下的军队，永远是国家的捍卫者，永远是社会主义的捍卫者，永远是人民利益的捍卫者，是最可爱的人”①。邓小平同志还进一步强调，“我们的军队始终要忠于党，忠于人民，忠于国家，忠于社会主义”②。这就对新的历史条件下人民军队的性质作出了科学的界定。

江泽民同志针对东欧剧变、世界社会主义遭受曲折、敌对势力加紧对我西化分化的复杂形势，着眼解决在改革开放和发展社会主义市场经济条件下，永葆人民军队性质本色、作风的历史性课题，鲜明地指出，“党对军队的绝对领导是我军永远不变的军魂”③，首次把党对军队绝对

---

① 《邓小平文选》第 3 卷，人民出版社 1993 年版，第 304 页。

② 《邓小平文选》第 3 卷，人民出版社 1993 年版，第 334 页。

③ 《江泽民文选》第 3 卷，人民出版社 2006 年版，第 562 页。

领导提升到了“军魂”的高度。

胡锦涛同志着眼国家安全和发展战略全局科学筹划指导国防和军队建设，明确提出：“党对军队的绝对领导，是我军建军的根本原则和永远不变的军魂，是我国的基本军事制度和中国特色社会主义政治制度的重要组成部分，是党和国家的重要政治优势。”

习近平同志鲜明提出“建设一支听党指挥、能打胜仗、作风优良的人民军队”的党在新形势下的强军目标。2012 年 12 月 26 日习近平同志在军委扩大会议上明确强调：“军队思想政治建设的根本，是毫不动摇坚持党对军队的绝对领导。坚持党对军队的绝对领导，是我军永远不变的军魂，对巩固党的执政地位、保证社会主义红色江山永不变色具有极其重要的意义。在这个根本政治原则问题上，我们要头脑特别清醒、态度特别鲜明、行动特别坚决，决不能有任何动摇、任何迟疑、任何含糊。坚持党对军队的绝对领导不是一句空洞的口号，必须落实在行动上，以行动来检验。坚持党对军队的绝对领导，最紧要的是始终在思想上政治上行动上同党中央保持高度一致，坚决维护党中央、中央军委的权威，一切行动听从党中央、中央军委指挥。这一条要作为最高的政治要求来遵守，作为最高的政治纪律来维护。我军是党的军队、人民的军队、社会主义国家的军队，这是高度一致的。”“党对军队实施绝对领导有一系列根本原则和制度，无论战争形态怎么演变、军队建设内外环境怎么变化、军队组织形态怎么调整，都必须始终不渝坚持。这个最根本的问题守不住，军队就会变质，就不可能有战斗力！”①这深刻揭示了坚持党对军队绝对领导对实现中国梦强军梦的极端重要性。

① 《建设一支听党指挥能打胜仗作风优良的人民军队》，《人民日报》2014 年 7 月 14 日第 16 版。

三、军魂建设的意义

军魂培育是由历史与我党的性质决定的。我军是由中国共产党缔造的，从诞生之日起便与党紧密团结在了一起，任何行动与战斗都在党的绝对领导之下。中国共产党是马克思主义政党，是全心全意为人民服务的政党，只有坚持党对军队的绝对领导，才能从根本上保证人民军队的性质，才能从根本上保证人民军队为人民的性质与宗旨。军魂是一支部队的凝聚力，军魂是一支部队的战斗力；一支部队必须有军魂，否则军心涣散，就会毫无战斗力。2013 年 3 月 11 日，习近平同志在十二届全国人大一次会议解放军代表团全体会议上指出，建设一支听党指挥、能打胜仗、作风优良的人民军队，是党在新形势下的强军目标。2013 年 8 月习近平同志又指出，贯彻落实强军目标，要始终扭住听党指挥这个强军之魂。80 多年的历史实践告诉我们，只有坚持军魂建设，我军才能从一支以农民为主要成分，一支装备落后、军种单一的革命军队，发展成为一支无产阶级性质的、为崇高理想而战斗的，有组织有纪律有民心的新型人民军队。这一切都是由我军性质决定的。

只有坚持军魂建设，才能确保军队建设的正确的政治方向。军队归谁领导、听谁指挥、为谁打仗是军队的大事，也是国家的大事。这说到底就是军队的政治方向，直接关系到军队的前途和国家的命运。历史反复告诉我们，没有政治方向的军队，即便装备再精良，人数再众多，最终都难逃覆灭的命运。近代以来曾经强盛一时的太平军，装备精良、占据半壁江山的北洋新军，再到担负革命使命的国民革命军，之所以从强大的军事实力沦落到为个人和狭隘集团利益最终走向覆灭都是因为缺乏先进的政治理念作指导。

只有坚持军魂建设，才能抓住世界军事变革的发展机遇壮大自己。抓住机遇壮大自己关键要看是谁领导。我们党是富有远见卓识的马克思主义政党。新中国成立以来我军发展的历史进程表明我们党总是能够紧跟世界军事发展潮流，建设军队，强固国防。1949 年毛泽东同志就提出中国必须建立稳固的国防，要求大力发展海军、空军等军兵种力量。1950 年开始我们党就下定决心、排除万难发展“两弹一星”，极大提升我国的国防实力与军事实力。正如邓小平同志之后指出的那样，“如果六十年代以来中国没有原子弹、氢弹，没有发射卫星，中国就不能叫有重要影响的大国，就没有现在这样的国际地位。这些东西反映一个民族的能力，也是一个民族、一个国家兴旺发达的标志”[①]。改革开放以来，我们党也高度关注科学技术对军事的运用，鲜明提出坚持质量建军、科技强军、走精兵之路，推进中国特色军事变革，把建设信息化军队、打赢信息化战争作为战略目标，大力发展高新技术武器装备，力争掌握军事竞争战略主动权。当今世界，科技进步日新月异，能不能抓住科技进步的主动权就是能不能打赢现代化战争的关键，这给我们提出了严峻的考验。要么抓住机遇乘势而上，要么失去机遇错过发展。面对这样的发展机遇，只有坚持党的领导、坚持军魂建设，才能发挥卓越智慧，把握国防和军队建设的主动权。

只有坚持军魂建设，才能保证在变革的路上不变质。当今和平与发展是世界的主题，但是世界并不安宁。各种敌对势力总是幻想在我军这座钢铁长城上打开缺口，千方百计对我军进行意识形态渗透，鼓吹“军队非党化”“军队国家化”“军队非政治化”，其目的就在于妄图使军队脱离共产党的领导。发生在东欧、中亚、西亚、北非等地的所谓的“颜色革命”，就是把军队作为渗透破坏的重点目标。而纵观世界经常发生政权更迭的国家，军队领导权的混乱又都是导致国家动荡、政治混乱的直接原因。因此，军队变不变质直接关系国家的稳定与人民的安宁，军队的稳定对于国家的稳定和人民生活水平的发展有着重要作用。如何保

---

① 《邓小平文选》第 3 卷，人民出版社 1994 年版，第 279 页。

证在快速变革的进程中保持我军的不变质，坚持军魂建设是关键。我们既要借鉴发达国家军队建设的先进理念和好的做法，又要防止生吞活剥、食洋不化。现在，每当深化国防和军队改革的时候，有些人就会拿西方的军队特点与我军作对比，提倡“军队非党化”“军队国家化”等错误观点。我们必须看到，坚持党对军队的绝对领导向来都是我军的重要优势，也是我军区别于资本主义国家军队的本质所在。

铸牢军魂是我军根本力量之所在。习近平同志深刻指出，无论战争形态怎么演变，军队建设内外环境怎么变化，军队组织形态怎么调整，党对军队绝对领导的根本原则和制度必须始终不渝坚持；这个最根本的问题守不住，军队就会变质，就不可能有战斗力。推进中国特色军事变革，如果削弱甚至丢掉了党对军队绝对领导的根本原则和制度，就会在变革中断了我们的根，丢了我们的魂，最终丢掉自己的命。苏共的经验教训值得我们吸取。当时苏军在推进现代化改革过程中更多地注重发展军兵种力量和高精尖武器，削弱政治工作的地位，造成党对军队的影响力逐步下降，最终在苏联国家政权危急关头，军队成了旁观者，进而成了苏共的埋葬者。因此，要保证变革路上不变质，必须加强军队的军魂建设。

只有坚持军魂建设，才能在信息化条件下打赢战争。军队存在的根本价值在于能打仗、打胜仗，这是党和人民对我军的根本要求，也是军队的根本职能和军队建设的根本指向。回顾历史，党对军队的绝对领导，是我们的根本政治优势，是人民军队克敌制胜的根本法宝。我们在十分艰难的条件下能以劣胜优、以弱胜强，创造一个又一个战争奇迹，根本原因就在于党的坚强领导。在新形势下，我们要实现强军目标，推进军队现代化建设，抓好军事斗争准备，提高战斗力，还是要依靠党对军队的绝对领导。

四、铸牢军魂

注重军魂建设就是坚持从思想上政治上建设部队。这是我军建设的一条基本原则，是能打仗、打胜仗的政治保证。历史和现实都告诉我们，要巩固党的执政地位，保证人民的根本利益，保证社会主义红色江山不变色，就必须毫不动摇坚持党对军队的绝对领导，做到任何时候任何情况下都同党中央、中央军委保持高度一致，坚决听从党中央、中央军委指挥。在我军初创时期，就确立了党指挥枪的原则，三湾改编的最大成果就是在工农革命军中健全党的组织，把支部建在连上。正是因为枪杆子始终掌握在党的手里，才保证了我军在长期复杂斗争中没有迷失方向。任何人不论采取什么手段，想拉军队脱离党、搞阴谋，都会失败。1989 年春夏之交的政治风波中，我们党能够坚持住，就是因为军队听党指挥得好，没有被敌人拉走一兵一卒。1989 年 6 月 9 日，在接见首都戒严部队军以上干部时，邓小平同志指出："我讲考试合格，就是指军队仍然是人民子弟兵，这个性质合格。这个军队还是我们的老红军的传统。这次过的是真正的政治关、生死关，不容易呀！这表明，人民子弟兵真正是党和国家的钢铁长城。这表明，不管我们受到多么大的损失，不管如何更新换代，我们这个军队永远是党领导下的军队，永远是国家的捍卫者，永远是社会主义的捍卫者，永远是人民利益的捍卫者，是最可爱的人！"①

首先要围绕坚持和发展中国特色社会主义这个聚焦点、着力点、落脚点，深化中国特色社会主义理论体系武装，认真学习贯彻中国特色社会主义理论，尤其是习近平新时代中国特色社会主义思想，掌握蕴含其中的马克思主义立场、观点和方法，以理论上的清醒保持政治上的坚定。增强军魂意识，深化理论学习，不仅能开阔视野、增长才干、提高

① 《邓小平文选》第 3 卷，人民出版社 1994 年版，第 304 页。

领导水平，还能通过学习了解我党我军的历史，了解当前国际形势，提高政治敏锐性，增强政治素养、理论素养、战略素养、军事素养和科技素养。在学习方面，我们要认真钻研马克思主义经典著作，全面掌握辩证唯物主义和历史唯物主义的世界观和方法论。要认真学习毛泽东军事思想、邓小平新时期军队建设思想、江泽民国防和军队建设思想、胡锦涛国防和军队建设思想、习近平强军思想，深刻把握新形势下国防和军队建设的特点和规律，同时也要重视学习历史，特别是深入学习中国近现代史、党史、军史，学习世界近现代史、国际共产主义运动史，不断深化对共产党执政规律、社会主义建设规律、人类社会发展规律的认识，增强贯彻党的基本理论、基本路线、基本纲领、基本经验、基本要求的自觉性和坚定性。要努力学习现代军事、科技知识，以及经济、政治、法律、文化、社会、国际等方面的知识，不断丰富理论知识水平，从历史、理论、现实的高度加深对军魂建设的遵从与执行。

其次要注重联系实际，讲求实效。落实军魂建设，不能在层层表态、层层开会、层层造势上做文章，要真正把功夫下在武装头脑、指导实践、推动工作上，要真正做到在实践上、政治上、行动上同党中央保持高度一致，坚决维护党中央、中央军委的权威，一切行动听从党中央、中央军委指挥。在这一点上，我们要头脑特别清醒、态度特别鲜明、行动特别坚决，决不能有任何动摇、任何迟疑、任何含糊。

再次要持续培育当代革命军人核心价值观，大力发展先进军事文化，加强和改进思想政治工作，引导官兵坚定对马克思主义的信仰、对中国特色社会主义的信念、对改革开放和社会主义现代化建设的信心、对党中央的信赖。

第二节　始终注重宗旨建设

宗旨是一种目的、一种意图。在传统文化的语境中，“宗旨”本来为“主要意指”之意；随着佛教思想的传入，特指佛教宗门主要教义，后来演变为某一学派的主要思想。[①]在当今文化语境中，宗旨主要是指一个人、一个团体的主要思想、意图或主意。人有人的做人宗旨，军队也有军队的宗旨。我军的宗旨是全心全意为人民服务。全心全意为人民服务作为我军优良作风的重要组成部分，一直是我军基础性、长期性的工作。可以说，我军的性质与宗旨决定了我军的传统与作风，这是在长期革命实践中形成的鲜明特色和政治优势。这是人民军队性质、本色的集中体现，也是我军赢得民心、保持良好形象、具有强大战斗力的重要法宝。宗旨建设离不开作风建设。习近平同志强调，必须把作风建设作为军队一项基础性、长期性工作抓紧抓实，为实现党在新形势下的强军目标提供有力保证。这既阐明了作风建设对军队发展的重要性，又指出了作风建设与宗旨建设的相互依存。

一、全心全意为人民服务的我军宗旨

中国人民解放军宗旨，通常称建军宗旨，即紧紧地和中国人民站在一起，全心全意地为中国人民服务。服务人民是我党我军的根本宗旨。为人民服务是由我军的性质决定的。我军的性质是中国共产党领导的人民的军队、社会主义国家的军队。其中蕴含了三个方面的内容。首先，中国人民解放军是执行党所赋予的政治任务的武装集团。这是由中国共产党和这支军队的性质决定的，是由中国革命的历史形成的。中国革命主要的斗争形式是武装斗争，依靠的力量就是军队。中国人民解放

---

① 《辞源》，商务印书馆 2010 年版，第 890 页。

军就是在不断的武装斗争中从小到大，由弱到强，中国共产党亦是经过20多年的革命战争，在全国人民的支持下，夺取了全国政权。没有党的领导，没有党领导的这支军队，就没有中国革命的胜利。因此，无可否认，人民解放军作为党缔造和领导的无产阶级军队，是党的军队。其次，中国人民解放军是人民的军队。来自人民、服务人民、与人民保持着不可分离的血肉联系，是这支军队的特色，这也是人民的选择、历史的选择。这支军队是在人民的乳汁哺育下壮大的：人民把自己的子弟送入军队，用巨大的人力、物力、财力支持军队建设，支援和配合军队打仗，为此付出了重大的牺牲。离开人民群众的支持，就没有这支军队的成长、壮大和胜利。因此，除了中国人民的根本利益，这支军队没有也不允许有超越人民之上的特殊利益。人民解放军是真正的人民子弟兵，它与人民的这种骨肉之情和鱼水关系，是永远无法分离的。再次，中国人民解放军是社会主义国家的军队。马克思主义的国家学说认为，军队是国家政权的主要成分，谁想夺取国家政权，并想保持它、巩固它，谁就应有强大的军队。随着社会主义国家政权的建立，人民解放军不仅是党的军队、人民的军队，而且成为社会主义国家的军队。军队作为国家机器发挥着巩固人民民主专政、服务国家的职能。保卫社会主义祖国、建设社会主义国家，是这支军队肩负的双重历史任务。因此，无产阶级和广大人民群众的根本利益，是党、国家为之奋斗的目标所在，同时也是军队为之奋斗的目标所在。

中国共产党领导的革命事业，是为人民求解放、求发展的事业。以人民利益为最高利益，是共产党人及其所领导的军队的出发点和归宿点。人民解放军一系列重要的建军方针原则，例如，坚持党对军队的绝对领导，坚持用马克思主义和党的路线教育部队，实行官兵一致、军民一致、瓦解敌军的原则，执行三大纪律八项注意，建立强有力的革命的政治工作等，都是由这个宗旨决定的，又都是贯彻实践这个宗旨的重要内容。全心全意为人民服务的宗旨，是人民军队生存发展的基础和力量的源泉。牢记这个宗旨，始终不渝地贯彻实现这个宗旨，人民解放军就无往而不胜。

二、我军宗旨的形成与发展

全心全意为人民服务是一面旗帜。不同的旗帜下，聚集着不同阶级的军队。历史上，一切反动军队，都是维护剥削阶级利益的工具，是与广大人民群众相对立的。我军是中国共产党缔造和领导的新型革命军队，官兵绝大多数来自工农大众，是人民的子弟，与人民群众有着血肉般的联系。

我军的宗旨源远流长。中国人民解放军于 1927 年 8 月南昌起义诞生之日起，就宣告为中国工农大众而战，并被命名为工农革命军，后来称为工农红军。毛泽东强调红军建军的目的是“挽救民众疾苦”“为工农群众打仗”，就是强调这支军队是为工农求解放的队伍。1927 年 9 月湘赣边界起义的部队，打出了“工农革命军”的旗帜。1928 年 5 月，毛泽东同志在井冈山对红军讲话时说，红军除了打仗以外，到了每个地方还要做好打土豪分田地，组织赤卫队等事情。[①] 井冈山时期，毛泽东同志为我军制定了三大纪律六项注意，后来发展完善为三大纪律八项注意。三大纪律是：一切行动听指挥；不拿群众一针一线；一切缴获要归公。八项注意是：说话和气；买卖公平；借东西要还；损坏东西要赔；不打人骂人；不损坏庄稼；不调戏妇女；不虐待俘虏。我军为人民服务的情结可见一斑。1929 年 6 月，中国工农红军第四军司令部、政治部颁发布告，宣告红军以帮助工人、农民及一切被压迫阶级得到解放为宗旨。同年 12 月，古田会议决议更加明确地规定了红军的宗旨和

① 《毛泽东选集》第 1 卷，人民出版社 1991 年版，第 67 页。

任务，指明“红军的打仗，不是单纯地为了打仗而打仗，而是为了宣传群众、组织群众、武装群众，并帮助群众建设革命政权才去打仗的，离了对群众的宣传、组织、武装和建设革命政权等项目标，就是失去了打仗的意义，也就是失去了红军存在的意义”①。抗日战争时期，毛泽东在《为人民服务》中指出，共产党及其所领导的八路军、新四军，“我们这个队伍完全是为着解放人民的，是彻底地为人民的利益工作的”②。1945年4月，毛泽东在中国共产党第七次全国代表大会上所作的《论联合政府》的报告中，明确指出：“这个军队之所以有力量，是因为所有参加这个军队的人，都具有自觉的纪律；他们不是为着少数人的或狭隘集团的私利，而是为着广大人民群众的利益，为着全民族的利益，而结合，而战斗的。紧紧地和中国人民站在一起，全心全意地为中国人民服务，就是这个军队的唯一的宗旨。”③中国人民解放军坚持不渝地信守这一宗旨，把它作为全军团结战斗的政治思想基础和行动准则，一直坚守到现在。现在叫中国人民解放军，更是把人民的利益与军队的使命密不可分地联系在一起，表明我军是为人民利益而结合、而战斗的，除了无产阶级和各族人民的利益，没有任何自己的私利。中国人民解放军作为党领导下的人民军队，把全心全意为人民服务作为其唯一宗旨。

三、我军宗旨建设的意义

军队的宗旨是由它的阶级性质决定的，是为维护本阶级的利益、实现本阶级的政治目的服务的。中国人民解放军是中国共产党领导的无产阶级性质的新型人民军队。它来自人民，属于人民，为了人民，时刻同人民站在一起，全心全意地为中国无产阶级和中国各族人民的利益而战

---

① 《毛泽东选集》第1卷，人民出版社1991年版，第86页。

② 《毛泽东选集》第3卷，人民出版社1991年版，第1004页。

③ 《毛泽东选集》第3卷，人民出版社1991年版，第1039页。

斗。中国人民解放军无条件地执行中国共产党的纲领、路线和政策，实行有领导的民主，建立自觉的纪律；具有一往无前的精神，压倒一切敌人，而决不被敌人所屈服；有一个很好的内部和外部的团结，官兵一致、上下一致、军民一致、军政一致，并有正确的争取敌军官兵和宽待俘虏的政策；有为人民战争所必需的战略战术和政治工作。具体来说，始终坚持军队的宗旨建设至少具有以下三种意义。

一是为组织正确决策提供大前提。在创建和领导人民军队的实践中，毛泽东也曾遇到不少重大抉择，例如，怎样规定军队的主要任务，怎样确定敌我友，怎样看待军民之间、官兵之间的利益关系，怎样处理军队内外的各种矛盾，等等。由于毛泽东将全心全意为人民服务定为我军唯一的宗旨，并通过长期不懈的努力，使这一宗旨真正为全军官兵所接受，这就为军队各项决策提供了最终依据，使我军能在重大历史转折关头作出正确决策。

二是为军事职业确立正确方向。军队作为武装集团，军人作为一种社会职业，肯定也有其自身利益。决策时完全不考虑部队及官兵的利益，军队根本无法生存，自然也谈不上为人民服务了。强调唯一宗旨只是表明，从根本上说这支军队是为人民利益而存在的，一切行动都要考虑人民的利益，一切决策都应根据人民的意愿来进行。在任何时候、任何情况下，都不能将解放军视为一个为自身谋取好处的特殊利益集团。

三是防止军人腐化变质的重要保障。加强军队宗旨建设，说到底就是坚持军队的无产阶级的革命性质。坚持这样的军队性质就要保证军人在作风方面率先垂范，始终有一个良好的作风形象。军人一旦作风出了问题，很难想象还能坚持之前的宗旨。因此，坚持宗旨建设，绝对离不开军队的作风建设，甚至在有些关键阶段，作风建设的培育就是宗旨建设的加强。

四、践行我军宗旨

中国共产党的领导及其在军队中的政治工作，是坚持全心全意为人民服务宗旨的根本保证。中国人民解放军是在半殖民地半封建社会的条件下，最初由农民武装和起义的旧军队组成的。农民曾是这支军队的主要成分，为了坚持人民军队的宗旨，在长期的革命斗争中，中国共产党以无产阶级思想和党的正确路线对部队进行教育，同军阀主义残余以及农民小生产者的保守落后意识，进行了反复的思想斗争，不断克服单纯军事观点、雇佣观点、流寇思想、个人主义、极端民主化、绝对平均主义等各种非无产阶级思想和一切违背人民军队宗旨的错误倾向①，从而使中国人民解放军完全建立在马克思列宁主义、毛泽东思想的基础上，同一切剥削阶级的军队从根本上区别开来，也同历代农民起义军区别开来，始终保持人民军队的性质，受到全国各族人民的爱戴、拥护和支持。在艰苦卓绝的战斗历程中，我军从小到大，由弱变强，同全国人民一道，夺取了中国革命战争的伟大胜利。中华人民共和国成立以后，又在保卫和建设社会主义祖国的伟大事业中作出卓越贡献，成为人民民主专政国家政权的坚强柱石。

2012 年 11 月 15 日习近平同志在中央军委常务会议上讲话时就始终保持我党我军光荣传统和优良作风提出了四点建议。一是要自觉践行人民军队根本宗旨，永远忠于党、忠于社会主义、忠于祖国、忠于人民。二是要发扬我党我军在长期实践中培育的革命精神，永远保持革命战争时期那么一股劲、那么一股革命热情、那么一种拼命精神。三是要坚持求真务实，带头改进文风会风，带头改进调查研究，积极探索深入基层的好办法，轻车简从，不扰民，不作秀，不吃吃喝喝，力戒形式主义。

① 关于对这些错误思想的评判，请参见毛泽东《关于纠正党内的错误思想》，《毛泽东选集》第 1 卷，人民出版社 1991 年版，第 85—96 页。

四是要坚持从严治军，从领导机关和领导干部抓起，在抓基层、打基层上下功夫，把作风纪律建设作为核心内容，长期抓、反复抓，切实抓出成效。除此之外，习近平同志还提出，始终做到清廉自律，不搞特殊。2014 年 10 月 31 日，在福建古田召开的全军政治工作会议上，习近平同志重申了我军政治工作的优良传统，其中排在第二位的就是坚持全心全意为人民服务的根本宗旨，号召全军官兵一定要把先辈们用鲜血和生命铸就的优良传统一代代传下去。这些为广大官兵牢记宗旨、践行宗旨提供了基本遵循。2020 年新冠疫情发生后，全军部队更是坚决贯彻党中央、中央军委决策号令，闻令而动，勇挑重担，保障人民的利益，不辱使命，为打赢疫情防控的人民战争、总体战、阻击战作出突出贡献。

第三节　始终重视使命建设

一、使命的含义

使命是一种责任、一种担当。在中国传统文化的语境中，“使命”主要有三个含义。一是指差使的命令，如《左传·昭公十六年》：“会朝之不敬，使命之不听。”二是指使者所奉的命令，如《北齐书·魏收传》：“先是南北初和，李谐、卢元明首通使命，二人才器，并为邻国所重。”三是指奉使的人，如《梁书·贺琛传》：“东境户口空虚，皆由使命繁数。”[①] 如今使命指的是派人办事的使命，多比喻重大的责任，是一个神圣的字眼、一份厚重的责任。军队与使命共生，与使命同在。军队的历史使命，是一支军队在某个历史时期所必须完成的基本任务，必须发挥

① 《辞源》，商务印书馆 2010 年版，第 225 页。

的特殊作用，规定着一支军队建设的发展方向、奋斗目标和指导原则。

二、使命的形成与发展

1927 年 8 月 1 日凌晨，一声枪响划破了南昌城寂静的夜空。以周恩来为书记的中共前敌委员会及贺龙、叶挺、朱德、刘伯承等，在南昌举行起义，宣告了中国历史上第一支新型人民军队的诞生。这支军队是中国共产党领导的人民子弟兵，与人民群众血肉相连、鱼水情深，深深代表着人民的利益与历史的责任。人民的军队，英雄辈出，士气振奋，斗志昂扬。80 多年来，他们在枪林弹雨中前仆后继、流血牺牲，在各项工作中忠于职守、开拓进取，在为人民服务中无私无畏、甘于奉献，在国防和军队现代化建设中刻苦钻研、勇攀高峰，用自己的智慧力量乃至热血和生命，铸就了人民军队的本色，增添了中华民族的荣光。无论是战争年代还是和平时期，无论是戍边御敌还是抗洪救灾，无论是练兵习武还是参加建设，人民解放军都以自己的赤胆忠诚和英勇无畏，建立了无愧于党、无愧于人民、无愧于祖国的历史功勋。人民解放军不愧为党绝对领导下的人民军队，不愧为保卫社会主义祖国的钢铁长城和建设社会主义的重要力量。

当前，我们国家的发展处在一个新的历史起点上，人民解放军的发展同样处在一个新的历史起点上，国防和军队建设面临着新形势、新任务、新要求。面对前所未有的机遇和挑战，人民解放军肩负着新世纪、新阶段的历史使命。

习近平同志强调，能打仗、打胜仗是强军之要。提供理念保证、安全保障、战略支撑，说到底就是要能打仗、打胜仗。能战方能止战，准备打才可能不必打，越不能打越可能挨打。这一重要论述，深刻阐释了能打胜仗在强军目标中的核心地位，对新形势下加强国防和军队建设、提高我军履行使命任务能力提出了更高的要求。因此，我们必须按照打仗标准搞建设抓准备，坚持全部心思向打仗聚焦、各项工作向打仗用劲，切实提高我军信息化条件下威慑和实战能力，确保部队召之即来、来之能战、战之必胜。具体来看，新时代我军使命主要有如下几个方面：

第一，为党巩固执政地位提供重要的力量保证。当今世界面临着前所未有之大变局，突出的特点是乱象纷呈。霸权主义、强权政治和新干涉主义有所上升，地区冲突和动荡此起彼伏，恐怖主义、海盗活动层出不穷，核安全、能源资源安全、网络安全形势严峻，贸易战、汇率战轮番出现。各种国际理念都想在乱中求变、乱中谋利，围绕权力和利益再分配的斗争十分激烈。

在这变幻莫测、波诡云谲的国际大环境中，人民解放军要为党巩固执政地位提供重要力量保证。军队的建设与发展离不开党的建设与发展，党的建设与发展同样也离不开军队的建设与发展。我军之所以能从小到大、由弱到强、从胜利走向胜利，始终保持强大的凝聚力和战斗力，根本原因就在于坚持党的领导。同样，我党之所以能最终走到执政党的地位，带领人民推翻三座大山，屹立于世界民族之林，同样也离不开军队的武装与保障。可以说，党的军队、人民的军队、社会主义国家的军队这三者是高度一致的，任何时候都不能分离。

在党的坚强领导下，当前我国国际地位和国际影响力显著提高。正如习近平同志所说的那样，当前我们前所未有地靠近世界舞台中心，前所未有地接近实现中华民族伟大复兴的目标，前所未有地具有实现这个目标的能力和信心，世界从来没有像今天这样关注中国、重视中国；但是“木秀于林，风必摧之”，随着我国国际地位的不断崛起，一些西方国家也开始对我国的发展进行牵制与遏制。不论是从国际战略格局还是意识形态上，他们都不希望我们这样一个社会主义大国能够顺利实现和平发展。他们不断加大对我国的分化、西化的力度，策划“颜色革命”。少数敌对国家为了强化对亚太地区的战略控制，插手地区热点敏感问题，加大对我国的战略施压，频频对我国核心利益发起挑战。敌对势力极力鼓吹“军队非党化、非政治化”和“军队国家化”，妄图使我军脱离党的领导，给党的执政能力造成负面影响，进而影响我国的健康发展。

党的执政地位受到影响势必影响我国的发展与稳定，进而影响人民生活水平的提高与生命财产的安全保障。因此人民解放军必须为党巩固执政地位提供重要的力量保证，这是由人民解放军的性质与宗旨决定的，也是由人民解放军的使命决定的。

人民解放军为党巩固执政地位提供重要的力量保证，最紧要的是始终在思想上、政治上、行动上同党中央保持高度一致，坚决维护党中央、中央军委的权威，一切行动听从党中央、中央军委指挥。这是为党巩固执政地位的政治要求，必须作为最高的政治纪律来维护。维护党的执政地位就是坚持党对军队的绝对领导，在这个根本的政治问题上我们要头脑特别清醒、态度特别鲜明、行动特别坚决，决不能有任何动摇、任何迟疑、任何含糊。可以说，这是我军使命建设的重中之重。

第二，为维护国家发展的战略机遇期提供坚强的安全保障。战略机遇期是指由国际国内各种因素综合作用形成的、能为一个国家经济社会发展提供良好机会和环境条件的某一特定历史时期。简单地说，就是一个国家实现战略目标的有利时期。

从国际上看，当前，世界百年未有之大变局加速演进，新一轮科技革命和产业变革深入发展，国际力量对比深刻调整，我国发展面临新的战略机遇。一是和平、发展、合作、共赢的历史潮流不可阻挡，人心所向、大势所趋决定了人类前途终归光明。第二次世界大战以后，特别是冷战结束以来，世界局势趋于缓和，和平与发展成为时代的主题。当前虽然还存在霸权主义、强权政治和局部武装冲突，但各国人民要和平、求稳定、谋发展已成为世界发展的主流大势，世界大战一时打不起来，国际环境总体上处于和平状态。这一大的国际背景对世界、对一个国家来说，都是难得的发展条件和机会。特别是对于中国这样一个发展中的社会主义国家来说，机遇更是难能可贵，必须倍加珍惜。二是世界政治多极化趋势日益凸显，世界霸权主义相对式微。美苏争霸的两极格局结束之后，世界政治多极化的趋势凸显，联合国地位的日益增强，和以中国为代表的第三世界迅速发展，使世界政治格局总体呈现均衡的局势。左右世界政治的力量，再也不是一两个超级大国的专利。新格局、新秩序的形成正逐渐成为世界政治的主导方面。三是恃强凌弱、巧取豪夺、零和博弈等霸权霸道霸凌行径危害深重，和平赤字、发展赤字、安全赤字、治理赤字加重，人类社会依然面临前所未有的挑战。世纪疫情影响深远，逆全球化思潮抬头，单边主义、保护主义明显上升，世界经济复苏乏力，局部冲突和动荡频发，全球性问题加剧，世界进入新的动荡变革期。世界又一次站在历史的十字路口，何去何从取决于各国人民的抉择。四是现代科技突飞猛进的机遇。新一代信息技术、人工智能、生物技术、新能源、新材料、高端装备、绿色环保等新科技日益影响人们的生活。我国加快建设制造强国、质量强国、航天强国、交通强国、网络强国、数字中国。实施产业基础再造工程和重大技术装备攻关工程，支持专精特新企业发展，推动制造业高端化、智能化、绿色化发展。巩固优势产业领先地位，在关系安全发展的领域加快补齐短板，提升战略性资源供应保障能力。推动战略性新兴产业融合集群发展，构建新一代信息技术、人工智能、生物技术、新能源、新材料、高端装备、绿色环保等一批新的增长引擎。构建优质高效的服务业新体系，推动现代服务业同先进制造业、现代农业深度融合。加快发展物联网，建设高效顺畅的流通体系，降低物流成本。加快发展数字经济，促进数字经济和实体经济深度融合，打造具有国际竞争力的数字产业集群。五是世界文化多样化的机遇。世界文化发展的基本特征就是文化多样化的潮流势不可当。当前各种文化思潮相互激荡，形成世界文化的新乐章。中华优秀传统文化历史悠久、渊源深厚，是人类文化的瑰宝。在如今世界文化融合、广泛交集的机遇下，中华民族的文化个性必然会得到越来越多国家的认可与借鉴。

从国内情况来看，我国已进入经济社会发展的关键时期。经过 40 多年持续、快速的发展，我们胜利地实现了现代化建设“三步走”战略的第一步和第二步目标，全面建成小康社会，综合国力已经跨入世界主要大国的行列。同时，我国进入对外开放的新阶段、经济结构调整的新阶段、体制创新的新阶段。40 多年的改革开放不仅保证了我国经济持续、快速的增长，极大地促进了中国社会的全面发展和进步，也使社会经济、政治体制改革不断深化。随着社会主义市场经济体制的建立和不断发展完善，社会主义现代化建设的新体制正在逐步形成，这将为中国经济社会的高速发展铺设一条快车道，保持政治稳定与经济繁荣的良性循环。

我们不允许任何外在或内在的动荡扰乱我国的发展进程，保障这样的进程，人民解放军当仁不让。为此，我军不仅要做好护旗手，还要为国家建设作出贡献。近年来的自然灾害给人们的生活带来了极大的危害，也对国家的防灾救灾能力提出了严峻的考验，我军责无旁贷地站在了国家建设和保障人民生命财产的最前线，为国家的建设、人民生活水平的提高提供了坚强有力的保障。

第三，维护和用好战略机遇期必须有坚强的安全保障。战略机遇期是能不能加快发展的关键时期。但是，有了战略机遇期不能有效地维护，也难以加快发展。维护好战略机遇期就是要创造一个可靠的、稳定的安全环境。安全环境，是一定时期内对国家安全产生影响的客观条件和因素。安全环境是抓住和用好战略机遇期的关键。战略格局、外交关系、经济发展、政治形势、军事态势等成为影响安全环境的众多因素。没有安全环境，就谈不上战略机遇期。安全环境也是维护和用好战略机遇期的重要保证。一个国家有了发展的战略机遇，如果不能保持和维护一个可靠的安全环境，战略机遇期就会受到冲击。因此，良好的安全环境，是一个国家、民族生存和发展的基本前提和关键。

随着人类社会的发展，国家安全的内涵不断丰富，领域不断延伸，范围不断扩大。但国家的主权、统一和领土完整不容侵犯，始终是摆在国家安全发展首位的问题。国家安全具体表现为国家的主权和统一不受侵犯，领土、领空和领海不受外敌入侵，人民的和平劳动和国家政权不受破坏和颠覆等；军事安全是指国家没有受到武力威胁或者国家的军事能力没有受到削弱的状态。可见，没有军事安全，国家安全就无从谈起。

近年来，世界仍不太平，局部战争仍有发生。20 世纪 90 年代以来，美国先后发动了海湾战争、科索沃战争、阿富汗战争、伊拉克战争。同时，世界上因民族、宗教矛盾和边界、领土争端引发的局部战争及其他武装冲突时有发生，传统安全威胁和非传统安全威胁的因素相互交织，使世界军事安全形势更加复杂，对各国军事力量保护自己的安全环境提出了新的更高的要求。面对这一局势，世界各主要国家纷纷进行军事战略调整，发展国防和军事实力，以确保自己的安全环境。因此，我们必须清醒地认识到，要确保国家安全，维护国家发展的战略机遇期，就要努力加强国防和军队的现代化建设，保证履行使命有力。

第四，为维护国家利益提供有力的战略支撑。国家利益是个高度概括和综合性的概念，是一个国家生存与发展需求的总和，是国家与国家之间交往的最高准则和核心价值。它通常由国家领土、国家安全、国家主权、国家发展、国家稳定和国家尊严等多个层次的要素所构成，其中，国家经济利益、国家政治利益和国家安全利益是国家利益的核心内容。

国家经济利益是所有国家战略利益的物质基础，国家政治利益是国家经济利益的集中体现，而国家安全利益则是国家政治利益和国家经济利益在国家关系中的延伸。军队要为维护国家利益提供有力的战略支撑。我们党从维护中华民族的根本利益出发，根据当今时代国家利益发展中出现的新情况、新特点，赋予了我军职能使命鲜明的时代内涵，为推进军队现代化建设，全面提高维护国家利益的能力，提供了科学指导。

随着信息化和经济全球化时代的到来，我们的国家利益逐渐超出传统的领土、领海和领空范围，不断向海洋、太空、电磁空间扩展和延伸。这一发展和变化，使国家利益的内涵和构成增添了许多新的内容。围绕海洋、太空、电磁空间的控制和争夺，已经成为当前和今后国际竞争的焦点，对国家的生存和发展将产生重大的影响。对海洋资源、电磁空间、太空资源的军事争夺愈演愈烈。这一趋势势必对我国的安全和发展利益带来严重影响，直接关系到国家战略安全。国家海洋安全、太空安全、电磁空间安全，已经成为国家利益和安全的重要领域。

因此随着时代的进步和国家利益的发展，我军的历史使命也必然随之延伸。国家利益发展到哪里，军队的历史使命就应延伸到哪里。这就要求我们必须拓宽国家安全战略和军事战略的视野，不仅要关注和维护国家生存利益，还要关注和维护国家发展利益；不仅要关注和维护领土安全、领海安全、领空安全，还要关注和维护海洋安全、太空安全、电磁空间安全，为维护国家利益提供有力的战略支撑。

第五，为维护世界和平和促进共同发展发挥重要作用。为维护世界和平与促进共同发展发挥重要作用，进一步拓展了军队的职能任务的新要求，同时也为我们在更高的起点上推动国防和军队建设发展，指明了前进的方向。

维护世界和平与促进共同发展，是全人类的共同愿望和责任。随着经济全球化趋势的不断发展，世界各国的经济联系更加紧密，任何国家都不能脱离世界经济而孤立地发展。由于我们坚持对外开放的基本国策，现在我国的经济和世界经济总体上已形成了一种你中有我、我中有你的局面。顺应世界发展的大趋势，根据我国是社会主义国家的性质，中国只能走和平发展的道路。一方面，我们坚持争取和平的国际环境来发展自己；另一方面，我们又以自身的发展来维护世界和平、促进共同发展。实践证明，没有和平就没有发展，没有和平就没有进步。和平是促进共同发展的前提条件，共同发展是保持和平的重要基础。中国历来把自身的发展同世界的发展联系在一起，反复强调中国坚持走和平发展的道路。坚持和平与发展，就是要在安全、稳定的条件下加速社会经济发展。为此，就要营造一个良好的周边环境与国际环境，维护世界和平与稳定，促进人类发展与进步。

维护世界和平与促进共同发展，是新形势下我军历史使命的必然要求。当今世界，我们必须看到，进入新世纪新阶段，影响和平发展的不确定因素在增加，热点问题层出不穷，局部战争和地区冲突此起彼伏，霸权主义、强权政治依然存在，恐怖势力、宗教极端势力、民族分裂势力的危害在不断上升。尤其是霸权主义和恐怖主义作为威胁世界安全的直接祸源没有得到有效的遏制，对世界和平与发展仍是极大的威胁。随着经济全球化进程和科学技术的加速发展，各国间合作与竞争日益加深，国家利益涉及的领域和空间不断延伸；日趋激烈的国际竞争充斥在经济、政治、军事、科技、文化等各个领域；国际形势复杂多变，传统与非传统安全威胁因素相互交织；我国周边安全中不稳定、不确定因素增多。中国作为一个在世界上影响力不断提升的负责任的大国，应当在维护世界和平与促进共同发展中发挥重要作用。我军的历史使命赋予了我军崇高的职责和更加繁重而艰巨的任务。维护世界和平与促进共同发展，使我军使命由保卫国家安全延伸到维护世界和平。我军是维护国家安全和利益、维护世界和平与促进共同发展的一支重要的武装力量。伴随着我国综合国力的不断增强和在国际事务中地位的不断上升，人民军队的作用和职能必须与之相适应。我军不仅要在维护国家主权和安全中履行职责，还要在维护世界和平与促进共同发展中有所作为。近年来，我军主动参与联合国的维和行动。自 1990 年以来，我国先后向 13 项联合国维和行动派出维和军事人员 3362 人次，已与 150 多个国家建立了军事合作关系，并多次与周边国家举行联合反恐等军事演习。实践证明，我军在维护世界和平与促进共同发展中是大有作为的。我军历来奉行防御性的国防政策，发展军事力量完全是为了自卫，同时也必须适应国际战略格局的变化和安全形势的需要，积极参与维护世界和平的各种活动，承担应当承担的国际义务。

三、献身职责使命

履行我军的历史使命，人民解放军要始终不渝地把思想政治建设摆在首位，始终坚持马克思主义的指导地位，用党的创新理论成果武装全军，教育广大官兵毫不动摇地坚持党对军队的绝对领导，始终坚持全心全意为人民服务的根本宗旨，确保人民军队建设的正确方向。同时，要主动适应世界军事发展的潮流，积极推动中国特色军事变革，坚持走中国特色精兵之路，坚持科技强军和军事理论创新，不断提高战斗力。恰如习近平同志指出：“如期实现建军一百年奋斗目标，加快把人民军队建成世界一流军队，是全面建设社会主义现代化国家的战略要求。必须贯彻新时代党的强军思想，贯彻新时代军事战略方针，坚持党对人民军队的绝对领导，坚持政治建军、改革强军、科技强军、人才强军、依法治军，坚持边斗争、边备战、边建设，坚持机械化信息化智能化融合发展，加快军事理论现代化、军队组织形态现代化、军事人员现代化、武器装备现代化，提高捍卫国家主权、安全、发展利益战略能力，有效履行新时代人民军队使命任务。”①

践行我军使命，必须提升我军的战斗力。习近平同志强调，要牢固树立战斗力这个唯一的根本的标准。这里的“唯一”是指军队各项建设工作不尽相同，但是必须以一个标准来衡量，这就是唯一；这里的“根本”是指一切军事实践活动都必须以能发挥基础性作用和支配性作用的战斗力标准来衡量。只有牢固树立了战斗力标准，才能切实具备我军履行使命的能力，才能切实完成历史赋予我们的使命要求。脱离了战斗力标准来谈使命建设，无异于无本之木、无源之水。

以战斗力标准论使命建设，就要大力加强我军军事力量建设，提高我军维护国家利益的战略能力；就要进一步增强传统安全观念，进一步提高维护国土安全的战略能力。同时对诸如海洋安全、太空安全、电磁空间安全的战略能力建设要尤其注重与加强，以确保国家经济、社会、生活正常运行，同时为打赢未来的信息化战争作好准备。

如今，我军使命建设的内容越来越丰富，要求我们必须以世界眼光来加强和推进军队建设，努力把我军建设成为与我国地位相称、与我军新的历史使命相适应的军事力量。对此，我们必须保持清醒的头脑，把握世界发展趋势，提高警惕，居安思危，不断发展和壮大军事实力，提高应对危机、维护和平、遏制战争、打赢战争的能力。我们要适应新形势新任务的要求，加强军事力量建设，认真贯彻新时期军事战略方针，确立以信息化为主导的现代化建设思路，认真研究和平时期军事力量运用问题，积极作好各种准备，充分发挥军队应对危机和遏制战争的作用，努力提高打赢信息化条件下局部战争的能力，把我军建设成为一支能够承担维护世界和平与促进共同发展重任的军事力量。总而言之，当

① 习近平：《高举中国特色社会主义伟大旗帜 为全面建设社会主义现代化国家而团结奋斗：在中国共产党第二十次全国代表大会上的报告》，人民出版社 2022 年版，第 55 页。

前我军的使命建设，就是要牢固树立战斗力标准，就是要提高我军战斗力水平，强化带兵打仗、指挥打仗的思想与能力，在全军形成能打仗、打胜仗的正确导向。只有这样才能切实完成我军使命。

后　记

在军事伦理文化研究团队共同努力下，经过两年多时间，《军事伦理文化研究》终于完稿。该书从谋划到成书都是在国防大学政治学院马克思主义理论系主任姜延军教授的指导下进行的。已经退休的顾智明教授、徐长安教授对书稿的框架和具体写作提出了许多宝贵的意见和建议。马克思主义理论系副主任王喆教授、许恒兵教授，哲学与军事思维教研室主任许迪副教授对该书的写作给予很大的支持。全书由十章和一个引言组成，各章作者如下：引言、第一章、第三章、第八章、第九章（丁雪枫），第二章（朱彦振），第四章、第五章（张强），第六章、第十章（郑岚公），第七章（刘光育）。本人在统稿过程中对各章节初稿作了修改，对一些章节进行了重写。尽管如此，本人仍然对承担具体写作任务的团队成员表示由衷的感谢，感谢他们认真的研究态度和良好的合作意识。东方出版社编审王学彦，申浩、孙宇靖老师为本书的出版提供了积极的支持。我的儿子丁继业、儿媳王一，利用其专业特长，为我的研究提供并翻译了大量的外文参考资料。最后全书由本人定稿。另外，让我感到欣慰的是，三年研究过程中，我不仅收获了《军事伦理文化研究》《当代美军士气研究》两本著作的研究成果，还收获了一个活泼可爱的孙女，这也算是事业和家庭双丰收吧。在此，对支持该书的领导、专家、团队成员和家人表示衷心的感谢！也恳请专家学者对书中的不足之处给予批评指正！

丁雪枫

2023 年 7 月 28 日

参考文献

1.《马克思恩格斯选集》(第 1 ~ 4 卷)，人民出版社 1995 年版。

2.《马克思恩格斯军事文集》，战士出版社 1982 年版。

3.《列宁选集》(第 1 ~ 4 卷)，人民出版社 1972 年版。

4.《斯大林军事文集》，人民出版社 1962 年版。

5.《毛泽东选集》(第 1 ~ 4 卷)，人民出版社 1991 年版。

6.《邓小平文选》(第 1 ~ 3 卷)，人民出版社 1993、1994 年版。

7. [古希腊] 荷马:《伊利亚特》，人民文学出版社 1998 年版。

8. [古希腊] 荷马:《奥德赛》，人民文学出版社 1998 年版。

9. [古希腊] 希罗多德:《历史》(上下册)，商务印书馆 1985 年版。

10. [古希腊] 修昔底德:《伯罗奔尼撒战争史》，广西师范大学出版社 2004 年版。

11. [古希腊] 柏拉图:《柏拉图全集》(第 1 卷)，人民出版社 2002 年版。

12. 亚里士多德:《政治学》，商务印书馆 1965 年版。

13. 亚里士多德:《尼各马可伦理学》，商务印书馆 2003 年版。

14. 康德:《实践理性批判》，商务印书馆 1999 年版。

15. 康德:《道德形而上学原理》，上海人民出版社 2002 年版。

16. 康德:《历史理性批判文集》，商务印书馆 1990 年版。

17. 黑格尔:《法哲学原理》，商务印书馆 1961 年版。

18. 约翰・罗尔斯:《正义论》，中国社会科学出版社 1988 年版。

19. 约翰・罗尔斯:《政治自由主义》，译林出版社 2000 年版。

20. 约翰・罗尔斯:《万民法》，吉林人民出版社 2001 年版。

21. 罗伯特・诺齐克:《无政府、国家与乌托邦》，中国社会科学出版社 1991 年版。

22. 葛德文:《政治正义论》，商务印书馆 1980 年版。

23. [美] 迈克尔・沃尔泽:《正义与非正义战争》，江苏人民出版社 2008 年版。

24. [美] 迈克尔・沃尔泽:《论战争》，江苏人民出版社 2011 年版。

25. [美] 迈克尔・沃尔泽:《正义诸领域：为多元主义与平等一辩》，译林出版社 2009 年版。

26. 亚当・斯密:《道德情操论》，商务印书馆 1997 年版。

27. 阿拉斯戴尔・麦金太尔:《谁之正义？何种合理性？》，当代中国出版社 1996 年版。

28. [英] 爱德华・吉本:《罗马帝国衰亡史》(上下册)，商务印书馆 1997 年版。

29. [俄] 罗斯托夫采夫:《罗马帝国社会经济史》(上下册) 商务印书馆 1985 年版。

30. [比利时] 布鲁诺・考彼尔特斯，[美] 尼克・福臣等:《战争的道德制约：冷战后局部战争的哲学思考》，法律出版社 2003 年版。

31. [意] 圣・波纳文图拉:《中世纪的心灵之旅》，华夏出版社 2003 年版。

32. [意] 尼可洛・马基亚弗里:《君主论》，广西师范大学出版社 2002 年版。

33. [德] 马丁・路德:《马丁・路德文选》，中国社会科学出版社

2003 年版。

34. ［荷］格劳秀斯：《战争与和平法》，上海人民出版社 2005 年版。

35. ［法］孟德斯鸠：《论法的精神》，陕西人民出版社 2001 年版。

36. ［法］卢梭：《社会契约论》，陕西人民出版社 2003 年版。

37. ［英］亚・沃尔夫：《十六十七世纪科学技术和哲学史》，商务印书馆 1985 年版。

38. ［英］阿诺德・汤因比：《历史研究》，上海人民出版社 2000 年版。

39. ［法］阿尔德伯特等：《欧洲史》，海南出版社 2000 年版。

40. ［美］马克・波斯特：《第二媒介时代》，南京大学出版社 2000 年版。

41. 马克斯・韦伯：《新教伦理与资本主义精神》，陕西师范大学出版社 2002 年版。

42. ［苏］维戈茨基：《卡尔・马克思的一个伟大发现的历史》，中国人民大学出版社 1979 年版。

43. 休谟：《人性论》，商务印书馆 1980 年版。

44. 阿马蒂亚・森：《伦理学与经济学》，商务印书馆 2000 年版。

45. 丹尼尔・贝尔：《资本主义文化矛盾》，生活・读书・新知三联书店 1989 年版。

46. 克劳塞维茨：《战争论》，陕西人民出版社 2001 年版。

47. 罗素：《西方哲学史》，商务印书馆 2004 年版。

48. 莱茵霍尔德・尼布尔：《道德的人与不道德的社会》，贵州人民出版社 1998 年版。

49. 联合国教科文组织：《世界文化报告（1998）》，北京大学出版社 2000 年版。

50. 塞缪尔・亨廷顿：《文明的冲突与世界秩序的重建》，新华出版社 1999 年版。

51. ［俄］普京：《普京文集：文章和讲话选集》，中国社会科学出版社2002年版。

52. ［俄］尼·亚·别尔嘉耶夫：《俄罗斯思想》，生活·读书·新知三联书店1995年版。

53. ［苏］米·谢·戈尔巴乔夫：《改革与新思维》，新华出版社1987年版。

54. ［德］埃里希·卡勒尔：《德意志人》，商务印书馆1999年版。

55. ［德］汉斯–维尔纳·格茨：《欧洲中世纪生活》，东方出版社2002年版。

56. ［德］赫尔穆特·施密特：《西方战略》，世界知识出版社1998年版。

57. ［法］布罗代尔：《15世纪至18世纪的物质文明、经济和资本主义》，生活·读书·新知三联书店1992年版。

58. ［法］亨利·特鲁瓦亚：《彼得大帝》，天津人民出版社1983年版。

59. ［法］吉尔·安德雷阿尼等：《为战争辩护》，中央编译出版社2008年。

60. ［法］洛郎·若弗兰：《法国的"文化大革命"》，长江文艺出版社2004年版。

61. ［加］格温·戴尔：《战争》，江苏人民出版社2007年版。

62. ［美］R.T.诺兰等：《伦理学与现实生活》，华夏出版社1988年版。

63. ［美］阿尔文·托夫勒、海迪·托夫勒：《未来的战争》，新华出版社1996年版。

64. ［美］埃德温·奥·赖肖尔：《当今日本人》，上海译文出版社1998年版。

65. ［美］埃德温·哈特里奇：《第四帝国的崛起》，世界知识出版社 1982 年版。

66. [美] 奥托·纽曼、理查德·德·佐萨:《信息时代的美国梦》，社会科学文献出版社 2002 年版。

67. [美] 保罗·肯尼迪:《大国的兴衰》，世界知识出版社1990年版。

68. [美] 保罗·肯尼迪:《战争与和平的大战略》，世界知识出版社 2005 年版。

69. [美] 布热津斯基:《大失控与大混乱》，中国社会科学出版社 1994 年版。

70. [美] 亨利·基辛格:《大外交》，海南出版社 1998 年版。

71. [美] 斯蒂芬·科亨:《大象与孔雀——解读印度大战略》，新华出版社 2002 年版。

72. [美] 威廉·奥多姆:《苏联军队是怎样崩溃的》，新华出版社 2000 年版。

73. [美] 威廉森·默里等:《缔造战略：统治者、国家与战争》，世界知识出版社 2004 年版。

74. [美] 希提:《阿拉伯通史》，商务印书馆 1979 年版。

75. [美] 詹姆斯·亚当斯:《下一场世界战争》，军事科学出版社 2000 年版。

76. [美] 劳伦斯·克罗克:《美国陆军军官指南》，军事科学出版社 1994 年版。

77. [美] 理查德·M. 尼克松:《超越和平》，世界知识出版社 1996 年版。

78. [美] 鲁思·本尼迪克特:《菊与刀——日本文化的类型》，商务印书馆 1990 年版。

79. [美] 罗伯特·拉什:《美国陆军士官手册》，解放军出版社 2002 年版。

80.［美］麦尼尔:《竞逐富强——西方军事现代化的历程》，学林出版社 1996 年版。

81.［日］高桥龟吉:《战后日本经济跃进的根本原因》，辽宁人民出版社 1984 年版。

82.［日］吉田裕:《日本人的战争观》，新华出版社 2000 年版。

83.［日］家永三郎:《日本文化史》，商务印书馆 1992 年版。

84.［日］井上清:《日本历史》（上），天津人民出版社 1975 年版。

85.［日］新渡户稻造:《武士道》，商务印书馆 2001 年版。

86.［以］阿巴·埃班:《犹太史》，中国社会科学出版社 1986 年版。

87.［以］赫尔佐克:《勇敢的犹太人》，中国社会科学出版社 1995 年版。

88.［印］尼赫鲁:《印度的发现》，世界知识出版社 1956 年版。

89.［英］J. F. C. 富勒:《战争指导》，解放军出版社 1985 年版。

90.［英］阿萨·勃里格斯:《英国社会史》，中国人民大学出版社 1991 年版。

91.［英］迈克尔·霍华德:《欧洲历史上的战争》，辽宁大学出版社和牛津大学出版社 1998 年版。

92. 杨伯峻:《论语译注》，中华书局 1980 年版。

93. 金三何:《武经七书》，哈尔滨出版社 2006 年版。

94. Croft S，Dorman A，Britain and Defence 1945-2000，Pearson Education Limited ，Harlow England，2001.

95. Dunn, David J., “Peace Research” , in Taylor, Trevor, eds., Approaches and Theory in International Relations（London: Longman, 1978）.

96. Galtung, Johan, “Violences, Peace and Peace Research” , Journal of Peace Research, Vol.6, No.3（1969）.

97. Harold Mattingly, Roman Imperial Civilization, The Norton Library, New York, 1971.

98. Jaeger, Paideia: the Ideals of Greek Culture, Vol. II, New York, 1943.

99. Guthrie, A History of Greek Philosophy, VI. Aristotle: an encounter, Cambridge University Press, 1990.

100. Carlo Brillante, "Myth and History" ,in Approaches to Greek Myth, London, 1990.

101. Finley, The World of Odysseus, Penguin Books, 1979.

102. Harold Mattingly, Roman Imperial Civilization, The Norton Library, New York, 1971.

103. Samuels · Huntington : The slider and the State.Belnap Press of Harvard University Press， 1957.

104. Schmid, Herman, "Peace Research and Politics" , Journal of Peace Research, Vol.5,No.3（1969）.

105. Hale, John R., War and Society in Renaissance1450–1620. Baltimore:The Johns Hopkins University Press, 1986.

106. Rawls, John.A Theory of Justice.Cambridge, Massachusetts: Harvard University Press, 1971.

107. Nozick,Robert. "Anarchy,State,and Utopia.New York:Basic Books Inc.1974.

108. Alasdair MacIntyre. After virtue.University of Notre Dame Press,1981.

109. Immanuel Kant.Critique of Practical Reason.Macmillan Publishing Company,A Division of Macmillan,Inc.1993.